シリーズ 被災地から未来を考える ②

監修:舩橋晴俊・田中重好・長谷川公一

防災と支援

成熟した市民社会に向けて

田中 重好・黒田 由彦
横田 尚俊・大矢根 淳 [編]

はじめに

1 本シリーズの企画の趣旨

本シリーズの出版にあたって，各巻の編者や執筆者が集まり，本シリーズの企画について議論した。そこでの議論をふまえて，「本シリーズの課題と方法」を次のようにまとめた（文責 舩橋晴俊 2013 年 9 月 30 日）＊。

2011 年 3 月 11 日の東日本大震災は，地震，津波，原発災害が絡み合った未曾有の大災害となった。発災後，2 年半（2013 年当時）を経過しても，原発事故の被害の克服の道と，地震・津波の打撃からの各地域の復興の道は，確立できていない。東日本大震災後，多数の社会学者が現地に赴き，被災地の支援と復興という問題意識を抱きながら，精力的な調査研究を続けるとともに，社会学分野の諸学会が協働して，研究集会やシンポジウムを波状的に積み重ねてきた。そのような研究努力から浮上するのは，大震災の被害の発生についても，被害の克服についても，社会的要因が重要な影響を与えており，それ故に，社会学の立場から取り組むべき多数の課題が存在するということである。本シリーズは，東日本大震災が提起した問題に対して，社会学に立脚して総括的な解答を与えようという 1 つの試みであり，その課題設定と方法意識・視点は以下のようにまとめられる。

課題の設定

第 1 に，東日本大震災は，いかなる被害をもたらしたのかについて，実態の把握と解明が必要である。その際，大切なのは，自然の猛威としてのハザード

＊ 本シリーズの企画をもっとも熱心に主導していた舩橋晴俊は 2014 年 8 月に急逝した。監修者の田中重好・長谷川公一と遺族の舩橋惠子が協議し，舩橋による「本シリーズの課題と方法」をほぼ原文のまま，ここに掲げることにした。この文章は，本シリーズの原点であり，目標であった。

とは区別される，社会的要因が介在した「災害」(disaster) として，被害を把握することである．災害は一瞬で終わるものではなく，災害に対処し，その被害を軽減しようとする人々の必死の努力をコアにした一連の社会過程の中で，災害は継続的にその様相を変えてきた．

災害の研究にあたっては，事実の把握・解明とともに，なぜこのような災害が生じたのか，災害を生み出した社会的メカニズムがいかなるものであったのかを探究する必要がある．その際，東日本大震災の基本的な特徴として，日本社会の中で周辺部という性格を有する東北地方に起こったこと，被害が非常に広い地域に広がっていること，未曾有の原発事故をともなって原発災害と地震・津波災害が相互に増幅しあったことに注目しなければならない．防災政策や原子力安全規制との関係で見れば，安全性が強調され安全対策が実施されていたはずなのに，なぜ，巨大かつ深刻な被害が生じるのを防げなかったのかの解明が必要である．

第2に，このような災害が繰り返されることをどのようにして防いだらよいのか，そのために，どのような，制度形成，社会運動，主体形成，社会変革が必要なのかを問わなければならない．すなわち，震災対処のためには制度形成と同時に社会運動の果たす役割が重要であり，政治家，行政組織，社会運動，専門家，メディアなどが公論を闘わせながら，制度と運動との相互作用を通して，防災と災害復興のための新たな政策形成が必要である．社会学は政策科学として自らを洗練させていく必要があるが，こうした課題にどのような貢献ができるだろうか．社会学に立脚して，どのように有効な政策提言や，社会運動に対する支援や助言ができるであろうか．

第3に，この未曾有の広域的で複合的な被害に対して，どのようにして個人生活の再建，地域社会の再生と復興を図ったらよいのだろうか．発災以来，復興のかけ声とともに，復興庁が設置され，巨額の予算が投入されている．とくに，原発災害に対しては，除染に巨額の費用が投入され，2013年からは避難者の帰還を加速化するという政府の方針が提起されてきた．だが，復興政策の内容は的確であろうか．そのための効果的な取組み態勢が構築されてきたであろうか．地域再生の不可欠の契機である原発災害の補償は，適正になされてきたであろうか．発災後3年目となり (2013年当時)，復興政策の問題点がさまざまに露呈してきたことを踏まえて，被害からの回復と地域社会の復興について，より望ましい道の探究が必要である．

第4に，今回の震災を通して，日本社会は何を問われたのか，とりわけ，どのような変革課題が問われたのだろうか。震災問題に正面から取り組むことを通して，現代日本社会がいかなる問題性を有する社会であるのかについて，どのような新たな意味発見や新たな理論的視点を提示できるであろうか。災害の深刻さと復興の困難さは，民主的な制御能力の不足や無責任性について，日本社会のあり方に対する反省的意味発見を要請している。社会学は，震災問題をきっかけとして，日本社会の問題性についての解明力・説得力のある理論枠組みの構築と展開を求められているのであり，社会学そのものの革新をいかに遂行するかが課題となっている。

方法意識と視点

　社会学の立場からの震災問題研究に際しては，社会学の長所を発揮できるような方法意識をもたなければならない。すなわち，実態の把握と解明，および，政策提言の両面において，社会学の理論的視点と方法の独自性や長所を自覚し，それに立脚することにより，他の学問分野や，政策立案・実施担当者や，住民に，独自の知見や考え方を提供するものであることが必要である。そのためには次のような方法意識と理論的視点を重視したい。

　まず方法意識としては，第1に，「実証に根ざした理論形成」という志向をもちたい。社会諸科学の中でも，社会学は，震災被災地現場の調査や，被災者・避難者への調査にもっとも精力的に取り組んできている。そこから得られた臨場感あふれる知見に立脚しつつ，要因連関や社会的メカニズムを解明し，豊富な意味発見を可能にするような理論形成努力が必要である。

　第2に，主体の行為への注目と，社会構造，制度構造への注目という複眼的視点をもつ必要がある。災害の実態を把握し克服の道を探るためには，一方で，社会構造や制度構造の欠陥や問題点を解明する必要がある。他方で，個人主体や組織主体の行為の仕方や主観的世界に注目することによって，具体的な事態の推移を把握するとともに，変革の手がかりを探っていく必要がある。

　次に理論的視点としては，第1に，「社会の有する制御能力」という視点に注目したい。ハザードが巨大な災害を帰結したということは，社会の有する制御能力の欠陥を露呈しているものであり，その克服には，制御能力の高度化という課題が必要になる。制御能力の高度化の道をどこに求めたらよいのか。

　第2に，「制御能力の高さ／低さ」を検討する際に，「社会的なるもの」から

の視点を重視したい．他の社会問題の解決可能性と同様に，災害問題への対処や復興の推進についても，市場メカニズムに依拠した立論や，行政組織の担う社会計画を主要な担い手として構想する立論が，他のディシプリンや実務家からは，有力な方向づけとして提起されてきている．これに対して，社会学は「社会的なるもの」に注目するところに，元来の特徴がある．

第3に，震災問題に即して「社会的なるもの」へ注目しつつ災害への対処能力の高度化を考えるためには，まず，「コミュニティ」という視点が不可欠である．さらに，「社会的なるもの」が，社会制御能力へとつながっていく媒介として，「公共圏」およびその構成契機としての「公論形成の場」への注目が重要な視点となる．コミュニティと公共圏の豊かさ／貧弱さは，災害の発災と克服をどのように規定しているのだろうか．どのようにして，「社会的なるもの」の強化を通して，私たちは災害に立ち向かうことができるのだろうか．

第4に，ほかならぬ日本社会で震災が生起したこと，日本社会でその対処が求められていることの意味を考える必要がある．すでに多くの論者が指摘してきたような日本社会における「無責任性」の問題は，災害問題とどう関係しているのだろうか．とくに，原子力政策をめぐる迷走と漂流は，この視点からの検討を必要としている．震災問題への取組みが，日本社会の質的変革につながるかどうかが，問われている．

知の総合化と社会学

震災問題については，きわめて多様な学問分野での検討が動員され，知の総合化が必要である．だが，「知の総合化」のためには，その前提として，各学問分野の明快な自己主張が必要である．さまざまな学問の中でも，社会学はすぐれて，社会の実態と問題の実情に即して制度や政策を改善する志向性や，そのような方向で社会を変革していくべきことを提起する姿勢を有している．

本シリーズは，上述の方法意識と理論的視点に立脚しつつ，震災問題に直面することによって，そのような社会学の新たな可能性を発揮していくことをめざすものである．

2　第2巻の構成と主要な論点

本書では，従来の災害研究のなかでは別々に議論されてきた防災対策と災害

支援という2つのテーマを取り上げる。テーマとしては別々であるが，共通する3つの論点がある。まず第1に，各領域における政策の基本的な考え方（それをパラダイムと呼ぶ）を索出することである。第2に，東日本大震災の実証的な研究を踏まえて，これまでの防災パラダイム，災害支援パラダイムが現在，大きく変わろうとしている，あるいは根本的に変えるべきだということである。そして第3には，防災や災害支援の問題を行政領域の問題に限定せず，社会全体の問題として捉える点である。以下，全体の構成に沿ってみていく。

第1部　防災パラダイムの転換

　東日本大震災は，戦後の先進国の自然災害のなかで最大の犠牲者を出した大災害である。しかも日本では災害対策が積極的に推進されてきたはずであった。こうした現実を踏まえて，第1部では，防災対策上の問題がどこに潜んでいたのか，今後，防災対策をどう変更していったらいいのかを検討する。第1章では，戦後日本の防災対策の基本的な考え方を防災パラダイムとして索出する。第2章から第4章までは津波災害を，第5章では原発災害を取り上げる。津波災害については，第2章では発災直後の人々の行動の軌跡から，第3章では災害への対応行動の背後にある「想定外」という防災対策上の問題に焦点を合わせて，第4章では繰り返し津波に襲われてきた三陸地域の明治以降の地域社会の変化のなかから検討していく。第5章では，原子力防災対策を原発事故後の避難行動の問題点，それ以前の原子力防災対策のあり方に関連づけながら論ずる。第6章では，東日本大震災を受けて，さまざまな防災対策の見直しがなされてきた過程をまとめて検討したうえで，これらの見直しは，東日本大震災以前の防災パラダイムと基本的には変わっていないことを明らかにし，今後，今回のような被害を低減させるためには，どういった「新しい防災の基本的な考え方」に変えていかなければならないかを提言する。

　従来の防災対策では，東日本大震災の深刻な被害，特に津波による大量の死者や原発事故からの避難にともなう死者や被曝を防ぎえなかった。津波による大量死を例にしていえば，一般には，この大量死の発生は津波（ハザード）の巨大さによるものと考えられているが，大量死の原因をすべて津波の大きさに帰着させることはできない。「Hazard×Vulnerability＝Disaster」という災害社会学の基本的スキームに照らしていえば，自然現象としての地震・津波が直接に大量死をもたらしたのではなく，地震・津波と大量死との間に社会的な脆

弱性が介在しており，その脆弱性の如何によって，同じ規模の地震・津波であっても犠牲者数は大きく上下する。そのため私たちは，どこに社会的な脆弱性があったのか，どこから脆弱性が生じたのかを問わなければならない。そして，この社会的脆弱性を低下させたり，あるいは，増幅させたりする要因の一つが，防災対策なのである。こうした観点に立って，ここでは，防災対策と災害との関連性を中心に議論する。

　第1章では，1959年の伊勢湾台風をきっかけに制定された災害対策基本法以降の防災体制の整備とその後の防災への取り組みを検討した。この検討から，これまでの防災対策の基本的な枠組み，防災パラダイムを描き出す。災害対策基本法は，(1) 防災対策の「総合性」の確保，(2) 防災対策の「計画性」の確立，(3) 緊急対応能力の向上，(4) 行政中心の防災体制という特徴を持っている。この防災対策基本法を基礎に，1978年，大規模地震対策特別措置法が制定された。この法により，東海地震の直前予知が可能になった場合には，警戒宣言を発令し，社会活動の制限を加えることができるようになった。これは，予知型の地震対策ともいえる防災対策である。こうした防災対策の基礎にある考え方を防災パラダイムと呼ぶとするが，それは次の2本の柱によって成り立っていたと考えられる。第1の柱は行政中心主義，中央集権制である。第2の柱は，科学主義に基づく「想定」による防災計画の策定とその実施である。この防災パラダイムは，1995年の阪神・淡路大震災を経験しても変化がなく，東日本大震災まで続いていた。

　第2章から第4章までは津波被災地において，避難行動，「想定外」の事態，津波常襲地帯での被災経験の埋込みの角度から，なぜかくも多数の犠牲者をだしてしまったのかという理由を探求する。

　第2章では，地震発生直後の避難行動を取り上げ，大量死発生の原因と安全に避難しえた原因という，両面から議論する。ここでは，さまざまな機関が実施した広域的なアンケート調査結果，多くの研究者の現地調査結果，政府や市町村の検証報告書，新聞報道，地域住民や現地の施設関係者の証言を集めて，「なぜ亡くなったのか」「なぜ，安全に避難できたのか」を探っていく。こうした検討から，津波の犠牲者は避難したが「失敗して」亡くなった人が多いこと，避難して生き延びた人のなかでも切迫した状況であった人が多いことが明らかになり，多くの人々が生死の境界線上にあったことが判明した。また，避難しなかった人の3分の2の人は亡くなっている反面，学校や事業所などの「組織

の中」にいた人の生存率は高い.こうしたさまざまなデータ整理に基づいて,津波の避難行動を理論化すると,発災直後に人びとは「曖昧な状況」に置かれ,その後の目まぐるしく変化する状況のなかでの状況判断,行動選択を連続的に行なっていること,その際,物理的環境,情報環境,社会的環境という3つの環境的条件のなかで避難行動が規定されていることがわかる.この避難行動モデルを基礎に考えれば,避難行動については「警報発令⇒警報伝達⇒迅速な避難行動」というモデルを前提に行政が中心となって防災対策が進められてきた従来のやり方では津波からの安全は確保できないという結論が導き出される.今後の避難対策は,住民を主体とした対策に変更する必要がある.

続く第3章では,なぜ多くの人が亡くなったのかという問題を,災害対策基本法以来,約半世紀にわたって作り上げられてきた日本の防災対策の問題として検討する.ここでは,「想定外」というキーワードから,日本の防災対策の問題点を摘出する.まず,東日本大震災では「想定外」という言葉が繰り返し指摘されたが,その「想定外」の意味するところを問い,そもそも「想定」とはなにかを検討した.その結果,防災対策立案において,「想定する」ことは科学的推論過程であるよりはむしろ社会的過程であり,その社会的過程である「想定」の連鎖から防災対策が成り立っていることを明らかにした.具体的に,防災対策のなかに「想定」がどう組み込まれているのかを確認したうえで,東日本大震災において,その「想定」が見事に裏切られ「想定外」の連鎖という事態が発生し,被害を拡大したことを指摘する.続いて,そうした具体的な事実をより一般的な文脈に移し変えて,防災対策と想定の関係を議論し,(1)「想定外」のハザードが発生すると被害の「跳ね上がり」がみられること,(2) そうした事態を回避するために,これまで「想定外」のハザードが発生するたびに設計外力を高めてきたが,無限に設計外力を上昇させることは不可能であること,加えて,(3) 設計外力を向上させていくと社会の防災力を低下させるような副産物が生まれること(このことを「防災対策のパラドックス」と呼ぶ)を指摘する.そして,防災施設の想定外力を循環的に向上させてきたことが,皮肉にも,先進国の災害のポテンシャル・リスクを生み出していることを指摘する.最終節では,こうした議論を踏まえて,設計外力を超えたときに発生する「跳ね上がり」の構造を探求することこそ,今後の防災対策上重要であり,こうした観点から,これまでの防災対策のパラダイムを根本から再検討することが必要であると指摘する.

さらに，第4章では，1896（明治29）年の明治三陸津波，1933（昭和8）年の昭和津波，1960（昭和35）年のチリ津波，2011（平成23）年の東日本大震災という約百数十年間の津波災害と地域社会の歴史の中で，被災経験をどう地域社会に刻んできたのか（あるいは，地域社会に埋込んできたか）を検討し，そこから，多くの人々が亡くなった理由を導き出す。過去の被災経験の地域社会への埋込みのあり方の反省から，今後の防災対策のあり方を考える。

第5章では，原子力防災対策を取り上げる。日本の防災対策では，原子力防災は自然災害の防災対策とは別立てであり，しかも，3.11以前は主務官庁も自然災害の防災対策は内閣府，原発の防災対策は経済産業省と別々であったため，原子力発電所の防災対策を別の独立した章として構成した。東日本大震災以前の原発防災の問題点を，原子力総合防災訓練の現場から考察すると，「多重防護のもとで放射性物質がサイト外に放出されることはありえない」という，電力会社から説明された安全神話に基づいて，原子力発電所サイト内の防災対策とサイト外の防災対策が断絶していた。そのため，原子力防災を担う職員はサイト内の防災対策だけを考え，サイト外の（原発立地域の）地形や社会的特徴についてほとんど関心を払ってこなかった。福島第一原発事故が発生すると，こうした欠陥が現実の形となって現れた。それは，機能不全に陥った現地のオフサイトセンター，十分な現地から情報がないままに「その場しのぎのトップダウンの妄動」を繰り返した政府，避難指示情報がないままに独自で判断を迫られた原発周辺の自治体と住民の姿であった。その結果，要介護者の多くの命が失われ，多くの周辺住民は放射能被爆に長時間曝されてしまった。このように，原発防災システムと地域生活は完全に乖離していたのである。そうした経験を踏まえ今後の原子力災害に備え，避難区域が従来の5〜10 km圏から30 km圏に拡大されたが，実効性のある30 km圏に暮らす地域住民の避難計画はいまだ立てられてはいない。では，今後どうすべきなのかといえば，「地元の智」と「地域住民の生活智」を活かしたボトムアップ型の防災計画が必要だとしている。

第6章では，それを踏まえて今後の防災対策のあり方について検討する。第1部の防災パラダイムの議論をまとめた後に，これまでの防災パラダイムを脱行政，分権化，科学主義の修正，想定の考え方の修正の方向に組み替え，新たな防災パラダイムを構築するべきだと提案する。

第2部　支援パラダイムの転換と市民社会

　東日本大震災の被害規模が大きく，さらに原発事故による放射能汚染地域が広範囲に及んだために，発災直後，被災地へ緊急の送り出し支援が必要とされただけではなく，全国に避難せざるをえなかった被災者の受け入れ支援が必要とされた。こうした広域的に展開された送り出し支援と受け入れ支援は，さまざまな工夫が施されながら，全国各地において多様な形をとって実施された。第2部では，この大災害の発生後に，「自然に生まれた」支援の「新しい形」に着目し，そこに支援パラダイムの転換を見ようとした。さらに，その支援の基礎として，災害によって何が創発されたのか，そして，その創発された事柄が，どう被災地と支援地の地域社会の中に定着していったのか，を問うている。

　第7章第1節では，東日本大震災における災害支援の中で，それまでの災害支援とは異なる，「新しい」支援のかたちが出現したことを概説した。支援の主体に着目して，その支援の「新しさ」は，行政機関を中心とした支援においては関西広域連合による支援方式，後方支援拠点方式，現地事務所設置方式などが見られ，民間の側も広範囲のネットワーク型組織が結成されて支援が行われ，さらに，自治体と市民・企業との協働型支援が展開されたことに現われている。第2部全体を通して，こうした支援活動がたんに防災対策上の課題を解決したという側面だけではなく，こうした「新しい」支援活動を成立させた社会的背景やその支援側へのフィードバック効果を議論する。いわば，支援活動の実態を通して，日本社会にいかなる変化が生じつつあるのかを逆照射しようとするのである。

　第7章第2節では，戦後日本の災害対策の形成過程において，災害支援がどう位置づけられてきたかを検討する。戦後の災害対策基本法において，災害が「個人災害」という概念のもとに捉えられ，「予め公的救助・救済の対象・内容・財源にかんする基準を決め，『自動的に』発動する」かたちでの行政支援が行なわれるようになった。そして，政府からの災害支援では個人給付や現金給付が抑制され，個人財産の形成につながらないような現物給付が行なわれてきた。こうした災害支援の発動の「自動化」によって，災害の支援活動において地域や住民の創意・参加を必要とはしなくなった。そのため，災害支援のあり方を社会全体で考えることも少なくなった。

　従来の行政による災害支援のあり方が，雲仙普賢岳災害を契機に，大きく変化し始めた。第3節では，その変化を，支援の対象，財源，主体という3つの

側面から検討し，従来の災害救助パラダイムが変化しつつあることを検討した。現在，災害支援パラダイムが変化する過程にあるが，そこでは，支援の「社会化」と「個別化」，支援の「創発的対応」と「制度化・官僚制化」という，相異なるベクトルのあいだで，現実の支援が揺れ動いていることを指摘した。第4節では，社会変動の側から，以上に見たような災害支援活動を変化させる動きを検討した。具体的には，日本社会におけるボランタリズムの成長の過程を明らかにし，そのボランタリズムの発展が，災害支援のあり方の変化，とくに自治体間支援に結びついていったと論じた。

　東日本大震災の発生によって，実際に，多くの支援活動が生まれた。第8章では，「自治体間支援」をキーワードに，全国17県543市町村を対象としたアンケート調査と，各地域でのインタビュー調査から，その実態を明らかにした。ほぼ8割程度の自治体が災害支援を実施しており，それは，近い地域ほど支援を行なう割合が高いという従来からの傾向とはまったく異なるものであった。さらに，中央集権的な垂直型支援よりも，自治体独自の判断に基づく水平型支援の方が多かったことが，データにより示された。また，従来から地域間の交流があった被災地に対して支援が行なわれただけにとどまらず，むしろ多くの場合には，震災発生後に「偶然に」つながりができた関係の中で支援が行われた。その意味で，創発的な支援であった。このように，大災害を契機として，これまでとは異なる「新しい支援の形」が創発した。さらに，この創発した支援が，支援を行なった自治体へ，防災対策等のかたちでフィードバック効果をもっていることも明らかになった。このアンケート調査対象地を，東北，中部，四国，中国・九州のブロックにわけ，それぞれのブロックでの支援の実態とその特徴をさらに詳しく述べている。それぞれのブロックごとの特徴を描き出すと同時に，どんな形の創発的支援が行なわれたのか，なぜ創発的な支援が生まれたのかを，地域社会の文脈にそって議論した。

　前章では，支援の「新しい形」を「自治体間支援」という点から見てきたが，第9章ではそれを「ガバナンス支援」という観点から見ていく。ここでガバナンス支援とは，ボランティア組織，地縁組織，企業などの民間組織や行政組織と，複数の組織が連携して行なった支援活動であり，さらに，その支援は制度化されていない（それゆえ行政主導ではない）「新しい支援の形」を総称したものである。ガバナンス支援は社会（非行政）的組織が重要な役割を果たすと同時に，それぞれの地域的特徴性との関連性も強い。その地域性の違いに着目して，

4つのブロックごとに，具体的なガバナンス支援の実態を追う．

ガバナンス支援の具体例を東海地方で見ると，このガバナンス支援の中核を担ったのは，大震災発生後に新たに結成されたセンターであった．たとえば，三重県では，防災NPO，県ボランティア連絡協議会，県社協，日赤県支部，三重県が共同で設置した災害ボランティア支援センターであった．このセンターが創発したことによって，ガバナンス支援が生まれたと言い換えてもよい．各地域ブロックからの報告は，それぞれのブロックのガバナンス支援の形の違いが説明されるとともに，こうした支援がなぜ創発したのかにも答えようとしている．新しい支援が創発した背景には，各ブロックでの特徴的な創発の契機（たとえば，中国・九州地方での「集合的な記憶」）が存在するとともに，共通して，地域が持っていた組織間のネットワークや協働の「素地」が関係していた．

第8，9章は，テーマとしては自治体間支援，ガバナンス支援に分かれて議論されているが，地域からの報告としては，4つの地域ブロックごとの報告からなっており，読む際には章をまたいで，たとえば，東北ブロックをつなげて読むこともできる．

以上の全国各地の具体的な支援の動向に関する検討をへて，第10章では改めて，新しい支援パラダイムを論ずる．第1節において，新しい支援パラダイムが生成する背景としては，東日本大震災に遭遇して従来の法定支援の限界があらわになったことが指摘される．従来の防災対策では，たとえば全国に被災者が避難するという事態は想定されていなかった．その支援の新しさの端的なあらわれは自発的水平型支援である．これは，これまでの制度化された支援の枠の外側から創発された，行政と民間の多様な主体が作り出した支援の形であった．この支援の特質は，首長のリーダーシップ，多様な主体間の連携，それをつなぐ人材の3点にあり，この支援が従来までの法定支援の弱点を補完した．

同章第2節では，こうした創発的な支援が，どこから生成してきたのかを検討している．地方分権改革と改革派首長の登場，ボランティアの制度化という制度的な条件に立脚し，NPOの成長，地域共同管理能力の向上といった社会的条件が，生成の背景にあることを指摘した．そのことは，官主導の公共性から自治体・市民主導の公共性への構造転換が支えたと言い換えることもできる．

同章第3節で述べられるように，こうした新しい支援の形は，同時に，「新しい自治のかたち」を予感させるものである．「新しい自治のかたち」とは，被災地において「自助・共助の世界において多様な参加主体が一体となって災

害を乗り切る」ための市民的共助のメカニズムの創発だけではなく，被災地を支援する地域においても市民と自治体が協力して送出し支援と受入れ支援を続けていくなかで創発する「災害対応を基礎とした住民自治」である。こうしたことが可能となってきたのは，従来型の計画的行政支援には収まり切らない社会的市民活動から生まれた支援が広範に行われたこと，広域的な送出し支援や広域避難に対応した受入れ支援など，さまざまな意味の「越境」現象が現れたことによるものである。

 2019年2月

   第1節 舩橋晴俊・田中重好・長谷川公一
   第2節 田中重好・黒田由彦・横田尚俊・大矢根淳

執筆者紹介（執筆順，＊は編者）

＊田中重好　〔第1～3章，第4章（共著），第6章，第7章第4節〕
　　現在　尚絅学院大学総合人間科学部教授，名古屋大学名誉教授
　　主著　『地域から生まれる公共性——公共性と共同性の交点』ミネルヴァ書房，2010年。
　　　　　『東日本大震災と社会学——大災害を生み出した社会』（共編）ミネルヴァ書房，2013年。

高橋　誠　〔第4章（共著）〕
　　現在　名古屋大学大学院環境学研究科教授
　　主著　『大津波を生き抜く——スマトラ地震津波の体験に学ぶ』（共著）明石書店，2012年。
　　　　　『スマトラ地震による津波災害と復興』（共編）古今書院，2014年。

＊大矢根淳　〔第5章〕
　　現在　専修大学人間科学部教授
　　主著　『災害社会学入門』（共編，シリーズ災害と社会1）弘文堂，2007年。『災害における人と社会』（P. A. ソローキン著，訳・解説，社会学調査研究全書11）文化書房博文社，1998年。

＊横田尚俊　〔第7章第1節〕
　　現在　山口大学人文学部教授
　　主著　『地域再生の社会学』（共編）学文社，2017年。「地域資源と災害・防災」『都市社会研究』第2号，2010年。

平井太郎　〔第7章第2・3節，第8章第2節，第9章第2節〕
　　現在　弘前大学大学院地域社会研究科准教授
　　主著　『ふだん着の地域づくりワークショップ——根をもつことと翼をもつこと』筑波書房，2017年。『ポスト地方創生』（編）弘前大学出版会，2019年。

室井研二　〔第8章第1・4節，第9章第4節〕
　　現在　名古屋大学大学院環境学研究科准教授
　　主著　『都市化と災害——とある集中豪雨災害の社会学的モノグラフ』大学教育出版，2011年。「発展途上国における開発と災害——スマトラ地震とアチェの事例」『地域社会学会年報』第30集，2018年。

＊黒田由彦（くろだ よしひこ）　〔第8章第3節，第9章第3節，第10章1・2節〕
　　現在　椙山女学園大学文化情報学部教授
　　主著　『ローカリティの社会学——ネットワーク・集団・組織と行政』ハーベスト社，2013年。「区域外避難の合理性と被害」『環境と公害』第48巻第3号，2019年。

速水聖子（はやみ せいこ）　〔第8章第5節，第9章第1・5節〕
　　現在　山口大学人文学部教授
　　主著　『地域再生の社会学』（共編）学文社，2017年。「被災地・福島をめぐる社会的分断と共生についての考察——現場での支援/遠くからの支援」『山口大学文学会誌』第67巻，2017年。

檜槇貢（ひまき みつぐ）　〔第10章第3節〕
　　現在　佐世保市政策推進センター長，長崎国際大学客員教授
　　主著　『市民的地域社会の展開』日本経済評論社，2008年。『地域再生のヒント』（共著）日本経済評論社，2010年。

目　次

第1部　防災パラダイムの転換

第1章　これまでの防災パラダイム ——————— 2
●田中 重好

1　はじめに ……………………………………………… 2

2　戦後の防災政策の形成 ……………………………… 4

　伊勢湾台風（6）　伊勢湾台風以降の日本の災害対策——災害対策基本法の制定（6）　災害対策基本法の特徴（7）　1961年の災対法の成立によって，戦後の日本の防災体制の基礎がかたまった（13）

3　典型例としての大規模地震対策特別措置法と ……… 14
　それ以降の変化

　地震予知の歴史と法の成立（14）　大規模地震対策特別措置法（大震法）の成立（16）　大規模地震対策特別措置法の内容（17）　警戒宣言発令（19）　大震法により確立された防災体制——地震予知を前提とする防災対策（19）

4　戦後の防災パラダイム ……………………………… 21
　——以上の議論からパラダイムをまとめると

　阪神・淡路大震災以降（26）

第2章　津波の避難行動から ——————— 30
●田中 重好

1　はじめに ……………………………………………… 30

　第2章から第4章の構成（31）　津波避難行動の概況——地震，余震，津波来襲，警報発令（31）　東日本大震災の死と

特徴 （32）

- **2 避難行動の特徴と問題点** ……………………………………… 35
  アンケート調査から――避難行動の全般的特徴 （35）　なぜ，亡くなったのか （36）　なぜ，安全に避難できたのか （42）　避難行動の帰結 （50）

- **3 行動の軌跡と特徴** ……………………………………………… 53
  連続的な意思決定の過程――津波の避難行動は単純か？ （53）　社会学での「状況」「状況定義」の概念 （55）　3つの環境的条件 （57）　新しい避難行動モデルの提示へ （60）

- **4 避難行動モデルを基礎にした津波防災対策批判から防災パラダイム批判へ** ………… 62
  東日本大震災以降の津波避難対策の再検討 （62）　津波避難対策と避難行動モデルとの対比，避難行動対策の提案 （65）

- **5 津波防災対策の今後の方向性** ………………………………… 66

第3章　災害対策と「想定外」 ―― 73
●田中　重好

- **1 はじめに** ……………………………………………………… 73
- **2 震災対策と「想定」「想定外」** ……………………………… 74
  東日本大震災の被害と「想定外」 （74）　「想定する」こととは （75）

- **3 津波防災対策と「想定」** ……………………………………… 77
  津波災害での「想定」 （77）　「想定外」の事態の発生 （79）　「想定外の連鎖」と被害との関係 （80）

- **4 より一般的に「想定外」を考えると** ………………………… 82
- **5 従来の防災パラダイムの転換** ………………………………… 89

第4章 津波被災の地域社会への埋込み ───── 95
●田中重好・高橋誠

1 はじめに ………………………………………… 95
2 三陸沿岸の地震と津波の歴史 ………………… 96
3 空間変容 ………………………………………… 103
4 防災施設整備 …………………………………… 108
5 災害文化の蓄積 ………………………………… 111
　避難行動の変化（111）　津波碑の変化（114）
6 主　体 …………………………………………… 116
7 脆弱性 …………………………………………… 123
8 三陸沿岸地域の防災力の変容 ………………… 128
　埋込み（128）　主体の変化（130）　脆弱性の変容（130）
　変容の全体像（131）
9 防災パラダイム批判 …………………………… 132

第5章 ポスト3.11・原発防災パラダイムの ───── 138
再構築に向けて
──制度的瑕疵の例証と原発防災レジリエンス醸成のみちすじ
●大矢根淳

1 はじめに ………………………………………… 138
2 3.11前・原発防災の制度的瑕疵 ……………… 139
　阪神・淡路大震災からJCO臨界事故へ（139）　原子力総合防災訓練の実際（140）　原子力総合防災訓練に具現化されていた多重防護神話（146）
3 3.11・1F災害の教訓──原発避難の構想と現実 ……… 150
　避難指示発令の失敗（150）　原発避難の実相──避難行動から避難生活へ（153）　UPZ・30km圏創設による原発防

　　　　災の新たなフェーズ（154）

　4　減災サイクル論に基づく原発災害対応の地区防災計画 …… 157
　　　　地区住民作成の原発避難エリア図（157）　減災サイクル
　　　　（160）　地区防災計画（161）

　5　原発防災レジリエンス ……………………………………… 165
　　　　――減災サイクルに基づく原発災害対応の地区防災計画

第6章　防災パラダイムの転換へ ──────────── 171

　　　　　　　　　　　　　　　　　　　　● 田中 重好

　1　はじめに ……………………………………………………… 171
　2　従来の防災対策の枠組み …………………………………… 172
　3　東日本大震災以降の防災対策の修正 ……………………… 174
　　　　中央防災会議での審議（174）　災害対策基本法の改正
　　　　（177）　基本法改正の特徴（178）　津波防災推進法，津波
　　　　防災地域づくり法の制定（181）　従来の防災パラダイムは
　　　　変わっていない（186）

　4　今，求められているパラダイム転換 ……………………… 187
　　　　既存のパラダイムの限界はどこにあるのか（187）　既存の
　　　　パラダイムの「限界効用低減」（190）　既存のパラダイム転
　　　　換の方向性（190）

　5　新しいパラダイム …………………………………………… 197
　　　　新しいパラダイムの基本原理（197）　新しいパラダイムに
　　　　立脚した今後の防災対策のあり方――政策的提言（199）

第2部　支援パラダイムの転換と市民社会

第7章　支援パラダイムの転換 ─────────── 204

　　　　　　　　　　　　　　● 横田尚俊・平井太郎・田中重好

　1　新しい支援の胎動――なぜ自治体間支援をとりあげるか …… 204

東日本大震災の衝撃と災害支援（204）　災害支援のなかの自治体間支援（205）　自治体間支援研究の社会学的意義（207）

2　戦後日本の防災対策と災害支援 ……………………………… 209

　大災害期の1つの乗り越え方としての災対法（210）　「産業構造の転換」という災害の捉え方——産業災害（211）　「個人災害」の焦点化（214）　失われる「互助」の受け皿としての市町村（216）　下からの/横からの公共性の可能性（217）

3　脱災害救助法パラダイムの兆候 ……………………………… 219
　　——支援の対象・財源・主体における変容

　支援の「対象」をめぐる変化——災害支援の個別化（219）　支援の「資源」をめぐる変化（223）　支援の「主体」をめぐる変化——ガバナンス化（227）

4　市民社会のボランタリズムと自治体間支援 ………………… 230

　ボランタリズムの展開（231）　災害をめぐるボランティア活動の歴史（233）　東日本大震災でのボランティア活動（237）　ボランタリズムと自治体間支援との交点（238）

第8章　自治体間支援の展開 ———————————— 244
　　　　　　　　● 室井研二・平井太郎・黒田由彦・速水聖子

1　東日本大震災における自治体間支援 ………………………… 244

　全体像の解明と社会学的アプローチ（244）　自治体間支援の全国的動向（248）

2　東北地方——被災地との「近さ」を活かす新しい社会の条件 … 256

　全体的傾向——支援の自主性は「近さ」だけで説明できるのか（256）　自治体における創発性はどうありうるか（256）

3　東海地方——大都市自治体の創発的支援 …………………… 260

　全体的傾向（260）　名古屋市（262）　愛知県（263）　創発的な自治体間支援を可能にする要因（265）

4　四国地方——災害支援にみる分権化の地域特性 …………… 265

　全体的傾向（265）　四国における関西広域連合（267）

被災地支援のフィードバック　(268)

5　中国・九州地方 ……………………………………………… 270
　　――距離の隔たりがもたらす「支援の想像力」

全体的傾向　(270)　　被支援経験と「恩返しとしての支援」
(271)　　裏方のボランティア・裏方としての支援　(273)
「遠くからできる支援」と「支援の想像力」　(274)

第9章　地域社会におけるガバナンス型支援の創発・展開 ── 280
● 速水聖子・平井太郎・黒田由彦・室井研二

1　官民の枠を超えるガバナンス型支援の可能性 ……………… 280

災害支援の文脈におけるNPO・ボランティアの位置づけ
(280)　　創発的支援としてのガバナンス型支援の可能性
(283)　　ガバナンス型支援の組織類型と地域性　(285)

2　被災地との近さが生む支援に対する根本的な反省 ………… 288
　　――東北地方

民間組織による顔の見える支援の展開　(288)　　支援とは何
かを突き詰めた先に　(289)

3　市民社会組織のネットワークが生む創発性――東海地方 …… 292

市民社会組織に関する東海地方の地域特性　(292)　　支援の
事例　(293)

4　災害ボランティアの組織化と土着的創発性――四国地方 …… 299

四国の地域特性　(299)　　小地域社協が触媒となった災害支
援　(300)　　自主防災会による遠隔地支援　(302)　　まとめ
に代えて　(304)

5　集合的記憶の共有がもたらす官民協働型支援への推進力 …… 305
　　――中国・九州地方

「物語の共有」と支援の継続性　(305)　　「東日本大震災復興
支援宇部市民協働会議」による支援の継続――山口県宇部市
(306)　　「鉄のまち」つながりと「絆」プロジェクト北九州会
議――福岡県北九州市　(308)　　継続的支援を支える地域性
(309)

第10章　支援パラダイムの転換とその社会的基盤 ─── 313

●黒田由彦・檜槇貢

1　新しい支援パラダイムの生成 ………………………………… 313

　　創発的支援へ（313）　　従来型の支援パラダイムとその限界（314）　　創発的支援と自発的水平型支援（316）　　創発的支援の特質と効果（319）

2　創発的支援を生んだ社会的基盤 ……………………………… 321

　　創発的支援を生んだ制度的条件（321）　　創発的支援を生んだ社会的条件（323）　　創発的支援の社会的基盤──3層モデル（327）

3　支援パラダイムの転換と新しい自治のかたち ……………… 329

　　創発的災害支援パラダイム（330）　　自治体災害支援の構図（333）　　水平的広域支援のメカニズム（336）　　新たな自治のかたち（339）

索　引　　341

本書のコピー，スキャン，デジタル化等の無断複製は著作権法上での例外を除き禁じられています。本書を代行業者等の第三者に依頼してスキャンやデジタル化することは，たとえ個人や家庭内での利用でも著作権法違反です。

第1部 防災パラダイムの転換

第1章

これまでの防災パラダイム

田中 重好

1 はじめに

　日本は自然災害多発国である。平成25年版『防災白書』によれば，「世界で発生するマグニチュード6以上の地震の約2割が我が国周辺で発生しているほか，分かっているだけでも［国内に］約2,000の活断層が存在している」（内閣府 2013：1）。歴史的に見ても，日本社会は数々の自然災害を経験し，そのたびに復興を遂げてきた。一般に，社会は災害を含むさまざまな困難に直面し，その経験を社会全体に「内部化」しながら，将来の同種の困難に備えて対策を講じ，社会構造や生活習慣を変化させてきた。その意味では，数多くの災害を経験してきた日本の社会は自ら「災害に強い社会」をつくってきたし，防災対策の蓄積も世界のなかで飛び抜けている。
　そもそも，「災害に対処する」（以下，防災と呼ぶ）とは発災直後の短期的過程に限定されるものではない。それは発災後の緊急対応，緊急支援にとどまらず，発災に備えての防災体制の整備であり，復旧・復興である。その点で，防災とは，平時の予防，発災時の緊急対応，その後の復旧・復興という長期間にわたる社会過程を含むものであり，そうした防災を世代的に継承する過程なのだ。

さらに，防災には，耐震性のある建物の建設や堤防などの防災施設の整備といったハードな対策とともに，防災教育などのソフトな対策が含まれる。

戦後のたび重なる災害発生を受けて，日本では，行政の防災体制が整備されてきた。なかでも，伊勢湾台風をきっかけに制定された1961年の災害対策基本法により，現在の防災対策の基礎がつくられた。1959年の伊勢湾台風から1995年の阪神・淡路大震災まで，日本社会は大災害に遭遇していない。自然の側からの巨大なハザードの力を受けることなく，高度経済成長などの発展を遂げてきた。

近代以前を含む長期的観点から見ると，日本社会の防災能力は確実に向上してきたといえる。それは，災害に直面した経験を社会のなかに「内部化」したことによって，防災の構えが社会的に結晶化した結果である。この防災力の向上の過程について見逃してはならない点は，防災力向上の過程は防災の主体の転換の過程でもあったという事実だ。近代国家形成以前には，行政部門は防災に最低限の責任しかもたなかったため，人々は自助あるいは共助（地域的な共同体）で災害に対処せざるをえなかった。だが，近代国家が成立して以降，国家によって程度の差はあれ，「人々の生活を守る」ことが国家の役割と考えられるようになり，さまざまな行政的な防災対策や災害時の緊急対応がなされるようになってきた。とくに，第2次世界大戦後，福祉国家化が進むにつれて行政の防災対策もますます拡充してきた。ただし，行政による防災対策の拡充の反面，それ以前の社会（非行政部門）がもっていた防災力を衰退させる結果を招いてきた。この社会的な防災対策の衰退は，ひとり行政的な防災対応力の向上に原因があるだけではなく，近代社会の社会変動（コミュニティの衰退，流動性を含めた変動性の高さ，都市化をはじめとする社会環境の激変など）にも原因がある。しかし，阪神・淡路大震災以降，こうした行政中心で進められてきた防災対策にも「限界がある」ことが明らかになった。そのため現在，従来の行政中心の防災対策のあり方が「曲がり角にある」。

このように長期間にわたり防災への取り組みを重ねてきたにもかかわらず，2011年3月11日の東日本大震災では大量の犠牲者を出してしまった。東日本大震災の死者・行方不明者は，災害関連死を加えると，約2万2000名近くにのぼっている。戦後の災害史のなかでは，この犠牲者数は先進国中最大のものである。

一般的には，この災害は「人々の想像をはるかに超える大規模な地震・津

波」であったゆえに，莫大な被害をもたらしたのだと考えられている。しかし，ハザードそのものに，災害（被害）の大きさを帰着させることはできない。まさに，B. ワイズナーら（Wisner et al. 2004 = 2010）がいうように，同じハザードであっても，災害に対する脆弱性の値により，災害の被害は大きくもなり小さくもなるのだ。そして，この災害に対する脆弱性は防災対策により大きく決定されている。

　この観点からすれば，われわれは次のような問いに向き合うことが求められている。なぜ，日本では長期間にわたり防災対策を進めてきたにもかかわらず，このような大規模な被害が発生してしまったのか，その原因は何か。これまでの防災対策に根本的な欠陥はなかったのか。今後，このような大規模ハザードに直面したときにも，犠牲者を最小にするにはどうしたらよいのか。われわれは現在，日本の社会や防災対策に潜んでいた問題点を探り出し，それを改善することが求められているのだ。

　こうした問題を検討するために，本章では，そもそも日本の防災対策の基本的枠組みはいかなるものなのかを明らかにする。まず，戦後日本の防災体制の基礎をつくった災害対策基本法の成立過程とその特質を検討する。次に，戦後日本の防災対策が「もっとも完成した」形をとった大規模地震対策特別措置法を詳しく検討する。それ以降，日本の防災体制は基本的な構造を変えることなく，東日本大震災を迎えた。こうした検討を踏まえ第4節では，戦後日本の防災対策の基本的な枠組みを，防災パラダイムとして整理する。

2　戦後の防災政策の形成

　近代国家が制度的に整備されるのにともなって，災害関連法も整備されていった。第2次世界大戦前の災害関連法制としては，1890年（明治23年）の水利組合条例をはじめとする水防関係法，1896年（明治29年）の河川法，1894年（明治27年）の消防組規制などの消防関係法，土砂災害対策のための1897年（明治30年）の砂防法などが制定された。現行の災害救助法にあたるものは，1880年（明治13年）の備荒儲蓄法（1899年廃止）と，その後身の罹災救助基金法（1947年廃止）が制定された。しかし戦前には，災害に関する法制度は個別のハザードごと，あるいは行政部門ごとに制定されており，総合的な法律は存在しなかった。

第2次世界大戦前後,日本社会は多くの災害に見舞われた。

　水害について見ると,1945年の終戦の年から1950年代は大規模水害が相次いで発生した。1945年9月17日には,鹿児島県枕崎に,916.1 hPaという超大型の台風が上陸,九州,四国を横断した。翌々年の1947年9月には,カスリーン台風が関東,東北を横断,利根川,北上川が氾濫し,東京をはじめ各地に大きな被害をもたらした。1950年9月には,ジェーン台風が来襲,大阪を中心に高潮被害をもたらした。1953年6月には,豪雨で北九州を中心に被害をもたらし,関門トンネルが水没した。同年7月には,紀伊半島中部の集中豪雨のため,紀ノ川,有田川,日高川で洪水や山津波が発生した。さらに,同年9月には,台風13号が来襲,東海地方を中心に被害を及ぼした。翌1954年には,台風により青函連絡船洞爺丸が沈没し1000人以上の犠牲者を出した。1957年7月には,豪雨により,長崎県諫早では600人以上の死者を出した。1958年9月の狩野川台風では,伊豆半島から東京に大水害を発生させた。

　このように,戦後,大型台風や集中豪雨が続き,戦争拡大のなかで治山治水事業が後回しにされて国土が疲弊していたために,被害をいっそう拡大させた。こうした打ち続く水害のピークが,1959年9月の伊勢湾台風であった。明治以降の水害被害額と死者・行方不明者数の推移を見ると,戦後から伊勢湾台風までの期間が,被害額,死者数ともに際立っている(高橋 1988:5)。

　期せずして,この時期には大規模な地震災害も続発した。1940年代以降の,死者1000人以上を出した地震を列記する(中央防災会議編 2011a)と,1943年9月10日,直下型の鳥取地震(M7.2)が発生し,鳥取市内に大規模な火災を引き起こした。その被害は鳥取市に集中し,家屋全壊7485戸,死者1083人にのぼった。1944年12月7日に南海トラフ巨大地震である東南海地震(M7.9)が発生し,静岡・愛知・三重を中心に,家屋全壊1万7599戸,流出3129戸,死者1223人を出した。この地震では,三重県尾鷲市では高さ8〜10mの津波が押し寄せ,死者96人を出した。翌1945年1月13日には三河地震(M6.8)が発生し,愛知県南部に被害を与え,全壊7221戸,死者2306人を出した。戦後,1946年12月21日には南海トラフ巨大地震である南海地震(M8.0)が発生し,津波が静岡から九州の太平洋沿岸に押し寄せ,高知県・徳島県・三重県の沿岸に高さ4〜6mの津波が来襲し,全壊家屋1万1591戸,焼失2598戸,流出1451戸,死者1330人を出した。さらに,1948年6月28日には福井地震(M7.1)が発生,直下型地震であったため,福井平野に被害が集中,全壊3万6184戸,

死者 3769 人を出した。

地震災害は水害と同じく，1943〜48 年に集中して発生しており，大量の犠牲者を出した福井地震以降，日本国内や近海では 1995 年 1 月 17 日の兵庫県南部地震（阪神・淡路大震災）まで，100 名を超える死者数を出した地震は，1983 年の日本海中部地震（死者 104 名）だけであった。ただし，この時期に M7.0 以上の地震だけでも，1964 年の新潟地震，1978 年の宮城県沖地震など 10 回の巨大地震が発生しており，大地震がなかったわけではない。大量の犠牲者を出していないのは偶然に，都市直下型地震や人口集積地近くの海溝型地震がなかったからにすぎなかった。

伊勢湾台風

戦中から戦後十数年にわたって相次いだ大災害のピークをなしたのが，1959 年の伊勢湾台風であった。

1959 年 9 月 23 日に，後に伊勢湾台風と称されることになる台風 15 号は中心気圧 894 hPa，最大風速 75 m/s の超大型台風に発達した。26 日 18 時頃には，和歌山県潮岬津金に 929.5 hPa という強い勢力を保ったままで上陸し，三重県鈴鹿峠付近を通過し，富山県へと進んだ。この中心気圧は，本土に上陸した台風としては，過去最大級であった。東海地方がもっとも強風域に巻き込まれたのは 21 時台で，21 時 25 分に最大瞬間風速 45.7 m/s，ほぼ同時刻には名古屋港で最大潮位 5.81 m を記録した。この台風による被害は，表 1-1 のとおりである。

日本全国では，死者，行方不明者合計 5098 名，被災世帯 35 万世帯，罹災者は 160 万人を超え，床上浸水 19 万世帯，床下浸水 23 万世帯，建物全半壊 14 万体にのぼり，その被害は愛知県内に集中した（注1）。被害額は 7000 億円を超え，被害規模はこれまでの災害と比べて格段に大きかった。伊勢湾台風は，強風，集中豪雨，洪水，高潮を発生させたが，その最大被害をもたらした原因は，高潮による広範囲の浸水であった。

伊勢湾台風以降の日本の災害対策──災害対策基本法の制定

未曾有な被害をもたらした伊勢湾台風災害を契機に，従来の防災体制の不備が明らかとなり，「総合的かつ計画的な」防災行政体制の整備をはかる必要性が指摘され，1961 年，災害対策基本法が制定された。これによって，今日の

表 1-1　伊勢湾台風の被害状況

	全国合計	愛知県	名古屋市
人的被害			
死　者	4,764	3,142	1,851
行方不明者	213	88	58
負傷者	38,838	31,514	——
建物被害			
全　壊	35,125	21,381	6,166
半　壊	105,344	62,995	43,249
流　出	4,486	2,135	1,557
床上浸水	194,397	104,017	34,883
床下浸水	228,317	80,827	32,469
罹災世帯数	354,135	192,071	128,308
罹災者概数	1,615,804	878,900	——

(注)　集計の仕方が異なるため,該当の数値がない場合は傍線とした。なお,災害の被害統計は,集計時期,その機関などによってかなり数値が違っている。このことは,あらゆる災害について見られる一般的傾向である。
　　　現在,もっとも一般的に引用される伊勢湾台風による死者行方不明者数は,力武常次・竹田厚監修『日本の自然災害』(1998 年,国会資料編纂会) によるもので,この数値は,中央防災会議災害教訓の継承に関する専門調査会『1959 年　伊勢湾台風報告書』(2008 年) にも使われている。しかし,これらの資料には,名古屋市と愛知県への被害の集中がわかるかたちで集計がなされていないために,ここでは名古屋市『伊勢湾台風災害史』(1961 年) より,地域的な被害状況を示した。だが,本書が編集された時点での死者行方不明者数は,その後に確定した数値とは異なっている。
(出所)　全国,県は 1959 年 12 月 1 日現在警察庁調べ,名古屋市は 1960 年現在名古屋市調べ。

防災体制の基礎が形づくられた。

　災害対策基本法が制定される以前には,災害に関連する法律は 150 本以上あり,法律相互の関連性,整合性に欠け,総合的な災害対策を進めることができなかった。同法制定以前は,大災害のたびに特別の国庫補助の措置を講じていたが,そうしたやり方は迅速性の欠如,地域間の不公平,各対策間の調整不備が問題とされてきた。同法制定とともに,災害復旧の財政支援のあり方を見直し,1962 年,「激甚災害に対処するための特別の財政援助等に関する法律」(以下,激甚法) があわせて制定された。

災害対策基本法の特徴

　一般に,災害対策基本法は,「総合的かつ計画的な防災行政の整備及び推進」

のため,「①防災に関する責任の所在の明確化,②国及び地方を通ずる防災体制の確立,③防災の計画化,④災害予防対策の強化,⑤災害応急対策の迅速,適切化,⑥災害復旧の迅速化と改良復旧の実施,⑦財政負担の適切化,⑧災害緊急事態における措置等災害対策全般にわたる施策の基本の確立」(国土庁防災局監修 1986：38) がはかられた,と説明される。事実,同法の制定以降,予防体制の確立,防災計画の策定,発災時の災害対策本部の設置と対応,警報伝達などの情報伝達システムの確立,医療や避難施設の対応,災害復旧などが迅速に進められるようになり,各省庁の防災対策整備と,さまざまな技術(たとえば,土木建築技術,情報解析と伝達に関する技術)の進歩とともに,防災行政システムの能力が格段に向上した。

なかでも災害対策基本法の最も重要な特徴は,(1) 防災対策の「総合性」の確保,(2) 防災対策の「計画性」の確立,(3) 緊急対応能力の向上,(4) 行政中心の防災体制である。これらの点が,同法のなかでどういった形で実現されたのかを,具体的に見ていこう。

第1の特徴は,防災対策の総合性の確保である。防災対策とは本来,総合行政的な性格をもっている。すなわち,緊急に被災地を支援するには消防,警察,自衛隊,医療などの諸機関が必要となるが,緊急支援が一段落した後,道路などの公共施設の補修には建設土木事業,被災地の保健衛生対策,農林漁業の復興のために農林漁業政策,生活立て直しのための仮設住宅建設,生活物資の供給や生活資金の給付貸与などの社会福祉対策,学校再建のための教育対策など,あらゆる行政部門が関わってくる。さらに,発災以前からの防災対策となると,いっそう幅広い行政分野が関係する。

総合性の点を,条文に即して確認すると,次のようになる。第1に,防災対策の総合性は,内閣総理大臣を会長とする中央防災会議を設置することにより,各省庁に分散している防災関連事業を束ねることによって可能となる。同法によって防災の基本的な理念を防災会議で整理して,その理念のもとに,各省庁での事業を実施するという体制をつくりあげたのである。この点について,参議院地方行政委員会での法案審議 (1961年10月30日) のなかで,当時の自治大臣安井謙は,この基本法の目的は各省庁の相互調整をすることだと,次のように説明している。「一番大事なことは,さらに各省が非常に有効な施策や法律をもって今までも相当やっている。しかし,それが各省ばらばらであるのだから,これを防災会議という形でまとめまして,そうして足らないところとか,

矛盾しているところは，常にそこで注意を促して推進させていこう。それからばらばらになっているものはそこで総合調整をしていこうというところに大きなねらいがある」。そのため，中央防災会議も「各省のそれぞれの責任者が集まって，防災という観点から，あらゆる各省の所管事項について批判もし合い，ものも言い合って，こういうことはいかぬじゃないかとか，あるいはこういうふうに直すべきじゃないかとかいうものを，実際問題としては，相談する会議になる」と説明している。

しかも，この省庁間の調整において重要なのは，各省庁の従来の業務・所管の変更なしに，それを行うことであった。この点について，藤井貞夫政府委員（当時）は同委員会で「災害対策基本法案の建前自体が，各省庁はそのままにしておきまして，あるいは各所管の法律というようなものについては，根本的な変改を加えないという建前をもって，その前提で計画化と総合化というものを推進をしていこう［と］いうねらいを持ったものでございます」（［ ］内は引用者が加筆，以下同じ）と説明している。以上に見てきたように，災害対策基本法は，各省庁の既存の分担関係や権益に何ら修正を加えずに，総合調整しながら防災対策を進めることを目指したものであった。

また，中央防災会議のもとに，都道府県，市町村にも地域防災会議を設置して中央の防災対策の基本方針を地方に浸透させるとともに，地域ごとに総合的な防災対策を推進することにした。さらに，中央防災会議が防災関連機関と連携をはかることによって，総合性を確保できるようにした。防災に関連する放送，交通，電力，ガス，赤十字などの指定公共機関と連携しながら，総合的な防災対策を進めることが可能となったのである。以上見てきた防災対策の総合性は，同時に中央集権的な総合性でもあった。

第2の特徴は，防災対策の計画性の確立である。災害対策基本法においてはじめて，防災対策において計画の考え方が持ち込まれた。その計画とは，防災基本計画，地域防災計画，防災業務計画の3つである。まず，中央防災会議が防災基本計画を策定し，防災全体の根幹となる計画を作成する。次に，政府の基本計画に基づいて，都道府県レベルで地域防災計画，市町村レベルで地域防災計画を策定し，計画上の「中央と地方を通じた」整合性を確保する。さらに，基本計画に基づいて，防災関係機関は防災業務計画を策定し，政府との防災計画の一体性をつくりあげる。以上の各計画の関連性も，防災対策の総合性と同じように，中央集権的なものである。このように，日本の防災体制は，「総合

性」「計画性」を中央集権的に束ねた形で成り立っていたのである。

　災害対策基本法の特徴として「計画性」について見てきたが，戦後日本の行政全体が全国総合開発計画をはじめとして計画行政を導入強化してきた。その点では，防災対策に計画制度を導入することは，その流れに沿うものである。しかし，防災計画と全国総合開発計画とは次の点で大きく性格を異にしている。総合開発計画ではその策定，とくに計画目標の設定は政治的な課題となり，社会的に幅広い議論のもとに進められる。それに対して，防災基本計画は，社会的な場面で議論されないばかりか，国会の議論の対象になることも少ないし，制度的に国会の承認を必要としていない。このことは，何を意味するのかといえば，総合開発計画は「公共性の高い」ものと社会的に考えられているのに対して，防災計画は，防災というテーマそのものは本来，すべての国民に関連する事項であるという意味で「公共性の高い」ものであるにもかかわらず，政策の具体的内容は公共的議論の対象ではなく中央行政内部の専決事項であった。防災計画の内容そのものは，「行政内部で決定する，技術的な課題」と考えられた。このことは，防災政策が「官による公共性の独占」のもとにあったことを意味している。

　こうした「官による公共性の独占」に対して，次のように批判されてくる。秋山長造議員（当時）は参議院地方行政委員会（1961年10月31日）で，「中央における中央防災会議，地方における府県防災会議あるいは市町村防災会議というような各段階での防災会議というものを設けて，そしてそれらの上下の関係あるいは相互の関係の総合調整というような，いわば防災対策についての組織あるいは運営，こういうようなことが主になっておりまして，［その一方で］ほんとうにきめのこまかい，ずばり防災対策そのものというものは，むしろ影が薄いような感じを受けざるを得ない」と述べて，同法が描く防災対策は行政組織内部の仕事としてしかとらえられていないことを批判する。それに続けて，同議員は防災対策を行政機構内部の問題にとどめずに，社会全体の問題にすべきではないか，そうしないと防災対策の効果が上げられないと，先の批判に続けて指摘する。すなわち，「民間の知能と力を結集して，名実ともに総合的，そしてまた挙国的な，官民をあげての防災対策，防災体制というものを整備するためには，ただ，いわゆる役所の長を羅列的に集めて，そしてそれで事足れりとするのではなしに，もっと民間の学識経験者とか，あるいは一般の住民の代表というようなものを，この組織の中に参加さすべきじゃないか」と提言す

る。そうしないと，行政中心の防災対策，行政内部で立案された基本計画では，実効性を確保できないのではないかと主張する。別の機会（1961年10月30日）にも同議員から，「議会へあるいは報告して，そうして県民なりあるいは市町村民なりに周知徹底させるとか，また逆に地方住民の協力を仰ぐ，求めるということが，どこか法文の中でやはり保証されていなければ，ほんとうにもう何もかにもがただ机上評価，机上プランに終わってしまうのじゃないか」という疑問が提示されている。

　第3の特徴としては，災害対策基本法は，災害の発生後の緊急対応能力の向上に力点が置かれていた。自治大臣安井謙が先の委員会において，同法について「何といっても地方団体の第一線が防災の応急対策をやります際のいろいろな施策について非常に事こまかに解いている」と説明しているように，同法は予防，緊急対応，復興の災害の各フェーズについての言及はあるものの，中心は緊急対応であった。そのため，法案審議のなかで，災害対策基本法案は緊急対応に偏りすぎており，予防については不十分であり，また，復興についても不完全だという批判がなされた。同委員会の議論のなかで武内五郎議員（当時）からは，「国会で災害対策基本法……の内容を見まして，すでに災害が起きたものに対する対策，その行動です。どういうふうにして災害中に人間を動員し，資材を動かし，あるいはそれを動かすような命令の組織，機構の組織等だけが，重点であって，予防措置等についての点がきわめておざなりになっている」と指摘されている。こうした批判を受けて，1961年10月27日に開催された第39回衆議院本会議において同法を決議する際，検討を重ねてきた地方行政委員会の委員長より，次のような附帯決議を付された。「従来の災害対策の根本的欠陥は，災害の未然防止のための恒久的諸施策が整備確立されていないことである。政府は，治山，治水，地すべり，地盤沈下，海岸しん蝕及び高潮対策，その他の国土の保全に関する諸施策に抜本的な検討を加え，長期的，効果的な計画の樹立と推進に努め，災害の原因を根絶するよう万全の措置を講ずること」と，予防にいっそう努めることを求めている。

　予防だけではなく復興に関しても，災害対策基本法に十分盛り込まれていないという批判もなされた。その復興の焦点は，被災した個々人の救済についてである。衆議院災害特別委員会の席上（1961年10月31日），岡本隆一議員（当時）からは，「災害〔対策〕基本法というものはいわば魂なき災害基本法だ」と批判された。なぜ，「魂なき災害基本法」なのかといえば，この法案は「災害

が起こったら救援活動をどうするかとか、あるいは避難活動をどうさせるとか、そういうふうなことばかりです。……それにも増して必要なことは、その地方に再び災害を起こさないようにするということ、それから甚大な痛手を受けたところの被災者に対して十分な援護をしてやる、これらの問題が抜けておるという点で、この災害[対策]基本法というものは魂なき法と思うのです」と批判している。

　第4の災害対策基本法の特徴は、防災対策は「行政の仕事」と位置づけたことにある。同法は、総則、防災に関する組織、防災計画、災害予防、災害応急対策、災害復旧、財政金融措置、災害緊急事態、雑則、罰則の各章から構成されている。これらの職務は基本的に行政によって行われる、と規定されている。災害対策基本法を検討する過程においても安井謙自治大臣（当時）は参議院地方行政委員会（1961年10月27日）において、「災害に対する予防、救助等の最終的責任というものは国にある、政治的責任は国にあると見なければならぬと思いますが、しかし、それを果たします上からは、国、地方団体あるいはそれの関係機関及び住民、こういうものが三位一体となって対処すべきものだと考えております」と答弁するものの、中心はあくまで行政であるとして、続けて次のように述べている。「災害対策あるいは防災の責任省といたしましては、政府の各機構をあげて……それぞれに責任部門を持っておるわけでございます。本法によりまして、そういった責任部門を網羅いたしまして、内閣総理大臣のもとに中央防災会議というものを置きまして、政府の防災関係機関をあげて一丸となってこの防災の予防あるいは応急対策その他事後処理に当たる、こういうつもりでございます」と述べる。ここでは、防災はあくまで行政組織内部の問題であるとする論理が貫かれている。防災という課題は国民全体に関わりがあり、その意味で「国民の共同の課題」であり、そのため、西欧的な意味での「公共的な課題」である。しかし、この議論では、そうした「公共的な課題」が主に「行政的課題」と解釈されて、防災は「官の公共性」のもとに置かれることになる（田中 2010）。そのため、中央防災会議の審議事項は、国会、県議会、市町村議会でも審議事項ではないし、わずかに国会への報告事項とされているにすぎない。

　同法の総則において、防災対策の責任主体に関して、「国の責務」「都道府県の責務」「市町村の責務」「指定公共機関及び指定地方公共機関の責務」と並んで、確かに「住民等の責務」という条項がある。そこでは、「住民等の責務」

について「地方公共団体の住民は，防災に寄与するように努めなければならない」（第7条）と定められている。だが，同法で防災の担当組織として想定しているのは，行政組織と行政が指定した「指定公共機関」のみである。法文上「住民」という名称が登場するのは10ヵ所であるが，「住民」という言葉の大部分は，たとえば「都道府県は，当該都道府県の地域並びに当該都道府県の住民の生命，身体及び財産を災害から保護するため」といったように，「住民」という文言は「行政の保護の対象」「防災の客体」として登場するだけであり，「防災の主体」として登場するのは先にあげた一条項だけである。全体として，成立当初の災害対策基本法では，防災に関連する団体を，行政機関あるいは「指定公共機関」と規定しており，非行政部門や民間人についての規定が少ない（風間 1998：4）。

以上に見てきたように，制定当初の災害対策基本法には非行政的部門（社会）がどう防災に取り組むかということについての規定はなかった。現在，とくに阪神・淡路大震災以降，公助・共助・自助論に見られるように，行政による防災の限界が明らかとなり，社会的セクターが防災にどういった役割を果たせるかが問題になってきたが，同法が制定された当時には，そうした問題意識は見られなかったのである。

1961年の災対法の成立によって，戦後の日本の防災体制の基礎がかたまった

1959年の伊勢湾台風，1960年のチリ津波の後，1995年の阪神・淡路大震災まで約35年間，幸い大きなハザードは発生しなかった。その間，着々と，防災対策が進められていった。防災関係予算額の推移で見ると，1963年の1981億円から，大規模地震対策特別措置法が成立する1978年度までの15年間に，1兆8594億円と9.4倍に拡大する。こうした防災関係予算の増加は，当然のことながら，防災行政の体制や施設が整備されていったことを意味している。

防災関係予算の内容も大きく変化する。1960年代後半には防災関係予算のうち災害復旧費が30%を占めており，なかでも1968年度には41.5%にも達していた。だが，1970年代になると，災害の発生頻度によって上下するとしても，災害復旧費は20%までに低下し，東日本大震災が発生するまでは最大でも1980，1982年度の20.9%が最大であり，多くの年度は10%を切っていた。2000年までは，ほぼ一貫して防災関係予算総額は増加の一途をたどっているが，災害復旧費は減少傾向にあった。そうしたなか，総額としても，構成比と

しても増加していったのは、災害予防と国土保全費用である。このことは、いったん発生した災害の復旧のための費用が減少し、将来発生するであろう災害への対策費が増加していったことを物語っている。こうした災害予防費の増大は、次に述べる大規模地震対策特別措置法の制定と密接に関連していた。

3 典型例としての大規模地震対策特別措置法とそれ以降の変化

災害対策基本法の成立によって日本の防災体制の基礎がつくられてきたが、同法は緊急対応に中心があり、予防、復興の対策としては不十分なものであった。ところが、東海地震の発生に備えて1978年に大規模地震対策特別措置法（以下、大震法）が制定され、日本の災害対策は大きな転換を遂げていくことになる。この法律は、第1にそれまでの防災対策のあり方を緊急対応対策から予防対策へと大きく転換させたものであり、第2に河川災害から地震災害へと防災対策の対象を拡大させたという、二重の意味で大震法は戦後の日本の防災対策の画期をなしている。

しかし、台風や洪水と比較して、地震対策は災害対応が難しい。大地震は発生頻度は低く（反復性が低い）いつ発生するかわからないが、いったん発生すれば被害は広域に及び甚大である。ただし、地震予知の能力が向上すれば、地震対策は格段にやりやすくなり、死者も減らせる。大震法が、行政側の災害の予防対策の拡充と、地震学の側の地震予知の可能性への努力との交点で成立したのも、そのためである。大震法の成立は、地震予知研究の発展なしには考えられなかった。そのために、地震予知の歴史を簡単に振り返っておこう（武村2010、山岡ウェブサイトなど参照）。

地震予知の歴史と法の成立

日本での地震学の歴史は、1880年（明治13年）、横浜を襲った中規模の地震をきっかけにはじめて日本地震学会が設立されたことから始まる。その翌年10月28日早朝、巨大な内陸型地震である濃尾地震（M8.0）が発生した。この地震発生を受けて、1892年（明治25年）に政府により震災予防調査会が設置された。この調査会の建議書には、地震研究の目的として「地震の予知するの方法ありや否や」を検討するという項目が入っていた。このように、地震予知は地震研究の出発点から地震学に求められた主要な課題の一つであった。1905

年（明治38年）の関東地方に大震災が発生する可能性をめぐる大森房吉と今村明恒との論争，さらに，1923年（大正12年）の関東大震災発生後に設置された東京帝国大学地震研究所に対する「地震の学理及震災予防に関する事項の研究」への要請など，日本の地震学は，地震研究を震災予防にいかに役立てるか，そのために地震の予知がいかに可能にするかという課題をずっと背負ってきた。

第2次世界大戦中に一時中断を余儀なくされた地震学は，戦後，復興した。地震学の予知研究の再出発の契機となったのは，1962年の地震予知計画研究グループ「地震予知——現状とその推進計画」（通称，ブループリント）である。それは，地震学者の坪井忠二，和達清夫，萩原尊禮らが世話人となって構想された地震学の研究計画であった。これは地震予知研究の必要性と，そのための研究計画を提案したものである。この建議書の最後に，「地震予知がいつ実用化するか，すなわち，いつ［天気予報のように］業務として地震警報が出されるようになるか，については現在では答えられない。しかし，本計画のすべてが今日スタートすれば，10年後にはこの問に充分な信頼性をもって答えることができるであろう」（地震予知計画研究グループ 1962：32）と予言されている。これは10年後に地震予知が可能になるとは断言できないまでも，いつ「地震予知の実用化」が可能になるかを，10年後には答えられるようになるというのだ。この提案を受けて，1964年には，文部省測地学審議会が大臣に地震予知研究の推進を建議した。こうした学術側の提案の動きを受けて，1965年，予算2億円が承認され，地震予知研究計画が実施に移されることになった。地震予知計画は第7次5箇年計画まで続けられ，1998年に終了した。

地震予知研究が始まった3年後の1968年，十勝沖地震（M7.9）が発生した。そのために，地震予知の必要性がいっそう強く訴えられ，地震予知実用化推進についての閣議了解を経て，1969年地震予知第2次計画が発足した。このときから「地震予知研究計画」から「研究」の2文字が取れ「地震予知計画」となった。このことは，地震予知が研究者の世界の課題から政策課題に転換したことを意味している。事実，同年，国土地理院院長の私的諮問機関として地震予知連絡会（以下，予知連）が発足し，予知連では地震が起きる可能性が高い地域を指定し，その地域での重点的な観測を進めることになった。予知連は，1969年12月に東海地域を「特定観測地域」に，1970年2月には関東南部を「観測強化地域」，北海道東部など7カ所を「特定観測地域」に指定した。

駿河湾地震説が発表された1976年は，地震予知研究・予知計画にとって重

要な画期の年となった。現実には,「東海地方で大地震がおこる可能性があることは1969年から指摘されていた」(茂木 1998:13) とはいえ,1976年秋の地震学会で,当時東大地震研究所の若手研究者であった石橋克彦が「駿河湾地震説」を提唱したことがきっかけになって,マスコミが大々的に取り上げ,東海地震発生の危険性を世に知らしめたのだ。

駿河湾地震説が公表されたことにより,この議論は研究者の間の一学説から社会的な問題へと変化し,地震予知に関連する行政的な体制もさらに拡充された。1976年12月には,文部省測地学審議会の「地震予知計画見直しの建議」を受けて内閣に地震予知推進本部が設置され,1977年には,予知連のなかに,特別に東海地域における地震発生の可能性を判定するために東海地域判定会が設置された。この地域での観測の強化,常時監視体制の充実,判定組織の整備の推進を決定するなど,地震予知体制整備に向けて大きく動いていった。こうした動きを法制化したものが,大震法であった。

近年の地震予知の考え方について簡単に整理しておこう。「地震が『いつ』,『どこで』,『どのくらい』の規模で発生するかは,地震予知の3要素と呼ばれていて,これらを地震発生前に実用的な精度で知ることが必要とされている」(日本地震学会地震予知検討委員会編 2007:20)。さらに地震予知は,長期予知,中期予知,短期(直前)予知に分かれる。長期予知とは,数百年~数十年の時間スケールの予知で,「過去の地震発生履歴をもって統計的に予測する」。中期予知とは数十年~数カ月の予知で,「現在の観測データと物理的モデルを用いてシミュレーションによって予測する」ものである。直前予知とは数カ月~数時間に「前兆現象を捉えて予測する」ものである(同上:24)。地震予知の最終目標は,この直前予知であることはいうまでもない。

大規模地震対策特別措置法(大震法)の成立

1978年6月7日,大震法が制定され,12月14日に施行された。大震法制定の前提として,第1に東海地震は「いつ起きても不思議ではない」(国土庁防災局 昭和61年版『防災白書』1986:69) という認識,第2に「これらの動向を踏まえ,大学を含めた関係機関により東海地域における観測体制の整備が進められた結果,観測データ等を総合すればこの地域で発生する大規模地震の前兆現象を捉え,これにも基づき発生を直前(おおむね数時間から2~3日前)に予知することが可能となってきた」(国土庁防災局監修 1986:554) という認識が,防災担

当部局間で共有されるようになってきた。

　こうした認識を前提として，政府自らも当時は，「大規模地震対策特別措置法は，地震の直前予知が行われた場合に備えて，予め防災体制を整備しておき，予知情報に基づく警戒宣言によりいっせいに地震防災行動をとることによって地震防災の実を挙げようとするものであり，世界でも初めての地震予知を直接防災にいかすことをねらいとした画期的な立法である」（国土庁防災局 昭和56年版『防災白書』1981：74）と誇らしげに，法律の意義を語っていた。この法のもとで政府は，大規模地震の「地震予知のための観測測量を強化し，直前の前兆現象の把握に努める一方，発生のおそれが認められて警戒宣言が出された場合に予めとるべき対応措置を地震防災計画で定めておき，混乱なく各種の地震防災対策を講じ，被害の軽減に努めようとする」（同上：74）防災対策を目指していた。

　当時は地震学の側からも，大震法は大地震が「おこる場合に備えて，事前に予知することによって災害を軽減しようという考えのもと」（茂木 1998：158）に制定されたもので，「他の地震の短期の予知は困難であるとしても，『東海地震はほぼ確実に直前予知が可能である』というのが大震法の立場である」（同：158）ととらえられている。

　当時，1976年3月に中部電力浜岡原発1号機が運転を開始したばかりであった。その時を同じくして，東海地震説が社会問題となり大震法の成立に至るが，大震法のなかでは原発の震災対策は1項目も書き入れられなかった。当時の国会質問（衆議院災害対策特別委員会 1978年4月21日）のなかでも，石野久男議員（当時）から「原子力についてはどこにも一つも触れていない」という質問が出されたのに対して，田中（和）政府委員（当時）から「原子力施設関係につきましては，科学技術庁なりあるいは電力会社なりの強化計画なり従来の業務計画というようなものの中で，応急計画も含めて規定しております」という答弁があり，それで議論は終わっている。発生が危惧された大地震に対する原子力発電所の対応は大震法の範囲外のこととされたのである。

大規模地震対策特別措置法の内容

　大震法の内容を詳しく見ておこう。大震法は，「大規模な地震による災害から国民の生命，身体及び財産を保護するため，地震防災対策強化地域の指定，地震観測体制の整備その他地震防災体制の整備に関する事項及び地震防災応急

対策その他地震防災に関する事項について特別の措置を定めることにより，地震防災対策の強化を図り，もつて社会の秩序の維持と公共の福祉の確保に資する」ことを目的として制定された。

　法の具体的内容は次のようなものである。①特に大地震の発生が危惧される地域を内閣総理大臣が地震防災対策強化地域として指定し，観測体制を整備する，②強化地域について，中央防災会議は地震防災基本計画を作成，実施を推進する，③強化地域に指定された地方公共団体は防災業務計画を策定する，④病院，危険物を扱う事業所，鉄道機関などは地震防災応急計画を作成する，⑤これらの地震防災強化計画に基づいて普段から防災対策を実施する，⑥地震予知情報を受けたときには内閣総理大臣は閣議にかけて地震災害に関する警戒宣言を発令する，⑦内閣総理大臣は警戒宣言発令の際には，地震災害警戒本部を設置する，⑧警戒宣言が発せられたときには，地震防災強化計画を作成した関係機関および地震防災応急計画作成者は，それぞれの計画に従って地震防災応急対策を実施する，という内容である。

　災害対策基本法と比較して，大震法制定によって新たに加わった対策は，地震防災対策強化地域の指定，強化地域では中央政府，地方公共団体，病院などの団体が特別の防災計画を立案すること，地震が予知された場合の警戒宣言発令，警戒宣言発令にともなう強化地域内の地方公共団体や関係団体による応急措置という点である。なかでも重要な点は，地震予知から警戒宣言発令，その際の予防措置の実施という流れである。これまでの防災対策ではハザード発生後の緊急対応が中心的な課題であり，地震発生以前の予防策は手薄であった。

　この法に基づいて，「大地震の発生が危惧される」東海地域が地震防災対策強化地域に指定された。さらに，強化地域に指定された地域で防災対策を進めるために，国からの特別な財政措置がなされてきた。大震法が成立し，静岡県を中心に神奈川県西部地域などが強化地域に指定された。その後，強化地域に指定された自治体からの強い要望を受けて，国会において，1980年に「地震防災対策強化地域における地震対策緊急整備事業に係る国の財政上の特別措置に関する法律」が成立した。「この法律は，地震防災対策強化地域における地震防災対策の推進を図るため，地方公共団体その他の者が実施する地震対策緊急整備事業に係る経費に対する国の負担又は補助の割合の特例その他国の財政上の特別措置について定める」（同法1条）ものである。同法に基づき，国からの財政上の特別支援を受けられるようになり，東海地域では耐震化といった地

震対策が実施されていった。

警戒宣言発令

　この法律のもっとも注目すべき点は，警戒宣言発令の過程であり，いったん警戒宣言が発令された場合の対応があらかじめ定められたという点である。

　警戒宣言発令の前提として，強化地域に指定されている地域では，観測体制を整備強化し，特に 24 時間監視体制を確立した。加えて，その観測データからの情報を評価し，大規模地震の発生の危険性があるかどうかを判定する判定会も組織体制を強化することが必要となった。それまでは予知連の東海地域判定会が担当してきた判定の役割が，1979 年 8 月，地震防災対策強化地域判定会（気象庁長官の私的諮問機関）に引き継がれた。この判定会が大規模地震の発生の可能性ありと判断したときには，直ちに気象庁長官に報告され，気象庁長官から総理大臣に報告される。その報告を受けて，総理大臣は閣議を開催し，警報を発令するというプロセスが法的に定められた。

大震法により確立された防災体制──地震予知を前提とする防災対策

　こうして，「特に東海地域においては，マグニチュード 8 級といわれる東海地震に対処するための『大規模地震対策特別措置法』や『東海地震の地震防災対策強化地域に係る地震防災基本計画』等に基づき，地震予知を前提とする対策が講じられ」（国土庁防災局　平成 9 年版『防災白書』1997：80)，東海地域では防災体制はいっそう整備されてきた。大震法制定以降，地震予知を前提とする地震防災対策へ転換し，日本のどの地域でも，この基本的な考え方を採用するようになった。すなわち，地震防災対策の歴史を考えるうえで重要なのは，大震法の対象は東海地震だけではない点である。「特別措置法に基づく対策は，現在のところ，発生がもっとも懸念され，かつ，予知が可能となっている東海地震を対象として行われている。しかし，将来的には，予知が可能なった地震について順次適用されていく性質のものと考えられる。このような意味から，同法等に基づく対策は，我が国における予知型の地震に対する対策と位置付けることができる」（国土庁防災局監修 1986：545) のである。

　予知型地震対策といっても，その予防対策は 2 つの部分から構成されていることに注意しなければならない。予知が最もうまくいった場合，すなわち直前予知が可能となった場合の防災対策が上位に置かれ，その基礎部分には，中期

予知の知見に基づいて準備される防災対策が置かれている。基礎的な部分の，中期予知に基づく防災対策では，当該地域に今後数年から数十年間に起こる可能性がある地震を想定し，その地震が起こった場合発生する被害をシミュレーションし，その想定される被害を最小化するための防災対策を防災計画として取りまとめ，順次実施していく。

　大震法の成立以降，東海地域では，同法に基づいて直前予知と中期予知の2階建ての予知型対策が進められてきた。一方，全国的には，直前予知を前提としない中期予知型の地震対策が一般化していった。中期予知型の防災対策として，とくに大地震の発生が危惧される地域を対象にそれぞれ，防災対策特別措置法が制定されてきた。2002年には，「東南海・南海地震に係る地震防災対策の推進に関する特別措置法」が制定された。同法により，(1) 東南海・南海地震防災対策推進地域を指定し，(2) 指定地域については東南海・南海地震防災対策推進基本計画等を作成し，(3) 地震観測施設等を整備し，(4) 地震防災上緊急に整備すべき施設等の整備等について特別の措置を定める。続いて，2004年には，「日本海溝・千島海溝周辺海溝型地震に係る地震防災対策の推進に関する特別措置法」が制定された。東南海・南海地震の特別措置法と同様に，(1) から (4) が規定されている。このように，中期的な地震発生を想定し，その被害想定を実施し，それに基づいて防災計画を策定するという1階建ての予知型対策が各地で進められるようになり，「予知型の地震防災対策」が全国的に適用されるようになった。

　「予知型の地震防災対策」の開始以降，その前提として，各地で被害想定の策定が進められるようになった。大震法で地震防災対策強化地域に指定された静岡県では，1978年に第1次被害想定を策定し，その後，1993年に第2次，2001年に第3次，2013年に第4次被害想定を行い，それにあわせて地域防災計画を改定してきた（井野・池田 2001）。被害想定そのものとしては，東海地域のものよりも，南関東地域を対象とした被害想定のほうが古い。早くも1962年，警視庁警防部・陸上自衛隊東部総監部「大震災対策研究 昭和37年3月」が行われている。その後，消防審議会「東京方面における大震火災対策に関する答申 昭和45年3月」が1970年に出されている。地震だけに限定したものとしては，東京都では独自に1964年7月に，新潟地震後に防災会議に地震部会を設置して，地震対策に取り組み始めた。しかし，これらの被害想定は必ずしも，予知型の地震防災対策のなかに位置づけられたものではなく，政策的に

も防災計画や防災対策に直結してはいない。そのため，被害想定を行っても，その結果を公表してはいない。東京都が被害想定の結果を公表したのは，1978年6月になってからで，第1回の区部被害想定結果を公表し，1985年には多摩地区のみを対象とした被害想定を公表した。東京都全域の被害想定を発表したのは，1991年9月になってからである（熊谷 1999：46-47）。現在では，どの地域でも防災計画立案の過程で，被害想定を実施・公表することが一般的になってきた。

以上に見てきたように，大震法は1961年の災害対策基本法制定以降の防災対策が拡充されてきた流れのなかで，「予知型の地震防災対策」へ大きく舵を切り，第1に，緊急対応が中心であった災害対策が災害予防対策へと，災害フェーズが拡大された。第2に，法文上では明記されていないものの，水害ハザード中心の防災対策から巨大地震ハザードへと対応の領域を拡大していった。

さらに，「予知型の地震防災対策」のなかでも，大震法による東海地震の防災対策は戦後の防災対策において「一つの頂点」を形づくっている。なぜ「一つの頂点」なのかといえば，それ以前の災害対策と違い，大震法は直前予知の可能性を前提に地震防災対策が進められ，警戒宣言発令について具体的な規定を定めているからである。大震法と比べて，大震法以降に制定された「大震災を念頭に置いた特別措置法」では，地震の直前予知と警戒宣言についての条項は消えている。しかし，その点を除けば，強化（推進）地域を指定し，指定された地域について防災計画を策定し，地震観測体制を強化し，予防措置を拡充するという地震防災対策の骨格は，その後の特別措置法と共通である。

4　戦後の防災パラダイム
──以上の議論からパラダイムをまとめると

次に，以上の戦後日本の災害対策から，戦後日本の防災対策の基本的なパラダイムを描き出してみよう。パラダイムという用語は，もともとは，トマス・クーンが『科学革命の構造』において，科学の歴史的な展開を説明するために用いた用語である（Kuhn 1962＝1971）。現代では一般的に，「一時代の支配的な物の見方や時代に共通の思考の枠組みを指すようになった」（『広辞苑』）。ここではパラダイムを，政策や思考の「基礎にある共通の枠組み」という意味で用いる。

日本の災害対策は，1961年の災害対策基本法によって対策の基本的な枠組

みがつくられ，1978年の大規模地震対策特別措置法によって一つのピークを迎えた後，さらに拡充されてきた。

　こうした防災対策の理解に立って戦後の防災のパラダイムを考えると，その第1の柱は，災害対策基本法が定めた「防災対策は行政を中心に進める」という原則である。そして，中央集権的な日本の行政システムのもとでは，この原則は「行政が中央集権的に防災対策を進める」ことを意味している。

　第2の柱は，被害想定に基づく防災計画の策定という枠組みである。それは，災害対策基本法で定めた防災対策の計画性を基礎にしながら，大震法で具体化した予知型の防災対策の枠組みによって拡充されたものである。具体的な手順としては，特定の地域で将来発生するであろう地震（「想定地震」）を設定して，その地震が発生したときの被害想定を行い，ハード・ソフト両面の被害を割り出す。それは，地震というハザードがどういったディザスター（被害）を発生させるかを予測するものである。その被害予測を行ったうえで，そうした被害を最小化するための対策を検討し，防災計画としてまとめあげる。そして，防災計画に沿って，具体的な防災対策を実施するという手順を踏んで，災害発生以前からの対策が積み上げられる。たとえば，津波対策を例にすれば，「従前より，中央防災会議において地震・津波対策を講ずるにあたっては，まず，対象地震に対する地震動と津波を想定し，それらに基づき被害想定を行った上で，地震対策大綱，地震防災戦略，応急対策活動要領等を作成するなど，国として実施すべき各種の防災対策を立案し，施策を推進してきた」（中央防災会議 2011b：12）と説明される。こうした防災計画を策定するためには，第1にハザードの大きさを想定することが必要となる。しかも，地震予知に端的に示されるように，「いつ」「どこに」「どのくらいの規模の」ハザードが発生するかを「科学的に」同定することが必要となる。この一連の計画策定の過程には，そうした防災対策を推進する行政側からの要請に対して，「科学的に」解答を提示できるという信念が含まれている。

　こうした考え方（あるいは，科学への信頼）をここでは「科学主義」と呼んでおこう。一般に，科学主義とは，「基本的には，〈知〉の一定のあり方を〈科学〉として了解することを前提にして，それが〈科学〉の領域を越えて適用されるという行き方について，不当な拡大適用だとして批判的に指示する表現である」（安彦 1998：224）。この科学主義には，第1に「科学は，それが発展すれば，現在不可能だと思われていることであっても，将来，可能になる」とい

う科学万能観に基づき，第2に，科学の領域を超えて「科学の認識方法や認識結果」は社会のあらゆる領域に適応可能だという考え方が含まれており，その結果，「科学でもって基本的に全ての問題が解決される」（同上：224）とされる。

　これを地震災害にあてはめれば，「地震予知は将来可能になる」という見方と，地震に関する科学的な知見によって社会全体の被害を確実に低減することができるという信念である。地震予知が可能という見方は，1978年に制定された大震法の根底にある。第2の信念は，現在の科学主義に基づいた被害想定と防災計画の基盤となっている。

　実際，こうした科学への，あるいは将来の科学の発展への信頼のうえに，将来，地震の「無害化」が可能になるかもしれないと，大震法制定当時は期待されていたのだ。それは，たとえば次のような発言であった。「科学が生み出した『予見』を手がかりに，巨大地震の発生という，かつては天為そのものであった大自然の，このとほうもないエネルギーの放出がもたらす災禍を，人間社会は，いまや人為的制御範囲内の出来事にしようとしている。おそらく，われわれは巨大地震さえも『無害化』しうる新しい科学時代の幕開けに生きている。すなわち，自然の営為としての巨大地震が，もはや人間社会に致命的な傷を負わせることのない時代は，近い将来にやってくるかもしれない。このような時代への動きを支えるのは，一般市民の科学によせる厚い信頼である」（広瀬編1986：212）。現在から振り返ってみると，この科学への信頼が何遍も裏切られてきた。そのため現在では，地震予知がこれほど簡単に可能になるとは考えられてはいないが，科学的にハザードを予測し，それに基づいて防災対策を進めるという基本的な発想は変わっていない。

　このように，戦後日本の防災パラダイムは次の2本の柱から構成されていた。第1の柱は行政中心主義，中央集権制である。第2の柱は，科学主義とそれに基づく「想定」による防災計画の策定とその実施である。第1の柱と第2の柱との間には密接な関連性がある。第1の柱の中央集権的な行政中心主義は「防災に関わる官の公共性」を生み出した。「科学的に正しい知見に裏づけられて行政が防災対策を講じている」（と信じられて）という形で，政治行政的につくり出された「官の公共性」は第2の柱である科学主義によって正当性を与えられた。

　たしかに，地震学者は当時，「地震予知は可能だ」という確信を明確に述べたわけではなかった。地震学者は大震法の審議の参考人質問において，「必ず

東海地震が正確に予知できる」とは答えていない。常に慎重に言葉を選びながら、たとえば、「こういう巨大地震については、現在の観測網をある程度積極的に充実していきますれば、前兆現象をとらえて直前の予知の可能性がかなりあるというふうに考えております」（茂木清夫、衆議院災害対策特別委員会 1978 年 10 月 19 日）とか、「観測強化地域にマグニチュード 8 クラスの大地震が起こる場合ですと、かなりはっきりとした前兆現象が観測される可能性が大きいと思いますけれども、一方観測に大きな異常があらわれたからといって必ず大地震が起こるとも言い切れませんので、空振りの可能性も結構あるのではないかと思われます。地震予知というのはこのように本質的に確率的なものでありまして、大地震が起こるのか起こらないかと断定できる性質のものではなかなかないわけであります」（宇津徳治、同上）というふうに、予知の可能性は高いとしながらも予知が確実にできるとは断定しない、慎重な言い回しに終始した。

　地震学の側からいえば、十分成熟したとは言い難い地震予知という「科学」が「官の公共性」に後押しされる形で「実用化」に向けて「背中を押されるように」進められることになった、というのが正直なところなのではないだろうか。とはいえ、中央集権的な行政中心主義と科学主義とは相互に補完的、あるいは促進的な関係にあったことは否定できない。

　以上の点を図化すると、図 1-1 のようになる。この図に示されているように、戦後日本の防災パラダイムは、行政中心、中央集権制という柱と、科学主義、想定‐計画という考え方のうえに成り立っており、それは「災害の克服」という期待を担っていた。

　「災害の克服」への期待は、地震予知に関連して、きわめて率直に表明された。たとえば、1978 年の災害対策特別委員会での大震法の審議（衆議院科学技術振興対策特別委員会 1976 年 10 月 13 日）の過程で、原茂議員（当時）側からは、「石橋［克彦］助手は、いまのわが国の観測体制をもってしては、この駿河湾周辺でマグニチュード 8 クラスの、きょう起こってもおかしくないほど、とにかく不意打ちをされるだろう、これはもう必至である、こういうようなことを強くおっしゃっているのですが……そのこと［地震予知］による災害を未然に防ぐ、人命をとにかく尊重する、少しでも災害を軽微にするというたてまえから言うなら、少し早過ぎるかもしれないという、どこかにませ〔ママ〕を置いたお考えで、いつごろまでにはその危険がある、早ければいつごろ、大体この程度のものまでにはその危険があるんじゃないかというのを、事が地震ですから、一歩

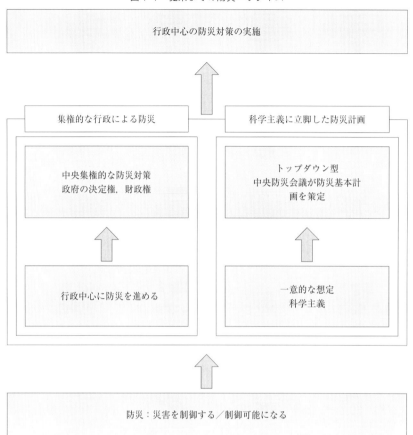

図1-1 従来までの防災パラダイム

か二歩かさかのぼって，前へ前へ言っておく心境がこの予知という仕事からいって非常に大事なんじゃないかなと思う」という期待とも，主張ともつかない意見が提示される。こうした期待を受けて，政府側委員（末広説明員）は地震学者よりも一歩踏み込んだ次のような説明をしている（衆議院災害対策特別委員会 1978年4月18日）。「歴史的な事実及び明治以来の私どもの観測によりますと，次に起こるのは東海地域であるということが認識のもとにございます。したがいまして，何とかこのマグニチュード8だけは予知をして防災に結びつけたい」としたうえで，東海地域での観測強化を進めてきた結果，「東海地域に限るこの大規模地震については予知ができるのである。……とにかく東海地区に

ついては防災に結びつけられる段階に達しているのだというのが私どもの判断でございます」。ここでは政府側からは，地震学者の「慎重な」（しかし，考えようによっては「狡猾な」）表現は薄められ，より断定的な答弁が行われた。ただし，この「次に起こるのは東海地域である」という予測すらはずれたということは，われわれのよく知る事実である。

阪神・淡路大震災以降

1995年に発生した阪神・淡路大震災は，災害対策基本法制定以来，もっとも規模の大きな災害となった。そのため，この災害は，それまでの災害対策のあり方に反省を迫ることになった。では，これまで見てきた防災パラダイムは，阪神・淡路大震災を経験して，修正されたのであろうか，修正されなかったのであろうか。

1995年，阪神・淡路大震災の発生を受けて，地震防災対策特別措置法が制定された。同法は，阪神・淡路大震災の教訓を踏まえ，全国どこでも起こりうる地震に対応するために緊急対策として制定されたものである。本法に基づき，全都道府県において，「地震防災緊急事業5箇年計画」を策定し，地震防災施設等の整備を推進してきた。これまで，1996年度を初年度とする第1次5箇年計画，2001年度を初年度とする第2次5箇年計画，および2006年度を初年度とする第3次5箇年計画により地震防災対策を推進してきた。同法の整備対象施設は，避難地，避難路，消防用施設など29施設等である。とくに，消防用施設，公立小中学校等の耐震改修など9施設については，国庫補助率の嵩上（かさあ）げが定められている。この特別措置法だけが，特定の地震発生を想定せずに，「どこにでも起こりうる地震」からとくに保護すべき小中学校や避難施設を早急に整備するために，防災対策がとられた。

阪神・淡路大震災の提起した重要な第1の問題は，「行政的対応の限界」である。たとえば，熊谷良雄は「阪神・淡路大震災では，行政による災害応急対応の限界が明らかと」なったと指摘している（熊谷 1999：45）。同様の指摘は数多い。とくに，発災直後の初期段階での緊急対応の遅れが指摘され，さらに，同時多発した火災への対応能力が追いつかず，延焼面積を広げてしまったこと，また，倒壊家屋からの救出の8割以上は行政や消防署・自衛隊ではなく，市民の協力による事実がたびたび指摘された。これ以降，防災対策における「行政の限界」が指摘されるとともに，公助・共助・自助の役割分担論が盛んに議

論されるようになった。そのために、阪神・淡路大震災以降、「住民、ボランティア団体、企業という新しい防災主体をどのように位置づけるか」（風間 1998：21）という新たな課題が登場した。「災害に備えて、市民や事業者と行政機関それぞれの役割を定めた条例をつくる自治体が増えている。いずれも自らの身は自らが守り、自分たちのまちは自分たちで守るという『自助』『共助』を強調、『公助』を担う行政の責務に加え、市民に様々な努力義務を課すのが特徴だ」（『朝日新聞』2007年2月4日）といわれるような「『自助型』防災条例広がる」という動きにつながっていった。

　以上の指摘に比べて、大きな議論にはならなかったが、忘れてはならないのは、「被害想定の甘さ」についてである。先の熊谷良雄は「阪神・淡路大震災によって甚大な被害を被った神戸市の地域防災計画において震度5強を被害想定の前提としていた」が、実際には最大震度は7であったことを指摘する（熊谷 1999：54）。さらに、「阪神・淡路大震災では、既往の地震被害では見られなかった被害が続出した。……したがって、阪神・淡路大震災の被害様相は想定手法の改訂を余儀なくさせた」（同：54）。また、「今回の地震（阪神淡路大震災）において多大な被害がもたらされた原因について、『予想もしなかったことが起きた』ということで、そのすべてを自然現象としての地震の激しさに帰着させる見方があるが、こうした見方が一面的であることは阪神淡路大震災の1年前に起きたロサンゼルスの地震の結果と比較すれば容易に理解することができる。同じ規模の直下型の地震が発生しても、ロサンゼルスでは死者が約60名、家屋倒壊が約1万棟で治まったのに対し、わが国の阪神淡路では死者が約6000人、家屋倒壊が約20万棟におよんだということは、地震の大きさだけで被害が説明できないことを示している」（室崎 1996：55）と指摘された。こうした指摘が、政策立案の場面では残念ながら十分に反映されなかった。

　災害対策基本法は、阪神・淡路大震災をきっかけに、制定後はじめて大幅改定がなされた。その主な改正点は、第1に政府や自衛隊に関する災害対応能力の向上に関わるもので、具体的には、①政府における緊急災害対策本部の設置、②緊急災害対策本部長の権限の強化、③現地対策本部の設置、④自衛官に救助活動のための権限を付与するというものであった。第2の改正点は、地方自治体相互の応援と応援協定の締結という自治体に関する改正であった（上妻 2007）。さらに第3に、国と自治体双方の「防災上の配慮」の事項が増え、そのなかには、「自主防災組織の育成、ボランティアによる防災活動の環境の

整備その他国民の自発的な防災活動の促進に関する事項」や「高齢者，障害者，乳幼児等特に配慮を要する者に対する防災上必要な措置に関する事項」などが明示されたことである。このように，いくつかの改正は行われたが，主な改正点は国や自治体の組織や役割に関わる改正だけであった。つまり，従来の災害対策基本法がもっていた行政中心の防災対策という基本的考え方は変更されず，自主防災組織やボランティアについても，あくまで行政がそれらを育成するというものであった。

行政中心で行われてきた防災対策の面では，わずかに，住民の責務に関する記述が次のように若干加筆されただけであった。制定当初の「住民等の責務」は「地方公共団体の住民は，防災に寄与するように努めなければならない」とだけ規定されていたのが，「地方公共団体の住民は，自ら災害に備えるための手段を講ずるとともに，自発的な防災活動に参加する等防災に寄与するように努めなければならない」という，より積極的に住民自身の防災努力を促す規定になった。「自主防災組織」「ボランティア」「自発的な防災活動」といった表現は，公助・共助・自助論の提起を受けてのことと考えられるが，依然として，行政中心の防災対策の推進という原則には揺るぎがない。

災害対策基本法が1961年に制定されてから，2011年に東日本大震災が発生するまで，約半世紀を経過した。その間に，防災対策に関わる社会的環境も日本社会の社会構造も大きく変化した。しかし，災害対策基本法を中心に組み立てられてきた防災対策は，半世紀間のそうした社会変動を加味して，改正されることはなかった。次章以降では，こうした防災パラダイムのもとで防災対策を進めてきた日本社会が，東日本大震災を迎えて，実際にどういった災害対応上の問題に直面し，その結果，大規模な被害に結びついたのかを具体的に検討していく。

参考文献

中央防災会議，2011a，「災害教訓の継承に関する専門調査会」編『災害史に学ぶ　内陸直下型地震編』。
中央防災会議，2011b，東北地方太平洋沖地震を教訓とした地震・津波対策に関する専門委員会，「東北地方太平洋沖地震を教訓とした地震・津波対策に関する専門委員会報告」。
広瀬弘忠編，1986，『巨大地震——予知とその影響』東京大学出版会。
井野盛夫・池田浩敬，2001，「静岡県における東海地震の被害想定と地震対策の新展開」『地学雑誌』110(6)：931-937。

地震予知研究計画グループ，1962，「地震予知——現状とその推進計画」(2019 年 2 月 4 日取得，http://www-solid.eps.s.u-tokyo.ac.jp/~ssj2012/Blueprint.pdf)．

風間規男，1998，「日本の防災政策——政策ネットワークの失敗構造」『日本公共政策学会年報 1998』．

風間規男，2002，「災害対策基本法の制定——防災政策ネットワークの形成」『近畿大學法學』50(1)：1-82．

国土庁防災局『防災白書』各年度版（〜平成 12 年）．

国土庁防災局監修，1986，『日本の災害対策』ぎょうせい．

上妻博明，2007，『災害対策基本法の解説』一橋出版．

熊谷良雄，1999，「地震被害想定と地域防災計画」『総合都市研究』68：45-57．

Kuhn, T. S., 1962, *The Structure of Scientific Revolutions*, The University of Chicago Press.（＝1971，中山茂訳『科学革命の構造』みすず書房）．

茂木清夫，1998，『地震予知を考える』岩波新書．

室崎益輝，1996，「地震被害の原因とこれからの防災計画」大震災と地方自治研究会編『大震災と地方自治——復興への提言』自治体研究社．

内閣府『防災白書』各年度版（平成 13 年〜）．

日本地震学会地震予知検討委員会編，2007，『地震予知の科学』東京大学出版会．

国会会議録
　参議院会議録（2019 年 2 月 4 日取得，http://kokkai.ndl.go.jp/SENTAKU/sangiin/main.html）．
　衆議院会議録（2019 年 2 月 4 日取得，http://kokkai.ndl.go.jp/SENTAKU/syugiin/main.html）．

高橋裕，1988，『都市と水』岩波新書．

武村雅之，2010，「歴史的視点から見た地震学と社会」『北海道大学地球物理学研究報告』73：1-22．

田中重好，2010，『地域から生まれる公共性——公共性と共同性の交点』ミネルヴァ書房．

Wisner, Ben, Piers Blakie, Terry Cannon, and Ian Davis, 2004, *At Risk: Natural hazards, people's vulnerability and disaster* (Second edition), Routledge.（＝2010，渡辺正幸・石渡幹夫・諏訪義雄ほか訳『防災学原論』築地書館）．

山岡耕春，「地震予知研究の歴史」（2019 年 2 月 4 日取得，http://www.seis.nagoya-u.ac.jp/~kyamaoka/outreach/books/history.html）．

安彦一恵，1998，「科学主義」廣松渉ほか編『岩波 哲学・思想事典』岩波書店．

第2章

津波の避難行動から

田中 重好

1 はじめに

　2011年3月11日の東日本大震災は，第2次世界大戦後の日本の災害史上，最大の死者・行方不明者を出した。この総数は，戦後の世界の先進国の自然災害のなかでも最大のものである。しかも，津波防災に関しては，「もっとも防災対策が拡充した」と信じられていた時点と地点で最大の犠牲者を出したのである。しかし，このように「信じられていた」こと自体が間違いであった。第1部では，これがなぜ間違いであったのかを問う。

　社会学的な観点から見ると，社会現象としての災害は自然現象としてのハザードとは別物である。初期の災害社会学にとって，災害を自然的現象であるハザードと区別して論ずる方途を探ることが重要な課題であった（Quarantelli 1978）。そのことを後に，B. ワイズナーらは「ハザード×脆弱性＝リスク」と定式化した（Wisner et al. 2004＝2010）。ここでは，リスクを災害と読み替えて考える。この考え方に立つと，今回の大量死という災害はハザードの巨大さだけに帰着させることはできない。大量死をハザードだけに帰着できないとすれば，社会学にとって，それをどう説明できるのであろうか。

ここで，1つの大きな難問に直面する。「ハザード×脆弱性＝災害」を前提にしても，災害という社会的帰結をもたらした原因をハザード要因と脆弱性要因とでどう振り分けるかという問題が残されている。この2つの要因群の寄与率を確定することは難しい。ここでの議論は脆弱性を中心に論ずることになるが，災害をもたらした原因が100％脆弱性にあるとは考えていない。

第2章から第4章の構成

　本書での第2章から第4章は，東日本大震災のなかでも津波災害に限定して，第2章では地震発生から津波来襲までの人々の行動に焦点を当てて，なぜかくも大量の人々が津波の犠牲になったのかを探る。第3章は，戦後の災害対策基本法以来，津波防災対策が進められたにもかかわらず，さらに，日本のなかで「もっとも先進的かつ防災意識がもっとも高い」と考えられてきた三陸地域で，なぜかくも大量の人々が津波の犠牲になったのかを探る。続く第4章では，近代，少なくとも明治三陸津波，昭和三陸津波，チリ地震津波と百数十年間に過去3回も大きな津波災害を経験してきた地域であるにもかかわらず，なぜかくも大量の人々と広範囲な地域が津波被害を受けたのかを検討する。これらの3つの章では，考察する時間の長さが異なっている。第2章は地震発生から津波来襲までの（長くても1時間数十分間）というごく短時間の人々の行動を，第3章では災害対策基本法から約50年間の防災への取り組みを，第4章では被災地域の百数十年間の近代化の過程を考察の対象とする。

津波避難行動の概況――地震，余震，津波来襲，警報発令

　まず，東日本大震災での地震発生から津波警報発令，津波来襲について確認しておこう。東北地方太平洋沖地震の本震は14時46分に発生した。地震の揺れは，その規模が大きかった大船渡市中心部では震度6弱を記録し，その揺れは震度3まで減衰するのに190秒，仙台市宮城野区では240秒続いた。さらに，本震の後も，M7.0以上の余震だけをとっても3回，15時08分，15時15分，15時25分と絶えず余震が続いていた。一般に，かくも巨大な揺れが発生したにもかかわらず，なぜ人はすぐに逃げなかったのかと訝るが，そうした疑問は巨大な地震の際には，本震が長く続くこと，本震に続いて大規模な余震が連続的に発生することを考慮していない。

　地震発生から津波来襲まで少なくとも30分，長いところでは1時間以上の

時間的余裕があった。津波は「三陸地方では10～20分程度で第1波が到達し，続いて最大波に近い波がやってきたと考えるべき」（日本気象協会 2011：8）といわれている。各地の地震発生から最大波到達までの時間は，震源地からの距離や海底地形などによって異なる。実際の被災地の調査からは，陸前高田市では「午後3時23分～24分頃」（陸前高田市 2014：42），さらに南の宮城県名取市閖上では「津波［の最大波］は閖上海岸に15時50分前に到達し，約10分で町は完全に浸水した」（名取市東日本大震災第三者検証委員会 2014：1。［ ］内は筆者による。以下同じ）。こうした時間的余裕があったにもかかわらず，人々はなぜ避難しなかったのだろうか，なぜ多くの人々が犠牲になってしまったのだろうか。

　実際，津波警報を受けて，各市町村から避難の呼びかけが行われた。本震発生から3分後の14時49分に，気象庁は大津波警報を発令し，「岩手3m，宮城6m，福島3m」と伝え，沿岸住民に避難を呼びかけた。しかし，当初の津波警報のもととなった「地震規模推定が過小評価であった」（気象庁　津波警報の発表基準等と情報文のあり方に関する検討会 2012：3）ため，その後，予想津波高が2度にわたって修正された。最初の警報発令から25分後の15時14分に，「岩手6m，宮城10m以上，福島6m」と第1回目の訂正がなされた。さらにその訂正の16分後の15時30分に「岩手，宮城，福島10m以上」と2度目の訂正がなされた。津波予想の過小評価，警報の更新，低水位の津波観測データの発表，一部自治体の防災無線伝達の不備などさまざまな問題点が指摘されているが，全体としては警報や避難指示が住民まで伝わっている。ではいったい，警報を聞いた人が多かったにもかかわらず，なぜ避難しなかったのだろうか。

東日本大震災の死と特徴

　東日本大震災の死者・行方不明者は，北海道から東北地方沿岸，関東沿岸から神奈川県にまで及び，岩手・宮城・福島県3県だけで合計2万1262人（死者1万8592人，行方不明者2670人）に達している（消防庁災害対策本部：2013年9月1日現在)[1]。警視庁の調べでは，死亡者の92.4％は溺死である。3県に限定して，津波被害を被った太平洋沿岸市町村の人口，津波浸水区域の人口，死者・行方不明者を見てみると表2-1のようになる。津波浸水地域に居住していた人口は51万697人（総務省統計局：2011年4月25日公表）で，その地域での

表 2-1　被災 3 県 沿岸市町村の死者・行方不明者数

岩手県：5 市 5 町 2 村

	人　口 （2011 年 2 月 1 日現在）	浸水域人口	死者・行方不明者数	全壊・半壊建物数
洋野町	17,823	2,733	0	26
久慈市	36,568	7,171	4	278
野田村	4,613	3,177	39	479
普代村	3,071	1,115	1	0
田野畑村	3,831	1,582	32	270
岩泉町	10,597	1,137	10	200
宮古市	58,917	18,378	559	4,098
山田町	18,634	11,418	820	3,167
大槌町	15,239	11,915	1,286	3,717
釜石市	39,119	13,164	1,138	3,655
大船渡市	40,643	19,073	493	3,629
陸前高田市	23,164	16,640	1,813	3,341
	272,219	107,503	6,195	23,165

宮城県：8 市 7 町

	人　口 （2011 年 2 月 1 日現在）	浸水域人口	死者・行方不明者数	全壊・半壊建物数
気仙沼市	73,279	40,331	1,426	11,054
南三陸町	17,382	14,389	839	3,321
石巻市	160,336	112,276	3,957	33,071
女川町	9,965	8,048	870	3,271
東松島市	42,859	34,014	1,151	11,067
松島町	15,017	4,053	7	2,006
利府町	34,249	542	1	957
塩竈市	56,325	18,718	44	3,843
多賀城市	62,881	17,144	218	5,476
七ヶ浜町	20,377	9,149	80	1,323
仙台市	1,046,902	29,962	937	139,642
名取市	73,576	12,155	993	3,930
岩沼市	44,138	8,051	187	2,342
亘理町	34,773	14,080	287	3,539
山元町	16,633	8,990	715	3,302
	1,708,692	331,902	11,712	228,144

福島県：3市7町

	人　口 (2011年2月1日現在)	浸水域人口	死者・行方不明者数	全壊・半壊建物数
新地町	8,176	4,666	105	577
相馬市	37,738	10,436	477	1,819
南相馬市	70,834	13,377	1,069	8,261
浪江町	20,861	3,356	455	614
双葉町	6,884	1,278	120	102
大熊町	11,574	1,127	109	不明
富岡町	15,959	1,401	200	不明
楢葉町	7,679	1,746	92	不明
広野町	5,397	1,385	40	不明
いわき市	341,711	32,520	453	40,456
	526,813	71,292	3,120	51,829 + α

（出所）　市町村人口は，各県人口推計より（平成23年2月1日現在）。浸水域人口は，総務省統計局より（平成23年4月26日）。死者・行方不明者，全壊・半壊家屋数は，総務省統計局 東日本太平洋地域のデータ及び被災関係データより（2018年12月2日取得，https://www.stat.go.jp/info/shinsai/index.html#kekka）。

死者・行方不明者は4.1％に達している。この数値は，逆に読めば，津波浸水区域の人々の95.7％の人は安全に避難しえたことをも物語っている（もちろん，厳密に考えれば，発災当時，平日の昼間に自宅にいたとは限らないため，実際の数値とは異なる）。

　津波による死亡原因すべてを，ハザードとしての津波の高さに帰着することはできない。たとえば，市町村別の津波の高さと災害での死亡率（死亡者数／浸水面積居住者数）とのグラフ（鈴木・林 2011：180。図「市町村の最大津波高さと浸水域内の死者・行方不明者率」）を見ると，たしかに，津波の高さと死亡率との間には相関関係は認められるが，同一の津波高の地域をとっても死亡率は大きく異なる。たとえば，津波の高さ20～25mの地域について見てみると，死亡率が15％弱ともっとも高い大槌町から，0％の普代村まで異なっている。

　市町村別の統計では，地域内の地理的な人口分布パターンによって大きく左右されるために，小地域（集落あるいは字）別のデータで見てみよう。津波の高さと建物破壊率は正確に相関することがわかっている（国土交通省都市局 2012）。そのため，ハザードの指標として津波の高さの代わりに建物の全壊率をとり，津波による死亡率との関係を見ると，全壊率が100％の地区でも死亡率が0％の地区から，死亡率が20％を超える地区まであることがわかる。

これらの違いは何によってもたらされたものであろうか。別の言い方をすれば，ハザードの規模と死者数との間に介在する変数とは何であろうか。このことを検討するために，本章では津波からの避難行動に着目して，「なぜ避難が遅れて（あるいは避難せずに）亡くなったのか」「なぜ，安全に避難できたのか」という両側面から検討する。この問題を解明するために，第2節ではまず，既存のアンケート調査結果から，全体的な避難行動の特徴や問題点を明らかにする。こうした全般的状況を理解したうえで，「なぜ避難が遅れて（あるいは避難せずに）亡くなったのか」「なぜ，安全に避難できたのか」について，具体的な地域やケースに即して検討する。こうした実態を踏まえ第3節では，避難行動に関わる津波防災対策の問題点を検討する。その検討のために，避難行動モデルを提示する。第4節では，このモデルに準拠して従来の防災対策の問題点を明らかにする。

2　避難行動の特徴と問題点

アンケート調査から──避難行動の全般的特徴

　最初に，避難行動の全般的特徴を広域的アンケート調査から確認しておこう（より詳しくは，田中 2016）。災害の被害者調査では，通常のアンケート調査とは異なり，さまざまな制約条件がある[2]ために，広域アンケート調査結果からは，大きな傾向性をとらえることにとどめるべきである。ここで取り上げる調査は，内閣府・消防庁・気象庁「平成23年度 東日本大震災における避難行動に関する面接調査（住民）」（内閣府・消防庁・気象庁 2011），サーベイリサーチセンター『宮城県沿岸部における被災地アンケート調査報告書　平成23年5月』（サーベイリサーチセンター 2011），内閣府「東日本大震災時の地震・津波避難に関する住民アンケート調査」（内閣府 2012），国土交通省「東日本大震災の津波被災現況調査結果（第3次報告）」（国土交通省都市局 2011）である[3]。

　広域的なアンケート調査からわかったことをまとめておこう。

　避難行動上の特徴としては，(1) 地震当日中に津波から避難した人は79.4%であった，(2) 地震の揺れが治まってからも人は直ちに避難行動に移ってはいない，(3) 最初の避難場所に津波が迫ってきたケースは35.5%と多い，(4) そのため数次避難を余儀なくされた人が多く，2次避難した人は37.2%，3次避難した人も7.9%にのぼる，(5) 津波に巻き込まれそうになったなどの「切迫

した状況」に置かれた人が多いことがわかった。

　津波に関する情報面では，①大津波警報を聞いた人は42％にとどまっている，②避難しなかった理由として，「津波は来ない」あるいは「津波自体考えなかった」人が約半数存在している，③津波警報を聞いたとしても，すべての人が津波を確信したわけではなく「半信半疑であった」人が多い，④津波来襲までの時間的余裕の判断を誤ったケースが少なくないことがわかった。

　避難行動の具体的な様相としては，(1) 揺れが治まった直後の行動として家族や自宅の安否確認などを優先する行動を選択した人が多い，(2) 避難しようとしたができなかった理由は「津波が迫っていた」が最多で，次いで自力歩行が困難であるという回答である，(3) 避難のきっかけは自己判断と周囲からの情報・呼びかけが多い，(4) 8割の人が誰かと一緒に避難していることがわかる。

なぜ，亡くなったのか

　本項では，「なぜ亡くなったのか」を考える手がかりとして，「どこで亡くなったのか」を見ていこう。各地の死亡例を具体的に見ていくことによって，共通した特徴が浮かび上がってくる。それをまとめると，以下の5点になる。第1に本人たちが避難所と思って避難した場所で亡くなった人が多い。第2に避難途中で津波に巻き込まれて亡くなった人が多い。第3に避難しないままに亡くなった人，とくに自宅での死亡者が多い。第4に老人施設や病院など災害弱者が集中している施設での死亡者が多い。このことは，障害者全体をとっても同じことがいえる。第5に，地域での「守り手」すなわち住民に避難を呼びかけたり，災害弱者の避難を支援したりする立場にいた人々の死亡例が多い。以上の点を具体的に見ていこう。

(1) 避難所

　避難所に指定されていた場所で多くの人が亡くなっている。今回の津波は，防災計画で避難所に指定されていた建物・場所にまで津波が到達した。

　たとえば岩手県を見ても，「津波の浸水域について見ると，県が平成16年に実施した『岩手県地震・津波シミュレーション及び被害想定調査』の予測を超えて津波が到達した地域があり，市町村が指定した一時避難所（場所）460ヶ所のうち，84ヶ所で浸水があった」（岩手県 2012：22）。このように，避難所が津波に襲われたために，避難所で多数の犠牲者が発生した。陸前高田市では津

波の被害を受けた39カ所の避難所の「うち11箇所の一次避難所で避難していた住民から犠牲者が発生した」(陸前高田市 2014：72)。陸前高田市の同報告書によれば，調査ができた死亡行方不明者206名のうち，29.1％が避難所で亡くなっている (同上：317)。

こうした避難所で避難者が多数亡くなった場所は，わかっているだけで，岩手県内では釜石市鵜住居防災センター，大槌町赤浜小学校体育館，小枕集会所，江岸寺，陸前高田市市民体育館，市役所，市民文化会館，気仙小学校，宮城県内では南三陸町防災センター，石巻市北上総合支所，東松島市野蒜小学校体育館，仙台市東六郷小学校などがある。これらを合計すると，少なくとも572人以上になる。

(2) 避難途中

避難途中で津波に襲われ犠牲になった人も少なくない。ただし，津波犠牲者のどのくらいの人が避難途中で死亡したかという全体像については不明である。

避難途中の犠牲者の代表的なケースは，車での避難中のものである。通常の防災マニュアルでは，「津波からの避難には自動車利用は禁止」と書かれている。東日本大震災でも，各地で車による避難によって道路が渋滞し，そのために逃げ遅れた例が数多く報告されている。「東日本大震災の地震の直後，被災各地で渋滞が起こり，車列ごと津波に流されていたことが，生存者らの証言で分かった。車による避難は渋滞を招いて被害を拡大させるという防災関係者の懸念が，車社会を襲った初の大津波災害で現実となった」(『朝日新聞』2011年4月1日) と伝えられている。警視庁の調べによれば，車内で発見された遺体収容数は宮城県で575遺体，岩手県で102遺体で，遺体収容総数のそれぞれ6.1％，2.2％を示している (2011年8月7日現在)。ただし，避難途中に車で津波にのみ込まれ亡くなった実数は，この数よりもはるかに多い。徒歩で避難の途中に，津波に巻き込まれて亡くなった人も少なくない。しかしながら，この死亡例についてのまとまったデータはない。

(3) 自宅，あるいは「避難しなかった人々」

自宅で被災した人も多い。全体で，どのくらいの人々が自宅で被災したかの正確な数値は存在しないが，各地の検証結果から自宅での死亡が多いことが報告されている。釜石市調査 (釜石市 2012) では，死亡者で死亡場所が同定できた人のうち，津波に流された場所が自宅であった人が36.3％と報告されている。このデータをより詳しく分析すると，「"自宅津波被害：有"の世帯に属していた犠牲者を見

ると，約58％は自宅で津波に流されていた。すなわち，自宅外へ避難することなく，そのまま自宅で被災してしまった方の割合が高いことがわかる」（金井・片田 2013：116）。また，大槌町吉里吉里地区の調査（麦倉・高松・和田 2013；高橋・松多 2015）や石巻市の報告（国土交通省総合政策局安心生活政策課 2013：10；三上・後藤・佐藤 2012）でも同様のことがわかっている。

さらに，自宅で死亡した人のなかで高齢者の割合が高いことが指摘されている（金井・片田 2013：116-117）。このことは，発災時間が平日の昼間という時間であったことを考えれば当然である。たとえば，陸前高田市の広田地区での全住民を対象として実施したアンケート調査からは，年齢層が上がれば上がるほど，発災時の自宅滞在率は上昇している（陸前高田市広田町自主防災会・震災記録制作委員会 2013：42）。このように，発災当時の高齢者の自宅滞在率の高さと高齢者の死亡率の高さが関連しているのである。

小学校で避難しなかった事例がある。「大川小学校の悲劇」（池上・加藤 2012）として知られている。学校の校舎が水没するほどの津波に襲われた石巻市立大川小学校では，地震の揺れが治まった後，103名の児童が校庭に避難した。その児童103名中，27名の児童は津波来襲前に保護者などに引き渡されて下校し，76名の児童が校庭に残っていた。その76名の児童のうち72名が死亡・行方不明となり，教職員も11名のうち10名が死亡・行方不明となった。生存者は児童4名，教職員1名のみという痛ましい惨状となった（大川小学校事故検証委員会 2014）。校庭に待機中の大川小学校には津波警報は届いていた。しかし，その情報が直ちに行動を喚起するまでには至らなかった。こうした事態を招いた直接的な原因は，適切なタイミングで安全な場所への移動の指示が出されなかったことである。検証委員会の報告書でも「本事故で多数の児童・教職員が被災したことについては，大川小学校の教職員集団が下した意思決定において，その時期が遅かったこと，及びその時期の避難であるにもかかわらず避難先として河川堤防に近い三角地帯を選択したことが，最大の直接的な要因である」（同上：v）と結論を下している。

避難しなかった第3のグループは，都市中心部の人々であった。多賀城市での死亡者の多くは「避難しないまま」流されたと推測されている。多賀城市内に入った津波の高さは4ｍと，他地域に比べるとそれほど高くない。しかし，その津波が市の中心部まで流入した。ここでの被災者の多くは海から離れた幹線道路を車で移動中で，津波警報を聞いたとしても「自分のいる場所は避難の

必要がない」と自分で判断していたと推測される。そのため，避難行動をとることなく，津波に巻き込まれた。「多賀城市によると，渋滞の車が波にのまれた国道45号と産業道路のほか，仙台港背後地の工場がある宮内地区などでも死者が出た。市内の犠牲者185人のうち，市外に住む人が93人と半分以上を占めた。ほかの被災市町村にはない傾向だ」(『河北新報』2011年5月13日）と報告されている。こうした「通過型の，避難を考えない」津波犠牲者は各地に分散的に存在していると推測される。

(4) 災害弱者の施設：社会福祉施設

災害弱者の施設としてまず社会福祉施設を取り上げる。

社会福祉施設の建物も大きな被害を受けた。被災3県では7206施設のうち，全壊は59，一部損壊は816にのぼった（厚生労働省2011）。被災3県で全壊数は，児童福祉施設は27，老人福祉施設は12，障害者福祉施設20，その他福祉施設0の順に物的被害が大きかった。そのため，社会福祉施設としては「少なくとも計106施設が避難を余儀なくされた」（朝日新聞デジタル：2011年5月25日http://www.asahi.com/s）。

だが人的被害に着目すると，社会福祉施設の物的被害とは違って別の姿が見えてくる。それは，人的被害は老人福祉施設に集中しているということだ。

被災3県の老人福祉施設の人的被害は，宮城県がもっとも多く309人，次いで岩手県が143人，福島県が33人である。施設別では，特別養護老人ホームが最多で211人，次いで介護老人保健施設が130人，養護老人ホーム50人，軽費老人ホーム45人，グループホーム38人となる。さらに，老人福祉施設の人的被害の特徴は，職員も施設利用者と一緒に亡くなっていることだ。3県全体で職員の犠牲者は173人にのぼり，利用者との比較でも35.7％にも達している。単純に考えれば，3人の老人を守ろうとして1名の職員が命を落としたことになる。

岩手・宮城両県の老人福祉施設の人的被害は，特定の施設に集中している。新聞記事や施設自体の発表から，被害が集中した施設は共通して津波によって全壊した施設であり，岩手県山田町シーサイド「かろ」，大船渡市「南三陸町特別養護老人ホーム　さんりくの園」，宮城県気仙沼市「老人保健施設　リバーサイド春圃」，南三陸町「特別養護老人ホーム　慈恵園」，「南三陸町社協　デイサービスセンター」，東松島市「不老園」，名取市「特別養護老人ホーム　うらやす」，山元町「老人ホーム梅香園，ケアハウス福寿の園」，福島県南相馬市

「介護老人保健施設 ヨッシーランド」で，これらの施設全体で少なくとも429人の利用者と，50人の職員が亡くなっている。

　老人福祉施設における人的被害の特徴は第1に，施設の物的被害が人的被害に直結していることである。全体として見ると，同じ物理的被害を受けた老人福祉施設の間では，死亡率もほぼ同じレベルである。後述の小学校の場合には，物的被害が人的被害に直結していないのとは，対照的である。第2に，人的被害が集中している施設は津波による激甚な被害を被っている。ただし，すべての津波被害を受けた老人福祉施設が多くの人的被害を出したわけではない。建物に津波の被害があった施設でも，安全に避難したケースも少数ではあるが報告されている。岩沼市の特別養護老人ホーム「赤井江マリンホーム」（入所者57人）（『読売新聞』2012年3月13日）や石巻市南浜町の介護施設「めだか」（利用者47人）（『河北新報』2013年6月20日）では，利用者も職員も安全に避難し全員無事であった。第3に，利用者の死亡率の高さは，支援者（職員）の死亡率の高さにつながっている。施設職員は最後まで利用者の支援にあたっており，老人を置いては逃げられなかったのだ。

　全体として，老人施設で深刻な被害があったのは，身体的な能力（自力歩行能力など）が著しく低いため，車椅子やベッドに寝たままでの避難を必要とする入所者が多かったためである。老人施設に比べて，児童福祉施設や障害者福祉施設のほうが犠牲者が少なかったが，それは施設の立地条件に恵まれていただけではなく，身体的な能力が著しく低い人が少なかったためである。

(5) 災害弱者の施設：病院

厚生労働省の医政局の病院・診療所の被害状況のまとめ（2011年9月15日現在）によると，被災地3県の病院総数380軒のうち，全壊10，一部損壊290となっている（厚生労働省 2011）。そのなかでも，最も被害が大きかったのは陸前高田市の高田病院，南三陸町の志津川病院，石巻市の雄勝病院で，この3つの病院全体で患者112名，医師を含む職員27名以上が死亡している。なかでも，雄勝病院では患者は全員死亡，職員もごくわずかしか生存者はいない（辰濃 2013）。

(6) 災害弱者の施設：障害者の犠牲状況

障害者全体の被災状況ついて，もっとも広域的に集計されているのは，NHK調査（平成24年9月5日現在）である。それによると，東北3県の被災市町村の居住人口における死者・行方不明者の割合は0.78％にとどまるのに対し，障害者全体では1.43％に達し，1.9倍と約2倍近い値となっている。障害別では，身体障害者が平

表 2-2　東日本大震災で被害にあった障害者数

浸水面積に限定した健常者と障害者との死者行方不明者数とその割合

	健常者			障害者手帳 2 取得者		
	人口数	死者行方不明者		取得者推定数	死者行方不明者	
		総数	割合 (%)		総数	割合 (%)
岩手県	102,526	5,672	5.5	4,977	439	8.8
宮城県	322,144	10,392	3.2	9,758	1,110	11.4
福島県	68,597	1,725	2.5	2,695	113	4.2
3 県合計	493,267	17,789	3.6	17,463	1,662	9.5

(注)　1．浸水区域の健常者の人口数は，浸水範囲内人口（総務省統計局〔平成 23 年 4 月 26 日〕）から，障害者手帳取得者数を引いた数。
　　　2．健常者の死者行方不明者数は，警視庁情報（平成 23 年 10 月 31 日現在），国土交通省「東日本大震災（第 97 報）」（平成 23 年 10 月 31 日）の数値から，浸水区域の推定障害者手帳 2 取得者数を引いた数。
　　　3．浸水区域の障害者手帳取得者は，各県での取得者割合を，全人口の浸水区域人口比に掛けて推計。その際，各県の総人口は平成 22 年国勢調査結果，障害者手帳所得者数は，平成 21 年度福祉，衛生の各行政報告例から身体，知的，精神の各障害者手帳交付台帳登録数の合計。
　　　4．障害者手帳取得者のうちの死者・行方不明者数は，中日新聞社の集計（中日新聞，2013 年 4 月 22 日）による。ここでは，障害者手帳取得者はすべて浸水範囲の居住していたものとみなして推計した。

均より高く 1.67% であるのに対し，精神障害者 0.81%，知的障害者 0.57% と平均よりも低い。身体障害者のなかでは，聴覚障害者が 1.53% と高く，次いで視覚障害者が 1.36% であり，両者とも肢体不自由者よりも高くなっている。

　しかし，この統計は母数を津波浸水域人口に限定していないため，死亡率が低く見積もられている。それを実際に近づけるために，津波浸水域推計人口をもとに，障害者の死亡率を推計してみた（表 2-2 参照）。被災 3 県全体の浸水地域での死亡率は 3.6% なのに対し，障害者では 9.5% となり，障害者の死亡率は全体の死亡率と比べて 2.6 倍と，先の NHK 調査で見たよりも高い倍率となっている。なかでも，宮城県が 3.6 倍と 3 県のうちもっとも高い。

(7) 災害支援者

すでに社会福祉施設や病院の被災状況において見てきたように，老人など災害弱者を支援しようとして，多くの人が亡くなっている。その数値を見ていくと，民生委員は被災 3 県で合計 56 名が犠牲になっている（藤村 2012）。社会福祉施設では，前述したように高齢者入居施設だけで職員は 173 名が亡くなっている。医療機関では，先に見た 3 つの総合病院だけでも医師・看護師など 27 名以上が亡くなっ

ており，さらに，診療所や個人病院などの医師などを加えると，さらに多数にのぼる。また，保健師について全体の数値は不明であるが，陸前高田市だけでも「8名の保健師のうち6名が亡くなって」（棗田 2012：39）いる。

防災関係者も消防署員27名，警察官30名が亡くなっている。さらに，地域の防災リーダーである消防団員は254名（公務認定198名）が犠牲になっている。また，自主防災リーダーや地域リーダーが避難の呼びかけや避難支援の途中で津波に巻き込まれて亡くなっているが，その全体像は不明である。

こうした災害時に人々を災害から守る立場にある人々が多数犠牲になったことが，東日本大震災の特徴である。では，なぜ，このように多数の支援者が犠牲になったのであろうか。第1の理由は，東日本大震災では災害時要支援者が大量に発生したからである。第2に，消防や警察関係者のように，避難の呼びかけや避難誘導，あるいは水門の閉鎖などの防災活動中に津波に巻き込まれたのである。そして第3に，この2つの場合に共通して，津波の規模が「予想外に大きかったこと」「津波が早くやってきたこと」という「津波の判断の過ち」がある。しかし，ハザードマップを頭に入れて行動していた人々も，ハザードマップ上は津波浸水域ではない場所へ避難したにもかかわらず，津波に巻き込まれてしまった。その点では，避難所で津波に巻き込まれた一般人と同じである。第4に，避難の判断を正しく行っていたとしても，自分が逃げようとした瞬間に，周囲に大量の入居者や患者，老人たちが残っている状況では，「逃げるに逃げられなかった」のである。

なぜ，安全に避難できたのか

以上，亡くなった人に注目して「なぜ亡くなったのか」「どういった状況で，どういった人々が亡くなったのか」を見てきた。今度は反対に，多くの犠牲者が出たなかで，「どうやって無事に避難できたのか」を見てみよう。

(1) **全体的な避難状況：8割以上の人は避難した**　東日本大震災では，被災3県だけで死者・行方不明者は1万9719人（2011年9月26日現在）で，浸水範囲内人口51万697人の3.9％にのぼる[4]。市町村別では，絶対数としては石巻市が3890人と最多であるが，浸水範囲内人口に占める割合では，女川町の12.1％を最高に，陸前高田市11.7％，大槌町11.6％，釜石市8.2％となる。

こうした全体の状況から，津波が浸水した地域住民の90％以上の人は無事に避難したという事実を最初に確認しなければならない。津波避難を可能にし

たのは，一般に，三陸地方の災害文化，住民の津波防災の意識の高さ，普段からの避難訓練だと指摘される。たとえば，対 2010 年国勢調査人口比で大槌町全体の死亡率は 8.4％ であるのに対して，同町の吉里吉里地区では 4.3％ にとどまっていることを指摘して，「この地区では，地域社会に根づいた防災文化により，相当の減災効果が発揮されたといえる」（麦倉・高松・和田 2013：75）と指摘されている。事実，3 月 3 日の昭和三陸津波の記念日に津波の避難訓練を実施したばかりの地域も多い（釜石市鵜住居地区防災センターにおける東日本大震災津波被災調査委員会編 2013：28）。

(2) 切迫避難者の多さ

90％ の人が津波浸水域でも生存を確保しえたとはいえ，「無事に避難できた人」のなかには，避難した先で津波に巻き込まれたといった，避難しながら「ぎりぎりのタイミング」で生き延びた人が多数存在した。このことは先に紹介した広域アンケート調査でも，切迫避難者が多いことが指摘されていた。

この切迫避難者の典型は，屋上避難者である。やや強引な調査結果ではあるが，時事通信は仙台市以南の宮城県 5 市町で「ビルに避難し助かった人数」を仙台市 2139 人，名取市 3285 人，岩沼市 2095 人，亘理町 2102 人，山元町 91 人の合計 9712 人と見積もった（時事ドットコム：2011 年 5 月 27 日）。屋上避難について，三陸地域では釜石市の市営釜石ビル，南三陸町の松原住宅，気仙沼市の中央公民館やヤヨイ食品工場などが，さらに，仙台以南では仙台空港や各地の小中学校などがたびたび取り上げられてきた。このような屋上避難者が多かったため，被災の翌日，屋上に避難している人々がヘリコプターによって救出される場面が数多く報道された。

安全に避難するための「最後の手がかり」になったのは，津波来襲の目視が可能であったかどうかである。これに関連して興味深いデータがある。谷下雅義によると，「南三陸町で津波が到達した行政区の犠牲者率は，海の見える 35 区が約 4％ だったのに対し，見えない 10 区は約 16％ だった」ことが明らかにされた。「また『海に面し』かつ『徒歩 5 分以内に避難できる高台がない』行政区は［一般には死亡率が高いと思われがちであるが，反対に］犠牲者率が低い傾向を確認した。谷下教授は『一見すると津波防災上は不利な条件が，かえって逃げる意識を高め，結果として人命を守った可能性がある』と話す……一方で，［津波から人を守るために築かれた］防潮堤の高さと犠牲者率の相関関係は見いだせなかった」という（『河北新報』2014 年 6 月 23 日）。このように「海の状態が

見えるかどうか」が，避難行動にとって重要だったという指摘は，被災地の現地からも報告されている（陸前高田市 2014：349）。

(3) 組織的な避難　　組織的な避難として最も成功したのは，小中学校の避難であった。公立学校の物的被害は岩手県 424 校，宮城県 805 校，福島県 751 校で見られ，被災 3 県の合計は 1980 校にのぼっている（文部科学省 2012a）。

　幼稚園，小中学校の津波による物的被害状況を確認しておこう。文部科学省によれば，「ハザードマップなどで津波による浸水が予測されていた場所に位置していた学校（園），実際に津波が到達した学校（園）」という基準に該当する学校・幼稚園は「全体で 149 校あり，[そのうち]実際に津波が到達した学校等は 131 校であった」（文部科学省 2012b：55）。驚くべきことに東日本大震災以前から，ハザードマップ上で津波浸水が予測されていた学校は 100 校以上に達していることがわかっていたのである。「津波が到達した学校 [131 校] 等 [のなか] で，『校舎が浸水した』学校等が 52.7% を占め，『校庭や運動場などの敷地のみ浸水した』学校等は 19.1% であった。その他の回答として，3 階まで到達した，屋上まで達し全壊したなどが挙げられている」（同上：59）。「その他」の回答のなかに，「3 階まで到達した，屋上まで達し全壊した」ケースが含まれるために，実際に校舎への浸水は 52.7% よりも，はるかに多いと推察される。

　学校の立地条件と津波被害との関係は図 2-1 のように整理されている。ここからわかるように，津波が海岸から 5 km も入り込んだために被害を受けた学校がある一方で，標高 25 m を超える場所に建てられた学校も津波被害を免れることができなかった（文部科学省 2014：10）。

　こうした小中学校の物的被害の大きさと量に比して，人的被害は相対的に少なかった。被災 3 県の学校の人的被害状況（園児・児童・生徒・学生・教員すべてを含む）は，宮城県が最多で 445 名，次いで岩手県が 109 名，福島県が 86 名となっている。

　では，児童生徒らはどこで亡くなっているのだろうか。毎日新聞社の調査では，父兄への引き渡し後に亡くなった児童が多いという。被災 3 県での小中学校と特別支援学校について「死亡・不明の 351 人のうち，引き渡し後を含む約 8 割は自宅など学校外で被災した。引き渡し後の死亡・不明 115 人のうち小学生は 110 人だった。引き渡し後の死亡・不明が最多の 22 人だった宮城県石巻市立釜小では，学校が大津波警報に気付かずに引渡しを続け，海側の自宅に向

図2-1 岩手・宮城・福島3県における公立小中学校の立地条件と津波被害の関係

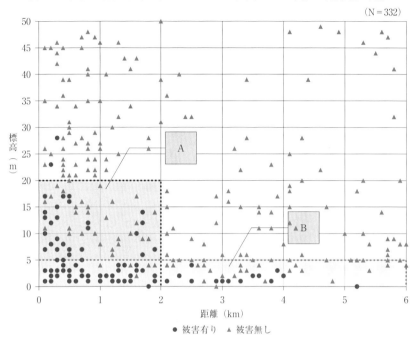

(注) 距離は海岸からの距離。
　　Aは「津波の遡上高が高く，標高が高くても被害が多かった」学校，Bは「平坦な地域では，津波を遮るものが少なく……海岸から離れている学校も被害を受けた」学校。
(出所) 文部科学省 2014：10。

かった児童の一部が津波に遭った」（毎日新聞「震災検証」取材班 2012：182）。ここから浮かび上がってくることは，学校に迎えに来た家族親族の車で移動中に，児童生徒の「意思とは無関係に」車内で津波に流されて亡くなっているケースが少なくないことである。ここでは，大人の側の判断ミスが子どもの死亡につながっている。

どこで児童生徒が亡くなっているのかについて，さらに詳しい調査結果がある。宮城県内の小中学生の死者・行方不明者261人のうち，石巻市立大川小学校での犠牲者を除く188人を宮城県教職員組合と千葉保夫が分析した結果，「『高台などに避難する途中』だったのは188人中67人（36％）。残りは『自宅に向かう途中』が35人，『自宅で待機中』が25人，『自宅の2階などに避難中』が13人」であった。また，「『地震後，引き渡されて亡くなった』者も69

人（37％）あった」と報告されている（『朝日新聞』2014年8月5日）。

　老人福祉施設や病院では，物的被害（建物被害）と人的被害との間には密接な関連があった。それに対して，小中学校では，建物被害としては校舎全体が津波に水没するといった壊滅的な被害を受けているにもかかわらず，その建物内で児童生徒は亡くなっていない。このように，小中学校では物的被害と人的被害は対応していない。「校舎が最上階まで冠水した学校も，大川小を含めて少なくとも9校あったが，大川小を除き，岩手県釜石市立東中，南三陸町立戸倉小など8校では高台に避難した子どもは全員無事だった」（毎日新聞「震災検証」取材班 2012：183）と伝えられている。

　この点をもう少し詳しく検討してみよう。以下，具体的に学校での避難行動を見ていくために，岩手県，宮城県の被災した小学校のなかから，「校舎が使用不可能になった学校」のなかの「津波による被害で使用不能になった学校」に限定し，さらに，文献やインターネット上で被害行動や人的被害を把握できるものを対象として，考察を進める。

　津波によって大きな被害を受けた小学校について整理する（表2-3）と，津波が3階建て校舎の屋上以上に到達したのは3校，3階に到達したのは6校，2階に到達したのは11校，1階に到達したのは12校，合計32校を数える。表中でアンダーラインで示したのは，東松島市以南の平野部の学校である。ここから読み取れるように，平野部の学校を襲った津波高は，リアス部の学校よりはるかに低い。そのため，平野部の学校では校舎の上層階や屋上に避難して助かったケースが大半である。これに対して，リアス部の学校では，屋上に避難したとしても助からなかったケースが多い。事実リアス部の学校では，屋上ではなく，それよりも高い学校近くの高台へ避難して安全を確保している。このデータ整理から，小学校については，大川小学校を除けば，これほどの大きな津波に襲われていても，すべての学校で「安全に」避難できていることが確認できる。大川小学校を除いて，学校の管理下では児童は亡くなってはいないのである。

　しかし，「安全に」避難した学校でも，時間的にも，空間的にも余裕のある避難ができたわけではなかった。その点では学校においても「切迫避難」が少なくなかった。多くの学校では「ぎりぎりのタイミングで」「いっせいに安全な場所に向かって走り出した」避難であった。

　その空間的にぎりぎりであった例として，2階まで津波に襲われ，天井裏の

表2-3　津波高と小学校の被災

津波高	安全に避難した小学校	犠牲者が出た小学校
4階	越喜来小（大船渡市），戸倉小（南三陸町），相川小（石巻市）	
3階	唐丹小（釜石市），鵜住居小（釜石市），気仙小（陸前高田市），吉浜小（石巻市），雄勝小（石巻市）	大川小学校（石巻市）
2階	小本小（岩泉町），船越小（山田町），赤浜小（大槌町），赤崎小（大船渡市），門脇小（石巻市），湊第二小（石巻市），谷川小（石巻市），船越小（石巻市）<u>中野小（仙台市），荒浜小（仙台市），中浜小（山元町）</u>	
1階	鵜磯小（宮古市），大槌北小（大槌町），南気仙沼小（気仙沼市），名足小（南三陸町），渡波小（石巻市），<u>浜市小（東松島市），野蒜小（東松島市），東六郷小（仙台市），閖上小（名取市），荒浜小（亘理町），長瀞小（亘理町），山下第二小（山元町）</u>	

(注) 津波の到達階数はおおよその数値。同じ1階でも1階天井から1階の床上までである。アンダーラインなしの学校は石巻市以北のリアス海岸地域の学校がほとんどで，アンダーラインは平野部の学校。
　　この表を作成するにあたって，各学校がどこまで津波が到達しているかを確認するために，原口強・岩松暉『東日本大震災　津波詳細地区　上巻』（2011，古今書院）にある津波遡上高のデータをはじめ，新聞記事，先生たちの手記，ネット上の被災の写真などを活用した。

(出所)　筆者作成。

3階に避難して助かった宮城県山元町中浜小学校の事例があげられる。中浜小学校では発災当時，学校には教職員10名，児童52名がおり，「1～3年生は授業終了後，外で遊んでいた」（宮部 2012：124）。そのところに大きな揺れが襲い，校長が屋上避難を指示した。地域の人も加わり総勢約90名が2階建て校舎の屋上や「屋根裏倉庫」に避難した。津波は2階天井で止まったために，避難した人全員は無事であった。

　時間的にぎりぎりであった例として，釜石市鵜住居小学校の例を紹介する。「当時6年生のクラスを受け持っていた横沢大教諭が振り返る……尋常ではない揺れ。外を見れば，隣接する釜石東中の生徒たちがバラバラになって南へ走っている。教師たちは即座に『逃げろ』と号令を掛けた。……約20人の教職員は声を張り上げ続けた。『走るんだ！』。目指したのは南へ約600メートル離れた民間の介護施設『ございしょの里』。泣きじゃくる1，2年生の手を上級生が引いた」（『河北新報』2011年05月19日）と，切迫した避難の様子が伝えられ

ている。

　では，なぜ，学校での避難が可能であったのか。このように時間的にも，空間的にも「切迫避難」を強いられた小中学校も少なくなかったが，それでも，全体として（大川小学校を除いて），学校管理下では児童生徒は津波から何とか安全に避難できた。その条件をあげてみよう。第1には，学校の立地上のリスクや，学校からの避難路，避難先についての情報を，学校を管理する先生たちが事前にもっていたことである。第2に，こうしたリスクをあらかじめ知ったうえで避難訓練を積み重ねていた。そのことにより，児童生徒はもちろん，先生も「いざという場合の行動の仕方」を学習していた。第3に，学校の防災計画や防災の組織体制，指揮命令系統などをつくりあげていた。とくに，中心となる校長や防災担当の先生が重要である。第4に，発災直後に適切な行動と決断，指示ができたことである。第5に，その適切な行動の前提となる，災害情報の入手ができていた。ただし，この情報入手は気象庁からの警報や自治体からの避難指示などの情報だけではなく，「地元からの情報」すなわち，学校に避難してきた地域住民からの情報や隣接する学校などからの情報も含まれる。第6に，避難行動への移行がすばやく行われたことである。普段から，児童生徒を整列させること，防寒対策を行うことに心がけ，避難に必要な携行品（ハンドマイクやラジオなどの情報機器，児童生徒の名簿など）の準備が行われていたのである。

　保育所についても見ておこう。地震動や津波による保育所の建物被害は岩手県で全壊13，半壊4，宮城県で全壊27，半壊22，福島県で全壊3，半壊9，被災3県全体で全壊43，半壊35にも達している。このように保育所の建物被害は大きかったが，ほとんどの園では無事に避難している。幼稚園や保育所は，一般的に平屋や2階建てが多く津波の避難場所には適さないため，近くの高台に避難する必要がある。そのため，「『児童福祉施設の設備及び運営に関する基準』にあるように，震災前，ほとんどの保育所で月1回は避難訓練を行っており，さらに1割以上の保育所においては，月1回以上の訓練をしていた」（日本ユニセフ協会・岩手県保健福祉部児童家庭課 2013：26）。こうした日頃の訓練のおかげで，幼稚園・保育所ではおおむね安全に対処できた。「東日本大震災により宮城，岩手，福島の3県で被災した保育所が315に上り，このうち全壊や津波による流失など甚大な被害のあった保育所が28以上あることが13日分かった。一方で，保育中だった園児や職員で避難時に亡くなった例はこれまでに

報告ゼロであることも分かった」(『読売新聞』2011年5月14日)と報道された。しかし,この報道は後日,「岩手・宮城・福島で全半壊の施設が78施設,保育中に亡くなった園児が宮城で3名,また保育外(引き渡し後)で亡くなった園児は岩手で25名(不明者16名),宮城で53名(不明者15名),福島で2名(不明者0)の計83名(不明者31名)」(全国私立保育園連盟ホームページ)と訂正されている。このように,園児の数値は3県合計で死者・行方不明者は114名であったが,保育中の死亡例はごく少なかった。

　組織的避難の第3のケースは事業所である。事業所単位での集団的な犠牲者が出ているケースは少ない。企業や事業所単位で大量死があったケースとしては,女川町の七十七銀行支店,南三陸町防災センター,大槌町役場,陸前高田市役所,石巻市役所北上支所での大量死がよく報道されているが,事業所全体から見れば,それは少数の事例にとどまっている。たしかに,東日本大震災では,自治体職員の死亡が多かった。しかも,それは特定の市町村に集中している。集中的に被害を被った市町村は4市町で,岩手県では大槌町,陸前高田市,宮城県では南三陸町,石巻市で,いずれの市町でも市庁舎(支庁舎)・町役場の建物そのものが津波によって全壊し,その結果,死者・行方不明者は大槌町で33名,陸前高田市で68名(臨時職員を含めると111名),南三陸町で39名,石巻市で48名に達した。

　だが,大多数の企業では津波から安全に避難した。とくに,三陸沿岸には海岸近くに漁業関係の工場や事業所が数多く立地しているが,その大部分は安全に避難ができている。国土交通省の調査からも,「国土交通省による31の事業所のアンケート調査結果から,就業時の避難状況は,地震発生から津波が押し寄せてくるまでの間,従業員全員に避難を指示し,避難誘導している事業所が大半であり,従業員に対し,適切に避難誘導や避難指示がおこなわれていたことが窺える」(陸前高田市 2014:357)と報告されている。

　以上の小学校,幼稚園・保育所,事業所での避難行動の検討から,「集団や組織の中にいたこと,あるいは社会的なネットワークに結びついているという社会的状況が,津波からの避難行動を促した」,あるいは「集団の中にいたことが安全な避難につながる可能性が高い」ことを確認した。このことはすでに,1983年の日本海中部地震の際の津波からの避難行動調査においても確認ずみの事柄である(田中 1984)。

避難行動の帰結

　以上，亡くなった人と安全に避難した人の両面から避難行動の特徴を検討してきた。これらの検討から，東日本大震災における津波の犠牲者の全般的な状況には，第1に，死亡者の年齢層に偏りがあること，第2に，死亡者に空間的偏りがあること，第3に，死亡者と生存者の全体的布置状況に特徴があることがわかる。この点を詳しく見ていこう。

(1) **年齢的偏り**　　東日本大震災では高齢者の死亡割合が多いことがしばしば指摘されてきた（たとえば，立木 2013：7）。70歳前後から人口構成比の2倍の死亡率となり，さらに，年齢が上昇するにしたがって，その割合が高くなる。

　では，なぜ，老人の死亡率が高いのであろうか。第1に，発災時，自宅や自宅付近にいた割合が老人層で高かった。そして，そのことが老人の自宅死亡割合の高さにつながっている。第2に，老人は学校や事業所といった「凝集性の高い社会・集団」の内部にいなかった。たしかに，自宅にいた人々は地域の防災リーダーや消防団からの避難の呼びかけなどを受けているが，学校などと比較すると，それは組織的な避難というほどではなかった。第3に，老人は，三陸地域出身であれば，1960年のチリ地震津波を経験している可能性が高い。さらに，過去の明治，昭和の三陸津波についてよく知っている可能性も高い。いわば，過去からの津波の災害文化の継承者である。しかし，今回の津波は，過去の津波のどれよりも津波高は高く，さらに内陸部にまで浸水した。その点では，過去の災害文化が逆機能を果たした可能性がある。第4に，老人であるがゆえに「逃げられなかった」可能性も高い。それは二重の意味で，すなわち，自分自身が身体的な機能が衰えていてすばやく避難できなかったという意味とともに，家族内にそうした人がいて，その人を置いては逃げられなかった，あるいは，その人の介護・支援をしていたために，津波に巻き込まれたという意味である。

　高齢者の死亡率の高さと対照的に，15歳以下の年齢層の死亡率は顕著に低い。壮年層の死亡率よりも低いのである。その理由は，小学校や幼稚園・保育所での避難行動で説明したように，学校や園の管理下にあった子どもが，ごくわずかの例外的事例を除いて，死んでいないということである。ただし，ここで注意しなければならないのは，東日本大震災の発災時間である。2時46分という時間は，小学校では，低学年は授業が終了していたが，まだほとんどの

児童が学校あるいは学校近くにいた時間であった。保育所や幼稚園などは午後の昼寝が終わって,ちょうどまとまって教室にいた時間であった。このタイミングであったことが,その後の集団的な避難につながったのである。仮に,すべての児童が帰宅した後,あるいは,帰宅途中にあったとしたら,こうした安全な避難ができたかどうかはわからない。災害は,偶然の発災時間によって,被害の様相を大きく異にするのだ。

(2) 空間的偏り

すでに,自宅,指定避難所(あるいは避難者自身が「安全な避難場所」と考えていた場所)で多くの人が亡くなっていることを述べた。これに関連して,東日本大震災では,海のすぐ近くではなく海から離れている場所でより多くの人が亡くなっている。内陸側の,津波が押し寄せた先端部分での死亡者が多い。津波到達ラインを境に,「ぎりぎりで逃げられた人」と「わずかの差で逃げられなかった人」との生死が分かれたのである。この点は,実際の被災者が一様に指摘する点であるが,加えて,多くの調査(大槌町安渡地区については,畑村 2012;同町吉里吉里地区については,Mugikura et al. 2013;麦倉・高松・和田 2013;高松 2015;陸前高田市については,小野ほか 2011;陸前高田市 2014;南三陸町については,高橋・松多 2015)からも同様の指摘がなされている。

この事実は何を意味しているのだろうか。おそらく,海から離れた山側の人たちには,「ここまで津波は来ないだろう」と判断し,避難しなかった(あるいは,避難が遅れた)のではないか。そうした誤断のために,避難行動が遅れ,あるいは避難行動を選択しなかったのである。

これに関連して,陸前高田市の平野部・高田町よりもさらに山側の地区,矢作地区や竹駒地区で死者が多く発生したことについて,同市の検証報告書は次のような住民の証言を紹介している。「防災行政無線で『3mの津波が来る』と聞いたが,『ここまでは来ないと思っていた』ため避難せず,自宅の前の道路で近隣住民と『さっきの地震はすごかった,怖かった』など話していた。午後3時35分頃,『津波だ,逃げろ』の声で,海側を見たら真っ黒い泥波が霧の中を,バリバリという音とがれきと共に,山と山との間をすごい高さで,押し寄せて来た。車で逃げる者,走って逃げる者,高齢者を引っ張って逃げる者,それぞれが高台へと避難した」(陸前高田市 2014:330)。「ここまで津波は来ないだろう」という判断は,これまでの経験則(災害文化)から生まれたものである。そうした判断がむしろ,津波警報が発令されていることを知っていたと

しても，津波避難を遅らせた可能性がある。さらに，海の状態変化や海からの津波来襲がその場から見えなかった（津波が見えたときにはすでにすぐ近くまで迫っていた）ことも関係していたと推測される。「予想外の事態」が発生したときには，皮肉にも「リスクが低い」と考えられてきた地域ほど被害が大きくなる可能性があるのだ。

(3) 布置状況

以上見てきたように，「避難行動をとったこと」がイコール「安全を確保したこと」ではなかった。避難行動の失敗率が相当高かったことが推察される。一般に，大規模なハザードほど避難失敗率は高くなるが，避難の失敗の原因をすべてハザードの規模に帰着させることはできない。なぜならば，東日本大震災のデータからもわかるように，ハザードの規模が同じ（来襲した津波高が同じ）でも，地域ごとに死亡率は同一ではないからである。

津波浸水域にいて生き延びた人は，「余裕をもって避難した人」「数次避難を余儀なくされながらも逃げ切れた人」「切迫避難した人」「いったんは津波に巻き込まれながらも生存した人」「避難せずに生存している人」の5種類に分けられる。一方，死亡者は「避難したが逃げ切れなかった人」「避難所に避難したが，そこで亡くなった人」「避難せずに亡くなった人」「避難できずに亡くなった人」の4種類に分けられる。この「避難せずに亡くなった人」のなかには，「避難する必要はないと判断し，自宅に留まって亡くなった人」と「自宅の2階などに避難すれば安全だと判断し，自宅2階で亡くなった人」に分けられる。また，「避難できずに亡くなった人」には，「体が不自由で避難できなかった人」と「要支援者を支援していた人」「要支援者を置いては逃げられないとして，避難をあきらめた人」が含まれている。

こうした分類をしても，各カテゴリーにどのくらいの人が含まれるかを正確に割り出すのは難しい。そのことを承知で，現在もっとも住民調査が丁寧に実施されている陸前高田市のアンケート調査結果をもとに，それぞれの割合を推測してみると[4]，図2-2のようになった。なお，この推論結果は当然，地域ごとに大きく異なる。

陸前高田市の浸水域人口は1万6640人，死者・行方不明者は1771人を数え，その割合は10.6％と女川町，大槌町と並んで高い死亡率を示している[5]。このうち，避難した人は1万5409人，避難しなかった人は1231人と推定される。避難した人のうち，余裕をもって避難した人と数次避難した人は合計1万

図2-2 陸前高田市の避難と死亡の状況

宮城県陸前高田市
浸水区域内人口 1万6640人，死者・行方不明者数 1771人，死者・行方不明率は 10.6%

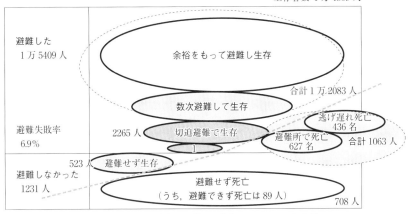

(注) 1) 津波に巻き込まれ漂流・生存した数は，少ないのでカウントせず。
2) 浸水区域内人口は，総務省統計局（平成23年4月26日）。
3) 死者行方不明者数は，陸前高田市（2014）より。

2083人で避難者の78.4%，一方，切迫避難者は2265人と，避難者の14.7%にものぼる。死亡者は，避難したにもかかわらず死亡した人が1063人と多く，ここから避難失敗率を推定すると6.9%にも達している。避難しなかった人1231人のうちの708人，割合にすると避難しなかった人の57.5%は亡くなっており，生存者は523人と少ない。また，死亡者のなかでも「避難できずに死亡した人」は89人と推定される。

このように，東日本大震災での津波の犠牲者は，避難したが「失敗して」亡くなった人が多いこと，避難して生き延びた人のなかでも切迫した状況であった人が多いこと，避難しなかった人の3分の2の人は亡くなっていることが，ここから推測される。

3 行動の軌跡と特徴

連続的な意思決定の過程——津波の避難行動は単純か？

津波の避難行動は「津波警報をいち早く受信して，危険性を判断して直ちに

高いところに避難すればいいだけの単純な行動だ」と一般には考えられがちである。だが，実際の避難行動を見てきてわかるように，それほど単純な，あるいは直線的な行動ではない。第1に津波の避難行動の動線は，空間的に一直線に高台を目指している動線だけではない。実際に地震発生後海岸に向かう動線が数多く見られ，その結果，「津波浸水域の人口が，発生時よりも，発生からしばらくしての時間帯のほうが増加している」のである（NHK 震災ビッグデータ）。第2に津波警報や避難の呼びかけを聞いても，人は直ちに避難してはいない。いわば，時間的にも直線的な行動パターンをとっていない。このように，時間的にも空間的にも，実際に避難は直線的な行動ではないのである。第3に，発災時から避難完了までのごく短時間のなかで，時々刻々と変化する状況に応じて人はそのつど，状況判断し行動選択をする作業を繰り返し行っている。

こうした行動パターンが生まれる原因は，人々が明確な状況判断の根拠をもてない環境に置かれたためである。そのため，多くの人は津波来襲の直前まで「どうしようか，迷っている」。人は迷いながら，地震発生から「危機のスイッチ」が入るまでの，わりと長い「空白の時間」を生きている。その「迷い」は根本的には，現在自分が置かれている状況が「よくわからない」ために，すなわち「曖昧な状況に置かれている」ために生まれる。

大災害での緊急事態は人々にとって「生まれてはじめて遭遇する」事態である。津波災害では具体的に，警報の真偽（本当に津波は来るのか），津波高（本当に気象庁が言っているような高さの津波が来るのか），緊急性（津波がすぐにこの地域に来襲するのか），時間的な余裕（津波来襲までに老人や子どもの保護，貴重品の持ち出しの時間的余裕があるのか），津波の来襲パターン（第1波の津波よりも次の津波のほうが大きいのか），避難先の選択（どこまで逃げれば安全か），避難手段の選択（徒歩で逃げるのか車でか），避難ルートの選択（どのルートを使って，どちらの方向に逃げるのか）をめぐる判断が求められる。こうした状況のもとでは，適切な行動を選択するのが難しいし，すべての人が最適な選択をするわけではない。さらに，家族の無事，会社の無事への心配（と，これらの情報がないこと）が，自分の行動決定をいっそう難しくしている。そのため，いったん避難しても「モノを取りに自宅に戻る」などの選択をし，津波の犠牲となるケースも少なくない。

社会学での「状況」「状況定義」の概念

　社会学では,「状況」とは客観的に存在するのではなく,「主体化された環境」すなわち「行為者によって主体的に展望された意味づけられた行為空間」(森 1993：727) である。そして,「人間は単に状況の客観的な諸特徴に対して反応するだけでなく, 自分達にとってこの状況のもつ意味に対しても, 反応するのであり, しかも後者に対する反応の方が, 時には主となる」(Merton 1957 = 1961：383)。そのため, 人間の行為は,「彼らがその事態をどう認知・解釈・評価するかにしたがって変化する……行為に先立ち, あるいは行為しながら, 行為者はその時々の事態を自分の行為と関連させて意味づけ, 事態がいかなるものであるかを純粋知的なものからきわめて非合理的な情緒に至る, あるいは意識的・熟慮的なものから慣習的・反射的なものに至る, さまざまな仕方で判別し評定して自分の行為進路を決定し実行する」のである (森 1993：727)。この行動決定の過程では,「状況定義」すなわち,「事態をこのように力動的に評価すること」が重要な意味をもつ (森 1993：727)。

　こうした状況定義の考え方は, W. I. トマスと F. ズナニエツキのポーランド農民の移民研究に導入された (Thomas and Znaniecki 1918-1920 = 1983)。さらに, R. K. マートンは, 状況定義概念を発展させた「予言の自己実現」という概念を利用して社会変動や人種的偏見を議論した (Merton 1957 = 1961)。E. ゴフマンは対面的相互行為・コミュニケーション場面での「状況定義の共有」に注目した (Goffman 1961 = 1985)。ここでは, この状況定義という概念を, 災害発生時のような緊急時の行動選択に導入したい。

　こうした状況定義の概念を緊急時の行動に導入すると, なぜ人々が「迷っている」のかが理解できるようになる。「曖昧な状況定義」のもとで, 人々は迅速で確信的な行動選択ができないのである。そのために, 津波警報を聞いても「半信半疑」であったり, 警報を無視して行動するのである。さらに, はなはだしい場合には,「誤確信（誤った確信）」のもとに合理的な行動とは反対の行動を選択するのである。

　なぜ,「曖昧な状況定義」が発生するかといえば, 被災者個人にとって, まず第 1 に未経験の事態であり (「こうした災害にあったことはない」), 第 2 に正確な情報がない (正確な情報をもっている人や機関がない, 気象庁すら正確な情報をもっていない, あるいは電話の輻輳, 停電などによる情報の途絶による正確な情報の入手不可能), 第 3 に状況が仮にわかったとしても, 適切な行動を選択する準拠枠

第 2 章　津波の避難行動から

図 2-3　連続的な意思決定の過程

状況判断⇒　決断⇒　行動	⇒	状況判断⇒　決断⇒　行動	⇒	状況判断⇒　決断⇒　行動

がない（「どうしていいのかわからない」），第4に「確認がもてない」状況あるいは，「誤確信」が生ずるためである。

　地震発生から避難行動に移るまで，人の動きにはいくつかの行動の「節目」（行動の変化の岐路）があり，その節目節目で意思決定を必要とする。その節目で，どう「危機のスイッチ」が入るのか。しかも，その各節目ごとのスイッチは避難を決するON/OFFという単純なものではなく，多くの危機の状況を判断しながら，何段階かを経て最終的に「避難のスイッチ」ONになっていく（最終的に避難しようとする）場合が多い。そうした意味で，災害が発生した後の避難をし安全な場所にたどり着くまでのプロセスは，何段階かの意思決定の連続的な過程なのである。外側からは「時間の空白」と見えるが，本人たちは実に多くの決断を下している（あるいは，決断することを迫られている）のである。

　このように，地震発生から津波の避難行動が完了するまでには，周囲の状況が変化し，その状況の変化をどう受け取ったか，その状況変化に合わせて適切に意思決定が行われたか，という複数の「判断－行動セット」の連続的過程がある。このように，地震発生から避難行動に移るまでには，人々はいくつかの決断を積み上げ，最終的に避難するという決断に至るのである（図2-3参照）。

　一般に，災害の規模が大きくなるほど，避難行動も時間的にも空間的にも延長・拡大され，それにともなって，意思決定の過程も長くなる。東日本大震災の津波避難についていえば，津波からの避難は数次にわたり，津波浸水域にいたほぼすべての人が避難したが，さらに2次避難を余儀なくされた人は37.8%にのぼり，第3次避難者も第2次避難者の21.3%にも達している。このことは，人々は何度も状況判断，行動選択を迫られたことになり，それだけ避難に時間を要したことになる。

　こうした「曖昧な状況定義」は，個々人に「自分なりの状況定義」を行う余地を与えており，その結果，個人ごとに多様な状況定義が並存することになる。そのために，緊急時の人々の行動はバラバラな方向に向かって行われていっているように見える。このように個人の主観的世界では，災害時に人々の状況定義が個々人の内側でバラバラに下されるのであるが，被災者の集合的行動レベ

ルでは，ある災害状況のなかで多くの人々が一定の方向に避難しはじめる集合現象が見られる。

こうした集合的行動の根底には何があるのだろうか。一方で状況定義が個人ごとに異なり，そのことにより同じ危機的状況に置かれた人々の間に生死が分かれていくのである。だが，同時に，その場に置かれた人々の間では状況定義が集合的に下されるのである。個々人の意識のなかでは自分で状況定義を下しているように思えるのだが，実際には，個人の状況定義は周囲の人々の集合的定義に強く影響されている。その結果，状況定義が集合的になされることになり，たとえば人々は一斉に同じ方向に避難しはじめるのである。

とくに，リードタイムがわりあいと長い気象警報にともなう避難行動の場合には，この点はより顕著になる。2005年8月末にアメリカ，ニューオリンズを襲ったカトリーナ台風の避難行動について，次のように報告されている。「警報が発せられた時，それを受け取った人々は，その脅威が本当に来るのか，自分たちに関係があるかどうか，どう対応するか，いつ［避難行動などの］行為を開始するかについて互いに相談しながら検討する。このプロセスにおいて，［警報を受け取った］人々が一緒になって，集合的に『状況を定義する』のである。LindellとPerry（2004）は，こうした集合的な意思決定の行為は当事者たちの［社会的］性格，人々が置かれた社会的・状況的なコンテクストによって規定されると説明している。もっと広い観点から見て，避難行動は自動的なものでも，公的な規則によって規制されているものではないのである。むしろ避難行動は，［そのハザードの］影響を受ける集団のメンバーの間での相互行為と協議をとおして社会的に作り出されるものである」（Haney, Elliott and Fussell 2010：77）。この状況定義が，避難行動を行う前の段階でなされることに注目すれば，なぜ，バラバラな個人よりも組織内の個人のほうが適切に避難しえたのかがわかる。状況定義が組織的に（「集合的」よりもいっそう組織化されて）行われていたから，適切な避難行動が生まれたのである。

3つの環境的条件

これまで見てきたように，避難行動が連続的な意思決定過程であるとしても，その決定がすべて安全に直結するわけではない。では，その成否を規定しているものは何であろうか。避難行動の成否を規定している要因群は大別すると3つに分けられる。第1は物理的環境であり，第2は情報環境であり，第3は社

会的環境である。これらを，具体的に1つずつ見ていこう。

　その人がどういった物理的（空間的）環境に置かれていたのかは，避難行動に直接関連している。物理的環境とは第1に，地形的要因，すなわち，海底地形や湾や海岸の形状，埋め立て地，河川，段丘などの海から陸上までの地形に加えて，その人がいた場所の海抜，近くの高台，高台までの避難路があげられる。第2は，人工的な高台で，指定避難ビル，避難することのできるビルの屋上などである。第3は，人工的な防災施設で，防潮堤防，湾口防潮堤，河口水門，河川堤防，防潮林などである。第4は，直接的に防災のためにつくられてはいないが結果的に防災に役立った高架道路や鉄道路線などである。第5は，海と居場所との関係，すなわち，海からの距離，海への眺望などである。

　その人がどういった情報環境に置かれていたのかも，避難行動にとって重要である。それは具体的には，発災直後の避難に関係する情報，すなわち津波警報，避難の呼びかけなどである。しかし，こうした発災時の情報は，それ以前からの広い意味での情報リテラシーがないと有効性を発揮しない。それは，津波そのものの自然科学的な知識や，その地域のリスク情報（ハザードマップなど），自分がいる場所の空間情報（位置情報だけでなく，安全な場所まで避難するのに要する時間に関する知識など），その地域の災害文化（過去の被災情報など），さらに，一般的な防災の知識（防災パンフレットや研修会で得た防災に関する知識，防災訓練からの体験的知識など）などである。さらに，一見防災と関連しないと思われる知識，たとえば周囲の災害弱者の存在についての情報なども，避難行動に関連した情報である。

　第3番目の規定要因は社会的環境である。社会的環境についてはこれまで，避難行動論で十分な考察がなされてこなかった。だが実際には，社会環境は避難行動を大きく左右する。なぜならば，先に見てきたように，避難行動は単独行動であるよりも，むしろ集合的あるいは組織的行動である。また，避難のきっかけは周囲からの呼びかけや「周囲の人々が避難を始めているのを見て」という場合が多い。状況定義も，集合的あるいは組織的に下される。

　このように避難行動の成否は，社会的環境に大きく左右される。社会的環境とは具体的に，それまでの防災活動（たとえば，避難訓練の実施，参加など）や組織的状況や社会的ネットワークである。避難行動は，その人が発災時に学校や事業所にいた場合には，組織的な避難行動として行われる。自宅にいた場合でも自主防災組織や消防団などからの避難の呼びかけにより集団避難行動となる

ことが多い。さらに，地方自治体や政府が，避難を促したり，発災以前の訓練や情報提供を通して，住民の避難行動に大きな影響を与えている。そうした組織的な避難行動でなくても，地域的な人間関係のネットワークが密接に存在している地域にあっては，特段の避難指示がなされなくとも，「まるで相互に促し合って」組織的に行われているような避難行動が見られた。

社会環境に着目すると，大震災に遭遇した人々が選択する避難行動を含む行動全体は，「社会的に真空状態で行われる行動」ではないことがわかる。大災害に直面した人々は，家族が安全かと心配しながら，事業所や学校では組織的な行動を選択した。そのなかには，事業所や学校という組織から与えられた役割を果たした人が多かった。自宅周辺で災害を経験した人々も，周囲の人と情報を交換し合い，周囲の人に避難の呼びかけを行っている。さらに，地域リーダーを中心に，地域の「災害弱者」の避難を手助けしたりした人も少なくない。このように，家族，組織，コミュニティの社会関係の網の目のなかで，それらから「期待されている」役割を果たしている。決して「自分だけの命を考えて」「津波てんでんこ」で避難行動を選択したわけではない。「てんでんに」避難した人でも，自分が逃げることによって，家族の安全なども守られるであろうという推測のもとに避難したのであって，「自分のことだけを考えて」の行動ではなかったはずである。その意味では，「津波てんでんこ」を一方的に防災教育のなかで強調するのは，注意が必要である。

従来の避難行動論は「社会的な真空状態に置かれている個人」を単位とする，単純なモデルで考えられがちであった。そこに間違いがある。実際には，人はさまざまな社会的なネットワークの網の目や，集団（組織化の程度の差はあれ）のなかにいて地震を経験し，津波の情報を受け取り，その状況のなかで，ある種の集団的な状況判断や行動の決断を行って，周囲の人々とともに避難行動をするのである。適合的な避難行動という観点から見れば，こうした社会的環境は多くの場合プラスに作用するが，ときにはマイナスに働くこともある。このことは，小学校の事例で見てきたとおりである。マイナスの作用としては，家族を心配して海側にある自宅へ向かう危険を冒すことや，究極的には，家族が一緒に危険を覚悟して逃げないで家にとどまる行動になって現れる。

このように，避難行動について，物理的環境，情報環境，社会的環境を前提にして避難行動モデルを再構築することが必要なのである。以上の点を図にすると図2-4のようになる。ここで，3つの環境相互には密接な関連性があると

図 2-4　3 つの環境

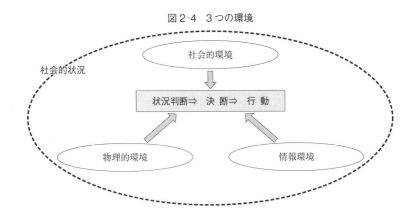

いう点にも留意すべきである。物理的環境は，情報環境にも社会的環境にも密接に関連している。たとえば，堤防という存在そのものは物理的環境であるが，行為主体にとっては，「安心を与える情報」かもしれないし，堤防があることによって堤防に付属する水門を閉める必要が生じ，そのための役割分担や社会組織が決められることを通して，ある人の社会環境を変化させていく。以上をまとめると，3 つの環境のなかで意思決定が行われていることがわかる。

新しい避難行動モデルの提示へ

本項では，東日本大震災時の避難行動の分析から，明らかになったことをまとめておこう。第 1 に発災時に人々は，「曖昧な状況定義」下に置かれる。第 2 に状況定義は個人ごとに行われるように見えながら，結果的には集合的に定義される。第 3 に津波からの避難行動は，単純な 1 回限りの意思決定過程ではなく，「状況判断⇒決断⇒行動」という一連の過程が連続的に繰り返し現れる意思決定過程である。第 4 に 1 人ひとりの意思決定は一定の環境的条件のなかで行われる。それらの環境的条件を活かす（環境的条件がもつ阻害的要素を排除する）ことが，避難の成功にとって必要である。第 5 にこの環境的条件は，物理的環境，情報環境，社会的環境に分けることができる。それと同時に，これらの 3 つの環境は相互に密接に関連している。第 6 に避難行動は個人行動ではなく，集合的あるいは集団の行動である。避難行動が集合的行動であることは，状況定義が集合的に行われることと関連している。

ここでいくつかの点をあらためて追加説明しておかなければならない。

第1に,環境についても,決定する主体についても,それらは発災以前からの状態に大きく左右される。たしかに,災害が発生し,避難行動を行うときには,その主体を取り巻く3つの環境とその主体の判断・決断・行動が直接的には重要となるが,それらの背後では発災以前の環境的条件や主体の能力が関係している。環境の面でいえば,物理的環境は発災以前の防災施設の整備が発災時の物理環境を規定するように,3つの環境はすべて,発災以前の環境が緊急時の環境をつくりだしている。同様に,緊急時に判断する主体は,発災以前にどういった対応能力を身につけていたかによって,発災時の対応が規定される。このように,直接的には,発災の瞬間の3つの環境,主体が関与するが,そうした条件は,発災以前からの諸条件により強く規定されているのである。そのため,津波からの避難行動を考えるときにも,発災以前の環境的条件と主体の能力を考慮していく必要がある。

　第2に,主体と環境との関係の問題である。状況定義の概念を説明したことで理解されるように,行動主体と3つの環境との間に「環境を解釈する」主体の作用が介在している。「環境を解釈する」主体的な過程があってはじめて,主体の行為が発動するのである。

　その状況定義の過程において,同一の環境的条件が正反対に解釈される可能性がある。石巻市立大川小学校のケースを例にとれば,学校のすぐ横に斜面がありそこに避難していれば助かったかもしれない。だが,当時の先生たちにとっては,「そこは余震によって崩れてくるかもしれない」ととらえられていた。このように,同じ物理的環境も主体の側からは「安全の道」とも「危険な場所」とも「定義される」可能性をもっている。同じことは情報環境についてもいえる。東日本大震災では発災から3分後に発令された津波警報は「岩手県3m,宮城県6m,福島県3m」であった。この津波警報を聞いて,「直ちに避難しなければ」と判断し避難した人がいた一方,「3mであれば,町の6mの堤防は越えてこない」と判断し避難しなかった人もいたと推測される。

　以上の点を考慮すると,先の図に加えて,図2-5のように説明することもできる。

　別の言い方をすれば,避難行動は,物理的環境,情報環境,社会的環境,さらに,行為主体の意思決定と状況定義の関数であるとも言い換えることができ,それは次のように表される。

　　　避難行動 $= \Sigma_{t=1}^{x} f\{(p, i, s), d, c\}$

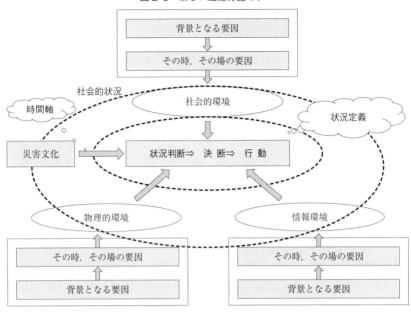

図2-5 新しい避難行動モデル

　これは，p は物理的環境，i は情報環境，s は社会的環境，d は状況定義，c は意思決定の連続的過程であることを意味している。

4　避難行動モデルを基礎にした津波防災対策批判から防災パラダイム批判へ

東日本大震災以降の津波避難対策の再検討

　東日本大震災以降，中央防災会議津波避難対策検討ワーキンググループにおいて，避難対策の検討項目として，(1) 情報と避難行動の関係，(2) 情報伝達手段とそのあり方，(3) 避難支援者の行動のあり方，(4) 自動車で安全かつ確実に避難できる方策，(5) 津波からできるだけ円滑に避難ができる方策，(6) 防災意識の向上が取り上げられた。こうした検討に続いて，これを可能にするために，①情報伝達体制の充実・強化，②海岸保全施設整備，③避難を可能にする環境整備（避難場所・避難路・階段，避難ビル・タワーの整備など），④整備完了までの暫定的な措置をすること，⑤地域の実情を考慮した具体的な避難計画の策

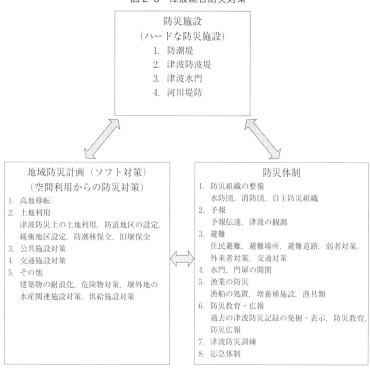

(出所) 建設省河川局・水産庁, 1983「津波常習地域総合防災対策指針（案）」津波ディジタルライブラリィ（2013 年 12 月 10 日取得, http://tsunami-dl.jp/document/021)より作成。

定, ⑥地域の安全度を評価し, それを住民に周知すること, ⑦行政・学校・地域の連携による防災教育の実施という 7 つの取り組みが必要だとされた（中央防災会議 防災対策推進検討会議 津波避難対策検討ワーキンググループ 2012：5-6)。

　第 1 章において, 戦後の防災パラダイムは 2 つの柱からなると説明した。第 1 の柱は,「防災対策は行政を中心に進める」という原則であり, この原則は「中央集権的に防災対策を進める」ことを同時に意味していた。第 2 の柱は,「想定地震」を設定して, それによる被害想定を行い, それを基礎に防災計画を策定し, その計画に沿って防災対策を実施するというものである。

　本章では, 主に第 1 の原則に照らして, ここまでの津波避難対策を見ておこう。中央防災会議での検討課題や具体的対策項目は「行政の立場から」「行政

が中心となって行う対策」としてまとめられている。たとえば，具体的な対策の１番目にあげられている「情報伝達体制の充実・強化」とは，情報伝達，観測体制・予測体制，ハザードマップの整備から構成される。なかでも，情報伝達に注目すると，その内容は「確実に伝える」「伝達経路の多重化（緊急速報メールの活用，カーナビの活用，言語情報だけでなく視覚情報も）」「情報伝達機器のバックアップ体制の整備」「わかりやすい表現で伝える」「警報を変更するときの工夫を検討する」「警報発令時の行動についての啓発」「自治体職員への教育」「自治体による住民の情報リテラシー教育」「自治体による適切な避難の呼びかけ，呼びかけ方法の工夫（どこまで避難，切迫性），監視カメラからの情報の活用」「自治体による避難解除」「津波の監視情報が避難の妨げにならない工夫」「解除される前に戻らない工夫」となっており，それらはすべて行政が緊急情報をどう伝えるかという対策に終始している。また，観測体制・予測体制の整備，ハザードマップの整備についても，すべて行政による対策である。このように東日本大震災を経て見直された津波対策においても，災害対策基本法以来の「行政中心の防災対策」という基本線はなんら変更がない。

たしかに東日本大震災後に，「主体的な避難行動」の必要性が強調されるようにはなってきた。先のワーキンググループでは，「『強い揺れや弱くても長い揺れがあったら避難』，『大津波警報等を見聞きしたら避難』の徹底」という表題で，「津波による人的被害を軽減するためには，住民等一人ひとりの主体的な避難行動が基本となる。津波からの避難については，強い揺れや弱くても長い揺れがあった場合には津波の発生を想起し，津波警報等の情報を待たずに自らできうる限り迅速に高い場所への避難を開始することとし，率先して避難行動を取ることを徹底していく必要がある。……平時から津波襲来前に避難行動を取ることの重要性を周知・啓発し，住民等の防災意識の向上に努める必要がある。また……最終的に避難行動の判断をして，生命が救われるのは住民等自身であるという意識も徹底させる必要がある」（同上：7-8）と述べられている。

しかし，この点でもあくまで行政の視点から述べられているにすぎない。そのため，「生命が救われるのは住民等自身であるという意識も徹底させる必要がある」というばかりで，「主体的な避難行動」をどう可能にするのかが具体的には議論されてはいない。

津波避難対策と避難行動モデルとの対比，避難行動対策の提案

先に提示した避難行動モデルから見て，こうした行政中心の津波避難対策に何が欠けているのかを確認しておこう。

第1に，状況定義についてなんら考慮が払われていない。津波警報を発令し伝達する中央防災会議・気象庁・中央のマスメディアの立場，あるいは，警報を伝達し避難をスムーズに進めようとする自治体の立場から，早期の警報発令，迅速な警報伝達，正確な避難命令に努めるという努力が重ねられてきた。この努力は「情報伝達モデル」とでもいうべき「警報発令⇒警報伝達⇒迅速な避難行動」という予定調和的ともいうべきモデル，すなわち，警報を迅速に発令し，正しく伝達すれば住民の迅速な避難が促され，安全が確保されるという考え方を前提として行われてきた。東日本大震災後の政策でも同じ考え方が継承されている。

しかし，東日本大震災以前から，「警報が伝達されても人は逃げない」ことは繰り返し議論されてきたはずである。その点では，広瀬弘忠が繰り返し述べてきた「正常性バイアス」（広瀬 1984；2004）や実例から「警報が発令されても逃げない」ことを指摘した論考（田中 1995；吉井 2005；田中ほか 2006）は，そうした情報伝達モデルへ警鐘を鳴らしてきた。本章では，その「逃げない」理由を「状況定義」の問題として提示した。本章の立場からすれば，行政や防災関係機関が中心となって，これまで以上に「警報発令⇒警報伝達⇒迅速な避難行動」モデルに立脚して努力を重ねても，経済学の「限界効用逓減の法則」でいうように，これ以上の投資（努力）は投下コストに見合うだけの政策的効果が望めないと判断する。政策的に検討すべき課題は，警報発令や伝達という領域ではなく，住民の「状況定義の曖昧さ」をどう低減できるかである。

第2に，これまでの避難対策において，発災時に住民が置かれている環境的条件についてほとんど考慮していない。避難行動を行う住民の環境的条件を画一的なものとしてとらえ，その多様性を考慮してこなかった。いうまでもなく，津波からの避難を行う人にとって，環境とは「自分を取り巻く環境」である。たとえば，津波警報を例にすると，現在の津波警報は県単位で発令されるが，住民はそれよりも「はるかに小さい世界」で行動を決定しているのであって，県単位の警報を最重要な行動の準拠とはしない。こうした点では，東日本大震災後，「地域の実情を考慮した具体的な避難計画の策定」が政策的提案されたことは，多少の「進歩」といえるだろう。だが，こうした事実を確認したとし

ても，「では行政がもっと細かい地区単位で警報を発令すべきだ」という選択をすべきではない。なによりも重要なのは，従来のような広域の警報を参照しながら，住民たちが小さな地域ごとに，周囲の環境的条件を考慮しながら判断するしかないということを前提に，住民自身の判断能力を向上させることだ。

　第3に，これまでの津波避難対策のなかでは，環境について，物理的環境，情報環境が中心で，社会的環境への注目が少なかった。津波避難ビルの指定や津波避難タワーの建設，避難路の整備などの物理的環境の整備，さらに，警報発令と情報伝達，防災行政無線の整備，避難看板の設置などの情報環境の整備に議論の中心が置かれてきた。たしかに社会的環境に関連して，避難訓練や防災教育が行われてきたが，そこでは住民は「啓発の対象」であった。その点では，先に「住民の主体性」を啓発するという姿勢と軌を一にしている。

　第1から第3まで共通しているのは，防災を推し進める行政中心の立場から，住民を保護すべき客体とみなし，その分，住民の主体性を軽視してきたということである。住民の主体から出発する議論が欠落していたのである。

　第4に，これまでの津波避難対策では3つの環境相互の関係を議論していない。相互に補い合う関係を考慮に入れないと（たとえば，物理的環境条件の劣悪さを社会的に補うにはどういった方策があるか），現実的な有効な対策が立てられない。事実，東日本大震災以前から，想定された地震のハザードマップ上で，校舎が浸水する小学校は少なくなかった。しかし，これまで小学校の避難行動で見てきたように，校舎が完全に津波にのまれている（物理的な環境としては全壊である）場合でも，それを情報環境と社会的環境が補って，児童の安全を確保しているのである。この相補的関係を抜きに今後の津波対策を考えようとすると，日本の海岸近くの公共施設，工場，住宅をすべて高所移転しなければならないが，それは無理である。そうだとすれば，今後の津波防災対策も3つの環境相互の補い合いによって生命の安全を確保する途を探ることが必要となる。

5　津波防災対策の今後の方向性

　本章では，東日本大震災においてなぜこのような大量な津波犠牲者が出てしまったのかを具体的な避難行動から検討し，そこから，津波避難行動モデルを導出した。このモデルをもとに従来の津波避難対策を再検討し，中央集権的な行政対策の枠内で避難対策を進めることの限界を示した。その限界を突破する

には，従来の防災パラダイムの第1の柱である「防災対策を中央集権的な行政対策として進める」という考え方を改める必要があると結論した。

　津波避難対策において根本的に「誤っている」ものは，行政を主体として防災対策を進め，住民が対策の客体に位置づけられてきたという点である。住民が意思決定の主体であって，行政がこれまで行ってきた防災対策は，その主体が意思決定を行う環境的条件を整えただけであることを確認する必要がある。さらに，住民からすれば，物理的・情報・社会的環境の3つの環境すべてが整っている場で生活している人は少なく，自分自身で3つの環境的条件を互いに補い合いながら安全を確保するよう努めていくことが大切だということを，防災対策上見逃していることである。事実，東日本大震災においても，学校や各種施設は津波で全壊しているケースが数多いが，そうした物理的環境の劣悪さを抱えていることを日常的に認識しているからこそ，情報面や社会的対応によってその劣悪な条件を「埋め合わせ」，安全を確保することに熱心に努力したのである。

　3つの環境の相互補完関係や行動の主体性に着目すると，一律に海岸堤防の高さを広域的に揃えることや，どの地域も防災行政無線を整備することを検討するのではなく，それぞれの地域が，3つの環境的条件をどう組み合わせて自分たちの地域独自で防災対策を行っていくか，さらに，日常生活（防災上さまざまな問題を抱えた環境で営まれる生活）と防災対策をどう折り合いをつけていくかを自分たちで考え，自分たちで決定していくことが大切である。そうしたことを地域で考え決定をしていくなかで，本当の主体性が育っていくのである。

　こうした提案に対しては必ず，「すべての住民がそうしたことに主体的に取り組むだろうか」「こうした提案は原則的には理解できるが，現実的ではない」という反論が投げかけられる。その反論はある意味では正しい。しかし，「防災に主体的に取り組まない」行政依存的な住民の意識を「育ててきた」のは，まさに半世紀にわたる行政中心的な防災対策であり，行政がその政策を方向転換すれば直ちに住民の主体性が回復するということにはならない。その点では，避難行動をめぐる研究上の認識モデル，政策原理，政策効率という3つのレベルの議論を混同しないことが重要である。この3つのレベルに即して再度，これまでの議論を整理すれば，避難行動の認識モデルとして，従来の避難対策が前提としてきた認識モデルの間違いを指摘し，そのうえで，従来の防災パラダイムの限界を指摘し，今後の政策的な方向転換を提案した。しかし，この方向

転換に即して効率的な政策をどう進めるのかについては十分に議論を進めてはいない。この点に関しては，当分の間，従来の行政主導の防災対策と住民の主体性を育てる対策の2本立てで進めることが現実的な選択であろう。防災パラダイム全体の転換についての議論は，第6章で再論する。

注
1) 犠牲者数等は，公式発表についても発表時期や発表機関によって若干異なることが少なくない。また，新聞の場合のように，速報で，最終確定する前に報道することもあり，概数で示されている場合もある。しかし，こうした数値を最終的に確定することは不可能な場合も少なくない。以下では発表機関・メディアと発表時期を明記し，そのまま記載したため，若干の値の違いが生じている。
2) 災害に関するアンケート調査については次のような限界がある。第1に，アンケート調査対象者は生存者だけ，しかも健康な（災害で負傷していない）生存者だけに偏っている。第2に，家屋が崩壊して，死亡者も多数にのぼり，サンプリング台帳も入手できないなどのため，通常のサンプリング手続きが踏めないために，こうした数値は母集団をどの程度正しく反映しているかが不明である。第3に，被災者アンケート調査では，母集団を多様に設定することができる。母集団をどう設定するのかは「被害」の定義に関わってくる。その結果，母集団の設定によって結果の数値は大きく異なることになる。東日本大震災でいえば，調査対象者をどう限定するかにより，結果が大きく異なる。すなわち浸水域居住者か，浸水域を含む市町村全域の居住者か，一定の規模以上の揺れを経験した地域の居住者かによって，結果が異なってくる。また，自宅が全壊し避難所に避難している人を対象とすれば避難率は高くなり，被災地の市町村内の住民を対象とすれば，逆に避難率は低い値となる。
3) それぞれの調査は，調査時期，対象者の設定，対象者数などさまざまである。それについて簡単に紹介する。内閣府・消防庁・気象庁「平成23年度 東日本大震災における避難行動に関する面接調査（住民）」は岩手・宮城・福島県の避難者を対象として，2011年7月に実施されたもので，有効回答数870名。サーベイリサーチセンター「宮城県沿岸部における被災地アンケート調査」は南三陸町，女川町，石巻市，多賀城市，仙台市若林区，名取市，亘理町，山元町の8市町の沿岸被災地住民を対象に2011年4月に実施され，有効回答数451名。内閣府「東日本大震災時の地震・津波避難に関する住民アンケート調査」は被災3県の津波浸水地域を含む27市町の居住者を対象に訪問留置方式で2012年12月に実施され，有効回答は1万1400人。国土交通省「東日本大震災の津波被災現況調査」は津波の浸水被害を受けた青森・岩手・宮城・福島・茨城・千葉6県の太平洋側62市町村を対象に，浸水区域内に居住している個人（約60万人）をサンプリング（約1.5%）し，2011年9月から12月に訪問調査で実施され，サンプル数は9574。第3次報告時点で約5000サンプルを集計した結果。最終報告書は未完（2015年5月時点）。
4) 注1を再度参照。
5) 推論の過程は以下の通りである。

① 「死亡者のうち，約4割は避難していない」(陸前高田市 2014：314) 図も同ページ。ただし，この約4割という数値は「犠牲者のうち同様に避難した(と推定される)人は5割」(同上：総括頁なし)という記述とは，矛盾する。
死亡者のうち4割避難していないとすれば，1771×0.4＝708人。
すると，死亡者全体から708人を引く(1771－708＝1603)と，逃げ遅れ死亡，避難先で死亡の合計が1063人となる。

② 「避難しようと思ったが『できなかった』は5％程度で，支障があって避難できなかったという回答者は少ない」(同上：366)。この割合に基づいて，死者数1771の5％で89人が「避難しようとしたができなかった」人数と推定。
ただし，死者・行方不明者についてのアンケート調査結果(同上：316)では，「本人が災害要援護者だった」11.1％，「同行者に災害時要援護者がいた」20.5％となり，両者で合計31.6％となる。この割合を当てはめると(1771×0.316＝560)，89人よりも多くの人が「避難できなかった」ことになる。

③ 「津波到達時までに避難所やその他の高台へ避難した者は97％が助かったが，避難したにも関わらず死亡又は行方不明となったのは3％である。そのうち，安全とされた主な『指定避難所(一次避難所)』で犠牲になった者が少なくとも200人以上いた」(同上：頁なし)。犠牲者が出た場所は市民体育館・市民会館等。

④ 「避難していない人」は，浸水人口の7.4％(同上：310)で計算する。「『浸水した』地区にいた人のうち，津波到達前までに避難を開始した」(77.9％)を「余裕を持って避難」と「数次避難」の合計とみなす。「津波が到着した後」(14.7％)を切迫避難とみなす。これらの推計は，避難した人の割合として計算する。

　　　避難していない人　　　1万6640×0.074＝1231人
　　　避難した人　　　1万6640－1231＝1万5409
　　　到着前に避難した人(余裕＋数次避難者)　　　1万5409×0.779＝1万2083人
　　　到着後に避難した人(切迫避難者)　　　1万5409×0.147＝2265人

ここまでの推計で，「余裕＋数次避難者」(1万2083人)＋切迫避難者(2265人)＋逃げ遅れ・避難所死亡者(1063人)＝1万5411人となり，浸水域人口から「避難していない人」を差し引いた数1万5409人とほぼ同じ数となる。
避難していない人から「避難せず，あるいは，できずに死亡」者数708人を引くと(1231－708＝523)，避難せずに生存していた人は523人となる。

⑤ 「津波到達時の所在場所と被害状況」調査の結果では，死者・行方不明者が津波到達時の15時30分頃にいた場所としては，「避難所」29.1％，「避難所以外の高台」6.3％となっている(同上：317)。ここから見ると，避難所あるいは高台へ避難した人は合計で35.4％。
この35.4％を本人は避難先に着いたと考えていたとみなすと，「避難所での死亡者」数は771×0.354＝627名と推定される。報告書では「安全とされた主な『指定避難所(一次避難所)』で犠牲になった者が少なくとも200人以上いた」(同上：367)と記されている。
この避難所での死亡者推定値を，1063名の「避難所で死亡」「避難途中で死亡」者合計から引くと(1063－627＝436)，途中死亡者が436名と推定される。

6) 注1を再度参照。

参考文献

中央防災会議 防災対策推進検討会議 津波避難対策検討ワーキンググループ，2012，「津波避難対策検討ワーキンググループ報告 平成24年7月」．

藤村文彬，2012，「民生委員・児童委員の立場から考える災害時要援護者の避難支援の課題」災害時要援護者の避難支援に関する検討会(第3回)資料．

Goffman, Erving, 1961, *Encounters: Two Studies in the Sociology of Interaction*, The Bobbs-Merrill Company. (= 1985，佐藤毅・折橋徹彦訳『出会い――相互行為の社会学』誠信書房)．

畑村太郎，2012，「津波襲来時の避難行動阻害要因・促進要因の分析」(2019年2月4日取得，http://www.waseda.jp/sem-muranolt01/SR/S2011/S2011-hatamura.pdf)．

広瀬弘忠，1984，『生存のための災害学――自然・人間・文明』新曜社．

広瀬弘忠，2004，『人はなぜ逃げおくれるのか――災害の心理学』集英社新書．

池上正樹・加藤順子，2012，『あのとき，大川小学校で何が起きたのか』青志社．

岩手県，2012，「東日本大震災津波に係る災害対応検証報告書」．

Haney, Timothy J., James R. Elliott, and Elizabeth Fussell, 2010, Families and Hurricane Response: Risk, Roles, Resources, Race, and Religion, In D. L. Brunsma, D. Overfelt, and J. S. Picou eds., *The Sociology of Katrina: Perspectives on a Modern Catastrophe* (Second Edition) Rowman & Littlefield.

釜石市，2012，「釜石市住民アンケート結果の概要」(2019年2月4日取得，http://www.city.kamaishi.iwate.jp/kurasu/bosai_saigai/oshirase/detail/__icsFiles/afieldfile/2015/03/15/20120326-133857.pdf)．

釜石市鵜住居地区防災センターにおける東日本大震災津波被災調査委員会編，2013，『釜石市鵜住居地区防災センターにおける東日本大震災津波被災調査中間報告書』．

金井昌信・片田敏孝，2013，"津波から命を守るための教訓"の検証」『災害情報』11．

気象庁 津波警報の発表基準等と情報文のあり方に関する検討会，2012，「津波警報の発表基準等と情報文のあり方に関する提言」．

国土交通省総合政策局安心生活政策課，2013，「災害時・緊急時に対応した避難経路等のバリアフリー化と情報提供のあり方に関する調査研究報告書」．

国土交通省都市局，2011，「東日本大震災の津波被災現況調査結果(第3次報告)」(2019年2月4日取得，http://www.mlit.go.jp/report/press/toshi09_hh_000004.html)．

国土交通省都市局，2012，「津波被災市街地復興手法検討調査(とりまとめ)」(2019年2月4日取得，http://www.mlit.go.jp/common/000209868.pdf)．

厚生労働省，2011，「東日本大震災における被害状況(2011年5月13日現在)」(2019年2月4日取得，http://www.mhlw.go.jp/stf/shingi/2r9852000001yxlj-att/2r9852000001yy9a.pdf)．

桒田但馬，2012，「大震災後の北東北地域社会の実態と復旧・復興課題――岩手の地域医療の事例を中心に」『社会システム研究』24．

Lindell, M. K. and R. W. Perry, 2014, *Communicating Environmental Risk in Multiethnic Communities*, Sage.

毎日新聞「震災検証」取材班，2012，『検証「大震災」――伝えなければならないこと』毎日新聞社．

宮部由美子，2012，「あの日のこと あれから１年」宮城県教職員組合編『東日本大震災 教職員が語る子ども・いのち・未来』明石書店．

文部科学省，2012a，「東日本大震災による被害情報について第205報」2012年8月9日．

文部科学省，2012b，「平成23年度 東日本大震災における学校等の対応等に関する調査報告書 平成24年3月」．

文部科学省，2014，「災害に強い学校施設の在り方について──津波対策及び避難所としての防災機能の強化」．

森博，1993，「状況」森岡清美・塩原勉・本間康平編『新社会学辞典』有斐閣．

Merton, Robert K., 1957, *Social Theory and Social Structure: Toward the Codification of Theory and Research*, Free Press.（=1961，森東吾・森好夫・金沢実・中島竜太郎訳『社会理論と社会構造』みすず書房．）

三上卓・後藤洋三・佐藤誠一，2012，「東日本大震災における石巻市で亡くなった方の津波来襲時の居場所および行動に関する調査」『土木学会 第32回地震工学研究発表会講演論文集』．

麦倉哲・高松洋子・和田風人，2013，「東日本大震災犠牲者の被災要因からみた地域防災の課題」日本社会学会第86回大会発表資料（再録：麥倉哲『沿岸地域の復興とコミュニティの再建ならびに持続可能な社会の構築に関する研究 研究成果報告書』三井物産環境基金研究助成 平成23〜25年度）．

Mugikura, T., A. Thomas, F. Wada, and Y. Takamatsu, 2013, "Vulnerability and Characteristics of Great East Japan Earthquake Victims: Focus on Kirikiri, Otsuchi, Iwate," *Conference on Social Stratification and Health 2013*, Poster session.

内閣府・消防庁・気象庁，2011，「平成23年度 東日本大震災における避難行動に関する面接調査（住民）」出所：中央防災会議 東北地方太平洋沖地震を教訓とした地震・津波対策に関する専門調査会 第7回会合 資料より．（2019年2月4日取得，http://www.bousai.go.jp/kaigirep/chousakai/tohokukyokun/7/）．

内閣府，2012，「東日本大震災時の地震・津波避難に関する住民アンケート調査 平成24年12月」（2019年2月4日取得，http://www.bousai.go.jp/jishin/tsunami/hinan/pdf/20121221_chousa1_1.pdf）．

名取市東日本大震災第三者検証委員会，2014，『東日本大震災第三者検証委員会報告書：宮城県名取市閖上地区の検証 平成26年4月』．

NHK調べ（平成24年9月5日現在）出処：内閣府 災害時要援護者の避難支援に関する検討会（第2回）平成24年11月9日資料．

NHK震災ビッグデータ（2019年2月4日取得，http://www.nhk.or.jp/datajournalism/about/）．

日本気象協会，2011，「平成23年（2011年）東北地方太平洋沖地震津波の概要（速報）」．

日本ユニセフ協会・岩手県保健福祉部児童家庭課，2013，『東日本大震災津波 岩手県保育所避難状況記録──子どもたちは，どう守られたのか』．

大川小学校事故検証委員会，2014，「大川小学校事故検証報告書 平成26年2月」．

小野裕一，澤井麻里，中須正，萩原葉子，三宅且仁，2011，「陸前高田市における東日本大震災大津波襲来時の住民行動」．

Quarantelli, E. L., 1978, Some basic themes in sociological studies of disaster, In E. L.

Quarantelli ed., *DISASTERS: theory and research*, SAGE.
陸前高田市, 2014, 「陸前高田市東日本大震災検証報告書 平成 26 年 2 月」.
陸前高田市広田町自主防災会・震災記録制作委員会, 2013, 『広田の未来にひかりあれ——平成 23 年 3 月 11 日平成三陸大津波 広田町の記録』(企画 特定非営利活動法人ピースウィンズ・ジャパン).
サーベイリサーチセンター, 2011, 『宮城県沿岸部における被災地アンケート調査報告書 平成 23 年 5 月』.
総務省統計局 東日本太平洋地域のデータ及び被災関係データ (2019 年 2 月 2 日取得, https://www.stat.go.jp/info/shinsai/index.html#kekka)
鈴木進吾・林春男, 2011, 「東北地方太平洋沖地震津波の人的被害に関する地域間比較による主要原因分析」『地域安全学会論文集 (研究発表論文)』No. 15.
立木茂雄, 2013, 「高齢者と障害者と東日本大震災——災害時要援護者避難の実態と課題」『消防防災の科学』111 号.
高松洋子, 2015, 「吉里吉里地区避難行動調査と犠牲者調査に見る, 生死をわけた行動の分類」『弘前大学大学院地域社会研究科年報』第 11 号.
高橋誠・松多信尚, 2015, 「津波による人的被害の地域差はなぜ生じたのか」『地学雑誌』124(2).
田中重好, 1984, 「津波来襲地における被害と住民対応」弘前大学日本海中部地震研究会『1983 年日本海中部地震』総合調査報告書 (再編再録:田中重好, 2007『共同性の地域社会学』ハーベスト社).
田中重好, 1995, 「三陸はるか沖地震時における情報伝達と避難行動」『1995 年地域安全学会論文報告集』5 号.
田中重好, 田渕六郎・木村玲欧・伍国春, 2006, 「津波からの避難行動の問題点と警報伝達システムの限界」『自然災害科学』25(2).
田中重好, 2016, 「東日本大震災におけるアンケート調査から見る津波避難行動」『名古屋大学社会学論集』36 号.
辰濃哲郎, 2013, 『海の見える病院——語れなかった「雄勝」の真実』医薬経済社.
Thomas, W. I. and F. Znaniecki, 1918-1920, *The Polish Peasant in Europe and America*. (= 1983, 桜井厚訳『生活史の社会学——ヨーロッパとアメリカにおけるポーランド農民』御茶の水書房).
Wisner, Ben, Piers Blakie, Terry Cannon, and Ian Davis, 2004, *At Risk: Natural hazards, people's vulnerability and disaster*, (Second edition), Routledge. (= 2010, 渡辺正幸・石渡幹夫・諏訪義雄ほか訳『防災学原論』築地書館).
吉井博明・東京経済大学, 2005, 「4 県 (三重県・和歌山県・徳島県・高知県) 共同地震・津波意識調査報告書」.

第3章

災害対策と「想定外」

田中 重好

1 はじめに

　2011年3月11日の東北地方太平洋沖地震による東日本大震災の特徴は，多くの論者によって「巨大広域複合災害」と呼びうる特徴をもつと指摘されてきた（たとえば，神藤 2011：307）。「巨大」とは地震や津波の規模が巨大であり，それが与える社会的影響が巨大であることを意味する。「広域」とは，直接的被害が広域に及んだということと，間接的被害が広域に拡大したこととの，二重の意味をもっている。「複合」とは，大規模な地震と巨大な津波による災害であるだけではなく，原発事故と風評被害，間接的な影響と，被害が複合していることを意味している。さらに，東日本大震災は長期的な災害である。津波の被害が甚大なだけに，復興に長い時間を必要とする。それに加えて，原発事故による放射性物質による影響が長期間に及び，その除染対策や風評被害対策も長い時間が必要となる。また，こうした巨大広域複合災害は，「近代」や「文明」への懐疑を生み出している。

　東日本大震災は，地震と津波による直接的破壊から人，街，産業がいかに復興するかという被災地に関わる問題群だけにとどまらず，原子力発電所のメル

トダウンから生ずる被害とそれからの復興という原発事故に関わる問題群，広域的，長期的な社会経済的な影響という被災地の外側に広がる問題群，さらに，「近代」への問い直しという社会理論や思想に関わる問題群の，4つの社会的問題の地層から成り立っている。

　前章から，地震と津波がなぜ大量の犠牲者を生み出したのかという疑問から出発し，それはハザードの巨大さだけに原因を求めることはできないことを，発災直後の数十分間の避難行動の分析から議論してきた。本章では，衝撃期の「想定外」の災害という言説に着目し，そこから災害対策基本法の制定以来，約半世紀間に積み上げられてきた日本の防災対策の問題点について考察を進めていく。第2節では，東日本大震災では「想定外」という言葉が繰り返し使われたが，その「想定外」の意味するところを問い，そもそも「想定」とは何かを検討し，「想定する」ことは社会的過程であり，防災対策は「想定の連鎖」から成り立っていることを明らかにする。第3節ではまず，防災対策のなかに「想定」がどう組み込まれているのかを確認するために，津波対策における「想定」を具体的に検討する。そのうえで，東日本大震災において，その「想定」が見事に裏切られ「想定外の連鎖」という事態が発生し，被害を拡大したことを指摘する。続く第4節では，そうした具体的な事実をより一般的な文脈に移し替えて，防災対策と「想定」の関係を議論し，「想定外の力」のハザードが発生すると被害の「跳ね上がり」が見られること，では「想定外の」ハザードが発生するたびに設計外力を高めていけばよいかといえば，想定外力を向上させていくと社会の防災力を低下させるような副産物が生まれることを指摘する。そして，防災施設の「想定外力」を循環的に向上させてきたことが，皮肉にも，先進国の災害のポテンシャル・リスクを生み出していることを指摘する。最終節では，こうした議論から，従来の防災パラダイムの転換の必要性を論ずる。

2　震災対策と「想定」「想定外」

東日本大震災の被害と「想定外」

　東北地方太平洋沖地震の後，「想定外の大震災」「想定外の津波」「想定外の原発事故」というふうに，テレビや新聞紙上に「想定外」という言葉があふれかえった。たとえば，川勝平太静岡県知事はインタビューのなかで，「マグニ

チュード 9.0 は想定外。10 メートルを超す津波も想定外。福島第一原発の事故で，原発は安全という想定は瓦解しました。東京電力幹部の社会の信頼も地に落ちた。これも想定外です。経済産業省の原子力安全・保安院は，『東電によれば』という言葉を連発し，あいまいな説明に終始しました。保安院は 2007 年度に福島第一原発の安全性の検査を終えており，隅から隅まで分かっているはずです。保安院への信頼が揺らいだのも想定外です。『想定外』のオンパレードです」(『朝日新聞』2011 年 3 月 24 日) と述べている。

　原発事故の当事者である，東京電力や政府の責任者も「想定外だった」と述べる。「東京電力の清水正孝社長 (当時) が 2011 年 3 月 13 日の記者会見で『想定を大きく超える津波であった』と語り，与謝野馨経済財政担当相 (当時) が 5 月 20 日の記者会見で福島第一原発事故を『神様の仕業としか説明できない』，『神様の仕業とは自然現象だ』と述べている」(影浦 2012：56)。

　それにしても，防災対策は本来「想定外」の事態に対して備える対策であったはずではなかったか。それにもかかわらず，なぜ災害対応において「想定外」という事態が起こるのか。西谷修は近代産業文明全体のなかで，リスク判断とそれへの対策立案過程で，「想定外」がどのように位置づけられているのかについて指摘している。一般に防災対策立案の過程で「ありうる『危険』を予測し，それに対する『予防』策を講じる。それによって『安全』が確保されると見なされる。けれども，『予測』はいつも対処の技術的可能性と経済的合理性の側からあらかじめ枠を設けられ，技術的に難しいか採算が合わない事態は『想定外』に押しやられる。そして『合理的』な『想定』の範囲内で『安全』が確保されたとして，『安心して危険を冒す』レールが敷かれるのだ」(西谷 2011：81)。リスクの想定には，科学の場における想定の仕方と，複数の社会的場 (たとえば，政府，電力会社) ごとの想定の仕方があり，実は「想定」は社会的につくられるものなのである。別の言い方をすれば，「想定外」の事態はあらかじめ社会に組み込まれていることになる。だとすれば，「社会に組み込まれている」想定外のあり様そのものを問わねばならない。西谷も，「われわれの社会を乗せている『安心して危険を冒す』レール」そのものを問うことが必要だと主張している。

「想定する」こととは

　そもそも，「想定する」とはいったい何であろうか。ここで議論しなければ

図 3-1 津波災害に関する「想定」の社会的プロセス：「想定連鎖」

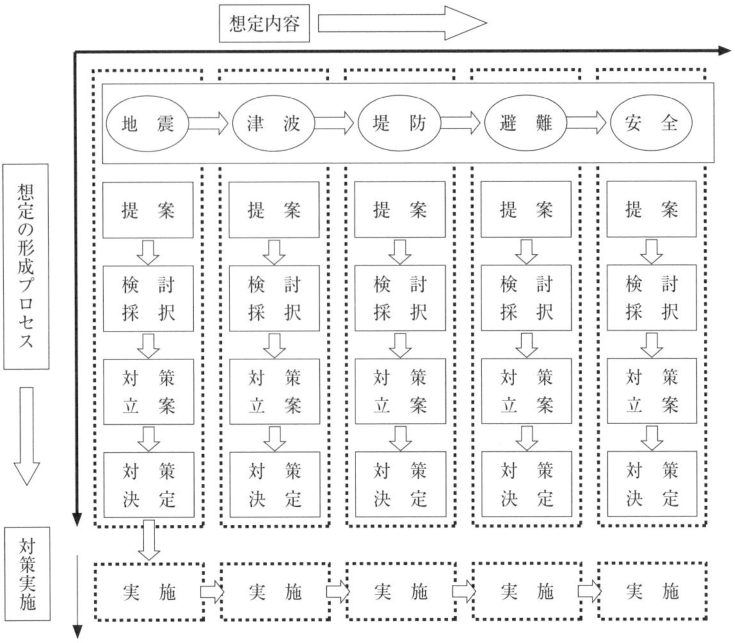

想定内容 →

想定の形成プロセス：
地震 → 津波 → 堤防 → 避難 → 安全

各項目について：提案 → 検討採択 → 対策立案 → 対策決定

対策実施：実施 → 実施 → 実施 → 実施 → 実施

ならないのは、こうした科学的な「想定」だけではなく、「想定」が社会のなかでいかに決定されていき、それがどういった社会的帰結をもたらすのかである。「想定する」とは社会的行為であり、社会的（集合的）過程である。「想定」が社会のなかで決まっていく過程は、純粋に想定が「科学的に決まっていく」過程とは別次元のものなのである。

想定の社会過程を考えるとき、(1) 誰が、(2) 何を、(3) どう想定していくのかが問題となる。「誰が」というのには、科学者、行政機関、経済団体、個々人などが考えられる。通常「想定」は、個人あるいは団体が独自に行うものではなく、さまざまな利害関係者（stakeholder）が複雑に絡まりあって最終的な形が決定されていく。「何を」については、地震の発生、津波の規模など具体的な想定の内容がある。日本の原子力事故の想定では、従来、他国からの軍事的攻撃は想定項目のなかに入ってはいなかった。さらに、「どう想定するか」についても、想定案を提出し、どの案を採用するかという検討の過程があり、いったんある想定案が採択されれば、それへの対策の検討と決定の過程があり、

その後,対策案が決定すれば,その対策実施の過程へと続くことになる。この最終段階では,議論の当初に「さまざまな想定があった」ことは人々から忘れられる。また,こうした過程において,何を基準(経済合理性,技術的な妥当性,社会的な必要性など)に選択,決定が行われていくかも検討課題となる。ただし,複数の主体が長い時間をかけて想定と対策をつくりあげる場合もあるが,津波警報発令以降の個人の避難行動の場合のように,個人がきわめて短い時間内で,ある想定を立て行動を選択しないといけないようなケースもある。

以上のように,想定の内容と想定の形成全体は,想定の形成プロセスと「想定の連鎖」とのマトリックスとして図3-1のように整理できる。

3 津波防災対策と「想定」

津波災害での「想定」

次に,津波災害に限定して,「想定」と「想定外」という問題を検討していく。

そもそも,津波災害はどう想定されてきたのであろうか。津波防災における一般的な「想定」のスキームは,次のようにつくられてきた。中央防災会議東北地方太平洋地震を教訓とした地震・津波対策に関する専門委員会の説明によれば,「従前より,中央防災会議において地震・津波対策を講ずるにあたっては,まず,対象地震に対する地震動と津波を想定し,それらに基づき被害想定を行った上で,地震対策大綱,地震防災戦略,応急対策活動要領等を作成するなど,国として実施すべき各種の防災対策を立案し,施策を推進してきた」(中央防災会議 2011b:12)。それを整理すると,図3-2のようになる。

では,東北地方太平洋沖地震に関して,とくにその津波災害について,どういった想定がなされていたのかを具体的に見ていこう。東北地方太平洋沖地震の震源にもっとも近い場所で将来起こるであろうと想定されていた地震は宮城県沖地震であった。この地震については,宮城県が第三次地震想定(2004年3月発表)を行い,宮城県沖単独海洋型地震(M7.6),宮城県沖連動海洋型地震(M8.0),内陸直下型地震(M7.1)という3通りの地震を想定し,そのなかで連動海洋型地震の最大の地震規模をM8とした。各想定地震について,建物被害,火災,人的被害が見積もられている(宮城県防災会議 2004)。

想定地震が決まれば,各地の想定される津波の最高水位,到達予想時間が算

図 3-2 津波の被害想定と対策

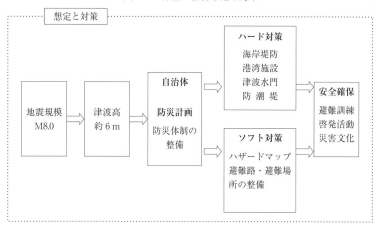

出される。最大規模の宮城県沖連動海洋型地震では県内の最高の水位は本吉町で 10 m，南三陸町の歌津，志津川で約 7 m など，リアス式海岸地域では 5 m 以上の津波が予測されているが，石巻市以南の平野部では最高でも 3 m，多くは 2 m 台の津波が予想されていた。浸水予想面積に関しても，平野部では石巻市，鳴瀬町（現東松島市）を除いては，$2 km^2$ 以下とごく限られた面積にとどまっている。

　この宮城県沖の想定地震を前提に，宮城県は防災対策を策定し，実施していった。とくに，想定津波に対しては，自治体ごとに防災計画が策定され，防災体制の組織化や防災センターの整備とともに，ハードな対策とソフトな対策が進められてきた。ハードな対策として，湾口の防潮堤，海岸堤防，河口の可動式水門の整備，港湾施設の整備，津波監視システムや情報伝達システムの整備が進められてきた。また，ソフト対策としては，過去の津波災害の到達地点を記す看板や記念碑の整備，ハザードマップの作成と配布，避難のための看板の設置，避難訓練の実施，避難場所と避難路の整備，防災講演会の開催や防災パンフレットの配布等を通して災害文化の向上に努めてきた。

　以上の「想定」に準拠して，建造物の耐震性，海岸や河川の堤防の強度と高さといった項目から，ハザードマップの作成，防災施設の立地や指定，避難訓練の実施要領などに至るまで，さまざまな防災対策の内容が決まっていった。この想定に基づいて作成されたハザードマップが一般住民に配布され，住民に

も避難を呼びかけていった。

「想定外」の事態の発生

　このように多大な労力を使ってつくりあげた「想定」と想定に基づく津波対策は，東北地方太平洋沖地震では見事にはずれた。実際に発生した地震は，想定された地震の規模とは大きく異なるM9.0（エネルギー量で見るとM8.0の32倍）の大きさであった。「今回の津波は，従前の想定をはるかに超える規模の津波であった」。それは，「我が国の過去数百年間の地震の発生履歴からは想定することができなかったマグニチュード9.0の規模の巨大な地震が，複数の領域を連動させた広範囲の震源域をもつ地震として発生したことが主な原因である」（中央防災会議 2011b：3）と中央防災会議は振り返っている。この「想定することができなかった」地震が発生したため，想定されていた津波とは比べものにならない巨大な津波が押し寄せた。

　どのようにはずれたかというと，「岩手県では被害想定に比べ，津波高では1～2倍，浸水面積で1～2倍程度，宮城県，福島県においては津波高が最大9倍，浸水面積では17倍程度になっている」（中央防災会議 2011a）。このように，とくに，宮城県，福島県の平野部で想定された値と実際との差は津波高，浸水面積ともにきわめて大きい。そのため，死者数についても，「死者数は，被災地全体で約2700人（意識の低いケース：明治三陸）の被害想定に対し，東日本大震災では約2万人と約7.6倍」となった。この死者数でも，岩手県のリアス式海岸部よりも平野部での差が大きくなっている。

　こうした「想定外」の津波が発生したことによって，海岸堤防は広範囲に破壊された。ハードな防災施設を見ても，岩手県，宮城県，福島県の海岸堤防約300 kmのうち約190 kmが全壊・半壊（内閣府被災者生活支援チーム 2011）となった。なかでも，被害は宮城県に集中し，宮城県の海岸堤防・護岸延長約160 kmのうち，100 km以上で被災した（宮城県沿岸域現地連絡調整会議 2011）。このように海岸堤防で津波の侵入を防ぐことができなかったばかりか，堤防そのものも場所によっては全面的に破壊され，人的被害を拡大した。さらに，釜石に1000億円以上を投下して1978年から建設が始まり2008年度に完成して間もない，水深63 mから立ち上がる「世界最大水深の湾口防潮堤」（北堤990 m，南堤670 m，開口部300 mには潜堤が設置）が津波によって破壊された。これら「人や街を守る」はずであった防御施設が破壊され，津波は居住地域に押し寄

せた。浸水地域には50万人以上の人々が暮らしていた。

　ハードな防災施設の面だけではなく，ソフト対策の面でも「想定外」の津波に直面した。第1に「想定外」の事態のなかで，「ここまで逃げれば安全」といわれていた指定避難所そのものが被災し，多くの命が失われた。「想定外」の津波がもたらした第2の事態は，本来防災計画上は緊急避難や応急対策の司令塔となるべき自治体そのものが，想定していた防災機能を果たせなくなったことである。巨大な津波によって自治体職員が死亡したり，自治体庁舎が壊滅的な被害を被ったりしたため，発災からしばらくの間，緊急対応の中核となるはずの自治体の災害対策本部すら機能しなくなった。「想定外」の津波がもたらした第3の事態は，地域の防災対策の現場を担う消防署員や消防団員に大量の犠牲者が出てしまったことである。今回の津波は，防災関係者にとっても「想定外」であった。このように，被災地において，住民はもちろん，自治体職員や防災担当者にとっても「想定外の事態」に直面した。

　こうした「想定外」の事態をさらに加速化したのは，津波警報の発令の仕方である。日本では津波の監視体制，迅速に警報を発令する体制，緊急伝達体制を早くから整備してきた（首藤 2000）。そのため，日本はもっとも先進的な警報発令システムが確立していると信じられてきた。しかし，東日本大震災では，警報発令の仕方そのものが一般住民の避難を遅らせた可能性が指摘されている。中央防災会議津波専門委員会の報告では，「地震発生直後に気象庁から出された地震規模，津波高の予想が実際の地震規模と津波高を大きく下回るもので，その後時間をおいて何段階か地震規模，津波警報が上方修正されることとなった。特に，最初の津波高の予想が与える影響は極めて大きいと考えられ，当初の津波警報によって住民や消防団員等の避難行動が鈍り，被害を拡大させた可能性もある」（中央防災会議 2011b：6）と指摘している。

　以上のハード，ソフトの防災対策が「想定外」の事態に直面した結果，多くの人が津波に巻き込まれ，約2万人の人々が死亡あるいは行方不明になったのである。

「想定外の連鎖」と被害との関係

　以上のことを，図3-3にまとめて見てみる。「想定地震⇒想定される津波高⇒防災計画⇒ハード対策とソフト対策（防災対策）⇒安全な避難」という一連の想定と対策の流れが，ことごとく，「想定外」の事態に直面し，最終的には，

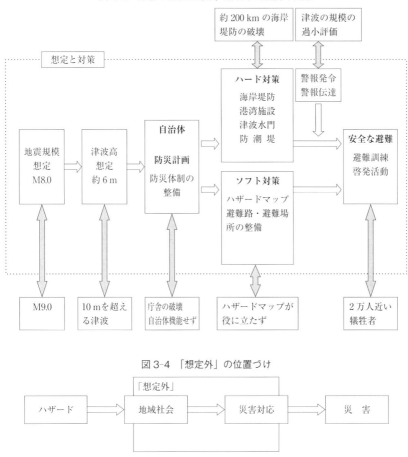

図3-3 津波の想定と対策, 東日本大震災の実際

図3-4 「想定外」の位置づけ

2万人近い死者・行方不明者を出すという結果となってしまったのである。その点では,「想定の連鎖」によって組み立てられていた防災対策が「想定外の連鎖」という現実のなかで, 最終的に大規模な災害になり, 死者・行方不明者の数だけではなく, さまざまな津波災害の様相を決定していった。ハザードから災害への転換過程に注目すれば, 図3-4に見るように地域社会や災害対応の背後に「想定外」という要因が存在したと考えることができる。巨大な地震や津波(というハザード)が直接に,「自然に」こうした犠牲者を出したのではなく, 上記のような社会的過程を経て2万人近くの犠牲者を生み出し, 特徴的な

死者分布状態をつくりだしたのである．われわれは，この社会的過程こそ研究対象にしなければならない．なぜならば，ここに注目することこそ，今後の防災対策を考える鍵になりうるからである．大地震と津波による大量死やその特徴の背後に「想定外の連鎖」が介在していることに注目すべきなのである．

4 より一般的に「想定外」を考えると

これまでの近代災害の特質の議論，低頻度大災害の議論，防災のパラドックスの議論（熊谷 2006；宮村 1985；永松 2008；大熊 1988；大熊 2004；田中 2007）を踏まえて，「ハザード×脆弱性＝災害」モデルから，議論を先に進めてみよう．

「ハザード×脆弱性＝災害」モデルを前提に置いて防災対策の歴史を振り返ってみよう．これまでの近代化の過程で，災害に対する社会的脆弱性を縮小する努力が進められてきた．その努力は，具体的には科学技術の進歩と公共投資による防災のための環境整備によるものである．その結果，近代化が進むとともに災害の犠牲者数が減少した．こうした過程は，環境論でいうエコロジー的近代化論と同様，近代社会が内包する再帰性による「災害の克服」のように見える．しかしながら，事はそれほど単純ではない．U. ベックは災害対策とはまったく別の文脈で述べているのだが，次のように，近代化にともない危険が増大することを見逃すべきではないと注意を喚起している．「危険とは認められない危険がどんどん増加していく……近代化に伴う危険が氾濫しないように堤防や水路をつくる工事の大義名分が出来上がる．しかもその工事は迅速に進むのである．そして，そこに出来上がった目かくしが危険を認識させないことに成功すればするほど，危険そのものは大きくなるのである」（Beck 1986＝1998：98）．

「ハザード×脆弱性＝災害」という図式において，脆弱性は 0 から 1 までの値をとると考えられる．脆弱性が最も高い 1 という値をとるとき，ハザードという社会に働く外力が，そのまま災害となって現れる．逆に脆弱性を限りなく少なくすれば，すなわち脆弱性を 0 に近づければ，ハザードが大きくても災害は小さくなる．とはいえ，脆弱性を減少させることに成功したとしても，脆弱性を 0 にすることは不可能であり，そのためハザードが大きくなれば，何らかの被害が発生せざるをえない．

では，脆弱性は何によって決まるのであろうか。第1には，社会全体，とくに近代化の程度によって異なることはすでに述べた。第2に，ハザードの規模や種類によっても脆弱性は規定される。ハザードが小さいときには脆弱性の値は小さいが，ハザードの規模が大きくなると脆弱性の値は大きくなる。このように，社会の脆弱性の値は近代化と連動するだけではなく，ハザードとも連動している。社会の脆弱性の値がハザードと連動していることは，第1にハザードが大きくなれば当然脆弱性は大きくなるといったように，ハザードと独立に脆弱性の値が存在するものでもないこと，第2に，たとえば地震には強いが集中豪雨には弱いといったように，ハザードの種類によっても脆弱性の値は変化することを意味している。

　3番目に脆弱性は，社会経済的にも規定されている。そのため，脆弱性は時代により，また社会によって異なる。近代化とそれ以前とでは，脆弱性のあり様が異なる。さらに，現代においても，先進国の脆弱性は途上国の脆弱性とは性質を異にする。ただし，都市化が都市の脆弱性を高めたように，ある社会のもつ脆弱性を決定するのは意図的な防災対策だけではなく，防災への配慮とは無関係の，非意図的なプロセスでもある。たとえば，移動の利便性を高めることが，災害に対する脆弱性を高めることもある。また，特定の時代の特定の社会のなかでも，ある地域は脆弱性が低く，ある地域は脆弱性が高いといったように，社会経済的要因によって地域的脆弱性は規定される。このことは個人を単位としても同様であり，ある個人は脆弱性が高く，ある個人は脆弱性が低い。一般には，この脆弱性の高低は，階層や権力に関連している。

　したがって，脆弱性という概念は，「社会全体の脆弱性」「ある特定の地域の脆弱性」「ある特定の階層の脆弱性」「ある特定の組織の脆弱性」「ある特定の性の脆弱性」「ある特定の個人の脆弱性」といったように，社会的主体ごとに脆弱性が異なることにも注意する必要がある。このように，脆弱性の値はある特定の社会に限定しても，地域，社会集団ごとに多様な値をとることになる。災害弱者という言葉が今日では一般的になったが，それ以前の防災対策において社会全体の脆弱性は問題にされたが，個人ごとの脆弱性を取り上げることは少なかった。

　防災施設を設計・建設する際，必ず，その施設にかかる外力を設定し，その外力に耐えられるように施設をつくる。だが，その設計外力を超えるハザードが発生した場合は，それまで「安全性が高い」と自ら信じられてきた社会でも，

災害規模が一挙に跳ね上がるという状況に直面する。モデル的にいえば、想定された外力以内のハザードであれば、脆弱性は限りなく0に近く被害はほとんど発生しない（実際には、想定された外力内のハザードであっても、被害が0ということはない）。そのため、たとえば、1mの津波が来襲しても堤防がそれ以上高ければ、陸上での被害が発生せず、一般の人々（漁業などの職業以外の人々）にとっては、それは災害として意識されない。しかし、いったん想定外力を超えたハザードが発生すれば、脆弱性はその時点で急激に増大して1に近づき、脆弱性＝1に達すれば、災害規模はハザードの規模と同じになる。そのとき、設計外力以内と設計外力以上との境界線上には、カタストロフィカルな災害の「跳ね上がり」が観察される。東日本大震災では、津波災害でみたような「想定外の連鎖」が、この「跳ね上がり」現象を拡大させ、大量死を生み出したのである。防災対策上は、この「跳ね上がり」に対応することが最も困難であり、そのため、この「跳ね上がり」が生じたときに「想定外」と説明されるが、こうした事態は構造的には、堤防を高く築き上げたことそのものに組み込まれていたことなのである。

設計外力を超えるハザードの発生という事態において災害がどう現れるかを、設計外力を次第に高い方向に動かしながら検討すると、設計外力を高くするにしたがって、いったん設計外力を超えたときに直面する災害規模の「跳ね上がり」量もそれに連動して大きくなる。一般的に設計外力を高くしていくことは社会の安全性を高めていると考えられるが、それは設計外力以内のハザードしか見ていないから、そういえるのである。図3-5に示したように、設計外力を超えるハザードの発生に着目すれば、設計外力を高めることは潜在的な危険性を高める行為なのである。U.ベックであれば、この過程を「危険性の生産」と呼ぶであろう。設計外力を向上させるという行為やその結果としてのハード整備、「それを富の生産という視点で見るか、それとも危険の生産という視点で見るかで変わってくる」（Beck 1986＝1998：99）という。われわれはこれまで、設計外力の向上を「富の生産という視点」でのみとらえ、「危険の生産という視点」では見てこなかった。そのために、いったん大災害が起こると「想定外だ」と一斉に弁解するのである。

このように、設計外力を高めていくということは、いったん設計外力を超えるハザードが発生したときの、ポテンシャル・リスクが拡大する危険性を潜在的に獲得することである。しかし、このことを社会的に自覚することは少なく、

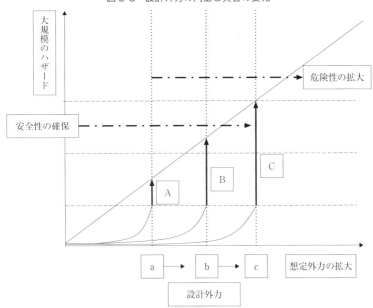

図3-5　設計外力の向上と災害の変化

まして，この潜在的危険性への対策をたてることも稀れである。そのため，設計外力を高く設定した後，それを超える巨大災害に対する対策を立てることは，社会的にますます難しくなる。

　この防災対策のアポリアをさらに増大させる要因は，「災害対策のパラドックス」と呼びうる，設計外力を向上させることによって発生する副産物である。設計外力を向上させれば，社会空間的な変容を導き，潜在的な脆弱性は高まる。たとえば，それまで遊水地であった場所，あるいは居住地に適さなかった場所に堤防や排水システムが整備されれば，その場所は工場，居住空間，業務空間として利用されるようになる。こうした社会・空間構造の変化に加えて，人間の側にも変化をもたらす。各種防災施設の設計外力の向上とともに，災害発生頻度は低下する。そのことにより，そこに住む人々の間に安心感が広がるために，人々は「災害に対する武装」を解除していく。「災害への武装」とは，たんに，災害発生に気をつけるといった心の構えだけではなく，日常生活に組み込まれた防災行為，生活習慣（たとえば，日常的な火災防止努力や初期消火のための水の汲み置きなど）から，耐震建築などのハードな備えまでを含んでいる。さ

らに，それ以前には小さな災害を繰り返し経験していた地域で，設計外力を向上させた防災施設が整備されると，その地域住民はそれまで経験してきた小規模災害を経験せずに生活できるようになる一方，設計外力以上のハザードに襲われたときにはいきなり大災害に直面する。このことは，被災経験の連続性が断たれてしまうことを意味している。個人の災害対応能力という点から見ると，繰り返し襲ってきた災害に対処してきたことによって養われてきた災害対応能力が衰えていく。個人においても社会においても，災害への武装解除と被災経験の連続性の喪失という二重の意味で，災害への対応能力が低下する。被災経験の連続性が断たれることは，個人の生きている時間のなかで起こるだけではなく，世代間にも発生する。そのことによって，地域全体としても災害への対処方法を住民に伝承してきた災害文化も衰退する。そのため，長期的に災害を経験しない期間が長くなる（「災害の空白期」の長期化）にしたがって，想定された外力以内のハザードのときにも発生するような小規模な災害や局地的な災害への，個人的な対応能力（あるいは耐性）も，社会全体の対応能力も低下しがちとなる。以上の社会的変化と個人的変化とにより，想定された外力を超えるときに生ずる災害の「跳ね上がり」にますます対処できなくなる。そして，対処できない事態に直面したときに発せられる言葉が「想定外」という言葉なのである。

　社会学の観点からすれば，「災害は社会的に構築される」。人々が災害のことを「忘れている」状態では，社会には「災害がない，安全である」という認識が広がる。一方，大津波が発生すると，海の近くは「危険で，人はこのような危険の地域に住むべきではない，高地に移転すべきだ」という認識が社会全体に広がる。災害対策を立案するときにも，災害の潜在的なリスクをどう認識するかが重要であるが，この危険性の認識も「社会的に構築される」。実際，東日本大震災と津波が発生した後，2012年8月に中央防災会議は東海から南海地方の地震津波リスクを大幅に見直し，予想される死亡者数を10倍以上に増やした。こうした「想定」が，自然条件としては何も変化していないにもかかわらず，社会全体の危険度認識を大きく左右している。

　このように，ポテンシャル・リスクを個々人がどう認識し，社会全体としてもどうとらえるかという問題に直面する。だが，その認識を「正しく」行うことは難しい。加えて，科学者が潜在的危険性を「正しく」認識することと，社会全体が「正しく」認識することとの間には大きな隔たりがある。この「隔た

り」そのものを研究するのも，今後の社会学の課題であろう。

　では，ポテンシャル・リスクが大きくなれば，その分，設計外力を大きくすればいいではないかという意見が出てくるかもしれない。たしかに，日本ではこれまで災害を経験してきたたびにそう対応してきた。だが，いつまでも設計外力を無制限に高めていくことは不可能である。公共財政の限界や経済的な効率性（どのくらいの頻度の災害に，どのくらいの防災投資をするか），さらに，巨額な防災のための公共投資を特定の分野や特定の地域に行うことの社会的合意などの点から，設定外力の向上には一定の限界が設けられることになる。だとすれば今後，設計外力の上昇には必ず限界があることを前提として，防災対策を考えることが必要となる。

　だが，これまでの防災対策では，そうした限界を設定してこなかった。むしろ，原子力発電所の安全性の議論に見るように，これまでは安全性を確保するためには，「どんなことをしてまでも」（「無限の」）安全性を確保すると説明されてきた。あるいは，河川堤防整備のように，現在の財政的制約という理由で河川工事を先延ばししているだけで，将来には「必ず洪水が発生しないように工事を行う」（あるいは，「行うことができる」）と説明されてきた。日本の河川整備では原則として，洪水の発生確率を求め，それに対応して堤防整備を行ってきた。過去の整備計画では数十年に一度の大洪水に対処するために堤防を整備してきたが，現在の河川整備計画ではその時間はさらに延長されて，最大150〜200年に一度発生する洪水に対処しうるように堤防を整備することが決められている。このように，これまでは，ある特定の地域で災害が起こるたびに，防災施設の設計外力を高めることによって，社会の安全性の向上がめざされてきた。これまでは，原発でも河川整備でもいずれの場合も，将来にわたって無限に設計外力を高めることに「限界がある」ことは考慮されてこなかった。

　しかし，東日本大震災はこうした発想法には限界があることを，われわれに突きつけた。「設計外力を向上させれば，災害は防げる」という発想法に支えられて，これまでひたすら設計外力を向上させてきた防災対策の限界を明らかにしてみせた。これまで，日本では，防災対策を実施するときの基準として，災害が起こるたびに繰り返し「既往最大の考え方」が採用されてきた。ある災害を受けた後，それに耐えられるように堤防を強化した。その後，さらに大きな災害があって，強化された堤防が破壊されると，また新しく起きた災害規模に合わせて設計外力を高めた。このように，連続的に「既往最大の災害」をと

らえ，設計外力を上昇させ，防災のための公共事業をいっそう大規模に進めてきた。しかし，東日本大震災の巨大な津波被害を前にして，中央防災会議は既往最大の原則の放棄を打ち出した。「最大クラスの津波に備えて，海岸保全施設等の整備の対象とする津波高を大幅に高くすることは，施設整備に必要な費用，海岸の環境や利用に及ぼす影響などの観点から現実的ではない」（中央防災会議 2011b：10）と認めざるをえなくなった。ただし今後，既往最大の津波を防ぐような堤防を整備することはできないことを認めつつ，一方で，堤防整備はさまざまな要因を総合的に考え，今回の津波高より低い堤防を整備することは必要だとして，「人命保護に加え，住民財産の保護，地域の経済活動の安定化，効率的な生産拠点の確保の観点から，引き続き，比較的発生頻度の高い一定程度の津波高に対して海岸保全施設等の整備を進めていくことが求められる」（同上：10-11）と述べている。

　想定される外力の水準を無限に上昇させることができないとすれば，日本社会は将来，必ず設計外力を超える大規模なハザードに直面せざるをえないことになる。どの程度「設計外力を超えたハザード」に直面するかは，一定以上の規模をもったハザードそのものの発生頻度による。だがいずれにしろ，ハザードによる外力が想定される外力を超えることは必ず起こるため，社会は大災害に直面することは避けられない。こうした現実を社会がどう受け入れるか，そもそも「受け入れる」とは何を意味するのかという問題が，社会に突きつけられている，最も難しく，最もクリティカルな問題なのである。

　こうした点を概念的に整理すれば，先の図3-5のようになる。ここに見るように，「社会の防災力の向上」を目指して，設計外力はaからbへと引き上げられてきた。その結果，aであった時点では，aを超える外力がかかったときにAのような災害が発生していたが，設計外力bでつくられて以降は，外力aが働いてもそれほど大きな災害とはならなかった。しかし，長い間には，再び設計外力bを超えるハザードが発生する。そのため，設計外力を向上させる必要が生じ，再び設計外力を向上させ，cのレベルまで引き上げて構造物をつくる。こうした連続的な過程が進行してきた。しかし，防災上見逃してはならない点は，太い矢印で表示されている跳ね上がり量が，設計外力をa→b→cと向上させるたびに，災害の規模A→B→Cが飛躍的に上昇することである。

　この点では，自然災害だけではなく，原発事故のような人為的な事故にも同

様な特徴が見られる。ただし，自然災害の場合には，設計外力以内のハザードの力であっても，一定程度の被害が発生することが普通である。自然災害では，規模が小さいとはいえ，被害をゼロにすることは困難である。それに対して，原子力事故では，設計外力以内では被害ゼロとなるが，設計外力をいったん超えた地点から一挙に被害が発生し，大災害となる。ここでのカタストロフィカルな「跳ね上がり」は，原発事故のほうが自然災害より顕著に現れる。ただし，「設計外力以内では被害はゼロ」といわれてきたのは，小さな原発事故は施設内や「原子力村」内部で隠蔽され，公開されないケースが少なくなかったという事情も見落としてはならない。長期にわたる原子力発電所での情報隠蔽そのものが災害の「跳ね上がり」をもたらした原因ではなかったか，今一度問い直してみる必要がある。

　以上の諸点を考慮した防災対策のパラダイムの転換が，今，日本社会に求められている。

5　従来の防災パラダイムの転換

　災害に関する世界規模の統計が整理されるようになって，「災害の性格が急激に変化している」ことが指摘されるようになった。D. P. コッポラは世界全体の災害をめぐる近年の変化として，第1に災害の被災者の数が増大していること，第2に災害による死亡者が減少していること，第3に災害による経済的損失が増大していること，第4に貧困な国家は災害による影響を過大に被っていること，第5に災害そのものの発生数が年々増加していることを指摘している（Coppola 2007：13-24）。さらに，豊かな国と貧しい国の間で，災害の社会的インパクトが異なっていることに注意を喚起している。とくに，豊かな国の災害は経済的な損失は巨額にのぼるが，一方で，その被害額を吸収できるメカニズムをもっていること，災害による死亡者を少なくし，災害による影響を抑制する対応が可能であることを指摘している。それとは対照的に，貧しい国では災害による被害額はそれほど大きくないが，災害による負の影響力を吸収するだけの社会的緩衝能力をもっていないこと，さらに，災害による直接，間接的な死傷者が多数にのぼることを指摘している（同上：22）。表3-1に見るように，最近の大災害をとってみても，先進国の災害では経済的被害は莫大であるが死傷者は少なく，発展途上国の災害では経済的被害の絶対額ははるかに低いが，

表3-1　先進国型災害と途上国型災害：死者数と経済的被害額との関係

災害	国家	発生年月日	Magnitude	死者数	被害推定額 billion $	被害額/GDP %
Hurricane Katrina	アメリカ	2005.8	——	1,833	135.0	1.0
阪神・淡路大震災	日本	1995.1.17	M7.3	6,437	100.0	2.0
東日本大震災	日本	2011.3.11	M9.0	20,631[*1]	309.0	6.1
四川大地震	中国	2008.5.12	M8.0	87,476	85.0	1.7
South New Zealand Earthquake	ニュージーランド	2011.2.22	M6.3	181	13.0	8.0
Chili Great Earthquake	チリ	2010.2.28	M8.8	562	30.0	18.3
Haiti Great Earthquake	ハイチ	2010.1.12	M7.0	222,570	7.8	120.0
North Pakistan Earthquake	パキスタン	2005.10.8	M7.6	73,338	5.2	3.2
Sumatra Great Earthquake	インドネシア	2004.12.26	M9.0〜9.2	165,708[*3]	4.5	0.8
Cyclone Nargis	ミャンマー	2008.4.27	——	138,366[*2]	4.0	11.7

（注）　*1 死者・行方不明者は警視庁発表（2011.8.1 現在）　*2 GDP データは国際通貨基金（IMF）推定　*3 データはインドネシアでの被害のみ。スリランカなど他国を含めると，死者・行方不明者 22 万 6408 人，被害推定額 10 billion $（朝日新聞 GLOBE 20110720）。
（出所）　世界保健機関（WHO）と協力する災害疫学センター（CRED）のデーターベース，世界銀行，各国政府の資料などをもとに作成。

死傷者数はきわめて大きいことがわかる。2008 年の中国の四川地震が，この 2 つのタイプのちょうど中間に位置している。この表から見ると，東日本大震災だけが被害額，死者数ともに大きく，先進国の災害のなかでは「例外的なケース」のように映っている。

　先進国だけに限っていえば，これまで，「社会の発展とともに災害は減少し，とくに死亡者が減少する」，あるいは「社会の発展とともに，経済的な被害は増大するが，人的被害は減少する」と信じられてきた。このことは，先進国と発展途上国との比較のなかでも，そういわれてきた。

　実際，戦後日本の被害者は，図3-6 のように減少傾向を続けてきた。それは，災害からの安全性を確保するために，設計外力を向上させてきた成果である。とくに，1959 年の戦後最も多くの死者を出した伊勢湾台風や 1960 年のチリ地震津波以降，社会全体の設計外力を向上させ，たとえば海岸や河川堤防を整備

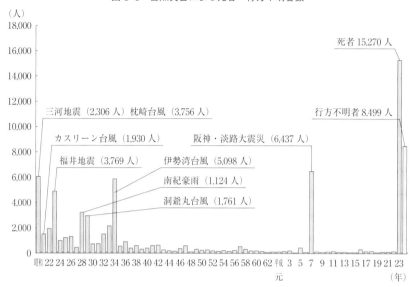

図3-6 自然災害による死者・行方不明者数

（資料）昭和20年は，主な災害による死者・行方不明者（「理科年表」による）。昭和21〜27年は，「日本気象災害年報」，昭和28〜37年は，警察庁資料，昭和38年以降は消防庁資料による。

（注）1）平成7年の死者のうち，阪神・淡路大震災の死者については，いわゆる関連死919名を含む（兵庫県資料）。
2）平成22年の死者・行方不明者は速報値。
3）平成23年の死者・行方不明者については，東北地方太平洋沖地震のみ（緊急災害対策本部資料：平成23年5月30日現在）。

（出所）内閣府『平成23年版 防災白書』東日本大震災の死者・行方不明者数は，2011年5月30日現在。

し，津波・高潮・台風による被害を減少させた。ちょうどこの時期は高度経済成長期に重なり，国家財政も順調に増加し，公共事業費も大幅に伸長した。さらに，企業や個人の生活（私的領域）が豊かになることによって，建物の耐震性の向上など私的にも設計外力の向上に努めてきた。公的にも私的にも設計外力を向上させた結果，1995年の阪神・淡路大震災が発生するまで，災害の死亡者数は順調な減少を見せた。事実，『平成22年版 防災白書』の記述にあるように，すなわち「昭和20〜30年代前半には1000人以上の人命が失われる大災害が頻発し，昭和34年の伊勢湾台風は死者・行方不明者が5000人を超す未曾有の被害をもたらした。伊勢湾台風以降の昭和30年代後半から，死者・行方不明者は著しく減少し，長期的に見ると逓減傾向にある。これは，治山・治

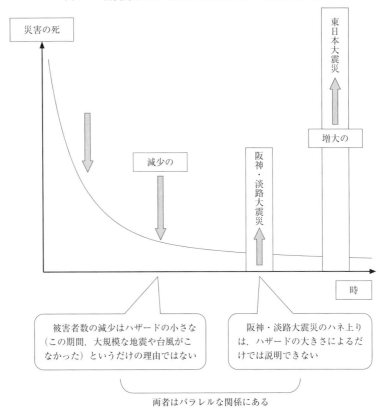

図3-7 防災対策による被害の抑制と被害の「跳ね上がり」

水・海岸事業等の国土保全事業の積極的推進，災害対策基本法の制定等の防災関連制度の整備等による防災体制の充実，気象観測施設・設備の整備の充実，予報技術の向上，災害情報伝達手段の発展及び普及等によるところが大きい」（内閣府 2010）と一般に考えられてきた。

では，1995年の阪神・淡路大震災や2011年の東日本大震災は，こうした減少傾向を前提とした例外的事例なのであろうか。今回の東日本大震災の「想定外」の考察から導き出されるのは，2つの災害による死亡者数の「跳ね上がり」は決して例外的なことではなく，むしろ，想定外力を向上させてきた結果現れた，潜在的なリスクの顕在化によるものだということである。その意味では，構造的に用意されてきたものであるといえよう。防災対策を進めてきた近

代社会は構造的に，大災害時の「跳ね上がり」を内包しているのである。近代社会は，図3-7で見れば，想定される外力以内では下向きの力が働き，被害を小さく抑えるが，反対に，それを超えるときには，上向きの力が働き，被害を大きくするダイナミズムを構造的に内包していると考えられる。

このように，先進国においてこれまで「社会の発展とともに災害は減少し，とくに死亡者が減少する」という災害観が一般的であったが，そう考えることは間違いであり，従来の先進国型災害というイメージは偏ったものでしかないのである。むしろ，先進国において，いったん想定される外力を超えたハザードが発生したときには，災害規模は一気に跳ね上がり，災害の規模を巨大なものにするのである。その意味では，これまでの低水準の設計外力の時代の災害と，近代化によって実現した高水準の設計外力の時代の災害との違いを詳しく議論し，設計外力を超えたときに発生する「跳ね上がり」の構造を探究することこそ，防災対策上重要である。こうした観点から，これまでの防災対策のパラダイムを根本から再検討することが求められているのである。

参考文献

Beck, Ulrich, 1986, *Risikogesellshaft: Auf dem Weg in eine andere Moderne*, Suhrkamp Verlag.（＝1998，東廉・伊藤美登里訳『危険社会』法政大学出版局）．
Beck, Ulrich, 2002, *Das Schweigen der Wörter*, Suhrkamp Verlag.（＝2010，島村賢一訳『世界リスク社会論』ちくま学芸文庫）．
中央防災会議，2011a，「従来の被害想定と東日本大震災の被害」，東北地方太平洋沖地震を教訓とした地震・津波対策に関する専門調査会　第7回　参考資料6．
中央防災会議，2011b，「東北地方太平洋地震を教訓とした地震・津波対策に関する専門委員会報告 平成23年9月28日」．
Coppola, Damon P., 2007, *Introduction to International Disaster Management*, Elsevier Inc.
影浦峡，2012，「『専門家』と『科学者』――科学的知見の限界を前に」『科学』82(1)．
神藤浩明，2011，「『ナショナル・サスティナビリティ』の視点を新たな国家目標へ」伊藤滋・奥野正寛・大西隆・花崎正晴編『東日本大震災復興への提言』東京大学出版会．
熊谷良雄，2006，「東京の都市化と防災」ミッチェル，ジェイムス　K., 編（中林一樹監訳）『巨大都市と変貌する災害』古今書院．
宮村忠，1985，『水害――治水と水防の知恵』中公新書．
宮城県防災会議，2004「宮城県地震被害想定調査に関する報告書」
宮城県沿岸域現地連絡調整会議，2011，「宮城県沿岸における被災した海岸堤防の復旧に係る基本的な考え方について（案）平成23年9月9日」（2012年1月9日取得，http://www.pref.miyagi.jp/kasen/pdf/ka_kaigan-teibou.pdf）．
永松伸吾，2008，『減災政策論入門――巨大災害リスクのガバナンスと市場経済』弘文堂．

内閣府，2010，『平成 22 年版 防災白書』。
内閣府被災者生活支援チーム，2011，「インフラ等の被害・復旧状況」（2012 年 1 月 9 日取得，http://www.cao.go.jp/shien/2-shien/1-infra.html）。
西谷修，2011，「近代産業文明の最前線に立つ」『世界』2011.5。
大熊孝，1988，『洪水と治水の河川史——水害の制圧から受容へ』平凡社。
大熊孝，2004，『技術にも自治がある——治水技術の伝統と近代』農山漁村文化協会。
田中重好，2007，『共同性の地域社会学——祭り・雪処理・交通・災害』ハーベスト社。
首藤伸夫，2000，『津波対策小史』（津波デジタルライブラリィ所収〔2019 年 2 月 6 日取得，http://tsunami-dl.jp/document/023〕）。

第4章

津波被災の地域社会への埋込み

田中重好・高橋　誠

1　はじめに

　これまで見てきたように2011年3月11日の東日本大震災は，三陸沿岸から福島・茨城県沿岸部において，それまでの防災計画では「予想をしえなかった」多数の犠牲者を生み出した。多数の犠牲者発生の背景を，第2章では避難行動という数十分間の時間，第3章では災害対策基本法以来の防災対策の進展という約半世紀の時間のなかで検討してきた。本章では，津波常習地帯である三陸沿岸における百数十年間の時間のなかで，「繰り返し津波に襲われてきた三陸沿岸地域でなぜ，多数の犠牲者が出てしまったのか」を検討する。

　これは，「災害が起きやすい地域」「災害に脆弱な地域」にどういう知恵，備えをもって人々は住み続けてきたのかを問うことである。そして，この問いは次のような根本的な問いにつながっていく。「人はなぜ，災害が起こる危険性のある空間に住み続けるのか」，あるいは，「危険な空間に生活・生産の場を拡大するのか」，「こうした危険な場所であることを了解しながらどういった生活の文化や構えを育ててきたのか」。

　この問いを言い直せば，「被災経験が地域にどう埋込まれてきたのか」（以下，

被災経験の部分を省略して「埋込む」と表記)，「その埋込みが成功したのか」を問うことである．一般に，災害が繰り返し起こる地域については，こうした埋込みに注目すべきだと指摘される．三陸地方の津波被災地での集落移転を研究してきた山口弥一郎は，「これらの幾度もの災害に打ちのめされ，刻苦して祖先の開いた郷土を護り，発達をつづけて来た村々には，これらの性格が，何等かの形できざみこまれているに違いない」(山口 1972a：95-96) という思いを抱いて研究を続けてきた．また，現代的な視点からも，「歴史的に複次の災害を経験しているこの地域には，災害への備えが故郷の風景として定着した防潮林や屋敷林，災害と関連づけられた地名や通り名，高台に配置された神社仏閣，防災意識の継承につながる風習や祭りなど，災害の記憶や防災に関わる先人の知恵がさまざまな形で埋め込まれている」(国土交通省都市局 2012a：11) と指摘されている．

　埋込みに関しては，「どこに，どういった形で埋込まれてきたのか」(社会的な場所と内容) とともに，「どういった社会的主体によって埋込まれたのか」(社会的主体) が明らかにされなければならない．最初の問いは，第1に，どう空間に埋込まれたのか，具体的には，住居の移転，集落移転がどのように行われ，どういった空間変容があったのか，第2に，どういった防災施設が整備されてきたのか，第3に，災害が発生しやすい場所で暮らし続けるための「生活の知恵や構え」(災害文化と言い換えてもよい) をどう蓄積してきたのかという問いに分けることができる．これらの議論を第2節から第4節で取り上げる．埋込みの主体の問題は第5節で検討する．

　この地域の近代の社会変動は，防災の観点からのみ進展したわけではない．第6節で近代における地域社会の変化を，津波災害の脆弱性から再検討する．

　以上の検討を経て，津波常習地域でどういった埋込みが展開し，そうした努力にもかかわらず，なぜ大量の犠牲者が出てしまったのか，今後の津波防災対策はどうあるべきなのかを，最後に論ずる．その検討の準備段階として，まず最初に，三陸地域での地震の歴史を紹介し，明治三陸津波，昭和三陸津波，チリ地震津波，東日本大震災の津波を比較検討する．

2　三陸沿岸の地震と津波の歴史

　三陸沿岸の津波の常習性を確認しておこう．長い歴史のなかで，三陸沿岸は

繰り返し津波に襲われてきた。たとえば，『三陸津波に因る被害町村の復興計画報告書』（内務大臣官房都市計画課 1934）によれば，昭和三陸津波まで，「三陸沿岸地方に於ける津浪は天正［1573〜1592 年］以来 350 年間に 23 回，実に 15 年間に 1 回の割合を以て発生している」（［ ］は筆者の注記。以下同じ）。このことから見ると，人の一生の間に平均して 2〜3 回の津波を経験していたことになる。もちろん，今回のような巨大な津波が来襲することは少ない。津波高 30 m 以上，50 km 以上の海岸線に顕著な被害を与えるような津波（津波階級 4）は，貞観 11（869）年，慶長 16（1611）年，明治 29（1896）年と平成 23（2011）年の津波と，4 回を数えるだけである。江戸時代以前の記録はほとんどなく，記録が不正確であると推測されるため，慶長の津波以降だけを取り上げると，400 年間に 3 回，平均して 130 年に 1 回の巨大津波が来襲していたことになる。

　まず，三陸地方の地震発生頻度を確認しておこう。日本海プレートに面している三陸沿岸地方は，そもそも地震の発生頻度が高い。中央気象台『三陸沖強震及津波報告』（1933 年）によれば，1927 年以降，「6 年 2 か月に合計 62 回の顕著並びにやや顕著地震を発している」という。住民からすれば，こうした頻発する地震が起きるたびに「津波が来るか」を判断し，その大きさを推測し，避難するか，どこまで避難するかを決定しなければならないのである。

　一般に津波は地震により引き起こされる。だが，地震発生と津波発生との間の関係はそれほど単純ではない。三陸沖地震と津波発生との間には次の 3 つのパターンがある。第 1 は，地震による揺れが大きく，大きな津波が押し寄せるもの，第 2 は地震による沿岸部での揺れが大きくなくても，大きな津波が押し寄せるもの，第 3 は地震が発生しても津波が来ない，あるいは，実質的な津波被害をもたらすような津波が来ない場合である。昭和津波は第 1 のパターンであったが，その前の明治津波は第 2 のパターンであった。

　さらに，三陸沿岸では，遠地津波を経験してきた。住民はまったく地震の揺れを感じないままに，突然津波に襲われる経験をしてきた。地震がなくても，北米，あるいは南米で発生した巨大地震よって押し寄せる津波である。1960 年のチリ地震津波をはじめとして，最近では 2010 年 2 月 27 日のチリ中部地震津波など，多くの事例が確認されている。この第 4 のパターンの津波として近年，1700 年 1 月の「みなしご元禄津波」が注目された（Atwater, 六角ほか 2005；産総研 2003）。1586 年のペルー，リマ沖地震から 2007 年のペルー沿岸地震まで，日本の沿岸で津波が観察された遠地津波は 19 回を数えている（中央

防災会議 2010) ように，このタイプの津波も決して少なくない。

　このように歴史的に振り返ってみると，三陸沿岸では幾度も地震が発生し，その地震のなかには大小，さまざまな津波を発生させた。また，遠く離れた太平洋の反対側の海溝で発生した巨大地震によっても，三陸地域に津波が押し寄せた。

　ここで取り上げるのは，明治以降の津波である。三陸沿岸地域は約百数十年間で大規模な地震津波としては，1896（明治29）年の明治津波，1933（昭和8）年の昭和津波，1960年のチリ地震津波，2011年の東日本大震災の津波被害を経験してきた。

　この歴史を簡単に振り返っておこう。

　1896年6月15日，旧暦5月5日の節句の日，午後7時32分頃，三陸はるか沖を震源として，M 7.6の地震が発生した。地震の揺れは，最初の地震は弱震，それから弱い揺れが12回続いた。しかし，これらの地震は人々の注意を引かなかった。地震の揺れは弱く，震害を発生するようなものではなかった。津波は最初の地震から18分後の7時50分頃から始まり，最大の津波は8時7分頃到着したと考えられる。「最も高かったのは［岩手県］三陸町綾里白浜（現在の大船渡市）の38.2 mである。これは明治以降［2011年の東北太平洋沖地震までで］日本で発生した津波の最高記録である」（渡辺 1998：101）といわれている。「地震による被害はなかったが，津波は非常に大きく，いわゆる津波地震あるいは低周波地震である」（渡辺 1998：101）。津波が発生した当日は，各地で日清戦争の勝利を祝う凱旋式や招魂祭などの行事が行われていた。さらに，この日は旧暦5月5日の端午の節句で，「どこでも餅をつき，菖蒲湯にはいって祝い膳を囲む」（気仙沼市史編纂委員会編 1993：212）祝いの日でもあった。加えて，三陸海岸では，この年春先からの鮪や鰯の大漁に沸いていたので祭りの気分はいっそう盛り上がっていた。

　明治津波から37年後，1933年3月3日，午前2時31分に，M 8.1の地震が三陸沖を震源として発生した。その地震にともなって津波が発生し，「地震後約30分〜1時間の間に津波が北海道・三陸の沿岸を襲い大きな被害がでた」（宇佐美 2003：302）。明治の大津波に比べ，各地の津波高は平均して4分の3程度の高さと，やや小規模であった。しかし，岩手県田老町（現在の宮古市）で見ると，明治の津波では14.6 mであったが，昭和の津波では10.1 mとやや低いとはいえ，絶対値としては相当高い。当時，日本全体は1929年の世界恐慌

の影響による経済不況下にあり，日中戦争の戦時下にあった。三陸地方はそれに加えて，冷害による農山漁村の疲弊と貧困が広がっていた。こうした点で明治津波とは，被災地を取り巻く社会的条件が大きく異なっていた。

1960年5月23日4時15分頃（日本時間）にチリ沖で発生した巨大地震（M9.5）によって，約1万6000km離れた日本に，翌24日早朝，約22時間30分後に津波が来襲した。日本各地の到達時間は地域によって異なるが，宮古検潮儀では23日午前2時47分であった。最大波高の到達時刻は，岩手県から宮城県にかけては，田老町で7時10分，宮古で4時30分，釜石で4時35分と5時15分から30分，東水道（陸前高田～気仙沼間）で5時30分，気仙沼で7時20分から40分，塩竈で6時18分と，かなりの時間の幅がある（福井 1960：39）。この津波は，日本近海で発生した地震による津波（近地津波）と比較すると，津波の周期が長く，大船渡湾や広田湾では湾口より湾奥で波高が高かった。さらに日本全体に津波が及び，各地で被害を発生させた。津波の高さは，岩手県から宮城県の各地で最も高く，たとえば，岩手県の陸前高田市や大船渡市では5.5m以上，宮城県の唐桑町（現在の気仙沼市）では5.1mを記録している（渡辺 1998：225）。この津波の際には，気象庁から警報が発令された。だが，それは各地に津波が押し寄せた後のことであった。これを反省材料として，遠地地震に対する国際的な津波警報システムが整備されていった。当時，高度経済成長が本格的に始まった頃であり，また，政府の政策でも「地域格差の是正」が基本方針となっていたため，復興のための予算は十分確保された。

ハザードとしての3つの津波はそれぞれタイプの異なるものであった。明治津波は「津波地震」で揺れは小さかったが津波は大きかった。昭和津波は揺れも大きく，津波も大きかった。チリ地震津波は遠地津波で揺れを感じないまま津波がゆっくりと押し寄せてきた。

さらに，海岸を襲った津波についても，津波高，速度，方向性の点で，3つの津波は異なっていた。ここで，津波高についてのみ3つの津波を比較すると表4-1のようになる。ただし，出典による津波高が違ったり，東日本大震災のデータでは津波浸水高データがすべての集落にないために，津波遡上高で代替しており，さらに，同じ狭い集落のなかでも計測場所によって津波高が違うために，ここでの数値は「一応の目安」と考えたほうがよい。ここで見るように，同一地点をとってみると，「毎回津波に襲われた」とはいえ，その時々で津波の様相は異なっており，それぞれの津波は個性的なのである。全般的には，明

表4-1　3つの津波高の比較

(メートル)

				明治津波	昭和津波	チリ津波
岩手県	種市町	種市村	川尻	12.0	7.0	2.9
	久慈市	宇部村	小袖	13.7	8.2	3.8
	野田村	野田村	玉川	18.3	5.8	8.1
	普代村	普代村	普代	18.1	11.5	2.4
	田野畑村	田野畑村	羅賀	29.0	13.0	ND
	岩泉町	岩泉町	茂師	20.2	17.0	ND
	田老町	田老村	田老	14.6	10.1	2.6
	宮古市	重茂村	姉吉	18.9	12.4	1.5
	山田町	織笠村	織笠	3.4	2.4	4.2
		船越村	船越	10.5	6.0	ND
	大槌町	大槌町	吉里吉里	10.7	6.0	3.1
	釜石市	釜石町	釜石	7.9	5.4	3.5
		唐丹村	小白浜	16.7	6.0	4.0
	三陸町	綾里村	白浜	22.0	23.0	4.7
	大船渡市	赤崎村	合足	18.0	7.3	1.5
		大船渡町	下船渡町	5.5	3.0	ND
	陸前高田市	気仙村	長部	34.0	3.2	4.6
宮城県	唐桑町	唐桑村	只越	8.5	7.0	3.7
	気仙沼市			ND	ND	ND
	本吉町	大谷村	大谷	5.2	3.0	3.2
	歌津町	歌津村	中山	10.8	6.1	ND
	志津川町	志津川町	寺浜	6.8	2.4	ND
	雄勝町	雄勝町	荒	8.8	10.0	2.2
	女川町	女川町	女川浜	2.7	2.4	4.0
	牡鹿町	大原村	大谷川	4.9	5.2	5.4

(注)　各市町村のなかから,明治津波でもっとも高い津波高を示し,なるべく,3回の津波データが揃っている地点を選んだ。
　　　NDはデータなし。
(出所)　宇佐美龍夫『日本被害地震総覧(最新版)』2003 表316-1。

治津波は東日本大震災の津波に類似しているが,やはり,今回の津波のほうが津波高や浸水域が広い。また,明治津波は岩手県を中心としたものであり,宮城県北部の男鹿半島までは甚大な被害を及ぼしたが,それより南の平野部にはそれほど大きな津波は来襲していない。それに対して,2011年の津波は宮城県から福島・茨城・千葉県にかけて,広い範囲に巨大な津波が押し寄せた。明治と東日本を比較すると,陸前高田市を境に,それよりも北では明治津波のほうが大きい場合が多く,それより南部では明治よりも今回のほうが大きいという傾向が見られる。

以上のような津波の様相が違うことを，ここでは「ハザードのゆらぎ」と呼んでおきたい。ハザードのゆらぎは，ディザスター（被害）のゆらぎにつながっていく。三陸沿岸で暮らしてきた人々が自分の生活している場において，このゆらぎを正確にとらえることは難しい。そればかりか，東日本の経験からも痛感させられたように，「科学的な想定」や気象庁が発表する「シミュレーションに基づく警報」でも，このゆらぎを正確にとらえることは難しい。それゆえ，ハザードのゆらぎは防災対策に難問を突きつけているのだ。

　以上はハザードとしての津波の比較検討である。次にディザスターとしての津波を比較検討する。津波は地上に上がると物理的な破壊をもたらす。そして，津波高と建物の破壊率との間には，強い相関があることが確認されており，津波高が2mを超えると木造建築物は全壊となることが知られている（国土交通省都市局 2012b）。そこで，建物流出を物理的な脆弱性の指標とし，死者・行方不明者を人的な脆弱性として考えて，3つの津波災害を整理すると表4-2のようになる。

　明治津波は死者・行方不明者は2万1000人以上ときわめて多く，それに比べて，昭和津波では約3000人，チリ地震津波では116人と減少している。減少しているのは，死者数だけではない。死者数と流出家屋数との割合でも，明治津波は3.35と突出しており，このことは一軒の家屋が流されたとき3.35人が亡くなっていることを意味している。この割合は，昭和津波では0.69，チリ地震津波では0.22と，比較にならないくらい低い。明治津波と昭和津波を比べてみると，流出家屋数では6426戸，4327戸と，昭和津波の流出は明治津波の67.3%であるが，死者数は13.9%にとどまる。

　以下，こうした大災害の経験がどう地域社会に埋込まれたのかを検討していく。その際，東日本大震災の被災地域をおおよそ3つの地域に分けて考えておかなければならない。

　まず，これまでの津波被災の歴史から見て，大きな被害を被ってきた地域と，そうでない地域との2つに区分する。明治津波以降チリ地震津波まで，おおよそ，牡鹿半島以北のリアス式海岸地域では津波により甚大な被害を被ってきた。これとは対照的に，牡鹿半島以南（現在の石巻市の旧北上川以南）の平野部では，これまで大量の犠牲者を出すような津波被害を受けていない。その結果，東日本大震災以前には，これらの地域では住宅移転や集落移転といった土地利用の変更がなかった。そのため，ここで埋込みを検討する対象地域は，牡鹿半島以

表 4-2　明治津波以降の津波被害状況

		死者・行方不明者	流出家屋	死者・行方不明者／流失数
明治津波	岩手県	18,158	5,183	3.50
	宮城県	3,387	1,243	2.72
	合　計	21,545	6,426	3.35
昭和津波	岩手県	2,671	3,850	0.69
	宮城県	315	477	0.66
	合　計	2,986	4,327	0.69
チリ地震津波	岩手県	62	497	0.12
	宮城県	54	36	1.50
	合　計	116	533	0.22
東日本大震災	岩手県	6,299	23,421	0.27
	宮城県	11,499	74,155	0.16
	合　計	17,798	97,576	0.18

(出所)　以下を参考に作成。
　明治津波
　　岩手県：岩手県海嘯被害戸数及び人口調べ（明治 29 年 7 月 10 日），『日本被害地震総覧』所収
　　宮城県：宮城県海嘯誌（1903）
　昭和津波
　　岩手県：岩手県昭和震災誌（1934）
　　宮城県：宮城県昭和震嘯誌（1935）
　チリ地震津波
　　岩手県：岩手県『チリ地震津波災害復興誌』（1968）
　　宮城県：宮城県『チリ津波救助誌』（1961）
　東日本大震災
　　市町村人口：各県人口推計（平成 23 年 2 月 1 日），浸水域人口：総務省統計局（平成 23 年 4 月 26 日）
　　死者・行方不明者，全壊棟数：各県平成 23 年東北地方太平洋沖地震による被害状況速報（第 374 報）（平成 23 年 9 月 26 日現在）
　　中央防災会議「東北地方太平洋沖地震を教訓とした地震・津波に関する専門調査会」同調査会報告参考図表集（2011）

北の宮城県，岩手県の沿岸地域に限定する。

　さらに，この歴史的な被災地域のなかでも，都市部と漁村部とでは，埋込みの様態が大きく異なる。一般的に見て，土地に被災経験が埋込まれるのは，激甚な被害があった地域であるが，その甚大な被災地のなかでも，土地に埋込まれる，とくに集団的に土地利用変更がなされてきたのは漁業集落であり，都市部ではそうした例は少ない。そのため，牡鹿半島以北の地域のなかでも，都市

部とそれ以外の沿岸地域とに区分しなければならない。

　ではなぜ，都市部には被災後の移転が少ないのであろうか。都市では，中心市街地が津波で被害を受けても，都市の土地利用を大きく変更することはなかった。臨海部を利用する漁業，港湾という産業の特殊性もあり，津波の被害を受けたからといって，こうした産業施設を内陸部へ移転するわけにはいかないからである。そもそも，港湾都市に見るように，都市はその地形的条件や周辺地域との関連性に支えられている。また，都市は多額の公共投資が歴史的に積み重ねられた空間であり，それを移転させようとすると，それまでの社会資本が無価値となるだけではなく，移転先の再建に巨額なコストを必要とする。加えて，都市域を構成するさまざまな施設は，たとえば飲食街は商店街や工場，公共施設との密接なつながりをもって成り立っているといったように，都市内の機能的に特化した街区や施設は相互に密接に関連しあっているために，都市の街区や施設は単独で移転することはできない。そのため，都市の街区が移動することはきわめて困難なのである。

　以上のように，被災経験の埋込みを検討するうえで，東日本大震災の被災地は，三陸リアス式沿岸地域の都市部，それ以外のリアス式沿岸集落，石巻南部からの宮城県平野部と，3つの地域に区分される。平野部は明治津波以降，甚大な津波被害を受けておらず，その点から，以下の埋込みの検討の対象から除外する。

3　空間変容

　この節では，明治・昭和・チリ地震津波とたび重なる津波に襲われながら，三陸地方では住居の移転，集落移転がどのように行われ，どういった空間変容があったのかを検討する。

　明治・昭和津波後の集落移転の全体像を確認しておこう。集落移転については，いくつかの研究があり，その研究結果をまず紹介する。山口弥一郎の調査（山口 1972b：363）では，調査対象とした136集落中，明治津波以前では7集落とごくわずかな移転しか見られない。これに対して，明治津波後には移転した集落が40に急増し，昭和津波後にはさらに増加して107となり，調査対象集落全体の78.7％にも達している。田中舘・山口の調査（田中舘・山口 1938）では，調査対象236集落中，明治津波後には42集落が移転し，昭和津波後に

は74集落が移転している。また，西野拓人らの研究では「明治三陸津波の際には，51地区が『高台移転』を計画・実施していた」（西野ほか 2013：399）と報告されている。調査報告ごとに移転集落数が異なり，集落移動（移転）と分散移動（移転）との割合が異なっているが，その原因は，調査対象集落をどこに設定したのか，その調査の細かさや根拠資料の違い，対象集落の数え方やその範囲設定の違いであり，さらに，集落移転と分散移転の区分の際，どこに線を引くかなどの定義の違いであると思われる。そのため，厳格な比較検討をすることはあまり意味がない。

　こうした資料面での制約を考慮したとしても，次のような空間変容の概況は読み取れる。第1に，明治津波以前，移転した集落数は極端に少なかった。第2に，そうした歴史的な文脈で見れば，明治津波後には移転した集落数は急増している。第3に，明治津波と比較して，昭和津波後にはさらに移転数が激増し，山口弥一郎の調査では78.7%の集落が移転している。第4に，昭和津波後の移転では，集団移動が急増しており，ほぼ3分の1が集団移転である。いうまでもなく，高所移転を行った集落は甚大な被害を受けた集落である。

　しかし，高所移転した集落がすべて，次の津波災害を免れたわけではない。移転計画が途中で中断されるケース，災害から時間が経過し人々に災害が忘れられていくにしたがって原地復帰するケース，分家や新規流入者が原地に住宅を建設するケースなどが，少なくなかったのである。

　では，なぜ原地復帰が起こるのであろうか，その理由として，山口弥一郎は次のような理由をあげている。まず，第1の原因は，移動そのものに無理があったこと。具体的には，移動距離が過大で漁港から離れすぎていたこと，移転先の生活上の不便さ，主要交通路から離れすぎていることを指摘している。第2に「その頻度が多ければ，当然集落は安全な場所に移動している」が，津波来襲の頻度が低いため，津波の怖さを忘れてしまう。第3には，豊漁，移転先の住宅火災，一時的な納屋への定住など，さまざまな機会に原地復帰が起こる。第4に，集落の発展，すなわち「戸数増加が被害原地に居住する傾向」を生む。第5に，「原屋敷に対する民俗心理」，墓地や氏神など「先祖から引き継がれたもの」への「郷愁的感情」による（山口 1972b：411-417）。

　明治津波後の集落移転と比べて，昭和津波後の集落移転は件数で約2倍に増加しただけではなく，分散移転数よりも集団移転数が顕著に増加した。この背景には，集落移転を推し進めた行政の政策があった。明治期には，集落移転を

促す行政指導も公的資金援助もなかった。そのため，明治津波後「営々自力を以て安住地の造成をなせるもの，又は其の他の防浪対策を講ぜるもの」(内務大臣官房都市計画課 1934) は，岩手県旧越喜来村崎浜以下12集落にすぎなかった。明治期の集落移転事業では，地域リーダーの判断が移転するかどうかを決める最重要因子であった。

　明治とは異なり昭和津波後には，政府と県が中心になって，津波被災地での住宅再建を禁止したうえで，強力な集落移転が促進された。たとえば，宮城県では，津波が浸水し激甚な被害を受けた地区を県が建設禁止区域に指定し，その代替地として，高所に「明治二十九年の浸水線を標準とし」移転地造成を支援した。その前提として，宮城県では1933年6月，「海嘯罹災地建築取締規則」を定めた (宮城県 1935)。岩手県でも「津浪被害地住居制限法草案」が作成された。こうして「計画せられたるもの［は］，宮城県に於て15ケ町村，60部落，岩手県に於て20ケ町村，42部落」(内務大臣官房都市計画課 1934)，計102集落であった。宅地造成としては，移動戸数，造成面積は，岩手県では2199戸，8万7580坪，宮城県では801戸，6万4678坪であった (建設省国土地理院 1961)。

　昭和津波後の集落移転事業は次のような特徴をもっていた。第1に，都市と農村とを区分して，都市は原地復興，被災地の集落は高所移転を目指した。第2に，その前提として，住宅地の建設禁止区域を指定した。ただし，この禁止区域設定は法律に根拠をもつものではなく，一種の行政指導であった。第3に，禁止区域からの移転にあたっては，宅地造成費は国から町村への貸付であった。町村が事業主体となって宅地造成を行い，町村の造成費は最終的に移転者への造成地の転売により回収された。第4に，住宅建設は産業組合などの住民組織が中心になって進められ，政府からの借入主体も組合であり，個人への資金融資ではなかった。第5に，政府や県は，高所に造成される住宅地をたんなる住宅の集合体とせず，各種公共施設や住民の共同施設の建設を奨励し，災害を契機に「新しい漁村」建設を目指した。第6に，政府や県は，高所移転については集団移転や分散移転でも，集落を1つのまとまりとして，造成計画，補助金の交付，住宅建設資金の低利融資などを行った。この点でも，個人を対象とはしなかった。第7に，高所移転の完成までの時間は，国県の記録で見る限り，「昭和9年3月中には住宅敷地の造成は全部竣功を見るを得可き状態に至つた」(内務大臣官房都市計画課 1934) といわれており，ほぼ1年と，割合と短期間の

表 4-3 集落移転の効果

東日本大震災前の移転	被害なし	被害あり	合計
移転集落	9	21	30
移転なし集落	1	4	5
合計	10	25	35

(出所) 中央防災会議 (2011) より。

間で完成したと報告されている。

　1960年のチリ地震津波は，当時，東北の太平洋沿岸に大きな被害を与えたとはいえ，それ以前の明治，昭和の津波と比較して，ハザードとしての津波の規模はそれほど大きくなかった。そのため，昭和津波後に大規模に計画されたような集落移転の動きは見られなかった。わずかに，1つは，南三陸町の建築基準法に基づく危険地区指定，もう1つは，雄勝町（現在の石巻市雄勝地区）の区画整理事業と嵩上げ事業が実施されただけであった。このように，チリ地震津波後，空間への埋込みとしては，わずか2例のみであった。後に述べるように，チリ地震津波後の行政施策は，海岸堤防をはじめとする防災施設の整備に集中しており，空間変更は不要と判断された。

　東日本大震災の被害状況から見て，これまでの集団移転の「効果」はどう評価できるのであろうか。過去の集落移転のデータが残っている集落35を対象に，中央防災会議で集計された資料では，表4-3のようになっている。

　全体的には，過去に移転を行った30地域のうち，今回被害を免れた地域はわずか9地域で，21地域は被害を受けた。反対に，過去に移転を行っていない5地域では，わずかに1地域だけが堤防によって被害を免れられたにすぎず，あとの4地域は被害を免れることはできなかった。

　このデータから見る限りは，東日本大震災の津波被害を防げたことを「成功」とするならば，過去の集団移転の「成功」率は30％，集団移転せず堤防などで守ろうとしてきた地域での「成功」率はさらに低く，20％にとどまっている。ただし，集団移転にしろ，堤防建設にしろ，その基準は東日本大震災のような巨大な津波を想定したものではなく，多くは最大でも明治津波を基準にしていたと推測される。さらに，岩手県旧船越村田ノ浜（現在の山田町）の事例に見るように，仮に昭和津波後に計画された移転地にすべて移転していたら，東日本大震災の被害はかなりの程度免れたが，実際には計画どおり移転が

進まなかったり，移転地よりも低地に集落が再建されてしまったために，東日本大震災の被災につながっている場合もある。

集落移転の複雑さを示す1例として，大槌町吉里吉里の事例を紹介する。吉里吉里では，明治津波の際に，建物の流出率は50.2％（138／275戸），死亡率は22.4％（369／1645人）に達する甚大な被害を受けた（宇佐美 2003：表316-3）。そのため，「流失の約半数50戸程高地へ分散移動した」（田中舘・山口 1938）が，昭和津波でも再び，「［明治］29年移動者の原地復帰者及び其の後の津浪未経験者が生業との位置的関係を重視して原地居住をなした者が被害があつた」（田中舘・山口 1938）。昭和津波時，家屋の流出率は20.0％（88／440戸）に達したものの，死亡率は0.8％（23／2972人）と明治よりも大きく低下している（岩手県知事官房編 1934）。

そのため，昭和津波後，再び集落移転が計画された。その復興計画は「明治29年波高8.5m，昭和8年4.2m［であったことから］，造成敷地は部落後方地盤高11.8m以上の緩斜面を選び，此処に面積4,932坪の敷地を造成し，100戸を移転せしむ。尚本部落には災害の復興を期すると共に造成敷地を中心とする新漁村（理想村）建設の計画」（内務大臣官房都市計画課 1934）であった。ここで「理想村」といわれるのは，たんに安全な高所に住宅移転をするだけではなく，その集落に共同浴場，診療所，託児所，青年道場，消防屯所を計画し，全体として1つの「理想的な街」づくりを追求したからである。こうした現状を観察した山口弥一郎は，明治，昭和と津波の被害を受けて「暗い影につきまとわれた如き吉里吉里村は，村人の協力によって明るい理想郷建設にまで到達した」（山口 1972b：241-242）と手放しで喜んでいる。このように計画どおり移転が進み，高い評価を得ていた吉里吉里は，しかしながら，東日本大震災では，「住民約2500名中98名が犠牲となった。家屋は約1000軒中，全壊355戸，半壊45戸，一部損壊24戸，被害家屋の居住者は推定1000名となった」（高松 2015：79）。

以上のように，明治，昭和津波の被災経験から高所移転を実施した集落はかなりの数にのぼる。しかし，移転計画が途中で中断した集落，人口増加などで原地復帰した集落ばかりではなく，計画どおり移転が進められた集落も東日本大震災ではまたもや被災した。このように，集落移転したからといって，次の津波に対して安全を確保できたというわけではなかった。

その1つの原因は，ハザードとしての津波のゆらぎであり，予測の困難さの

問題である。表4-1に見るように、大きな傾向としては、最大の津波高は東日本大震災、次いで明治、昭和、チリ地震津波の順に高い傾向は確認できるが、各集落ごとに見ると、明治、昭和、チリ、東日本大震災と、その都度津波高が大きく異なるのである。こうしたハザードとしての津波のゆらぎにどう対処するのか、それは、高所移転等の空間的な対応だけではたして完全に被害を無くすことが可能なのかを考えてみる必要がある。

4　防災施設整備

チリ地震津波以前には、ごく限られた地域にしか堤防が整備されていなかった。「昭和8年津波後大規模なものは田老、吉浜、小規模なものは大槌、越喜来に建設し……山田町には海岸線に平行して防潮壁が建設されて」いたにすぎなかった（中央防災会議 2011）。こうした状況の背後には、当時、大津波に対して堤防を整備することは「費用莫大なる為め実行困難ならん」という認識があった（文部省震災予防評議会編 1933）。そのため、大津波に対しては、「多少津浪の侵入を覺悟せざるべからざる場合」を最初から想定し、波浪地区での鉄筋コンクリート建築による津波侵入の力を殺ぐことや、一定の地域を「犠牲に供して之を緩衝地区となし以て津浪の自由侵入に放任するに於ては隣接地区の浪害を軽減する」ことが提案された（中央防災会議 2011）。これは、近代以前の、洪水対策での「受け流し」方式（氾濫受容型の治水策：大熊 2004：105）による防災対策と同一の考え方であった。この津波防災の当時の考え方を、藤間功司は「現在の総合的津波防災」と対比させて、「経験的総合津波防災の考え方」と呼んでいる（中央防災会議 2010）。

こうした「受け流し」的防災対策が一挙に変化するのは、戦後、とくに伊勢湾台風やチリ地震津波後であった。チリ地震津波以降の津波対策は、「構造物建築を柱とする方向に大きく舵をきることになる」（同上）。第1にチリ地震津波後の1960年6月に制定された「昭和35年5月のチリ地震津波による災害を受けた地域における津波対策事業に関する特措法」（以下、チリ津波特措法）が、第2に、高度経済成長によりこれまでの財政的制約が大幅に緩和されたことが、さらに第3に、堤防建設が津波対策に有効であるという社会的認識が広まったことが、この方向転換を促した。

チリ津波特措法により「津波対策事業」が進展する。その対策事業とは、

「海岸又は河川について施行する津波による災害を防止するために必要な政令で定める施設の新設又は改良に関する事業」であった。具体的には，その「施設は，海岸堤防，河川堤防，防波堤，防潮堤，導流堤，離岸堤，突堤，胸壁，護岸，防潮林，水門及び嗣門とする」（特別措置法施行令 1960 年 8 月制定）と定められた。これ以降，津波対策は防災施設整備を中心に進められた。こうした方針のもと，運輸省の直轄工事として大船渡港湾口に締切防波堤建設工事が始まった。これは最大水深 38 m の海底に建設された「稀有の大工事」であった。この事業が，後の釜石港の湾口防波堤（最大水深は 65 m）建設につながっていくのである。ただし，チリ津波特措法は，海岸法（1956 年制定）の考え方，すなわち，「施設の整備，即ち海岸事業を促進することにより，あわせて海岸管理を行っていくという考え方」（岸田 2011：73）に基づくものであった。

高度経済成長により国家財政も順調に伸張し，さらに，1959 年の伊勢湾台風後の高潮対策事業，1960 年のチリ地震津波の対策事業が重なり，1959 年度から 1963 年度までの海岸事業費は急増した。1958 年までは 50 億円にも達しなかった年間の海岸事業費は，ピークの 1960 年度には 748 億円となった。岩手県だけをとってみても，「チリ地震津波対策事業は，事業費 60 億 3600 万円，堤防延長 52 km を施行し，昭和 35 年から 7 年の月日を費して 41 年度に完成した」（岩手県 1969）。

第 3 の海岸堤防への社会的評価については，次の新聞記事が当時の世論を最もよく伝えている。チリ地震津波来襲の際，「田老町の防波堤は 24 日，各地の津波被害をよそに，またリアス式海岸の不利な条件にもかかわらず立派に生命のタテであることを立証した……［明治津波，昭和津波と 2 度の津波で多数の犠牲者を出した田老町に，昭和］33 年 3 月に延長 1350 m，高さ 10 m の階段式コンクリート堤防を完成した……その効果が表れて，こんどの津波に堤内の炭庫 2 むねが水浸しとなっただけでなんの被害もなかった」（『毎日新聞』1960 年 5 月 25 日：中央防災会議 2010，再引用）。しかし実際には，「田老町が被害を受けなかったのは，堤防によって津波が防がれたのではなく，津波がそこでは小さかったので被害皆無だったのである」（田辺 1962：283）。田老町だけではなく全国的に見ても，チリ地震津波は「北海道から沖縄まで広範囲に被災したが，高い所で 6 m 程度，ほとんどの所で 4 m 程度であったから，構造物で対処できる高さであった」（首藤 2013a）にもかかわらず，「堤防があれば津波は防げる」という風評が社会に広がった。

こうしたチリ地震津波での評価に加えて，チリ地震津波緊急対策事業の終了後，1968 年に来襲した十勝沖地震津波の際，「沿岸での高さがチリ津波より小さい所が多く，出来あがったばかりの構造物が完全に働いた。これにより，『津波対策は構造物で十分』との考えが急速に広まる」（首藤 2013b）ことになった。このような事実誤認を含みながらも，社会一般には「構造物で津波対策は十分」という認識が定着していくのである。
　チリ地震津波後には，こうした考え方のもとで，「海岸の整備形態は，線的防護（堤防だけで防護）から面的防護（堤防と突堤，防波堤，離岸堤，砂浜による二重防護）へと移行」していった（佐藤清）。以上のように，チリ地震津波以降，津波対策は海岸堤防を強固に整備すれば十分という認識が，政府部内でも，社会通念としても一般的なものとなっていく。
　たしかに，政策的には，こうした堤防整備一辺倒からの転換が必要だという意見は，「総合的津波対策」として 1980 年代後半から少しずつ現れてきた。1983 年の「津波常習地域総合防災対策指針(案)」（建設省，水産庁），1998 年の「地域防災計画における津波対策強化の手引き」（国土庁ほか 7 省庁）がまとめられた。ここにおいて大きな政策の発想転換が提言され，「構造物の効果に限界のあることを認識して……［津波］対策は，防災施設・津波に強いまちづくり・防災体制の 3 つを組み合わせる。施設のみで防ぐとしたチリ津波後の対策は［理論ベースでは］完全に見直されたのである」（首藤 2013b）。しかし，事業ベースでは，「津波は構造物で完全に防げるとの考え……が打ち砕かれるには，1993（平成 5 年）年北海道南西沖地震津波まで待たねばならなかった」（中央防災会議 2010）のだ。
　このような防災施設整備の強力な推進の動きは，結果的に，土地利用計画の策定や津波のソフト対策の強化を軽視する結果につながっていった。「防潮堤を高くし，安全性を高めることにより，土地利用計画や防災体制の強化といった対策を推進しにくくし，また，災害文化の継承も難しくなるという副作用を生んでしまったようなのである。明治・昭和三陸津波を経験した岩手県では，より大きな津波への対策を必要としたが，結局，防潮堤の嵩上げしかできなくなっていた」（同上）。今から振り返って考えてみると，「構造物が与える『無形の安心感』が土地利用計画や防災体制といった対策の進展を妨げていた面も否めない」（同上）と中央防災会議の報告書でも指摘されている。

5　災害文化の蓄積

　これまで取り上げた津波防災のための空間再編，津波防災施設の整備と比べて，ここでの津波防災の災害文化それ自体は「見えないもの」であるために，明治以降，災害文化がどう変容してきたのかを正確にとらえることは難しい。ここでは，第1に実際の避難行動，第2に津波碑の整備を手がかりに，災害文化の蓄積・変容の過程を探っていく。

避難行動の変化

　避難行動を，集落別の物的被害と人的被害の関係の変化から見ていく。先に示した表4-2に見るように，明治津波では死者数の絶対数が多いだけではなく，流出家屋に対する死者の割合が4つの津波災害のなかで飛び抜けて高い。このことは，津波に対する防災施設がほとんどなく，さらに，高所移転もなされていなかったなかで，災害文化にしか防災の手段がなかったにもかかわらず，災害文化が有効に働かなかったことを意味している。明治津波から37年後の昭和津波では，防災施設と高所移転の点では明治津波のときとほぼ同一であったが，死者の割合が格段に低い。このことから，災害文化が有効に働いて，避難行動を喚起したと考えられる。同様に，チリ地震津波でも，昭和津波後の集落移転が数多く行われた後とはいえ，昭和津波時よりもさらに物的被害に対する人的被害の割合が低いことから，災害文化が有効に働いたと考えられる。ここで注意しなければならない点は，以上の判断は，そのつどの津波ハザードに対する有効性から災害文化の採用の程度を判断しているのであって，ハザードの絶対的基準をもって評価しているわけではないことである。

　この点をもっと詳しく見てみよう。死者の少なかったチリ地震津波を除いて，明治と昭和津波について，比較可能なデータが残っている岩手県内の104の集落別の流出家屋に対する死者の割合を集計した（図4-1；図4-2；データは「岩手県海嘯被害戸数及び人口調べ」（宇佐美 2003 所収），岩手県知事官房編 1934）。明治津波では，家屋の流出率と集落別死亡率の間の関連性が強い。回帰係数でみると，その関連性は0.76に達している。とくに，ほぼ家屋流出率100％を記録する6集落では死亡率でも60〜90％にのぼっている。これに対して，昭和津波では，回帰係数は0.33に下がり，家屋流出率が80％以上の集落のなかでも，死亡率

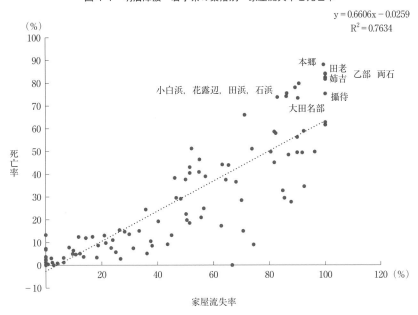

図 4-1　明治津波　岩手県の集落別　家屋流失率と死亡率

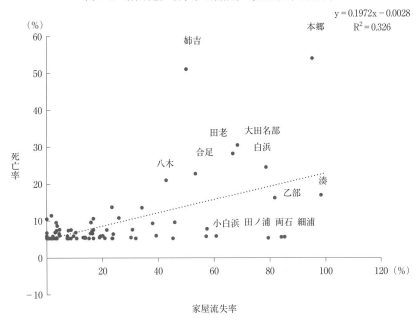

図 4-2　昭和津波　岩手県の集落別　家屋流失率と死亡率

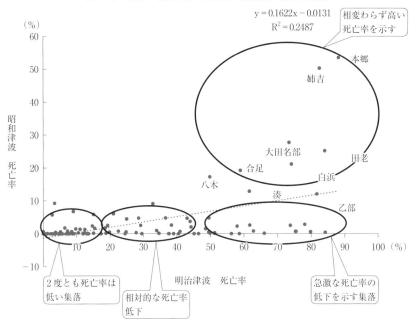

図4-3 明治・昭和津波 岩手県の集落別 死亡率比較

が50％を超える集落がある一方で，5％以下の集落も見られる。ここから見ると，全体として，昭和津波では物理的な被害は大きかったが，迅速に避難した結果，人的被害は低く抑えられている。明治と昭和津波の集落別死亡率の変化を見ると（図4-3），岩手県内の集落は4つのグループに分けられ，両津波ともに高い死亡率を示す集落が6集落ある一方で，急激な死亡率低下を示す集落群，相対的な死亡率低下を示す集落群が相当な数に達している。ここからも，明治津波後に災害文化が向上していることと推測される。また，この集落ごとに避難行動に大きな差異があることに着目すれば，津波避難に関わる災害文化が集落によって担われていると推察される。

チリ地震津波の死亡者数は先の2つの津波に比べて少ないため，統計的に見ていくことはあまり意味がない。そのため，避難行動のドキュメントから簡単に見ておこう。この津波は，なんら地震の揺れを感じることなく，津波が来襲するという，大部分の住民にとって未経験のタイプの津波であった。そのため，「ぢしんのないつなみなんてくるはずがないといってあたりのようすだけ聞いて」（大槌町 1961）いた人もいたほどであった。

第4章 津波被災の地域社会への埋込み

このように，チリ地震津波では「全く心支度のなかつた故，[津波来襲を] 早期発見されなかつたとするなれば確かに人命にもその危害が免かれなかつた」(同上) が，大槌町では犠牲者は出なかった。同町安渡では，死者24名を出した昭和津波よりも家屋被害は大きかったが，犠牲者はゼロであった。大槌町では当日はワカメの口開けの日に当たり，午前1，2時頃には準備に取りかかるためにすでに起きていた人が少なくなかった。その1人岩間健治は，自宅が「海水の音を耳にする事の出来る程，海辺近くにあり……常ならぬ引き潮に，ハツタと胸をつかれた」ため，津波が来ていることを消防団に連絡し，住民に避難を呼びかけた。「その筋[宮古測候所]からの警報未だなかつたにもかかわらず，速刻，大槌町消防団としての本格的活動を促進する一面，遂に午前3時40分，当町単独警戒警報の発令を致し，4時20分迄には避難区域の避難完了を見た」(同上)。こうした地域住民の独自の避難への取り組みは，大槌町だけではなかった。ここで見るように，チリ地震津波の際には，気象庁の津波警報発令が間に合わなかったものの，それぞれの地区で独自に判断し，住民に呼びかけて安全に避難を完了した。その中心になった団体は地域の消防団であった。ここからも，集落に根づく災害文化が重要な働きをしたことがわかる。

　以上の避難行動の変化から，明治津波の際には災害文化が有効に働かなかったが，昭和津波の際には有効に働き，さらに，チリ地震津波でも災害文化が有効性を発揮したと判断することができよう。

津波碑の変化

　繰り返し津波に襲われてきた三陸地方には，津波碑が数多く残っている。それについての調査報告も多数存在する (北原 2001；首藤 2001；国土交通省東北地方整備局道路部)。ちなみに，日本で最古の津波碑といわれているのは，1316年 (正和5年) の紀伊半島沖を震源とする地震津波 (渡辺 1998) による被害を記念して，1380年 (康暦2年) に建てられた，徳島県美波町東由岐に残る康暦碑である (徳島県・徳島大学環境防災研究センター監修 2008) といわれている。三陸地方では，古いものとしては「慶長16年 (1611) の津波伝承を伝える例が2基」(北原 2001：88) ある。

　明治以降の三陸地方の津波碑については，最近の国土交通省東北地方整備局のまとめでは，表4-4のようになる。明治，昭和，明治・昭和合同，チリ地震津波では，それぞれ120基，152基，14基，14基となり，昭和津波の碑がも

表 4-4 津波石碑に関する調査

県 名	明治津波	昭和津波	明治・昭和津波	チリ地震津波	その他・不明	計
青森県	0	7	0	0	1	8
岩手県	113	83	11	8	10	225
宮城県	7	62	3	6	6	84
計	120	152	14	14	17	317

国土交通省「津波石碑に関する調査」。
(2016 年 7 月 12 日 取得, http://www.thr.mlit.go.jp/road/sekihijouhou/gaiyou.pdf#search='%E6%B4%A5%E6%B3%A2%E7%A2%91')

表 4-5 津波石碑の碑文が後世に伝えるもの

分類項目		説 明	石碑の数	割 合
教 訓	予 兆	津波が襲来する前兆現象を警告	123 基	36%
	避 難	避難の方法を訓示	57 基	17%
	居 住	居住場所に関する戒めを訓示	31 基	9%
記 録		津波被害の悲惨な様子を記録	131 基	38%
美 談		救護活動への尽力,復興への努力を称賛	2 基	1%
			延べ 344 基 (実数 198 基)	100%

国土交通省「津波石碑に関する調査」。
(2016 年 7 月 12 日 取得, http://www.thr.mlit.go.jp/road/sekihijouhou/gaiyou.pdf#search='%E6%B4%A5%E6%B3%A2%E7%A2%91')

っとも多く,次いで明治津波となる。それに比べて,チリ地震津波の津波碑は14基と少ない。地域別では,当然のことながら,津波の被害が大きかった岩手県が225基と群を抜いている。犠牲者が最大の明治津波よりも昭和津波の碑が多い理由は,朝日新聞社が募集した昭和津波への募金の一部(20万2997円のうちの約8万円)を「罹災各町村部落に『災害記念碑』を建設し,今回の災害を永久に,記念せしむる事と」した(宮城県 1935：358)ためである。

　一般に,建立の目的は,津波到達点の記録,被害内容の伝承,教訓の伝承,犠牲者の供養があげられる。三重県の津波碑を調査した谷口仁士らは,それぞれ,10基,12基,10基,7基と分類している(谷口ほか 2016：183)。国土交通省東北地方整備局の調査では,表4-5のような分類で,予兆123基,避難57基,居住31基,記録131基,美談2基(重複分類)としている。この分類では供養が抜けているが,いうまでもなく,津波碑建立は供養目的のものも多い。

供養目的のものは，明治津波碑について，津波後「3年のうちに建てられたものが2割以上を占めるが，1902年7回忌，1908年13回忌，1928年33回忌などの遠忌に建立されているものも少なくない」(北原 2001：87)のである。こうした津波碑建立の動向から見ると，昭和津波後までは，災害文化を継承しようとする努力が積み重ねられてきたといえよう。

災害文化はチリ地震津波以前には，集落を基礎にしたインフォーマルな形で，いわば「野の災害文化」として継承されてきた。しかし，これ以降，次に述べる集落の衰退傾向を補うように，フォーマルな災害文化育成の動きが始まってくる。これを先導したのは，1961年に成立した災害対策基本法に基づいて策定された「災害基本計画」(1963年)において，防災業務計画と地域防災計画を策定する際に「各地域の具体的な災害の想定に基づく総合的な防災訓練推進に関する計画」に重点を置くことを定めたことであった。これ以降，自治体が計画する防災訓練が全国で実施されるようになる。また，これ以前には，地域社会のなかで，あるいは家族内で口述で伝承されてきた災害文化が，自治体や教育関係者，学校によって活字の形で編集され，防災教育に活用されていく。その結果，すべての沿岸市町村では避難訓練を実施するようになり，2011年1月の時点では，東北3県の沿岸市町村では避難計画策定率が全国よりも10％以上高い，67.6％にまで達していた(2011年1月時点，消防庁調べ)。この意味では，「野の災害文化」が「行政が育成する災害文化」に変わったともいえる。

6 主　体

これまで，被災経験が地域社会に埋込まれる具体相を，空間，防災施設，災害文化という各項目に分けて考察してきた。次に，こうした埋込みが，どういった主体によって行われてきたのか，その社会的主体に注目してこの問題を検討する。

すでに見てきたように，戦前，集落移転を中心になって推進したのは，各集落であった。明治津波後の集落移転については，行政からの支援もなく，集落独自に移転を進めた。昭和津波後には，政府や県の基本方針や財政的支援があったが，それでも最終的に，その移転計画を実施し，費用負担するのは地元の人々の集落をもとにつくられた組合であった。その点では，集落移転の中心は集落が担ってきた。災害文化については，図4-3にも示されていたように，明

治と昭和津波における災害文化の変化は集落ごとに異なっており，そのことは間接的に，集落内に災害文化が蓄積されてきたことを推測される。津波碑建立の母体は集落である。明治の津波碑を調べた北原糸子によれば，碑の施主が記入されているものは60％あり，そのほとんどは「村・部落，若者組，講中，漁師仲間などの地域組織・団体」（北原 2001：89）であった。たしかに，昭和津波碑は朝日新聞社からの義援金によるものが圧倒的多数を占めるのであるが，それが原則，集落ごとに建立されているのは，明治津波碑の建立の伝統に沿ったものであり，災害文化の伝承母体は集落であったためである。

このように，チリ地震津波以前には，埋込みを進める主体は集落であった。チリ津波時点までは，地域，とくに漁業集落に埋込まれていたし，その地域の災害文化が集落を基盤に世代を超えて家や個人に引き継がれてきた。

チリ地震津波後，災害対策基本法のもとで地域防災計画が策定され，行政が主導する防災訓練や防災教育が進められてきた。この頃になると，三陸地域の，それまで強固な地域的な集団が弛緩しはじめる。その点では，それまで災害文化の継承母体であった集落が衰退をすることと，行政が防災訓練を本格化させたことが時間的に並行して進み，その結果，埋込みの担い手が入れ替わったのである。

なぜ，集落ごとに埋込まれてきたのかといえば，第1に，津波の被害の様相が集落ごとに異なっていたからである。それは，津波のハザードそのものが海底地形，湾の形状や方向，地先の島の位置などによって異なるからである。ただし，こうした自然科学的なハザードの違いだけでは，集落が埋込みの主体であった理由を説明できない。

集落ごとに埋込まれてきた最大の理由は，漁業集落が人々の生活上，きわめて重要なユニットであったからにほかならない。ここでは具体的に個々の漁業集落を検討することはできないので，理念型として，三陸地方の漁業集落の社会構造を描いておこう。漁業センサスや富田宏（富田 2011）の議論を参考に，漁業集落の一般的性格を描くと次のようになる。

第1に，漁業集落は漁港を核として成り立っている集落である。第2に，その漁港を共同で利用する漁業あるいは漁業関連産業（市場，加工業，遊漁）の従事者の居住地である。そのため第3に，漁場利用と集落との間には密接な関連性がある。漁場の共同管理や漁港・漁具の共同利用の度合いが高い。別の言い方をすれば，漁業集落は漁場の共同利用主体として存在しており，そうした共

同主体のうえに個々の漁家が生業・生活を営んでいたのであった。第4に，そのため，集落内の社会生活の一体性が強く，集落外への閉鎖性が強い。ただし第5に，集落内の共同性や一体性が強いと同時に，漁撈活動から生ずる個々の漁業主体（漁家）間の競争的性格も強い。第6に，三陸沿岸地域では高度経済成長以前まで陸路での交通困難さのために，集落が周辺集落から地理的に孤立し，かつ，平地が少なかったことから高密度な集落空間を形成していることが多い。しかしながら第7に，陸上交通の孤立性と対照的に，海上交通は開放性・広域性をもち，江戸時代から俵物貿易として国際市場とのつながりや，江戸など大都市との経済的つながりを有してきた。そのことは，漁業の性格から生ずる，流通経済的（市場志向的）性格，その結果生ずる経済活動面の開放性である。加えて，三陸沿岸の集落は平地が少なく，食料自給が困難であったため，漁獲物を商品化して，その代金で食料を購入する必要があったため，いっそう流通経済への志向が強かった。

　以上の条件のうえに成立した三陸沿岸の漁業集落は，一般的に，地先の海，漁港，港湾施設，高密度の集落，集落の後背地の自然環境という重層的な空間構成をもっていた。この後背地の自然についても，建築用材，日常の燃料，山村の食料資源の供給源としての入会地であり，生活に不可欠な空間であった（佐藤・貝島・橋本 2014）。さらに，根本的には，「漁村生活の社会的特性……『しごと場』の『漁場』と，『くらしの場』である『漁家・漁村』が，『水界』と『陸界』という全く質の異なる環境にひき分かれ，しかもおおむね両者は距離的にも隔絶している」（竹内 1991：44）と同時に，2つの世界が連続していた。漁業活動が「海という自然」に依存しているため，漁業集落も自然に依存し，海，陸・山村の一体の存在である。そのため，「三陸海岸の風景の根底には，海・空・山に身体ごと一体化した人々の暮らしがある」（中村 2012：10）といわれる。

　以上の一体性の強い集落を支えていたのは，第1に漁業権のあり方であり，第2に同族団的な結合であり，第3に集落の伝統文化であった。

　漁業集落は何よりも，漁業権によって基礎づけられてきた。近代日本の漁業権は一般に，共同漁業権（採藻採貝等），区画漁業権（養殖等），定置漁業権（大型定置等）に区分される。なかでも，漁業集落と直接関係するのは，共同漁業権と区画漁業権である。共同漁業権と特定区画漁業権は漁業協同組合が権利主体になるが，戦前までは，漁業協同組合は漁業集落と表裏一体の存在であった。

共同漁業権と区画漁業権は伝統的な慣習的権利を引き継いだものである。近代的な漁業権が確立される明治以前、「磯猟は地附き、根附き次第、沖は入会」という慣習のもとに、地先の漁場は地元住民が独占的に利用し、地元住民間では平等に利用できるという漁業秩序が成り立っていた。

　漁業法制定以降は、漁業権は「一定の水面において特定の漁業を一定の期間排他的に営む権利」とされ、その権利主体は漁業協同組合に付与されることになった。漁業権は「みなし物権」として「漁『場』ではなく、漁『業』の排他的独占権」が漁業協同組合に与えられるようになった。そのことは、一定地域の漁業者集団に地先の漁撈活動への独占的権利を保障するものである。

　この独占的な漁業利用権の行使主体である漁業協同組合と漁村とは表裏一体的な存在であった。たしかに、漁業権を付与される漁業協同組合と漁業集落とは完全に同一のものではないが、多少ずれながらも、漁業集落は「漁業の排他的独占権」をもつ集団として存続してきた。この点が、農業集落とは異なる点であり、農業の場合には土地所有権が個々の家に分散的に所有されているが、漁業では漁場はあくまで一種の共有地的な、あるいは総有的な存在であったのである。

　三陸沿岸地域における同族団による集落の結合については、十分な資料が残されていないが、有賀喜左衛門の研究（有賀 1966）などから、東北地方には同族結合が近代前期まで存続してきたことが指摘されている。竹内利美の調査では、三陸沿岸の漁村では本分家関係に基礎づけられた「カツオ漁組が地元集落で一応完結の形」（竹内 1991：85-86）をとり、漁撈組織と同族団との重なり合いが明らかにされた。さらに、漁獲されたカツオも集落内で加工される方式が、明治末まで持続してきたという。こうした同族結合的な漁撈・加工方式は漁船の大型化と機械化、さらに、沖合いへの進出によって大きな変化を遂げてきた。このような生業組織の変化は、集落構造に大きな影響を与えたが、最近まで、正月に本家へ分家が挨拶に行く習慣が残存するといった形で、同族的結合は集落の人々の意識や生活文化に残ってきた。第3の文化伝統に関しては、漁業集落の年中行事や祭礼のなかに伝えられてきた。

　以上のように「理念型」としての漁業集落を描くことができる。だが、同時に、漁業集落の多様性についても注目しておかなければならない。岩手、宮城両県に限定しても、沿岸集落の数が多い。表4-6に見るように、漁港数は岩手県が111漁港、宮城県が142漁港で、なかでも「その利用範囲が地元の漁業を

表 4-6 東北太平洋岸 3 県

都道府県名		①海岸線延長(km)	港と漁村の立地密度		計(②)	第1種
			港の立地 ①／(②+③)(km／港)	漁村の立地 ①／③(km／集落)		
岩手県	実 数	709	6.06	3.65	111	83
	構成比				100.0%	74.8%
宮城県	実 数	828	5.45	3.80	142	115
	構成比				100.0%	81.0%
福島県	実 数	167	13.92	5.22	10	2
	構成比				100.0%	20.0%
東北3県計	実 数	1,704	6.06	3.84	263	200
	構成比				100.0%	76.0%
	全国比	4.83%			9.0%	6.9%
合計(全国)	実 数	35,275	9.02	5.53	2914	2205
	(%)	100.0%			100.0%	75.7%

(注) 1) 海岸線延長は総延長から北方領土，尖閣諸島分 1,369 km を除いた数値
2) 第1種漁港／その利用範囲が地元の漁業を主とするもの
第2種漁港／その利用範囲が第1種より広く，第3種漁港に属さないもの
第3種漁港／その利用範囲が全国的なもの
第4種漁港／離島その他にあって漁場の開発または漁船の避難上とくに必要な
特定第3種漁港／第3種漁港のうち水産業の振興上とくに重要な漁港で政令で
3) 重要港湾／国際海上輸送網または国内海上輸送網の拠点となる港湾その他の国
地方港湾／重要港湾以外の港湾（対象地域内立地港：八木，小木，松島，女川，
4) 漁村数については漁業センサスの漁業集落（第 12 次漁業センサス　平成 20 年）
(出所) 富田 2011。

主とする」，規模の小さな第1種漁港がそれぞれ 74.8%，81.0% と 4 分の 3 を占めている。漁業センサス（平成 20 年度）での漁業集落数は，それぞれ，194 集落，218 集落を数え，漁港数より 1.5 倍程度の数となる。

このように数多く存在する漁業集落は，第1に，地先の漁業資源とそれに連動する漁業形態が異なっていた。「漁村は多様である。漁村は漁業を基盤にし，また漁業は海洋の資源再生力に依存している……三陸リアス沿岸では複雑な地形にあわせて集落のかたちは様々であり，また漁業形態も多様で，アワビ・ウ

の漁港・港湾・漁村の立地

漁港					港湾			④
種別漁港数				離島漁港				漁業集落漁業センサス
第2種	第3種	第4種	特定第3種（うち数）		計(③)	重要	地方	
23	4	1	0	0	6	4	2	194
20.7%	3.6%	0.9%	0.0%	なし	100.0%	66.7%	33.3%	
21	5	1	3 気仙沼漁港 塩釜漁港 石巻漁港	17	10	2	8	218
14.8%	3.5%	0.7%	2.1%		100.0%	20.0%	80.0%	
6	2	0	0	0	2	2	0	32
60.0%	20.0%	0.0%	0.0%	なし	100.0%	100.0%	0.0%	
50	11	2	3 3漁港	17	18	8	10	444
19.0%	4.2%	0.8%	1.1%		100.0%	44.4%	55.6%	
1.7%	0.4%	0.1%	0.1%	3.4%	1.8%	6.3%	1.1%	7.0%
496	114	99	13 13漁港	494	997	126	871	6,377
17.0%	3.9%	3.4%	0.4%		100.0%	12.6%	87.4%	100.0%

資料―漁港漁場漁村ポケットブック（社団法人全国漁港漁場協会）

もの
定めるもの（全国で13港指定）／以上，漁港漁場整備法第5条および第19条の3に基づく分類
　　　　　　　　　　　　　資料―水産庁漁港漁場整備部（平成22年4月1日現在）
の利害に重大な関係を有する政令で定められた港湾（全国126港指定）
（対象地域内立地港：久慈，宮古，釜石，大船渡，仙台塩釜（仙台）（塩釜），石巻，相馬，小名浜，雄勝，荻浜，表浜，金華山，気仙沼，御崎）／以上，港湾法第2条第2項に基づく分類
　　　　　　　　　　　　　資料―国土交通省港湾局（平成22年4月1日現在）
を使用　　　　　　　　　資料―農水省大臣官房統計部経営・構造統計課センサス統計室

ニなどの採取，定置網（秋サケ），養殖（ワカメ・ホタテ・ホヤなど），漁船漁業などが組み合わされ，漁業にあわせた集落の形態ができている。多様な地形に多様な漁業が営まれ，漁村それぞれに特徴があり，固有性がある」（平田 2012：19）といわれている。

　第2に，これらの集落では自然の資源の多様な利用のうえに成り立っていた生活が営まれてきたが，それは，集落周辺の平地，山地の割合や，その地域での自然資源によっても，集落の形が異なっている。この地域は，半農半漁が一

般的であるが，農業と漁業との割合，さらに，山林での生業活動の割合などが，それぞれの地域で異なっていた。沿岸漁業集落は，豊かな漁業資源だけに依存していたのではなく，集落周辺の自然環境から得られるさまざまな資源を利用していたのである。主なものは，製塩（明治期まで行われていた），魚油製造，鰹節をはじめとする漁業加工，木材資源を利用した製炭，船や家屋のための木材生産，養蚕，畑作，水田，山菜などの山地利用，生活用の薪炭材の採集場所としての里山利用などの点で多様な姿を見せている。また，地域によっては，河川敷のヨシなどの利用もあった（西城戸・宮内・黒田 2016）。その点では，漁業集落も，漁業専従の度合い，逆からいえば農業や林業などとの兼業の程度によって，多様な形をもっていた。

　第3は，漁村相互の階層構造である。江戸時代以来，小さな漁村と，そうした漁村の漁獲資源や加工品を集約する中心漁港が階層的に組み立てられ，中心地には，消費地との取引を行う大商人が存在していた。現在でも，こうした地域の中心的な取引を管理する市場と，周辺の小規模な漁業集落という階層的な関係が存在している。

　以上のように三陸の漁村は，基本的には共同漁業権のうえに，強い紐帯をもつ集落としての共通の特徴を有する集落であったが，他面では個々の漁村は自らの立地条件や漁業資源利用，社会文化的特徴を有する個性的な存在であった。

　しかし，こうした漁業集落も近代化の過程で大きな変化を遂げてきた。昭和津波以降，とくに戦後，漁業集落は自立的な生活・生産ユニットとしての性格を大きく衰退させ，より広域の生活圏のなかに組み込まれた生活ユニットに変化してきた。具体的には，陸上交通路の整備，市場・流通圏の拡大，周辺都市への通勤の拡大，さらに，防災施設や生産・生活関連施設の行政的な整備などによって，集落が生活・生産上，自らの集落のあり方を自ら決定する独自の自立的な決定ユニットではなくなってしまった。漁業そのものについても，漁船の大型化，沖合・遠洋漁業への移行，養殖漁業の隆盛などの変化が進み，地先での自営業的な漁業だけで暮らす人々が減少し，雇用者としての漁業への関与，漁業以外の出稼ぎ就労，地元での漁業以外の職業への就労などが増加してきた。その結果，漁村内部の生産面での共同性も低下せざるをえなかった。

　以上の結果，「被災経験の埋込み主体」としての集落そのものは，衰退してきた。集落がもつ共同性の程度が低下したとはいえ，生活の場が共同で営まれる限り，個々の居住者にとっては中心的な共同の場であることには変わりはな

い。漁業集落が埋込みの主体としての凝集性を失う過程が進行してきた。このことと並行して進んだのが，行政による埋込みである。チリ津波以降の行政による防災施設整備が進み，さらに，災害対策基本法以降，地域の防災文化の維持・育成にも行政が重要な役割を果たすようになった。

7 脆弱性

　明治津波以降，被災経験の地域への埋込みがどう進んできたのかを検討してきた。しかし，地域社会の災害への脆弱性は防災対策だけに規定されているわけではなく，また，その防災対策の意図したとおりに脆弱性が低下するわけではない。以下では，地域社会の脆弱性の変化を，空間変容に絞って検討する。

　空間変容は防災対策の観点からのみ行われるものではなく，一般的には，むしろ防災以外の理由により土地利用は変化する。東日本大震災の被災地では，先に示した3つの地域類型別に見ると，リアス式海岸の漁業集落は戦後，人口減少傾向にあり，そのため大きな空間変容を経験していない。それに比べて，同地区の都市部は大きな変容を遂げている。平野部は，工業開発や都市化，観光化によって変容を遂げた地区と，農業集落地区からなる。これら3地区のなかで，今回最も死亡率が高かったのは，リアス式海岸の都市部であった。以上の点を考慮して，ここではリアス式海岸の都市部に注目して，空間変容を検討する。これらの地域は，昭和津波後の復興計画のなかで集落移転の対象外とされた地区でもある。この地区には，今回死亡率が高かった女川町，大槌町，陸前高田市が含まれているが，以下，陸前高田市について注目したい。

　陸前高田市は今回，市域全体で1757人（平成26年6月30日時点），石巻市に次いで2番目，岩手県内では最大の犠牲者を出した。市の検証報告書でも，「本市の犠牲者率（津波浸水域人口に対する死者・行方不明者数の割合）は10.64%で，岩手・宮城・福島県沿岸37市町村中最大である」（陸前高田市 2014：104）と述べている。さらに，陸前高田市内を見てもその犠牲者の66.3%，1165人の犠牲者は市の中心部・高田町に集中している。

　その高田町は，明治津波からチリ地震津波までは，津波の犠牲者はほとんどなかった。高田町の死亡者は資料によって数値は異なるが，明治津波では22人，昭和津波で3人，チリ地震津波では3人であった（同上：80）。そのことは，「昭和津波までは，市街地は山際にあり，海岸砂州の高田松原が防波堤となっ

て，市街地は被災を免れた」（栗栖・伊藤・茅根 2011：13）と説明されることが多いが，それと同時に，高田町への津波高が大きくなかったことも関係している。昭和津波では 3.0 m，チリ地震津波では 4.2 m（宇佐美 2003：表 316-1）であった（明治津波は津波高の記録なし）。それに対して，今回の津波では高田町内で15〜17 m の津波が記録されている。明治津波では，市内の広田町や小友町がそれぞれ 518 名，210 名という死者・行方不明者を記録しているのに対して，高田町では 22 名であった。しかし，東日本大震災の津波では，両町の犠牲者がそれぞれ 58 名，62 名にとどまっているのに対して，高田町だけは 1165 名にのぼっている。

この高田町の犠牲者数は，その空間変容と密接に関連している。戦前まで，高田町の平野部は，気仙沼市や大船渡市に連絡する太平洋沿岸の三陸浜街道沿いと，気仙川沿いに内陸へつながる高田街道沿いの沖積低地内の自然堤防，浜堤の上に集落が形成されていた。三陸浜街道は大きく内陸部に湾曲していた。しかし，都市の発展にともなって，浜街道沿いの山裾にあった集落が，海側の未利用地へと拡大していく，その契機は交通網の整備，区画整理事業，公共施設の建設であった。

大船渡線の高田駅が 1933 年に開業し，さらに，1970 年には国鉄盛線が一関駅から大船渡市の盛駅までの路線が完成する。これにともない，1960 年より高田駅周辺の土地（38 ha）の区画整理事業が開始され市街化が促進された結果，市街地がこれまでの山際の位置から，線路周辺まで進出していく。この事業に関連して，市庁舎（1958 年完成），市民会館（1966 年完成），中央公民館（1977 年完成），市立図書館（1978 年完成）がこの新市街地に立地され，市街地が大きく海側に展開した。これら公共施設は，避難場所として指定されていながら，東日本大震災では多数の犠牲者を出した。

その後，1990 年代に国道 45 号のバイパスが開通する。このことによって，市街地がいっそう海側のバイパス付近まで拡大した。この様子は，陸前高田の大正 2 年の測量図，昭和 54 年修正の地図，平成 11 年修正の地図を比べてみると，明瞭である（栗栖・伊藤・茅根 2011：14-17）。市域の海側への拡大に関して，陸前高田市検証委員会の報告書でも，「その後，カキ養殖から沖合漁業まで，本市の特色のある漁業の発展とともに，三陸浜街道，高田街道を中心に，商業集積が進み，集落が拡大した。さらに，国道 45 号高田バイパスの開通などに伴い，商業活動の中心が平野部に移行し，市街地形成が進んできた」（陸前高田

市 2014：73）と述べられている。

　こうした海側への市街地の拡大は，堤防整備とあいまって進んだ。「昭和35年以降（チリ地震津波），防潮堤の施設高のかさ上げと延長を行い，チリ地震津波に対処できるよう整備が進められた」（同上：79）ことも，「安心して」市街地を海側へと拡大した間接的な要因となった。

　ここで見たように，「都市の発展」という開発圧力によって，高田町の空間は大きく変容してきた。三陸沿岸の小都市では，先に述べたように，昭和の集落移転の対象地域からは除外された。そればかりか，こうした小都市では，「もともと湿地が広がり，水田として利用されていた沖積低地に，市街地が広がり，都市的利用が進んだ」。なかでも「都市的利用がとくに進んだのは，1980年以降であり，鉄道駅の開設や国道の整備，人口の増加が都市化を促した」（栗栖・伊藤・茅根 2011：27）。この都市化の趨勢が，それまで未利用地であった海岸近くの低地帯の土地利用を促したことが結果的に，今回の甚大な被害を受けることにつながった。これらの地域の海岸近くの空間は，明治，昭和津波のときには未利用地であったため，また，陸前高田市以南の小都市では明治，昭和津波の津波高がそれほど大きくなかったため，津波の被害を経験していない「津波災害の未経験」地域であった。都市域の海側の未利用地の開発や埋め立て地の拡大，海岸堤防の整備，過去の津波経験の少なさが，東日本大震災の津波被害につながった。こうした「都市の発展」が今回の被害を大きくしたこと，今後，この反省に立って空間計画を立案すべきであることは，多くの論者によって指摘されている（水谷 2011；スコシマロ 2013；栗栖・伊藤・茅根 2011；高橋 2012）。

　すでにチリ地震津波後の時点において，「昭和8年津波被害から，昭和35年チリ地震津波まで27年間に於ける三陸地方の変貌発展は，津波危険地帯に於ける人口の増加による村落の占居，地方都市の発展，生産諸施設の発展拡大，海上交通，水産業の発展，漁船の大型化等による港湾設備の増加によつて，津波に対して人命の危険度は過去の津波被害以上に増大していることはいうまでもないが，物的被害の危険度は昭和8年津波を基準にしても数倍におよぶと考えてよい」（建設省国土地理院 1961）と指摘されていたが，この「発展」方向はその後も変わることなく続いたため，この「警告は，今回の大津波でいみじくも証明されてしまった」（岩村・塙・菅谷 2011：16）のである。

　防災対策の進展は，「予期せぬ結果」を空間編成にもたらしている。この問

第4章　津波被災の地域社会への埋込み　　125

図 4-4　田老町

凡例:
津波防潮堤
— 第 1 次（1958 年）
▬▬ 第 2 次（1966 年）
▬▬ 第 3 次（1979 年）
□ 東日本大震災の津波浸水域

等高線は 10 m 間隔, 道路・鉄道・海岸線等は 2000 年頃のもの, 防潮堤は岩手県河川課資料等による。浸水域は日本地理学会災害対応本部津波被災マップ作成チームによる。

（出所）　松浦茂樹, 2013,「東日本大津波災害と東北復興についての一考察──宮古市田老地区を中心に」『国際地域学研究』（東洋大学）第 15 号：56 より筆者作成。

表4-7　各地区ごとの人口移動

(単位：％)

	転入率			転出率		
	A地区	B地区	C地区	A地区	B地区	C地区
昭和10年代	16.8	0.0	—	0.0	13.3	—
20年代	29.1	11.8	—	0.0	0.0	—
30年代	24.3	25.0	—	1.1	10.0	—
40年代	17.9	33.3	—	2.4	3.3	—
50年代	9.2	50.8	—	7.8	0.0	—
60年代	2.2	9.0	87.5	3.9	1.5	0.0

⇐ 昭和33年　第1次津波防潮堤完成
⇐ 昭和41年　第2次津波防潮堤完成
⇐ 昭和54年　第3次津波防潮堤完成

(注)　A地区は第1防潮堤内の地区，B地区は第1次防潮堤外の地区で，第2次防潮堤内の地区，C地区は第1次と第3次防潮堤にはさまれた地区（図4-4参照）。
(出所)　村松ほか（1991）：89〜93より作成。

題を，田老町の事例から見ていこう。田老地区では，明治，昭和津波と2度にわたる大きな被害を受けてきた。しかも，高所移転のための適地を確保することが困難であったため，原地復興を選択し，移転する代わりに堤防を整備して安全を確保する途を選択した。具体的には，1958年に第1次津波防潮堤を完成させ，さらに，第2次防潮堤を1966年に，第3次防潮堤を1979年に完成させた。その結果，図4-4に見るように，「万里の長城」とも称される，地上10mにも達するX字型の堤防で守られた市街地が形成された。

1989年時点での田老地区全居住者の居住歴と堤防整備との関係は，表4-7のようになる。図4-4に示したA地区では，第1次防潮堤が完成した昭和30年代までに人口増加が完了した。第2次防潮堤完成の昭和40年代から50年代にかけてB地区への転入が進み，最後の昭和54年に完成した第3次防潮堤により，C地区は昭和60年代になって住宅が増加している。この人口の転入の動態から，防潮堤建設によって，それ以前には居住地として利用されていなかった地域が「安全な場所」とみなされて住宅建設が進んでいったことが明瞭に読み取れる。こうしたデータから村松広久らは「津波防潮堤建設はこれまで治水の効果のみが評価されていたが，本研究の結果，津波防災意識の風化をもたらしながら市街地を拡大させてきたということが実証的に明らかになった」（村松ほか 1991：85）と結論づけている。同じ結論を，大正時代以降の地図の変遷を検討して栗栖晋二らは「田老町において今回の津波被害が大きかったことは，防潮堤の建設によって，その陸側のきわまで居住域が拡大したことによる」と述べている（栗栖・伊藤・茅根 2011：3）。このように防災施設の整備が津

波に対する脆弱性の拡大をもたらすという皮肉な結果を生み出してしまったのである。東日本大震災においても「田老の犠牲者73人のうち，津波来襲時に自宅またはその付近にいた［そこから避難しようとしなかった］のは71.2%，沿岸全体の54.9%と比較すると際立って高い」(『岩手日報』2016年3月8日) と報告されている。

8　三陸沿岸地域の防災力の変容

埋込み

これまでの議論をまとめよう。

津波常習地の三陸地方では，繰り返される津波の被災経験が，どういった形で「地域に埋込まれてきた」のであろうか。

まず，空間にどう埋込まれてきたのかという点を見てきた。空間への埋込みは，典型的には集落の高所移転である。それ以外に，市街地の安全な地区への拡大や，道路の付け替え，区画整理，土地のかさ上げ，避難路の新設などがある。空間への埋込みの点では，釜石市などの都市部では部分的な空間変容が見られるが（中島 2012：33），たとえ激甚被災地であっても都市全体がまとまって移転するようなケースはない。そのため，以下で述べる集落移転は，小規模な漁業集落のケースについてのみである。明治津波以前の記録はほとんど残されていないが，確認できる限りで見ると，明治以前の集落移転が実施された例はごくわずかである。明治津波以降は，記録はかなり明確にたどりうる。そうした検討から，この集落移転には部分的な移転も含まれているが，明治津波後には50前後の集落が高所移転を行っている。明治津波から37年後の昭和津波の際に，この集落移転によって物的被害が顕著に軽減された集落はそれほど多くない。むしろ，いったんは高台に移ったものの再び海岸近くに下りてきたため，大半は再び津波によって大きな家屋流出を経験した。その反省から，昭和津波後には，大規模な集落移転が行われた。この移転は国・県が計画し，財政的な支援のもとに進められたが，その集落移転が計画どおり実施されるためには，対象の町村と集落が主体となった合意形成や実質的な取り組みが必要であった。計画レベルでは，宮城県で15町村，60集落801戸，岩手県では20町村，42集落2199戸であった。

その27年後のチリ地震津波では，津波高が全体的にみれば昭和津波よりも

低かったことや津波来襲がゆったりしていたことなどの物理的条件も関係して，漁村での被害は，漁船や港湾施設，家屋などへの物的被害は少なくなかったが，人的被害は少なかった。こうした被害状況にも関連して，チリ地震津波後，東日本大震災まで約50年間，防災の観点からの空間変容はほとんど見られなかった。

　次に，埋込みを防災施設の整備の観点から振り返っていこう。海岸堤防によって津波の陸上への浸入を防ぐという対策が本格的に行われるようになったのは，チリ地震津波以降である。それ以前は，財政的な制約から巨大な堤防を建設することは，行われていない。河川防災対策での「受け流し」方式と同様，津波の浸入を前提とした津波対策であった。昭和津波後に建設された津波対策のための堤防は，ごく一部で整備されたにすぎなかった。

　チリ地震津波以降の津波対策は，構造物建築を中心とする方向に大きく方向転換をした。それは，戦後に完成した田老町の巨大な堤防が「津波を防ぎえた」という社会的風評が一般に信じられたこと，チリ津波特別措置法が成立し，そこで「政令で定める施設の新設又は改良に関する事業」という形で海岸堤防をはじめとする防災のためのハード施設整備への方向性が示されたこと，さらに，この事業を実施するための財政措置がなされたことが，防災施設建設中心の防災対策を後押しした。チリ地震津波以降，三陸地域に海岸堤防整備だけではなく，突堤，離岸堤，湾口防波堤，河口水門などが整備され，ハードな施設整備は線的防護から面的防護へと拡充されていった。

　空間変容や防災施設整備とは異なり，「見えない」災害文化という面から「地域社会への埋込み」をたどるのは難しい課題である。間接的な証拠から，その様態を推察するしかない。明治津波と昭和津波の物的被害と人的被害の変化から明らかなように，明治津波の被災経験は，昭和津波の避難行動にうまく活かされ，その結果，物的被害は大きかったが人的被害を小さくした。そのことは明治津波以降，災害文化が「地域に埋込まれた」ことを物語っている。さらに，津波碑は昭和の津波碑が多いことも，このことを間接的に支持している。津波碑は圧倒的に昭和津波後のものが多いが，それは，津波災害の義援金を全国に呼びかけた朝日新聞社が，義援金の一部で今後の津波防災のための碑を建立するように指示したからではあるが，それに応えて，津波碑の建立を進めた主体は集落であった。ここでも，明治，昭和の2度にわたる津波は，集落を通して「地域に埋込まれた」と考えられる。これとは異なり，チリ地震津波以降

は，行政が中心となって災害文化の育成に取り組み始める。さらに，この災害文化を向上させるために，津波警報発令の体制を整え，地域内の情報伝達の機材の整備，防災教育の拡充や行政の呼びかけによる避難訓練の実施などを，行政が中心になって積極的に進めてきた。こうした行政の呼びかけに応じて，地域の側も災害文化を高めてきた。

主体の変化

こうした「地域社会への埋込み」を推進した社会的主体についても注目しなければならない。三陸沿岸の地域社会は，漁村と地方都市の2つのタイプが存在する。

まず，漁業集落について見ておこう。戦前までは，リアス式海岸に展開する漁村は多くの場合，陸路ではなく海路でつながっていた。このように，個々の漁村は地形的制約のため社会的に孤立していた一方で，漁獲物の商品流通面では地域の中心的な市場との結びつきを強めていった。漁村内部では，漁場や漁港を中心とした共同性の高い生産活動に基礎づけられた，共同的な社会生活が行われていた。さらに，漁村内部に，本分家関係に支えられた網元網子関係や船主船子関係が存在し，漁村は1つの漁業生産組織でもあった。こうした生産・生活の両面にわたる共同関係のなかで，災害文化が継承され，集落移転も実施が可能になった。しかし，近代化の過程で，生活の糧の源泉が地先，あるいは沖合の場であった時代から，遠洋漁業や出稼ぎの時代に変化する。このことが，伝統的な漁村の共同性の低下につながっていった。このような「強固な漁業共同体」であった漁業集落が，戦後，同族組織の衰退，出稼ぎの増加，養殖漁業の普及にともなう個別経営的な性格の伸張などによって，それまでの漁村に暮らす人々の強力なつながりは，少しずつ弱まっていった。

他方，地方都市部のコミュニティは，漁村のような共同の漁場をもたないだけに，いっそう地域的共同性の衰退が進んだ。以上のコミュニティの衰退を埋め合わせるかのように，チリ地震津波以降，行政が主導する防災対策が進められ，そのなかでは，防災を進める主体として漁村や都市コミュニティは2次的な存在となった。

脆弱性の変容

災害への脆弱性を生活空間に限定して見ていく。このことを考えるうえでも，

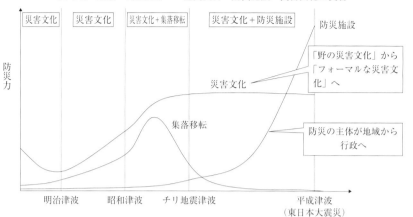

図4-5 地域への埋込み——空間変容・防災施設・災害文化の変容

漁村村落と地方都市の2つのタイプに分けて考えなければならない。

チリ地震津波以降の脆弱性を考える場合，注目すべきは，都市部である。漁村は1950年代中頃に人口のピークを迎え，その後一貫して，人口は減少傾向にある。そのために，地域の開発圧力も弱まり，新しい地域への住宅地の拡大はそれほど見られない。漁村の多くの住宅地は，すでに，昭和津波を経験した，その場所に存在した。その結果，漁村では，空間面での脆弱性が増大することはなかった。

これに対して，都市部は開発圧力がかかり，それまで未利用であった地区にも，住宅や商業施設が進出するようになる。これに関連して，公共事業としても，海側の地区へのバイパス道路建設や港湾施設建設，さらに，埋立て事業が進められた。また，海岸堤防などの防災施設の建設以前であれば危険地域として利用が抑えられてきた地区に，防災施設が整備されたことによって，住宅等が新築されるようになり，その結果，空間的な脆弱性が増大することになった。まさに，防災対策のパラドックスである。

変容の全体像

以上の議論をもとに，明治以来の災害に対する防災力の変化を概念的に図4-5に整理した。明治津波の際には，防災施設の点でも，空間改変の点でも対策はなされておらず，ただ「野の災害文化」が蓄積されただけであった。その

ため，明治津波においては，地震の揺れそのものが激しくない「いつもの地震」だったために，津波への警戒心も起こらず避難も遅れ，多数の犠牲者を出した。その後，災害文化の蓄積が進み，昭和津波の際には，防災施設や空間の点では明治津波のときと変わりはなかったが，集落で声をかけ合って避難したために，物的被害は甚大であったが，人的被害は明治津波よりも格段に少なかった。もちろん，この地震は揺れが激しかったことが，人々の津波への警戒心を発動させた主要な要因でもあったが，そのことは災害文化の蓄積なしには発動しなかったのである。チリ地震津波では，津波の高さや押し寄せてくる激しさの点で，過去の２度の津波とは異なっていたこともあり，さらに，災害文化の継承もなされていたために，物的被害に比べると人的被害は低かった。チリ地震津波以降，防災施設整備がこれまでにはなかったレベルまで進み，さらに，行政を中心とした災害文化の育成の努力もなされた。しかしながら，東日本大震災では，防災施設の設計外力を超えて津波が押し寄せ，その「想定外の事態」を災害文化では補えなかったために，多数の犠牲者が発生した。

　この図は概念図にすぎないが，最も注意すべき点は，防災力は空間，施設，災害文化の組み合わせ（決して，総和ではなく）で考える必要があるということである。それは，これら防災力の３要素が，いかに相互に補い合っているのか，あるいは，各要素間で牽制（あるいは相殺）し合っているのかに注目することが大切なのである。ここで「牽制する」とは，たとえば，防災施設が「十分なされている」という社会的認識が，土地利用規制の発動を抑えるという意味である。

9　防災パラダイム批判

　チリ地震津波以降の防災は行政が中心になって，一方で海岸堤防整備や防災センター建設などの防災施設のハード整備を進め，他方で，災害警報伝達システムの整備，ハザードマップの普及，自主防災組織の整備，避難訓練の実施，防災教育といった防災ソフトの向上に努めてきた。そして，両者に共通するのは，「科学的想定」とそれに基づいて策定された地域防災計画に依拠している点である。科学的な想定から出発して，その想定結果に基づき防災施設の整備を進め，同時に，その想定に基づきハザードマップを作成，想定されるハザードから逃れるための防災訓練を実施してきた。このように，科学的な想定をも

とに，ハードな防災施設整備と防災ソフト対策を行ってきた。

　ただし，チリ地震津波後，防災対策のための地域空間規制は行っていない。それは，防災施設整備と防災ソフト対策を行っていれば，空間規制は不要であるという「暗黙の判断」があったと推察される。ただし，こうした防災体制は，「想定を超える」ハザードが発生すれば，大きな被害が発生する危険性を秘めていた。だが，そのことを問題にする人も機関も少なく，結果的には，東日本大震災において「想定外の事態」に直面し，大量の犠牲者を出すことになった。

　ここには，5つの問題がある。

　まず，この地域で発生する地震規模の想定を完全に誤ったことがあり，そのため，ハザードマップで想定していた津波の浸水域や浸水高が実際とは大きく異なっていた。このことに関連して，防災対策のアドバイザーをしてきた片田敏孝は「想定にとらわれるな」「ハザードマップを信ずるな」と警告している（片田 2012：61）。また東日本大震災後には，中央防災会議においても「考えられる最大規模の津波」（L2）を想定するようになった。しかし，問題はそれで片付くのであろうか。これまでの防災対策の根本的な問題点は，地震規模想定や津波浸水想定を「一案で」出していたことである。仮に「一案で出す」としたら，それは科学的に「高い確度」が必要なはずであったが，果たして確度はそれほど高かったであろうか。

　第2に，チリ地震津波後の地域空間の変容過程において，津波への脆弱性が高まってきていることに対する注意が，行政当局も地元の地域社会にも，あまりにも欠如していたことである。この脆弱性の上昇は，1つは，公共事業にも支援されて進められてきた「都市的発展」によってもたらされたものであり，もう1つは，防災パラドックスのもたらした副産物の結果であった。

　第3に，防災への取り組み方が，地域（とくに，集落）中心の防災への取り組みから，「行政が中心となり，地域を巻き込む形で」防災に取り組む形へ変化してきたことが関連している。地域が防災対策の2次的な主体になることによって，地域ごとの災害イメージが後退した。そのことが，災害発生時の適切な行動選択を阻害した可能性がある。行政が住民に提供したのは，広域的な災害情報である。その端的な例は，発災時の津波警報の情報に表れている。津波警報の第1報であった「岩手3m，宮城6m，福島3m」という情報は，地域住民にとっては「一応の基準」にはなるが，自分が置かれている「その場」の情報にはならない。このように，行政からの情報は「平均的な（全県的な）情

報」ではあるが，地域に即した情報にはなりえない。住民が行動を選択するのに必要なのは，こうした広域的情報ではない。だからといって，行政は今以上のきめ細かな，小地域ごとの情報を提供すべきだということを意味するわけではない。むしろ，判断主体は住民やコミュニティであり，行政はそれを正しく行えるように支援することこそが重要だと主張しているのである。

第4の，もっとも重要な点は，空間規制，防災施設整備，災害文化の育成という，津波防災にとって重要な3つの要素の相互関係を考えてこなかったという点である。この3つの要素がすべて「安全」だという地域は少ない。この点を考えると，住民自身は自分のいる場所に何が欠けていて，何が必要なのかを考える必要がある。たとえば，空間的に津波に対して十分安全性が確保できていない場所で暮らすには，防災施設整備と災害文化のよりいっそうの向上が必要である。また，防災施設整備が「十分進められている」（と考えられる）地域では，いったん設計外力を超えた津波が来襲したときには大災害になる危険性を十分考慮し，少なくとも，災害文化の育成に尽力しなければならない。このように，津波防災の3要素間のバランスを考えて地域で生活しなければならないが，こうした配慮が欠けていた。

さらに第5には，ハザードのゆらぎへの対処に欠けていた。今回の津波においても，「これまでの津波では，ここまで来なかった」という理由から避難せずに犠牲になった人が多かった。人は，それまでの経験，とくに前回の津波の経験を基準に状況判断する傾向が強い。これは，防災行政でも同じである。しかし，100年間の歴史を振り返って考えてみただけでも，ハザードは大きくゆらいでおり，このゆらぎへの「正しい」対応能力を身につけることこそ，将来の防災を考えるときに重要な課題であることがわかる。

以上の諸点は，まさに，従来の防災パラダイムの転換を迫るものである。

参考文献

デジタル資料の出典（なお，デジタル資料については出典のページ数を省略した）。
＊1　津波ディジタルライブラリィ
（2019年2月4日取得，http://tsunami-dl.jp/list/report）。
＊2　市政専門図書館　デジタルアーカイブ　津波
（2019年2月4日取得，https://www.timr.or.jp/library/degitalarchives_tsunami.html）。
＊3　国立国会図書館デジタルコレクション
（2019年2月4日取得，http://dl.ndl.go.jp）。
＊4　防災科学技術研究所　自然災害情報室

(2019年2月4日取得, http://dil.bosai.go.jp/)。
＊5 中央防災会議 災害教訓の継承に関する専門調査会
(2019年2月4日取得, http://www.bousai.go.jp/kyoiku/kyokun/kyoukunnokeishou/)。

有賀喜左衛門, 1966,『有賀喜左衛門著作集Ⅰ・Ⅱ 日本家族制度と小作制度(上)(下)』未來社。
Atwater, Brian F. 六角聡子ほか, 2005, The Orphan Tsunami of 1700: Japanese Clues to a Parent Earthquake in North America, U.S. Geological Survey (Professional Paper1707), (2016年1月11日取得, http://pubs.usgs.gov/publication/pp1707/)。
中央防災会議 災害教訓の継承に関する専門調査会, 2010, 報告書「1960 チリ地震津波」＊5。
中央防災会議, 2011,「東北地方太平洋沖地震を教訓とした地震・津波対策に関する専門委員会 第5回会合 参考資料1」より (2019年2月8日取得, http://www.bousai.go.jp/kaigirep/chousakai/tohokukyokun/)。
中央気象台, 1933,『昭和八年三月三日 三陸沖強震及津波報告』＊1。
福井英夫, 1960,「チリ地震による三陸の津波」気仙沼地区調査委員会編『チリ地震津波記念 三陸津波誌1960』。
平田隆行, 2012,「三陸沿岸中小漁村における地域文脈」日本建築学会都市計画委員会地域文脈形成・計画史小委員会『東日本大震災と都市・集落の地域文脈』。
岩村和夫・塙智之, 菅谷泰子, 2011,「津波被災集落の高所移転を巡る歴史的考察」㈱岩村アトリエ・岩村研究室ウェブサイト。(2019年2月13日取得)。
岩手県, 1969,『チリ地震津波災害復興誌』＊1。
岩手県知事官房編, 1934,『岩手県昭和震災誌』＊1。
片田敏孝, 2012,『命を守る教育——3.11 釜石からの教訓』PHP出版。
岸田弘之, 2011,「海岸管理の変遷から捉えた新しい海岸制度の実践と方向性 国総研資料 第619号」国交省国土治術政策総合研究所 (2019年2月10日取得, http://www.nilim.go.jp/lab/bcg/siryou/tnn/tnn0619pdf/ks0619.pdf)。
北原糸子, 2001,「東北三県における津波碑」『津波工学研究報告』18。
栗栖晋二・伊藤理彩・茅根創, 2011,「海洋アライアンス——震災復興調査 津波被災地域の土地利用変遷」(2019年2月12日取得, http://www.oa.u-tokyo.ac.jp/shinsai2011/pdf/research/Report2_4.pdf)。
気仙沼市史編纂委員会編, 1993,『気仙沼市史Ⅳ 近代・現代編』気仙沼市。
建設省河川局・水産庁, 1983,「津波常襲地域総合防災対策指針(案)」＊1。
建設省国土地理院, 1961,「チリ地震津波調査報告書」＊4。
国土庁・農林水産省・運輸省・気象庁・建設省・消防庁, 1998,「地域防災計画における津波対策強化の手引き」。
国土交通省都市局, 東日本大震災復興都市デザイン検討会, 2012a,「復興まちづくりにおける景観・都市空間形成の基本的考え方(中間とりまとめ)」。(2019年2月12日取得, http://www.mlit.go.jp/common/000193128.pdf)。
国土交通省都市局, 2012b,「津波被災市街地復興手法検討調査(とりまとめ)」。(2019年2月14日取得, http://www.mlit.go.jp/common/000209868.pdf)。

国土交通省東北地方整備局道路部，「津波被害・津波石碑情報アーカイブ」．(2019 年 2 月 12 日取得，http://www.thr.mlit.go.jp/bumon/b00045/road/sekihijouhou/index.html)．

水谷武司，2011，「三陸海岸に来襲した 4 津波による人的被害規模の比較評価」．(2016 年 3 月 31 日 取 得，http://members3.jcom.home.ne.jp/mizut/column/tsunami/casualties.pdf)．

村松広久・安藤昭・五十嵐日出夫・赤谷隆一，1991，「津波被災後における市街地拡大への津波防潮堤建設の影響について——津波常襲地域の岩手県田老町を対象として」『土木史研究』(11)．

宮城県，1935，『宮城県昭和震嘯誌』 * 1．

文部省震災予防評議会編，1933，『津浪災害予防に関する注意書』三秀舎 * 1 * 3．

中島直人，2012，「記憶力豊かな三陸沿岸都市の姿——意図の蓄積としての都市」日本建築学会都市計画委員会 地域文脈形成・計画史小委員会『東日本大震災と都市・集落の地域文脈——その解読と継承に向けた提言』．

中村伸之，2012，「唐桑半島・大島の風景構造」都市環境デザイン会議関西ブロック 復興の姿研究会『海と漁業のまちの復興の姿』．

西野拓人・横内憲久・岡田智秀・伊information圭，2013，「震災復興における『高台移転』を活用した復興まちづくりについて——石巻市雄勝半島における地域の固有性・多様性に基づく集落再生に関する研究 その 8」(2019 年 1 月 27 日取得，http://www.cst.nihon-u.ac.jp/research/gakujutu/57/pdf/F2-39.pdf)．

西城戸誠・宮内泰介・黒田暁編，2016，『震災と地域再生』法政大学出版局．

内務大臣官房都市計画課，1934，『三陸津浪に因る被害町村の復興計画報告書』 * 2 * 4．

大熊孝，2004，『技術にも自治がある——治水技術の伝統と近代』農山漁村文化協会．

大槌町，1961，『チリ地震津波誌』 * 1．

スコシマロ，レミ，2013，「2011 年 3 月 11 日の地震と津波」日仏会館・フランス国立日本研究センター編『震災とヒューマニズム——3.11 後の破局をめぐって』明石書店．

陸前高田市，2014，『陸前高田市東日本大震災検証報告書』．

産業技術総合研究所（産総研），2003，「北米西海岸で西暦 1700 年に発生した巨大地震の規模を日本の古文書から推定」(2019 年 1 月 11 日取得，http://www.aist.go.jp/aist_j/press_release/pr2003/pr20031121/pr20031121.html)

佐藤清「運輸省における津波対策について」(2019 年 2 月 1 日閲覧，http://www.e-tsunami.com/pdf/7-youshi.pdf)．

佐藤布武・貝島桃代・橋本剛，2014，「漁村集落における土地利用の変化と津波への対策が集落空間構成へ与えた影響」『日本建築学会計画系論文集』79(699)．

首藤伸夫，2001，「昭和三陸津波記念碑——建立の経緯と防災上の意義」『津波工学研究報告』18，東北大学大学院工学研究科附属災害制御研究センター．

首藤伸夫，2013a，「大津波への備え」(2019 年 2 月 4 日取得，http://seawall.info/pdf/130406syutou.pdf)．

首藤伸夫，2013b，「津波と付き合ってきた 1 世紀」日本自然災害学会学術講演会第 32 回東日本大震災特別セッション (2019 年 2 月 4 日取得，http://www.jsnds.org/annual_conference/20130924/shuto.pdf)．

高橋学，2012，「環境史からみた東北地方太平洋沖地震の津波被害」『土木史研究 講演集』

32。

高松洋子，2015，「吉里吉里地区避難行動調査と犠牲者調査に見る，生死をわけた行動の分類」『弘前大学大学院 地域社会研究科年報』11。

竹内利美，1991，『竹内利美著作集2 漁業と村落』名著出版。

田辺健一，1962，「チリ地震津波による三陸諸港の災害の特色」岩手県『チリ地震津波大船渡災害誌』大船渡市。

田中舘秀三・山口彌一郎，1938，「三陸地方の津浪に依る聚落移動」財団法人齊藤報恩会＊1。

谷口仁士・豊田祐輔・崔明姫，2016，「震災遺構からのメッセージは生かされているのか？：三重県に遺された津波碑について」『東濃地震科学研究所報告』No.37。

徳島県・徳島大学環境防災研究センター監修，2008，「南海地震を知る徳島県の地震・津波碑」(2019 年 2 月 4 日取得，http://www.jishin.go.jp/main/bosai/kyoiku-shien/13tokushima/material/tksm_22_3.pdf)。

富田宏，2011，「次の時代の漁村計画論――漁業・漁村の特性と東北三陸漁業・漁村の再生について」日本都市計画学会 連続まちづくり懇話会第8回資料（2019 年 2 月 4 日取得，http://www.nikken-ri.com/nsrihall/archive/data/110627.pdf)。

宇佐美龍夫，2003，『日本被害地震総覧［416］――2001（最新版）』東京大学出版会。

渡辺偉夫，1998，『日本被害津波総覧（第2版）』東京大学出版会。

山口弥一郎，1972a，初出年「天明度における津軽大秋の死滅と再興」『山口弥一郎選集』6，世界文庫。

山口弥一郎，1972b，初出 1943「津浪と村」（再録：1972『山口弥一郎選集』6，世界文庫）この全集には，「津浪と村」の第二編「村々の復興」が抜けている。
　そのため，三弥井書店版（山口弥一郎『津浪と村』石井正己・川島秀一編，2011）で補足。

山口弥一郎，2011，『津浪と村』（石井正己・川島秀一編）三弥井書店。

第5章

ポスト3.11・原発防災パラダイムの再構築に向けて

制度的瑕疵の例証と原発防災レジリエンス醸成のみちすじ

大矢根 淳

1 はじめに

　2011年3月11日の東日本大震災については，それを語るところにおいて枕詞のように「未曾有の」が添えられる。そのうえで各種想定を超えたところで事象が発生・進展したと語られる（あわせて語られる「想定外」）。また，東京電力，経済産業省では「福島第1原子力発電所事故」（以下，傍点筆者）と呼び慣わしていて，自らが「(原発)災害」を引き起こしたという認識を表すことはない。そもそも多重防護神話の枠組みにおいて組み上げられてきた原発防災システムにおいて，当局の心情として想定外事象はあらかじめ免責されていたから，原発サイト内事象（事故）を超える出来事に対峙する思考回路は存在していなかった。百歩譲って，放射性物質が環境に漏洩することがあれば，そのときは原子力災害対策特別措置法第15条に基づき内閣総理大臣の緊急事態宣言が発せられて住民は避難するのであり，これで住民の安全は確保されることとされていた。

　本章では，JCO（民間のウラン加工施設）臨界事故（1999年）を経て原災法のもと再構築された原発防災システムの，このような認識論的・制度的瑕疵を批

判的に例証しつつ，東日本大震災・原発災害を経験した今，いかに原発防災に取り組むべきか，居住者・被災者サイドの視角から見出されてくる原発防災レジリエンスを軸に，その方向性について試論を提示してみたい[1]。

2　3.11前・原発防災の制度的瑕疵

阪神・淡路大震災からJCO臨界事故へ

手もとに原子力防災に関する一冊の実務者用テキストがある。その「第2章　原子力災害への対応」の冒頭は，以下のような記述から始まる。

> ……配慮すべき原子力災害の特殊性には，以下にあげるようなものがあります。
> ①感知不可能～災害因「放射能，放射線」を五感に感じることができない
> ②原子力に対する不安感～"放射能はこわいもの"という先入観
> ③災害文化が定着していない～住民が災害時にどう行動するかわからない
> ④人為災害である～行政機関が非難の対象となる

阪神・淡路大震災（1995年）を受けて，直下型地震に対する原子力発電所の防災が課題となって，原発防災の現場担当者を対象とする講座が設けられ，そこで使われるテキストが編纂された[2]。世界を見渡しても十分な被災事例に関する情報の蓄積があるわけではなく，そもそもこの災害がどういうものなのか具体的にイメージできる者も少なく，したがって自然災害のように広く災害文化[3]が醸成・蓄積されているわけではない。代わりに，発生源（災害因）が固有名詞であらかじめ特定されているから，責任の所在だけは既定である。ごく限られた理系の原子力専門研究者だけが理解するテクニカルタームや数値・単位ばかりが踊る専門書をもとに講義されても，原子力災害対策本部の行政職員には皆目実感が湧かない。同テキストをとりまとめた事務局ではその「あとがき」に，「……原子力の専門家，社会心理学の専門家が協力し，内容の検討を進めていく中では，お互いの専門用語を理解することに大変苦労しました。そして，専門分野が異なるといかに"会話"することが難しいかを痛感」したとも記していて，実は研究者同士でも，原子力専門家と自然災害等一般災害対応の専門家との間では議論が進まないもどかしさが述懐されている。そこで同テ

キストの編纂においては，原子力災害の進展予測はそこそこに，原発災害の各局面を分節化してとらえてみることとして，その各局面のアナロジーとなりうる自然災害対応の諸事例を，確実に例証できる事柄として当てはめて考えていくこととされた[4]。

そして同テキストを用いた講座が重ねられはじめた，まさにそのとば口で，JCO臨界事故（1999年9月30日）[5]が発生した。政府はこれを受けて早くも11月には，原子力災害対策特別措置法（以下，原災法）を制定する。そこでは，事象発生時には，内閣総理大臣が原子力緊急事態宣言を発して，現場の自治体・原子力事業者を直接指揮し，住民に対しては避難指示を出すことができるようにするなど，内閣総理大臣に全権が集中する仕組みがつくりあげられた[6]。

原子力総合防災訓練の実際

その後は原災法に基づき毎年晩秋に，全国の原発が持ち回りで[7]，原子力総合防災訓練を行うこととなった。訓練は全国各地22カ所に設置された通称・オフサイトセンター（原子力発電所そばに設置される国の緊急事態応急対策拠点施設）と経済産業省緊急時対応センター（通称：ERC，＠霞が関）の中央・地方二元同時体制で行われる。

原発防災訓練には，正確に記すと2種類（2層）ある。1つは，災害対策基本法第48条に基づき都道府県がそれぞれの計画に従って行う原子力防災訓練で，もう1つが，原子力災害対策特別措置法第13条に基づき，主務大臣（すなわち国）が行う原子力総合防災訓練である。原子力防災訓練は，地元道府県を中心に，経済産業省，文部科学省，消防庁，自衛隊，海上保安庁，日本赤十字社，電力会社等の原子力事業者が参加して，原子力発電所等の原子力施設で事故が発生したという想定のもとに，地域住民の安全確保を適切に行うために実施される。訓練の内容は，各道府県によって若干の違いはあるが一般的には，(1)緊急時通信連絡訓練，(2)緊急時環境放射線モニタリング訓練，(3)周辺住民への広報活動訓練，(4)周辺住民の参加を含めた緊急時医療活動，(5)交通規制，(6)退避・避難訓練など。一方，原子力総合防災訓練は，国が実施する総合的な訓練で，1年に1回，訓練対象となる原子力事業所の持ち回りで実施され，訓練内容は上記，原子力防災訓練とほぼ重なる（違いは，実施主体が都道府県か国か，内閣総理大臣が参加するかどうか）。訓練は以下のような流れで行われる（図5-1）。

図5-1　原子力総合防災訓練の流れ

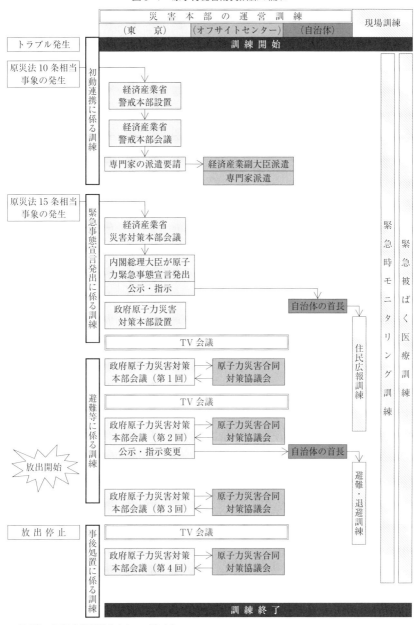

（出所）　原子力規制委員会ウェブサイト
　　　　http://warp.da.ndl.go.jp/info: ndljp/pid/8797557/www.nsr.go.jp/archive/nisa/genshiryoku/bousai/H18_nagare.html

図 5-2　7色のビブスを身につけた各機能班メンバー

図 5-3　SPEEDI で算出された放射性物質拡散状況

図 5-4　住民安全班による防護対策エリアの策定作業

図 5-5　全体会議（原子力災害合同対策協議会）

　原発付近のオフサイトセンターで行われる訓練は以下のように進められる。オフサイトセンター内には大会議室があり，そこには，機能班と呼ばれる専門担当者の集う島（会議スペース）が設けられていて，そこで各機能班ごと，各種情報を収集・分析して対応を打ち出す。機能班には，プラント班／放射線班／医療班／住民安全班／広報班／総括班／運営支援班，の7班があり，防災訓練時には，各班それぞれ7色のビブスを着用した専門担当者が島に就く（図5-2）。

　7つの機能班では，まず，プラント班（橙色のビブス着用）において原子力発電所内部の事故原因箇所の状況が推定，調査・分析され，そこから放出される放射性物質の拡散状況が放射線班（赤）において大型コンピュータ（SPEEDI）を用いて算出される（図5-3）。そのデータは住民安全班（緑）に届けられ，ここに集う地元自治体・消防・警察などが避難計画を練り上げる（図5-4）。一方，プラント内の被曝者・怪我人さらには一般住民の被曝に対応する医療班（白）がある。各機能班の検討結果を集約して議論し，意思を統一するために総括班

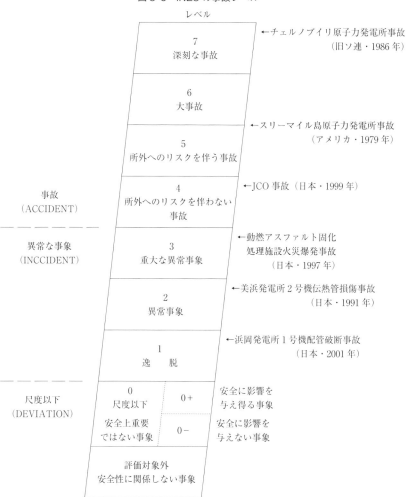

図 5-6　INES の事故レベル[8]

(出所)　原子力安全技術センター 1998。

(黄) が置かれている。総括班の指揮のもとに各機能班の代表者が適宜集められて検討が行われ (全体会議) (図5-5), その結果が広報班 (青) によってプレス発表される。各機能班や代表者会議の作業を円滑に進めるために総務を担う運営支援班 (空) が置かれている (大矢根 2007：180-183)。

　訓練はおおむね, 原発サイト内部で異常な事象・事故 (図5-6) が発生して

放射性物質が拡散したらしい,との想定で始まる。このサイト内部のデータ異常が「10条通報」レベルと呼ばれる。すなわち原災法第10条の規定「原子力防災管理者の通報義務等」のことを指し,

> 第10条　原子力防災管理者は,原子力事業所の区域の境界付近において政令で定める基準以上の放射線量が……検出されたこと……について通報を受け,又は自ら発見したときは,直ちに,……その旨を内閣総理大臣及び原子力規制委員会,所在都道府県知事,所在市町村長並びに関係周辺都道府県知事に通報しなければならない。

とするもので,この「10条通報」により原発災害対応が始動する。

そして,プラント内の異常箇所が推定・特定されて対応策が順次投入されることとなる。もちろんこれは,図上演習で行われる。これまでの訓練想定では,そのデータ異常の原因としては,おびただしい数の配管のうちの1つの亀裂から,放射能を帯びた水蒸気が漏れているというものが多かった。3.11・1F災害[9]を受けてその後は,全電源喪失事態が設定されるようになってきた。

さて,訓練においては,この事態が修復されれば,そこで訓練は終了するのであるが,これが十分に修復されえず,放射性物質がサイト外に漏洩する事態が想定・設定されて訓練は展開をみることとなる。これが通称「15条事態」(「原子力緊急事態宣言等」)である。

> 第15条　原子力規制委員会は,……原子力緊急事態が発生したと認めるときは,直ちに,内閣総理大臣に対し,その状況に関する必要な情報の報告を行う……。
> 　一　……検出された放射線量が,異常な水準の放射線量の基準として政令で定めるもの以上である場合
> 　二　前号に掲げるもののほか,原子力緊急事態の発生を示す事象として政令で定めるものが生じた場合
> 2　内閣総理大臣は,前項の規定による報告及び提出があったときは,直ちに,原子力緊急事態が発生した旨及び次に掲げる事項の公示(以下「原子力緊急事態宣言」という。)をするものとする。
> 　一　緊急事態応急対策を実施すべき区域

二　原子力緊急事態の概要
　三　前二号に掲げるもののほか，第一号に掲げる区域内の居住者…に対し周知させるべき事項

　この原災法第15条には「異常な水準の放射線量」とだけ記されているが，これは第10条との対比におけるものであって，具体的には，サイト外でも大きな放射線量が観測されたこと（すなわち，放射性物質のサイト外への漏洩・拡散）を示し，この状況が報告されると内閣総理大臣は「原子力緊急事態宣言」を発して住民に避難指示等を出すこととなっている。

　これを受けて，住民安全班を中心に，避難計画が策定・発表される。ここまではほぼすべて，上述の中央・地方二元体制の密室の会議室の中で行われる。そして避難計画が策定されると，それに基づいて原発近隣地区では，実際の避難訓練が行われる。役場からの広報により原発災害を知らされた住民は，防護対策をとらされることとなる。防護対策には，避難に関して，「屋内退避」「コンクリート屋内退避」「避難」の3種があり，その他，放射性物質の体内取り込みを防ぐために「安定ヨウ素剤予防服用」と「飲食物摂取制限」が課される。実際に放射性物質が環境に放出されているとの想定なので，それに触れないようにしなければならない[10]。

　過疎高齢化の進む漁村（日本の原発はすべて海沿いに立地）では，木造家屋に居住する者が多く，木と紙（の家）では放射性物質を遮蔽できないから，一般的な「屋内待避」は意味をなさないこととなり，「コンクリート屋内待避」が求められることとなる。鉄筋コンクリート造りといえば，それはおおむね当該集落の公民館や学校となるので，住民は着の身着のままそうした施設に集結することとなる。そこから，役場が用意したバス等で，十分に安全な距離に位置する大規模避難所に移動する。そこに着くとまず，モニタリングと除染が行われる。ガイガーカウンターで身体に付着している放射線量が測定されて（図5-7），必要に応じて洗浄などの除染が行われる。また，この大規模避難所かあるいはそこに着く前の一次（時）避難所（場）において，安定ヨウ素剤が配布されて服用することとなっている（が，訓練では実際には配布・服用はされず，訓練後の講話のなかで，その意味が説かれるのみ）。

　この域外への避難指示のために住民安全班によって作図されるのが，通称「風下3方位のキーホール図」（図5-8）である。地図上の原発を中心に，ダー

図 5-7　モニタリング訓練　　図 5-8　通称：風下 3 方位のキーホール図

ツの的のように，同心円が 16 等分された図が用意される（1 つの扇形は 22.5 度となる）。原発サイトから周辺 2〜3 km 程度は 360°の全方位避難，それより遠く 5〜10 km あたりまでは（風下 1 方位と，安全を見越してその両脇の 2 方位の合計）風下 3 方位が域外避難エリアとなる。この図形が鍵穴に似ていることからキーホールと呼ばれる。発災後，放射性物質の放出・拡散状況が SPEEDI[11)]によって計算される。SPEEDI には 30 年分の気象データが蓄積されていて，これに現況の気象状況が盛り込まれて，毎正時 10 分前の拡散方向が予測されることとなっている。放射性物質の拡散状況としてコンピュータで算出されるそのデータは，おおむね地形と現況の風向きに応じた図形を示していることとされているから[12)]，これを集落地図に重ね合わせて，避難すべき地区と避難せず待機していてもよい地区を割り出すこととなる。この作業を担うのが住民安全班である。そして，住民安全班によって「風下 3 方位のキーホール図」が作図されて，これに該当する地区の住民から，まずは避難が企画・指示される。

こうして割り出された地区において，上述のように実際の避難訓練が始まる。

原子力総合防災訓練に具現化されていた多重防護神話

JCO 臨界事故後，原子力災害対策特別措置法に基づき，こうして毎年，原

子力総合防災訓練が企画・実施されてきたが，わが国では被災経験・対応の実績がきわめて薄いことから，実施には主催者サイド作成の訓練シナリオは，どうしても訓練進行の時間的都合を優先したものとなる。したがって自然災害対応の避難訓練や実際の自然災害対応事例の実績を鑑みるところからすると，腑に落ちないシナリオ展開が多くなってくる。そこで防災研究者らから原発訓練のシナリオには毎回，数多くの疑問・批判が投げかけられてきた。訓練評価員という位置づけを与えられた防災研究者らが，その専門に応じて各機能班およびその関連部署に訓練期間中張り付いて，その流れを批判的に視察する。以下，筆者らが評価員としてこれまで住民安全班を中心に評価・指摘してきた点，およびそれに対する訓練企画サイドの工夫・改善点をいくつかあげておくこととする。

　まず，「15条事態」での住民避難について，要避難地区の地形，居住者属性・諸社会関係に不慣れなオフサイトセンター要員（非居住者層）が避難地区の線引き，誘導体制を作成している点。住民安全班の構成は，自治体職員（災害対策本部要員）が数名入っているものの，その他に警察，消防，自衛隊が加わる構成となっていて，当該地区属性を詳しく把握しつつ現地で日常生活を送っている消防団員，民生委員，保健師らは除外されていた。警察官は県警から派遣されてきているし，消防署員は原発立地地域では広域消防組合であることが多くて（消防活動のメインは消防団），ローカルの事情には疎い。具体的には，地名・集落俗称・屋号さらには集落の地域権力構造に不案内の国・県からの出向職員らが地図上に避難エリア・順序を線引きし，その結果を，さらに地元諸社会関係に皆目無知な霞が関サイドにFAX送信して最終判断を仰ぐという，非現実的な行為が重ねられていることが指摘され続けた。その結果，伊方原発（愛媛県佐田岬半島）などいくつかのオフサイトセンターでは，消防団員は参画することとなったが，民生委員・保健師・各種介護職員はいまだ対象外のところがほとんどである。リスクマネジメントの研究実践領域では，マルチステークホルダー参画型でシナリオ対応は検討されるということが基本となっているところであるが……。現場の地理・社会関係についての情報をもたない霞が関サイドが，現地オフサイトセンターの意思決定を遠隔操作することの矛盾もあわせて指摘されたところで，これについては2006年度からは，現場への権限委譲（現場の決定を霞が関が追認）がはかられることとなった。

　また，「10条通報」段階で，事態の進展を見込んで「15条事態」対応の避難

図 5-9　緊急時管理のタイムライン

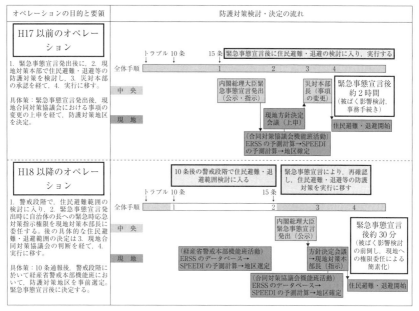

（出所）原子力安全委員会・原子力施設等防災専門部会・第 2 回防災指針検討ワーキンググループ資料。
　http://warp.da.ndl.go.jp/info:ndljp/pid/9498833/www.nsr.go.jp/archive/nsc/senmon/shidai/bousin/bousin2011_03/siryo3-5-1.pdf

体制整備を進めるべきことが指摘され続け，取り入れられることとなった。原発サイトは分厚いコンクリート壁が五重に張り巡らされていて（これが「多重防護」と喧伝されていた），放射性物質がサイト外に放出されることはありえないという理解（安全神話）があったことで，「10 条通報」状態，すなわち，サイト内のデータ異常現象は，外部に及ぶことはまずありえないとされてきた。サイト内データ異常（10 条通報）はかなりの確度で（サイト外への漏洩に展開して）住民避難につながりうることが理解されていなかった。この点が厳しく指摘されたことで，「10 条通報」対応は，これに続く可能性のある「15 条事態」対応・住民避難の事前準備を含めて検討されていくこととなった（図 5-9）。

　災害対応の現場には，こうした危機の時系列的展開に対峙しうる専門的想像力・判断力のある人材が必要で，そうした人材が育成される必要があるのだが，残念なことに現況の原子力防災行政システムでは，ジェネラリスト養成の公務

員人事システムのもと，オフサイトセンター要員としての勤務は1期2～3年のローテーションとなっていて，したがって，実際の災害時に緊急参集するメンバーに，（応用問題としての）諸事態対応の多様なノウハウは蓄積されえない仕組みになっている[13]。毎年毎回，オフサイトセンターに集う面々は初対面で，手もとのマニュアルを手繰りつつの訓練となる。当面の訓練メニューを年1回のそのときだけ，手もとのマニュアルを見つつ眼前の作業をこなしていくことが，オフサイトセンター要員の仕事となっている。

　このように，原発防災の現場には，事態の進展に対峙しうる専門的想像力・判断力のある人材は少ない。しかしながら現場では，十分な体制を整備していると強弁するので，あるときそれを検証してみることとした。もちろん，原発サイトは24時間365日，発電所従業員が絶え間なく（原発専門家として）常駐して点検・整備を行っている。しかしながら実際に事故・災害が発生したときは，そこから見れば外部の，見知らぬ原発災害対応要員が事態を仕切るところに土俵は移動する。そこがオフサイトセンターである。そこで，オフサイトセンターで非常に簡易な図上演習を試みた。日曜日の夜，強震とともに原発内で異常が発生したとの想定で，いかにオフサイトセンターが立ち上がるか，検討してみた（大矢根2003）。原子力防災専門官はその任期中，単身赴任で付近のマンションに居住しているのであるが，そのご本人とともに，強震の後の対応を学芸会の劇のシナリオ風に表してみた。ストーリーのアウトラインは以下のようになった。揺れのそのとき，ビールを呑みつつくつろいでNHK大河ドラマを見ていた原子力防災専門官は，身の安全確保の後，オフサイトセンターに急行するため身支度を整えた。それまで飲酒していたので（県警から出向中の身としては，マイカーでの参集は控えて），自転車で向かうこととし（実はこれも道交法に抵触するが），玄関を出るが，これほど（原発事故が発生すると想定されるほど）の揺れであったから，マンション内外も大混乱で，隣近所からは悲鳴や救出・救助を求める声が響く。災害対応のノウハウを身につけている自分としては心身がそれに反応してしまい，いくつかの場面に指示・助力しながら，マンションを後にしてオフサイトセンターに向かうこととなった。変形した路面に苦心しながら自転車を駆って，通常は20～30分の移動距離のところ，この晩，オフサイトセンターに到着したのは1.5～2時間後であった。しかしながらまだ，自分のほかには誰も参集していない。

　こうした非常参集訓練は，自然災害対応であれば各市町村役場で年に何度か，

（シナリオ作成・点検の図上演習ではなく）実動訓練として行われている。夜間，居酒屋で呑んでいても，突然，予告もなく携帯電話（一昔前はポケベル）が鳴り，要員は参集するという訓練が重ねられている。そして非常招集連絡後，30分ごと，その参集状況が記録・解析されて，そうしたデータをもとに，災害対策本部立ち上げのメンバーがその補助要員とともに配備されることとなっている。

ところが原発防災の現場では，こうした危機対応上の基本的な訓練（予告なしの抜き打ち参集訓練）が行われていなかった。簡便な図上演習で明らかになってきたこと，それは，強震にともなう原発災害では，オフサイトセンターはまずすぐに立ち上がることはない，ということであった（原子力防災専門官1人が来ても，何1つ機器は動かせない）。

原発災害は起こらない（多重防護），起こっているのは特定事象（サイト内のデータ異常）であるとの認識で，その眼前の事象にのみ適宜マニュアルを手繰って対応するものとして，原発防災はシステム化されていた。したがって，住民避難に関しては，こうしたことの延長として，避難指示が出されれば，住民はそのとおりに動いて安全は確保されるものと措定されていた。実際に原子力総合防災訓練時には，健常者が高齢・障害者になり代わって避難用バス横に車椅子に乗って待機しているところから訓練は始められる。しかしながら実際は，寝たきりの老人は，数日かかっても決してバスにたどり着くことはありえない（その事情は後述）。また，訓練では避難終了後はすぐに帰宅できるシナリオになっているから，これを学んできた原発行政職員には，「避難行動」がそのまま即「避難生活」に接続・移行する（そして，それは数年間継続する）という認識・想像力はもちえない。自らが引き起こす，あるいは対峙することになっている事態の進展についての，知識はもとより人としての思いやりまでもが欠けたまま，原発防災はシステム化されてきていた。

3　3.11・1F災害の教訓
―― 原発避難の構想と現実

避難指示発令の失敗

そして3.11・1F災害が発生して，原発対応システムのほころびが数々露呈することとなった。ここでは，その避難指示発令等に関わる初動措置から，これに続く避難（行動→生活）の実相について見ておきたい。

大地震が発生して，その2時間後の16時45分に東電から「15条通報」が

なされ，さらに約2時間後の午後7時に，内閣総理大臣から原子力緊急事態宣言が発令された。官邸に原子力災害対策本部が，現地の緊急対策拠点であるオフサイトセンターに原子力災害現地対策本部（原子力災害合同対策協議会）が設置された（東京電力株式会社 2011）。しかしながら，現地のオフサイトセンターは，揺れにより通信回線は途絶し，要員参集もままならない。これが機能していないことを受けて，霞が関の経済産業省別館3階にある保安院の緊急時対応センター（ERC）が，SPEEDIデータをもとに避難区域案を作成するのは自分たちの役割であると認識した。官邸に置かれた原子力災害対策本部の事務局は保安院で，その中核がERCであったからである（朝日新聞特別報道部 2012：67）。毎年の訓練でも，この二元体制が回されていた。しかしながら官邸5階にある政府の対策本部ではそうは考えていなかった。訓練の実状を知らなかった。現地が機能しなくなった以上，官邸で避難区域を決めることとした。こうして，避難区域案策定の主体が3種，生まれることとなった。

　夜9時過ぎ，ERCでは第1回目のSPEEDI予測図を受け取り，風下3方位のキーホール図の検討を始めたが，その直後突然，官邸から同心円状の避難指示（原発から3km圏内の住民避難，10km圏内の屋内退避）が記者会見で発せられることとなった。官邸が避難区域を（勝手に）策定・発表したことで，以降，ERCは同区域案づくりをやめてしまう。こうして，以降，SPEEDIは避難区域づくりに使われることもなく，それがデータとして公表されることもなくなった。また，官邸では20日前後まで，そうしたシステムの存在すら知ることはなかった。官邸が記者会見で指示した避難区域は，12日早朝には10km同心円，同日夕方には20km同心円と拡大していった（原子力防災の現場では，放射性物質は同心円には広がらないことは常識で，だから風下3方位のキーホール図が策案されてきた[14]のだが……）。

　こうした原発防災中枢（現地オフサイトセンター，ERC，官邸）が混乱・機能不全に陥っているとはつゆ知らず，原発周辺住民は各種情報に翻弄されて被曝しつつ数時間から数日を過ごすこととなった。11日夜7時45分，記者会見で枝野官房長官（当時）より，「現時点では直ちに特別な行動を起こす必要はありません。あわてて避難することなく，自宅や居場所で待機してください」とあった。しかしその直後の午後8時50分には福島県庁の独自の判断で，1Fから半径2km圏内の住民に避難指示が出された。同時刻，官邸では避難区域の検討が進められていて，この約30分後の午後9時半に枝野が記者会見で，「速や

かに避難を始めていただきたい（3 km 圏内の住民避難，10 km 圏内の屋内退避）」と告げることとなった。

その後，12 日午後 3 時半に 1 号機で水素爆発が起こり，これを受けて 20 km 圏内に避難指示が出される。水素爆発のドカンという音を聞き，白いボタン雲を目撃した井戸川・双葉町町長（当時。1F が立地する町）は，自らが被曝したことを自覚した。町民を川俣町に避難させて自身は福島県立医大に急行し，被曝対応施設・除染棟で測定してもらったところ，現場の医師たちが衝撃を受けるほど（「原子炉の中のものが出ちゃっている。尋常じゃない」）の汚染度だった（朝日新聞特別報道部　2014：64-67）。

その少し外側・20-30 km 圏に位置する広野町役場では 13 日，町独自の判断で全住民への避難を呼びかけた（朝日新聞特別報道部　2013：22）。14 日昼前，3 号機が爆発したことがテレビで報じられた。しかしながら 15 日午前中，枝野は記者会見で「放射性物質の濃度は 20 km を越える地点では相当程度薄まる。人体への影響が小さいか，あるいはない程度になっている」とした。3 号機爆発をテレビで知った馬場・浪江町長（当時）は，15 日，自主避難を決定した。

原発災害は起こらない（多重防護），起こっているのは特定事象（サイト内のデータ異常）であるとの認識で，マニュアルを手繰りつつ自身の眼前のタスクにのみ応じることを「原発防災」と認識してきたところでは，広範なシステム連関が遮断されてしまったところにおいて，各自の眼前には対峙すべきタスクは立ち現われてこない。現場各層がタスク処理できない・しないところで，事態は拡大・深刻化した。そして，断続的に発現する重大事象に際して，その場しのぎのトップダウンの妄動が重ねられる。原発防災はシステムとして発動しなかった。

これを概略すると以下のようになるだろう。まず，オフサイトセンターが機能不全に陥った（これはサイトから数 km の位置に敷設されることの是非が，事後，改められることとなった）。この場合，中央 - 地方二元体制で霞が関の ERC が全権を担って SPEEDI に基づき住民避難体制を発動すべきこととなっているが，このシステムを皆目理解していなかった官邸メンバーが独自に体制を創出・発動させた。日頃の原子力総合防災訓練には首相以下，関係各大臣が同席しているが，多忙な政務の合間に数時間顔を出しているだけで，訓練時には与えられた台本をただ棒読みするだけとなっているから，原発防災システムの枠組みや段取りは 1 つも体得できていなかった。現地オフサイトセンターが機能してい

れば、そこと現地の市町村の災害対策本部が連動して、原発災害の状況や対応策について情報・対応を共有できる仕組みになっていたが、このたびは、オフサイトセンターが機能していないことで、また、官邸の専断によってERC機能が消滅していたから、市町村災害対策本部は原発災害については何も知らされぬまま地震・津波対応に傾注することとなり、原発災害情報は関係当局からではなくメディアから断片的に入手することとなった。地元の役場はしたがって、メディアを通じての政府記者会見（主に安心情報，直後の避難指示）に接しつつ，一方で，突然，ガスマスクや防護服を着用した警察官から避難指示を受けた住民からの困惑・問い合わせ等を受けつつ，独自に総合的に状況を勘案して対応をとらなくてはならなかった。

原発避難の実相──避難行動から避難生活へ

こうしたなか，避難することとなった住民は，何を経験することになったのだろうか。避難の実相として，被災者サイドに立ったところで今一度，見ておこう。

このたびの原発災害では，避難指示に基づき強制的に移動させられた要介護者の多くが命を落としてしまうこととなった。「高齢者にとって避難は命に関わる冒険」なのである。

> 「20 km 圏内の病院 7 施設から，850 人の入院患者が避難。1 ヶ月以内に 60 名死亡。その内 48 名は移送中に亡くなる」。「20 km 圏内の老人施設 32 施設から，1770 名の入所者が避難。8 ヶ月以内に 263 名死亡。前年度の 2.4 倍の死亡率」。「20-30 km 圏内の老人施設 5 施設から，328 名の入所者が避難。約一年以内に 75 名が死亡。過去 5 年平均の 2.68 倍の死亡率」…など。「災害弱者の避難計画を机上の空論で終わらせてはいけない」（野村 2014）。

しかしながら原発防災行政にとって，その一義的なタスクは，報告されてきた放射線量に基づいて指定エリア外に当該「人口」を速やかに移動（避難）させること（だけ）であり，それによる容態の急変，命への危険（それらを含む劇的な生活の変容への対応）については考慮の外であった。しかしながら現場の医療機関のなかには，避難指示をかたくなに拒否して，避難の難しさ・危険性を

考慮・主張して現地にとどまり，入院患者の命を守ってきた病院もある．

「福島県双葉郡，福島第1原発から22キロにある病院です．震災時重症の患者さんたちと共に広野町に残り，その後も地域医療のためにがんばっています．未だに震災後と変わらない日々です．職員不足は深刻です．全国の医療職の皆さん！　ぜひ力をかしてください!!　この地の医療を守る力を分けてください!!」．

これは，原発30 km圏内の広野町にある高野病院Twitterのトップページに，発災から丸4年以上掲載され続けたものである（2017年現在は削除）．

どうにか命をつないでいる現況生活を（崇高な善意でもって）断ち切ること，このことは阪神・淡路大震災時，高齢者・障害者の仮設住宅への優先入居措置の失敗で，骨身にしみてわかったことではなかったのか．気の毒な方々として，これを優先的に選別して，日常的な社会関係（ご近所づきあい）を無理矢理にでも断ち切って，山向こうの仮設住宅団地に入居させて差し上げたところが，数カ月後には白骨化した死体が多々発見された，あの出来事（仮設住宅での孤独死）．生に関わる想像力に欠ける身勝手な善意・マニュアル仕事が，犠牲を生む（2次災害を誘発する）．

UPZ・30 km圏創設による原発防災の新たなフェーズ

今回の福島原発災害における避難の問題は，さらに2つの要検討課題を浮き彫りにした．

1つは要避難エリアの拡大による避難対象人口の肥大＝避難不能常態，である．このことを考えていくためには，その前にまず，3.11・1F災害発生後の原子力防災体制の変容[15]について触れておかなくてはならないだろう．

政府は原子力施設等の防災指針において，原子力施設から半径5～10 kmを「防災対策を重点的に行う地域の範囲（EPZ：Emergency Planning Zone）」として，原発事故が起きたときに備えて，自治体などがあらかじめ住民の避難などの対策を決めておく地域の範囲を定めていた．これに基づき，上述の風下3方位のキーホール図において要避難エリアが示されてきた．ところが，3.11・1F災害を受けて，その影響の及ぶ範囲，実際に測定された放射線量に基づいて要避難の範囲が20～30 kmに及んだことから，UPZ（Urgent Protective action planning Zone：緊急時防護措置準備区域＝同心円30 km）の考え方を導入することとなった。あわせて，PAZ（Precautionary Action Zone：予防的防護措置を準備する区域）が設定された[16]。すなわち，「いずれも全方位で，5 km 即避難，30 km 広域避難計画策定エリア」，が設定されたことになる。このUPZ・30 kmの設定により，EPZ・5-10 kmに比べて，避難対象人口・エリアは一挙に肥大した。これにより100万人を超える対象人口を抱えるに至った原発[17]もある。

　EPZ・5-10 kmではせいぜい，数千の人口，1つ2つの自治体が対象であった。そもそも多重防護神話によってEPZ・5-10 kmで十分だということになっていた。ところが3.11・1F災害の現実を反映してUPZ・30 kmが設定されて，包含される自治体数は大幅に増え，県を越えて対象地域が拡大した。たとえば石川県の志賀原発の場合，UPZ・30 km内の8市町・15万人の域外（他県）避難が検討されることとなり，石川県防災会議・原子力防災対策部会では2つの大きな問題を見出してしまうこととなった（他のすべての原発立地・周辺自治体でも同様）。1つは，避難不能・拒否世帯の問題。この十数年の介護保険制度の普及の要請からも推察されるとおり，家族自身ではもうすでに，屋内移動・屋外搬送できなくなってしまった多様多数の要介護者が現存する。また，こうした方々を介護する側の介護要員，さらには，搬送に就くはずのバス運転者が，実質的には不在であることがわかってきた。そもそも災害対策要員として法的に拘束されている者以外は，避難指示（命令）に従わなくてはならず，これに従って一度域外に避難すれば，もう二度と域内に戻ることはできないこととなっている[18]から，一般的な生活者・労働者である介護要員・運転者は，一度だけ皆と一緒に避難した後は，域外の人となるのである。したがって，避難指示（命令）が出されても，誰にも手を差しのべられずに残存する（せざるをえない）多数の要援護者・これを見捨てることができずにともに居残る家族が現出することとなる。こうした実質的な避難対応要員の法制度上の位置づけ・需給状況を勘案せず，名簿に基づく要搬送人数・対応者（車）数の机上（平常時）の算術で，防災対策は講じられたこととされているのが現状である。

　このことは同時に，30 km圏外の他自治体で，不断・普段に，通常の域内需要をはるかに超えた医療・福祉施設をそのときのためだけに準備して待機し続けなくてはならないことを意味する。しかしながらどの自治体もそのための財源は現状，もたないし，もつ予定はありえない。「原発（広域・中長期）避難システム」は絵餅であって事前に破綻している。

図 5-10　志賀原発の UPZ・30 km

（出所）『北国新聞』2012.2.2

　もう1つの要検討課題は，30 km 圏・立ち入り禁止区域の設定による新たな地域間問題の噴出である。たとえば，上述の石川県の志賀原発の場合，UPZ・30 km によって能登半島が分断されて，奥能登以北が孤島化することとなった（図5-10）。これを受けて多くの避難予定者が「北に向かいたくない（金沢のある南部に向かいたい）」と，当該首長自身もが公的に発言したことで，「新南北問題」が発生してきてしまった。あるいはまた，青森県大間町での原発新設に対しては，UPZ・30 km 域内に位置する海峡対岸の北海道函館市から建設差し止め訴訟が起きている。通常の隣接自治体の関係性が損なわれる事態が起こりはじめている。そして，隣接する自治体同士，その意思決定に異見を表し介入する事態が常態化することとなった。

　原子力施設が立地している道県と市町村，事業者の3者で結ばれる「原子力安全協定」では，原発の点検のための停止後，その運転再開の是非に関しては協議するなどの項目が盛り込まれているのが一般的であるが，EPZ・5-10 km 時代はそれは立地自治体の1つあるいはその隣接の2つ3つ程度が対象となっていた。ところがUPZ・30 km とされたことで，立地自治体ならぬ地元自治体と呼称される同意取り付け（「安全協定」の締結）の対象自治体数が一気に増えることとなった。しかしながらそれら地元自治体は原発建設時以降，現在に至るまで，いわゆる電源3法交付金や核燃料サイクル交付金[19]の恩恵を一度も

受けてはいないから,現況では再稼働を容認することはありえない立ち位置にある。容認する立地自治体と非容認の地元自治体との溝は深まるばかりだ。

4 減災サイクル論に基づく原発災害対応の地区防災計画

地区住民作成の原発避難エリア図

さて,先にオフサイトセンターの避難計画策定は,ローカルの諸情報に無知な非居住者による絵餅となっていることを指摘した。それではどう考えていけばいいのであろうか。一例をあげてみたい。

原子力(総合)防災訓練では,放射線班から送付されてくるSPEEDI解析情報に基づいた「風下3方位のキーホール図」を受け取った住民安全班が,これを地図に転写して要避難区域を浮かび上がらせて,該当エリア内の(要避難)人口をカウントして避難用バス台数などを割り出し,その待機場所と運行計画を練る。年1回,この訓練がオフサイトセンター内で,原発防災当局者のみによって行われる。しかしながらこの作業は,何も年に1回のその日だけに,原発防災担当者のみが集って,霞が関と二元体制で行わなければならないことではないだろう。実はここまでのことなら,現地の児童の図画工作と算数程度で可能な作業である。

そもそも台風災害や震災のような自然災害と異なり,原発災害は災害因としての原発サイトが不動であるから,そこを基点にした同心円の放射性物質拡散状況は,PAZとUPZが定まっていれば,あとは16方位の風向きのバリエーションしかないこととなる。3.11・1F災害前は,EPZ・5-10 kmの「風下3方位のキーホール」がそれに該当した。EPZ・5-10 km時代は,風の強さや漏洩する放射性物質の量などによって,全方位避難の大きさが半径2 kmだったり3 kmだったり,あるいは,風下3方位の裾の距離が6 kmだったり8 kmだったりと,訓練の際にいろいろ想定を変えつつ,それに応じてキーホール図の作成とそれに基づく要避難エリアの割り出しに躍起になっていたところであった。実はこの時代においても,図5-11にあるように,いくつかの相似形のバリエーションとしてキーホール図を事前に透明シートでつくって,地図上の原発サイトに画鋲どめしておけば,あとは風向きに応じてこれをクルクルと手で回転させるだけで,要避難エリアは特定できたのである。3.11・1F災害後は,発電所の規模に応じてPAZ・5 kmとUPZ・30 kmが定められたので,事情は

図 5-11　風下 3 方位のキーホール図の透明シート

図 5-12　要避難エリアの境界の線引き

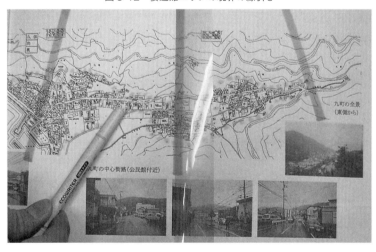

さらにシンプルになったわけで，相似形のバリエーションも不要となったのであるから，30 km 同心円を事前に地図に被せておくだけでいい。いずれにしても，昔も今も，ここまでの検討作業は，児童の図画工作程度で可能だ。ここから先が大人の作業で，課題は風向きに応じた優先的な要避難エリアの実質的な境界の線引きである（図 5-12）。理念的には，算出された要避難エリアより少し大きめのどこかが境界となるが，これには地形をはじめとする地域諸特性，

とくに，当該エリアの歴史・文化，地域権力構造，それに日常の近隣関係に各親族の隣接居住状況等々に精通した地元の方々のもつ情報が必須となる。これらの情報を盛り込んで，要避難の境界は慎重に確定されなくてはならない。これは地元を常時巡回している民生委員，保健師，町内会長，消防団分団などが保有する地元の智に依るほかない。オフサイトセンターに集まった県出向職員や，ましてや二元体制の一極としての霞が関では思慮・判断がまったく不可能なところである。愛媛県伊方原発の場合，この境界線確定の重要なポイントは，集落対抗相撲大会の土俵保持集落エリアを決して分断することのないように，というところであった。社会学的なフィールドワーク（大矢根淳研究室 2004～2006）によってはじめて，こうした具体的な地元の智が浮き上がってきた。これと消防団分団のエリアが重層しており，避難誘導体制の主体が連動していることがわかってきた。

　そもそもオフサイトセンターは，原発立地地区においてはことさら目立つ白亜の殿堂で，しかしながら周辺地区住民にとっては，そこにあっても立ち入ることのありえないお役所と目されている。そこは国・県の関係者が黒塗りの送迎車や公用車で立ち寄って，何やら会議を開く場であることは知られているが，そこで年に1度，自分たちの避難計画が練られていることは知られていない。原発防災システムと地域生活は完全に乖離している。これを架橋する試みの1つが，上述の「地区住民製避難計画づくり（○○地区原発防災計画づくり）」であった。日常的な地区防災の取り組みとして，町内会・自主防災組織の面々で要避難エリア図を16通り用意して，その境界線と域外避難の段取りを協議しておく[20]。そして年に1回のオフサイトセンターでの原子力（総合）防災訓練で，住民安全班において，地区住民作成の避難計画が彼ら自身によって掲示される。これにより，白亜の殿堂に地域住民の生活智がこれを発言するご本人たちとともにデビュー・参画することとなる。マルチステークホルダー参画型の防災訓練の理念に近づく[21]。中央－地方二元体制の住民安全班で2時間もかけて要避難地区を割り出したり搬送要員を検討したりする必要はないし，実際の発災場面で，そのようなことを一から始めようとする現行システム自体，これは間違っている。発災すれば風向き情報だけが付与されれば，即，地区住民避難体制が始動するよう，あらかじめ地元智を盛り込んだ計画を策定しておくべきである。年に何度かこうした避難体制始動訓練を地区内で重ねていけば，地元の原発防災リテラシーももちろん向上する。

減災サイクル

　ローカルの生活者が自らの足もとを探り・学ぶことで，そこにおける潜在的な危険とさらにはそれに対峙しうる資源に気づく過程は，阪神・淡路大震災以降，欧米に倣いつつわが国独自に深化を見せてきた減災サイクル論において，その検討の対象となってきた。

　災害が発生して，その直後の諸対応から復旧・復興，そしてその延長に位置づけられる次の災害に向き合う防災対策までを，1つの円環の中で統合的にとらえる考え方として「災害サイクル論」がある。さまざまなバリエーションが流布しているが，そのうちもっとも普及しているのが，アメリカの「防災対策サイクル」（Disaster Management Cycle：通称「DMC 時計モデル」）と呼ばれるものだろう。このモデルでは，災害発生を基準とした時間的局面と，防災対策上の目標を組み合わせて4つの局面（象限）が設定される。まず発災直後の人命救助や消火・水防等，被害を減らして拡大させないための「災害応急対応」（Response），次いで地域社会の復興と生活再建をはかっていく「復旧・復興」（Rehabilitation），そして事前対策として被害の発生を未然に防ごうとする「減災」（Mitigation）と，ある程度の被害を容認しつつもできるだけ軽くとどめるための「被害軽減・事前準備」（Preparedness），の4象限が設定される。わが国ではこれに，阪神・淡路大震災後に広く認知されたうえで防災の一主体として位置づけられてきたボランティアの，その意思と活動をそこに重ね合わせて，各象限における取り組みのスローガンを添えつつ「減災サイクル」（図5-13）として構想されてきた。

　発災時にはその応急対応において「もう1人のいのちを救えないか？」と奮闘する救援ボランティア。復旧・復興期には，そのドラスティックな流れに取り残されそうな人々に思いをはせて「最後の1人まで救えるか？」と寄り添う復興ボランティア。DMCの減災と事前準備を合わせたところにおいては，「たった1人でも救えるか？」を問い続ける予防ボランティア。ここでは，日頃からセーフティネットが充実していれば，いざ災害が発生してもまずは安心なのであるが，そうした意味で，「取りこぼしはできない」のであり，セーフティネットの網の目からこぼれ落ちる人がいてはならないとの認識で，「たった1人でも救う」ことが目標とされる。そして，そうした取り組みの認識論的な基礎あるいは延長における1つの理念的な姿として，共創ボランティアが構想する「もう1つの社会」が位置づけられる。

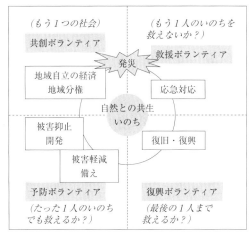

図 5-13　減災サイクル

(出所)　村井 (2008)。

地区防災計画

　こうした防災の理念に基づく，実践に関わる主体形成を後ろ支えするように (というよりは現実的には，公助の限界を補うために)，東日本大震災後，地域防災のあり方に1つの変化・転機が訪れた。地区防災計画制度の創設である。

　これまで数十年，(おおむね町内会程度を範域とする) 地区の防災はおおよそ以下のような経緯・体制で進められてきた。

　そもそもわが国には以前より地域に根ざした防災組織が独自にあり，それらはたとえば消防団とか水防団等と呼ばれてきた (倉田 1985)。江戸時代からの町火消の歴史も伝えられている。消防団のラッパ隊に選ばれるということが，今でもムラやイエの誉れとされている地区もある。

　伊勢湾台風 (昭和 34〔1959〕年，死者・不明約 5000 人) の被災を1つの契機として，「災害対策基本法」(昭和 36〔1961〕年) が制定された。その第5条には，「住民の隣保協同の精神に基づく自発的な防災組織の充実を図り，市町村の有する全ての機能を十分に発揮するように努めなければならない」との規定があって，住民の自発的な防災組織としての防災市民組織が位置づけられ，そうした地元組織の結成が市町村の責務であるとされた。

災害対策基本法（昭和36年法律第223号）
（市町村の責務）
　第5条　市町村は，基礎的な地方公共団体として，当該市町村の地域並びに当該市町村の住民の生命，身体及び財産を災害から保護するため，関係機関及び他の地方公共団体の協力を得て，当該市町村の地域に係る防災に関する計画を作成し，及び法令に基づきこれを実施する責務を有する。
　2　市町村長は，前項の責務を遂行するため，消防機関，水防団等の組織の整備並びに当該市町村の区域内の公共的団体等の防災に関する組織及び住民の隣保協同の精神に基づく自発的な防災組織（第8条第2項において「自主防災組織」という。）の充実を図り，市町村の有するすべての機能を十分に発揮するように努めなければならない。

　そして，昭和46（1971）年，中央防災会議（災害対策基本法第11条で位置づけられており，総理府に置かれ，内閣総理大臣を会長としてその諮問に答える組織）が「大都市震災対策推進要項」を表し，こうした地域防災組織の重要性を強調することとなる。これを受けてたとえば東京都では，昭和46（1971）年に「震災予防条例」を制定し，このような地域防災組織を「市民防災組織」と呼称することとなった。昭和48（1973）年，消防庁防災課では『自主防災組織の手引き』を刊行し，同時多発火災に対する公設消防力の限界を吐露したうえで，「自分たちの地域は自分たちで守る」という観点から，コミュニティ活動の一環として自主防災組織の結成とその活動に期待するスタンスを表した。そこでは，自主防災活動を契機として失われがちな地域住民の連帯意識を醸成していく必要性もあわせて指摘されていた。この手引きのなかでは，自主防災組織の意義・必要性の指摘から，組織の規模，リーダーの特性，規約・防災計画の作成，班編成，既存の地域の防災活動との関連など，自主防災組織の整備に関することのほか，実際の活動に際してのマニュアルを付して平常時の訓練，災害時の活動（情報収集・初期消火・避難誘導・救出救護・給水給食）についてガイドしている。これが現在も流布している「自主防災組織マニュアル」の雛形である。その組織の特徴としては，(1) 地震災害対応中心，(2) 都市部での災害対応を想定，(3) 発災初期の減災への組織的な対応，(4) 組織化の主たる基盤は町内会等，があげられる（黒田 1998）。
　このようにおおむね全国的に町内会・自治会を基盤として自主防災組織が整

備されてきた。そしてこの頃，地震学領域から東海地震説が発表されて話題となり，これが国に採用されて，大規模地震対策特別措置法が制定され（昭和53〔1978〕年），ナショナル・プロジェクトとして地震予知・対応が進められていくこととなった。同時期，東京都では，「防災生活圏構想」を打ち出し，「災害時，逃げないですむまちづくり」をキャッチフレーズに，昭和56（1981）年，「防災施設基本計画」において23区を700ブロックに分け，延焼遮断帯に囲まれた不燃化ブロック構成を基盤とした防災生活圏を措定した。東京など一都市単位ではこのような工夫が見られはしたものの，しかしながら，そのそもそもの火付け役であった東海地震説に対する関心が徐々に低下していったこともあって（幸いにもいっこうに地震は起きなかったので），全国的に見ると，自主防災組織の組織結成率（全国世帯数に対する組織されている地域の世帯数の割合）は低迷を続けた（浦野・伊藤・横田 1990：資-38）。

　そして1995（平成7）年に阪神・淡路大震災が発生する。この大震災のインパクトは大きく，災害対策基本法が改正されて，自主防災組織に関してみると，その育成が行政の責務の1つとして明記されることとなった。具体的には，そのリーダー養成がうたわれ，また，防災資機材整備を促進するための国庫補助制度が創設されることとなった。また，この震災では，木造老朽家屋の倒壊・延焼によって，そこに多く居住していた年金暮らしの高齢者の犠牲が顕著であったことから，これを教訓としてローカルな防災の枠組みが見直されることとなって，防災と福祉が連携して防災福祉コミュニティを形成していくよう，ここに福祉領域が参画してくることとなり，新たな局面を迎えた。また，阪神・淡路大震災時には延べ100万人を超えるボランティアが被災地にかけつけたことから，この年は「ボランティア元年」と呼称され，これまでボランティア活動を所管していた社会福祉協議会が防災領域に深く関わりはじめることとなった。そして，こうしたボランティア活動をはじめとして，市民が行う社会貢献活動を後ろ支えするために特定非営利活動促進法（通称：NPO法）が制定されたことで，ここに防災と福祉が両輪となる形が具現化してきた。こうした活動・思想の延長上に，上述の減災サイクル論が構想されてきた。

　さて，そこに東日本大震災が発生する。大規模広域災害に直面して，いわゆる公助の限界が露呈し，代わりに近隣の住民・事業者による自助・共助の役割が再認識されることとなった。これを受けて2013（平成25）年夏，災害対策基本法が改正[22]されて，その第42条に地区防災計画制度が盛り込まれること

なった。同制度は近隣の住民・事業者自身が，ボトムアップ型で地区の特性に即した計画をつくっていくことを奨励するもので，当該地区が存する基礎自治体ではそれを承認して地域防災計画のなかに的確に位置づけていくべきことをうたっている（西澤・筒井 2014）。ローカルなエリアの主体的な防災意識と活動が，市町村の防災体制のなかに位置づけられる回路が拓かれることとなった[23]。

　しかしながら，これを手放しに称揚するわけにもいかない事情・履歴がある。たとえば1970年代にナショナルレベルで自主防災組織の育成が試みられた頃も，その現場における矛盾が指摘されて「ペーパー自主防」と揶揄されたことがあったことを思い起こしておきたい。一般的に，静岡県，神奈川県それに東京都など大震災の経験やその危険がいわれる地域では，自主防災組織の結成率は高い。これは町内会・自治会の名簿の表頭をそのまま書き換えて自主防災組織を設置したこととしているところが多いからで，新規住宅・マンション開発の進んだところでは「名簿整備」が追いつかず，数百から数千世帯の急激な分母の増加で組織率が低下することとなり，その結果，各年度末を目標に「名簿整理」＝「自主防災組織設置」が行われる。ところが，自主防災組織はもちろん名簿だけを整備したのでは不十分で，以下の諸数値，すなわち，①組織率，②関心率，③加入率，④参加率をそれぞれ腑分けして把握・理解する必要がある。①組織率は行政で把握する自主防災組織結成届け出率である。②関心率とはアンケートで尋ねられる「あなたは地域の自主防災組織の活動に関心がありますか？」に対する回答率，③加入率は同じく「それではお宅では地域の自主防災組織に加入していますか？」に対する回答率，④参加率は同じく「お宅では自主防災組織が開催する訓練等の活動に（年1回以上）参加していますか？」に対する回答率である。①→④の順に数値は落ち，組織率10割ほどのところでも関心率7割，加入率4割，参加率1〜2割弱となることが確かめられている（消防科学総合センター 1991：37，吉井・大矢根 1990：資料2・22-25）。名簿上は結成されており，建前としては関心があるが，実際にわが世帯が組織に包摂されているかはあまり認知されておらず，したがってわざわざ訓練に参加しようと思う人はほとんどいない，といったところで，これが「ペーパー自主防」と揶揄されてきた実状である。組織率10割でも訓練参加率は1割程度で，しかもその参加者は自主防災組織の中核メンバーである町内会・自治会の三役を中心とする高齢者が多く，初期消火や救急・救助の訓練に参加しているのが，実は災害時に最も被災者となる可能性の高い，いわゆる「災害時要援護

者」本人である。

　また，阪神・淡路大震災後，「共助」がうたわれたところ，このスローガンが流布するローカルの防災現場では，学習や訓練等の活動への参加者の低迷に直面してその原因が探られることとなった。そこでは，「共助という官製の新たな防災システムが対応することなので，少なくとも自分はその活動のメンバーではない」と考える人が多くなっている事情が見出されてくることとなった。行政が上位下達でシステム化をはかると，それは客体化してしまって参加の実態はその回路とともに霧消する。現場ではこれを察知・体感して，もはや「共助」とはいわず「近助」といい（書き）慣わすところが現れだした（たとえば，福井市の「互近助ごきんじょ」）。向こう三軒両隣の具現化がもくろまれている。

　いうなれば地区防災計画制度は３度目の絵餅なのであろうか。同制度の法制化から半年，すでに指摘されはじめている課題が２つある。１つは，上からの育成では，ローカルな主体性や創意工夫が削がれてしまうのではないかとの危惧。モデルケースや同計画策定の要点などが一律に例示されることで，金太郎飴的な事例が届出文書としてだけ積み重ねられるのではないか（加藤 2014）。もう１つは，平成の大合併に関わることで，合併前の個々の市町村が保持していた旧市町村版地域防災計画は，合併後は死蔵されているところであるが，合併後は一地区と位置づけられることとなった旧市町村，そこにあった旧・地域防災計画が，そのまま地区防災計画と表題のみ書き換えられて登録される，いわゆる「ペーパー地区防」状態（大矢根 2014）。しかしながらこの禁止技を駆使すれば，苦もなく書類上の地区防災計画は仕上がることとなり，そもそもの旧市町村時代の全国一律金太郎飴的な防災計画が，再び表題を変えただけで再登場ということとなる。

5　原発防災レジリエンス
──減災サイクルに基づく原発災害対応の地区防災計画

　こうした危惧が指摘され続けるローカルな（地区の）防災体制づくりの歴史のただなか，ここで最後に，原発防災のごくローカルな現場における，地区住民の主体的参画の１つの回路としての，原子力地区防災計画策定を通しての，原発防災レジリエンス醸成の道筋と展望を記しておこう。

　多重防護神話に基づく原発防災システムは，要避難対象となりうる地区住民にとってはあらかじめ破綻したものであることが論証・例証されてきたところ

で，本稿では，「地区住民製避難計画づくり（○○地区原発防災計画づくり）」をあげつつ，ローカルな主体がそこに位置づけられるマルチステークホルダー参画型の原発防災訓練のあり方を提案してみる。ここで地区住民サイドから提案される避難計画は，災害対策基本法第42条に位置づけられる地区防災計画の1つとしてオーソライズされることで，地方公共団体策定の地域防災計画の一部となる。ローカルの生活智とその主体の，地域防災計画に参画する回路が拓かれるところであるが，しかしながらこのことは同時に，公助がたどり着かないところ・時間枠におけるローカル自身の対応，いわゆる自助の枠組みの拡張が求められてくることを意味する。ここであらためてローカルの資源の自省・再評価が肝要となってくる。

　そこで目を向けられることになるのが resilience（レジリエンス＝復元・回復力）概念だろう。これは「地域や集団の内部に蓄積された結束力やコミュニケート能力，問題解決能力などに目を向けていくための概念装置であり，それゆえに地域を復元＝回復していく原動力をその地域に埋め込まれ育まれてきた文化や社会的資源のなかに見いだそうとするもの」（浦野・大矢根・吉川編 2007：32-33）。本稿の例示において，それは，避難区域境界の確定作業，避難体制の編成・発動などを民生委員，保健師，町内会長，消防団分団などが保有する地元の智によるところとしてこれを活用・登用し，日常的な地区防災活動の一環として常に更新（介護搬送するほうもされるほうも，常に状態は変動している）していくこととするものである。これはこうした地元智保有サイドからすると，喫緊の地区課題に対峙するために，手持ちの諸資源の把握・洗い直しを含めて，あらためて地区内で，密なコミュニケーションを再始動させる機会と位置づけられることとなり，好むと好まざるとにかかわらず，今ここにある危機を前提・内面化したところで，総動員して対峙せざるをえない地区活動となる。当該地区にとっては，まことに不本意・迷惑千万な特定災害因対応の防災まちづくりとなってしまうところであるが，現況，そこに住み続けるのであれば廃炉完了までの数世紀はこれと共存しなくてはならない地区事情が前提となっていることから，この課題状況を深く内面化した地区防災体制の構築において，地区独特のレジリエンスを獲得していくことの意義は大きい。もちろん，これを進めるにあたっては，専門的知識や金銭的補塡が過不足なく地区に寄せられる仕組みを整えることが，国および地方公共団体の責務であることを指摘しておきたい。

注

1) なお,原発被災・避難の諸相,実例・実証的データについては,本シリーズ第1巻・第3・4・5章にて詳細に提示・検討されているので,本章ではこれに触れないことをあらかじめおことわりしておきたい。
2) (財)原子力安全技術センターが文部科学省から受託して,原子力防災研修事業を実施した。「原子力施設が設置されている19道府県の地方公共団体等の原子力防災業務に従事する者の役割に応じた研修講座を実施することにより,原子力防災に関する技術の習得や理解の促進をはかることを目的として」いた(原子力安全技術センターウェブサイトより)。この研修事業用のテキストとして『緊急時の人間行動——原子力災害に備えて』(原子力安全技術センター 1998)が編纂された。
3) 広く知られているものとしては「地震だ,火を消せ!」のスローガンと行動が,また,全国各地にそれぞれの風土・歴史に即した災害対応行動・知恵が語り継がれている。最新の目新しい動きとしてはアメリカから輸入されたShake Out訓練(揺れが発生したとの想定でアナウンスがなされると同時に,参加者が,Drop, Cover, Hold-onの諸動作をとる)などがあげられるが,これがどのように普及・定着していくか見定めたいところだ。
4) たとえば,避難勧告を出すに際しては,その背景となる情報を小出しにする(あるいは隠蔽する)ことなくすべてオープンにすべきとして,災害情報論に基づき,具体的には,大阪市化学倉庫火災(1980年)時の対応事例をあげつつ概説するなどとした(同書,pp. 101-102)。
5) 「1999年9月30日午前10時35分頃,JCO東海事業所転換試験棟において国内で初めて発生した臨界事故をいう。濃縮度ウランの硝酸溶液を沈殿槽に注入したため臨界事故が発生。その後,長時間にわたり核分裂状態が続いた。……この事故により,JCOの3名の作業員が重篤な被ばくで入院し,懸命な医療活動にもかかわらず2名が死亡。地元住民に対しては,半径350m圏内の住民約500人の避難及び半径10km圏内の住民約31万人に屋内退避措置がとられた(「原子力防災基礎用語」:原子力規制委員会ウェブサイト「環境防災Nネット」より)。

この事故によって環境に放出された放射性物質はきわめて少量で,また放射線の被ばく線量も少なく住民の健康に影響を及ぼすものではないと判断された。この事故はINES (International Nuclear Event Scale)のレベル4と評価された(図5-6を参照)。
6) 一般(自然)災害を対象とする災害対策基本法で,その最高レベルの被災に対峙するために設定された同法第105条・緊急災害対策本部(海外では戒厳令に相当するとも目されることがある)の規定と,その後に制定された大規模地震対策特別措置法(通称:大震法,1978年制定)の第9条・警戒宣言の発令とともに,原災法の内閣総理大臣緊急事態宣言は,その法的権限,社会的意義について(とくに,諸外国一般の戒厳令との異同について)なお精査される必要がある。
7) 9月1日は関東大震災の発生日にちなんで「防災の日」,1月17日は阪神・淡路大震災で「防災とボランティアの日」,1999年9月30日のJCO臨界事故で9月末〜10月初旬の原子力総合防災訓練(全国各地原発所在地の持ち回り)。
8) 国際原子力機関(IAEA)が定める国際事故評価スケールであるINESでは,7段階に事故レベルが分けられ,「尺度以下」の「0」,「異常な事象」の「1〜3」,「事故」の

「4〜7」が設定されていて，チェルノブイリ原子力発電所事故（傍点筆者）は「事故レベル7＝深刻な事故：1Sv以上」と規定されている。今回の福島原発事故は「INES評価について，3月18日以降に得られた情報を踏まえ，レベル7と暫定評価しました。ただし，放射性物質の放出量は，同じレベルのチェルノブイリ事故の1割程度です」との経済産業省の公式発表（https://www.mhlw.go.jp/stf/shingi/2r9852000001eap9-att/2r9852000001eax7.pdf）。

9) 東電，原発事業の業界では，この福島第1原発災害（原発災害）を「F1事故」と言い習わしているが，麗しのモータースポーツと紛うように言い慣わすことは厳に戒められるべきと筆者は考えており，ここではF1と記さず1Fとした。1F＝「イチエフ」は，被曝の恐れをいただきつつ働く同原発従業員が，そこを呼称するときに使う言葉である。竜田（2014）に詳しい。

10) したがって，屋内待避（含・コンクリート屋内待避）でも車両による避難中でも，それがたとえ真夏であっても，エアコンを使用することは厳禁とされている。自衛隊車両は，戦場輸送用に軽量化されているから，ほぼオープンカー仕様であることが（すなわち放射性物質の遮蔽効果はないことが），搬送要請を出すことになっている市町村（から県を通じて国・防衛庁に要請が届くことになっている）には事前に告げられている。

11) SPEEDIネットワークシステム：System for Prediction of Environment Emergency Dose Information＝「緊急時迅速放射能影響予測ネットワークシステム」は，周辺環境の放射性物質の大気中濃度および被曝線量などを地勢や気象データを考慮して迅速に被曝線量予測を計算するシステムで，大量の放射性物質が放出されるという事態が発生，または発生の恐れのある場合に，住民避難などの防護対策を検討するのに使用される（富山県射水市ウェブサイト「原子力防災用語集」より）http://www.city.imizu.toyama.jp/appupload/FOL/bousai/shiryouhenn2.pdf。

12) しかしながら実際は，SPEEDI予測データと，地元の浜を吹く風向きが90度から180度異なることも多々あることが，地元漁師によって指摘されている。頬に受ける風向きで毎日の出漁を定めている漁師にとって，風を読む力についての自信は絶対で，東京で算出されたコンピュータ・データに対する疑心暗鬼は深まりこそすれ，払底されることはない。

13) しかしながら，たとえば敦賀市のように市内・隣接に多くの原発を抱える市町では，当該部署に長年就くベテラン担当者がいて，その専門的知識や対応力は卓越したものがあるが，彼ら市町から出てくるメンバー以外に，オフサイトセンター・住民安全班に集う担当者にはそのような原発防災のベテランは少ない。

14) 3.11・1F災害による放射性物質の拡散は，サイトから北西方面に顕著であることは死蔵されたSPEEDIデータで明示されており，これが適切に利用されて官邸の専断であるところの時機を逸した全方位避難指示がなければ，多くの住民の被曝は避けられたことだろう。

15) 住民避難エリア（防護対策区域）の変更に先立って，原発防災行政システム自体の改革も行われた。一機関が推進・規制の両機能を担うこと，縦割り行政の弊害除去を睨み，（経済産業省外局・資源エネルギー庁の「特別の機関」という位置づけだった）原子力安全・保安院，内閣府原子力安全委員会，文科省原子力安全課などが廃されて，

2012年6月,原子力規制庁,原子力規制委員会が新設された。
16) 急速に進展する事故を考慮して,直ちに避難を実施する区域を指し,範囲の目安は「原子力施設からおおむね5km」とされた。
17) 東海第2原発(茨城県東海村)は大都市・水戸を含んで,14市町村100万人前後が対象となる。
18) 災害対策基本法第63条による警戒区域の設定がなされると,一度,域外に避難した者は,再入域することは禁じられる(これに違反した者に対しては,10万円以下の罰金または拘留)。
19) 電源3法とは,1974年6月3日に成立した「電源開発促進税法」「電源開発促進対策特別会計法」「発電用施設周辺地域整備法」の3つの法律を指す。電力会社は販売電力量に応じて電源開発促進税を国に納付し,納められた税金は特別会計に組み込まれて,発電所など関連施設の立地および周辺市町村に対し交付金などの財源にあてられる。一方,核燃料サイクル交付金は,原子力発電所でのMOX燃料(混合酸化物燃料)の使用,核燃料サイクル施設の設置に同意した県に対して,1施設当たり60億円を限度として,県が作成する地域振興計画に基づいて交付されるもので,市町村に対して県から交付金が交付されることとなっている(電気事業連合会ウェブサイトより http://www.fepc.or.jp/nuclear/policy/houritsu/dengensanpou/)。
20) このような地区防災の現場で駆使される手法の1つが,自然災害対応ではかなり普及しつつあるDIG(Disaster Imagination Game)や図上演習(訓練),CPX(Commanding Post Exercise:指揮所演習)などであろうし,原発災害の事象の進展に即して,緊急避難から避難所生活に移行することを勘案すると,昨今拡がりを見せるHUG(Hinanjo Un-ei Game:避難所運営ゲーム)なども援用できる。
21) 現況は,法定メンバーのみのクローズドな訓練。法定メンバーとは災害対策基本法および原子力災害対策特別措置法に「原子力防災組織」「原子力防災要員」として位置づけられている者のことで,オフサイトセンターへの立ち入りが許されているメンバーを指す。
22) 東日本大震災を受けて,2013年6月に第2弾の改正が行われた(第1弾は,震災を踏まえた法制上の課題のうち緊急を要するものとして2012年6月に施行)。そこでは,市町村長は,高齢者・障害者等の要配慮者名簿を作成して,本人の同意を得たうえで消防・民生委員等にあらかじめ情報提供したり,名簿の作成に際し必要な個人情報を利用できることとした。また,本稿で取り上げている事柄に関しては,市町村居住者等が地区防災計画を提案できることとなった。
23) コミュニティの居住者が防災計画の素案を作成して,これを市町村防災会議に提案する「計画提案制度」が,防災行政ではここにはじめて導入された。計画提案制度自体は「都市再生特別措置法及び都市計画法改正」(2002年)によって創設されたもので,ローカルからボトムアップ型の提案ができるようにと制度化されたものである。

参考文献
朝日新聞特別報道部,2012,2013,2014,『プロメテウスの罠』1,3,7,学研パブリッシング。
原子力安全技術センター,1998(2000.5初版最終改訂版)『緊急時の人間行動——原子力

災害に備えて』。
加藤孝明，2014，「地域コミュニティベースのまちづくりの現場で活動する作法」『C＋Bousai／地区防災計画学会誌』(1)。
倉田和四生，1985，「地域住民組織の現状」『都市コミュニティ論』法律文化社。
黒田洋司，1998，「『自主防災組織』その経緯と展望」『地域安全学会論文報告集』(8)。
松山昌史・佐藤愼司・高橋智幸・有川太郎・山田博幸，2014，「原子力発電所周辺地域における防災・減災の推進」(OS9-Sat-PM1-6：原子力安全のための耐津波工学の形成「第14回日本地震工学シンポジウム」予稿集)。
村井雅清，2008「もう1つの社会」菅磨志保・山下祐介・渥美公秀編『災害ボランティア論入門』弘文堂。
西澤雅道・筒井智士，2014，『地区防災計画制度入門』NTT出版。
野村周平，2014，「災害弱者の避難計画を机上の空論で終わらせてはいけない」『MRIC』(Vol.191)（医療ガバナンス学会メールマガジン，2019年2月4日取得，http://medg.jp/mt/?p=2595)。
大鹿靖明，2012，『メルトダウン ドキュメント福島第一原発事故』講談社。
大矢根淳，1999，「コミュニティ防災の新たな展開に関する一考察」『情報と社会』(9)。
大矢根淳，2003「緊急時の初動対応〜被災に対峙するプロの認識に向けて」『平成15年度原子力発電施設等緊急時対策技術（原子力防災専門官現地研修記録ビデオ）』。
大矢根淳，2007，「原子力災害の認識と対応」大矢根淳・浦野正樹・田中淳・吉井博明編『災害社会学入門』弘文堂。
大矢根淳，2014，「地区防災計画への災害社会学徒の想い」『C＋Bousai／地区防災計画学会誌』Vol.1。
大矢根淳研究室，2004〜2006，『地域とのリスクコミュニケーションに基づいた原子力防災体制・訓練手法に関する研究』(2004〜2006年度：研究代表者・大矢根淳）原子力安全基盤機構・原子力安全基盤調査研究。
消防科学総合センター，1991，『地域防災データ総覧——自主防災活動編』。
竜田一人，2014，『いちえふ 福島第一原子力発電所労働記』講談社。
東京電力株式会社，2011，『福島第一原子力発電所事故の初動対応について』(2019年2月4日取得，http://www.tepco.co.jp/cc/press/betu11_j/images/111222o.pdf)
浦野正樹・伊藤清隆・横田尚俊，1990，「大都市における地域防災活動」早稲田大学文学部社会科学研究所・研究シリーズ23『都市災害と地域社会の防災力』。
浦野正樹・大矢根淳・吉川忠寛編，2007，『復興コミュニティ論入門』弘文堂。
吉井博明・大矢根淳，1990，『神奈川県西部地震と小田原市民』(吉井研究室)。

第**6**章

防災パラダイムの転換へ

田中 重好

1 はじめに

　これまでの議論展開の筋道は，第1章で，2011年3月11日の東日本大震災を迎えるまでの日本の防災体制のパラダイムは，(1) 中央集権的な行政中心主義と，(2) 科学主義に立脚した計画主義との2本柱からなることを明らかにした。そのうえで，東日本大震災時の避難行動，「想定外」，さらに，三陸沿岸地方で繰り返し発生した過去の被災経験の「埋込み」という3つのテーマから，従来の防災パラダイムの限界を明らかにしてきた。第5章で取り上げた原発事故の緊急対応の議論は第4章までの議論といくぶん異なっているが，実は共通の基盤の上に立っている。防災パラダイムの観点から見ると，津波防災も原子力防災も，中央集権的な行政が中心となって，科学主義的に防災対策が進められてきたこと，そのために，原発立地周辺住民が主体となって防災対策を進めることはなく，常に住民は防災対策の「客体」であったこと，という点では同じである。ただし，災害対策基本法が原発防災をカバーしていないため，以下の議論においては原発事故の問題を直接取り上げてはいない。

　本章では，これまで見てきたような欠陥が明らかとなった防災パラダイムが

東日本大震災を経験して，どう修正されたのかを具体的に検討する．次節では，東日本大震災後にさまざまな法改正などの政策変更がなされたが，それらの修正が十分なものかどうかを検証し，従来の防災パラダイムの基本構造が変更されていないことを明らかにする．再度，大震災の反省のうえに立ってこれまでの防災パラダイムの限界を明らかにし，今後，防災パラダイムをどう修正すべきなのかを，パラダイムの修正の方向性，新しいパラダイムの基本原理，さらに，当面の政策変更という3つの局面に分けて議論する．

2　従来の防災対策の枠組み

　大震災以前の防災対策の基本的枠組みを根本的に決定しているものは，いうまでもなく災害対策基本法（1961年）である．この法律によって，内閣総理大臣を会長とする中央防災会議が防災基本計画を立案し，それをもとに都道府県，市町村の地域防災計画，防災関係の公共機関の防災業務計画が策定され，その計画に沿って防災対策が実施されるという体制が確立された．これらの行政の防災対策事業は，政府からの財源を中心に進められる．この意味で，計画策定，事業実施ともに政府が中心となって進められている．

　第2の決定因は，大規模地震対策特別措置法（通称：大震法）で，この法律の成立（1978年）によって，科学主義と計画主義が結びつけられた．すなわち，「直前予知の可能性ある」と科学的に判断された東海地震について，直前予知がなされた場合の警報発令，緊急対応までを含む防災計画が特別に策定され，政府はもちろん，県や市町村，さらにJRなどの指定公共機関の緊急対応行動までがあらかじめ定められた．この法律によって，予知型地震防災対策の基本形が完成した．

　第3の決定因は，東海地震以外の，大地震の発生が危惧される地域の特別措置法である．この特別措置法は，東南海・南海地震，日本海溝・千島海溝地震，首都直下型地震，南海トラフ地震について定められた．これらの特別措置法と大震法との違いの1つは直前予知の定めがないこと，もう1つは財政上の特別措置法がないことである．だが，最初の点については「予知対策が確立した場合には大震法へ移行」が予定されており，第2の点については法文上に「財政上及び金融上の配慮」をすることがうたわれており，基本的な枠組みは変わらない．

図6-1 地震防災に関する法律体系

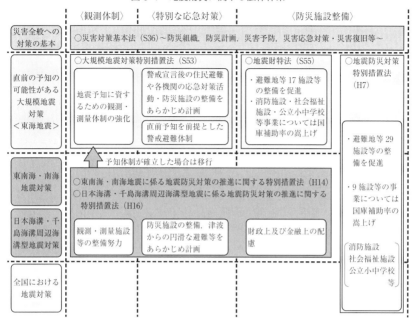

(出所) 第27回 中央防災会議（2011年4月27日開催）資料「これまでの地震・津波対策について」より。

図6-2 従来の防災パラダイム

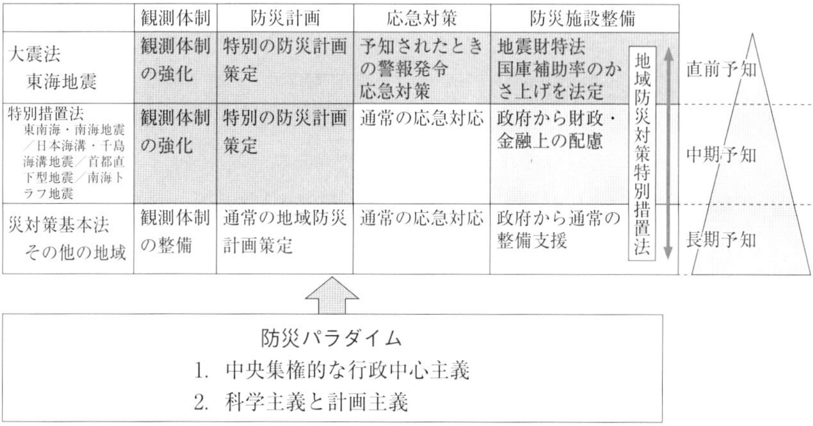

	観測体制	防災計画	応急対策	防災施設整備		
大震法 東海地震	観測体制の強化	特別の防災計画策定	予知されたときの警報発令応急対策	地震財特法 国庫補助率のかさ上げを法定	地域防災対策特別措置法	直前予知
特別措置法 東南海・南海地震／日本海溝・千島海溝型地震／首都直下型地震／南海トラフ地震	観測体制の強化	特別の防災計画策定	通常の応急対応	政府から財政・金融上の配慮		中期予知
災対策基本法 その他の地域	観測体制の整備	通常の地域防災計画策定	通常の応急対応	政府から通常の整備支援		長期予知

防災パラダイム
1. 中央集権的な行政中心主義
2. 科学主義と計画主義

第6章 防災パラダイムの転換へ

こうした基本的枠組みを政府は図6-1のように整理している。この図を基本に一部修正して，防災パラダイムを位置づけると図6-2のようになる。第1章で，大震法が日本の防災対策の頂点に立つと説明したが，その意味はこの図から明らかであろう。

3 　東日本大震災以降の防災対策の修正

東日本大震災以降，日本の防災対策がどう変化したのかを，第1に中央防災会議での検討から，第2にそれを受けて進められた災害対策基本法の改正から，第3に津波防災対策に関わる法整備から検討する。

中央防災会議での審議
中央防災会議は防災対策の基本方針を定める重要な場である。中央防災会議は，第1に「防災の基本方針」，第2に「防災に関する施策の総合調整で重要なもの」を決める。したがって，東日本大震災以降どういった方針変更がなされたのかを見ていくためには，まず中央防災会議の議論を見ていく必要がある。

東日本大震災以降，中央防災会議の方針変更について中心的に議論された場は「防災対策推進検討会議」（以下，推進会議）と「東北地方太平洋沖地震を教訓とした地震・津波対策に関する専門調査会」（以下，専門調査会）である。前者は「防災対策推進検討会議　最終報告――ゆるぎない日本の再構築を目指して　平成24年7月31日」を，後者は「東北地方太平洋沖地震を教訓とした地震・津波対策に関する専門調査会　報告　平成23年9月28日」という形で見解をまとめている。

推進会議報告のなかで，防災対策の「基本姿勢」として「東日本大震災を踏まえ，『災害に強くしなやかな社会』を構築するため，今後，以下のような基本姿勢で災害対策に取り組むべきである」（中央防災会議 2012：2）として，①災害から国民を守り，国を守ることは政治の究極の責任である，②「国難」ともいうべき大規模災害を意識する，③「防災の主流化」，④災害発生時，官民が連携し資源の大量・集中投入を行う，⑤被災を地域社会再構築への希望に変えていく，⑥防災こそわが国再生のフロンティアである，⑦「防災先進国日本」を世界に発信する，という7つの点をあげている。

ここでは，大震災は「国難だ」と認識すべきだとして，「防災の主流化」と

いう提言がなされている。「防災の主流化」とは「あらゆる行政分野について『防災』の観点から総点検を行い，必要な資源を割り当てる」（中央防災会議 2012：3）ということであり，あらゆる公共政策を防災の観点から評価したうえで実施すべきだという主張である。こうした主張は，「災害に強い国土づくり」という「国土強靱化」の考え方につながっていく。

　これまでの基本的防災対策の枠組みを堅持しつつも，いくつかの注目すべき新たな考え方が導入された。それは第1に防災計画策定の基礎となる「想定」の考え方が変更になったこと，第2に防災の基本理念の明確化と「多様な主体」の協働，第3に復興の法的枠組みの準備である。ただしここでは，復興については本論の議論の埒外であるため省略する。

「想定」の考え方の変更　　東日本大震災では「想定外」の事態が発生し，そのことが被害拡大につながった。こうした反省に立って，「最悪のシナリオを念頭に置いた上で，抜本的かつ多面的に検討されるべき」（中央防災会議 2012：2）だとし，これを津波対策において具体的に提案する。

　推進会議のこの考え方を受けて，これに並行して開催された専門調査会において，今後の想定津波について，「今後，地震・津波の想定を行うにあたっては，あらゆる可能性を考慮した最大クラスの巨大な地震・津波を検討していくべきである」（中央防災会議 2011：7）という基本方針が示された。これは，従来の防災対策において，貞観地震（869年）といった過去の低頻度の大地震を考慮してこなかったことが福島の原発事故につながったことの反省のうえに立っている。具体的には，今後，2つのレベルの津波を想定すべきだとする。第1に東北地方太平洋沖地震のような，「発生頻度は極めて低いものの，発生すれば甚大な被害をもたらす最大クラスの津波」（L2）であり，もう1つは，「防波堤などの構造物によって津波の内陸への侵入を防ぐ海岸保全施設等の建設を行う上で想定する津波である。最大クラスの津波に比べて発生頻度は高く，津波高は低いものの大きな被害をもたらす津波」（L1）である（同上：9）。

　この最大クラスの津波（L2）に関して，「今回の巨大な津波の発生とその甚大な被害から，海岸保全施設等に過度に依存した防災対策には問題があった」（中央防災会議 2011：9）という反省に基づいて，「最大クラスの津波に備えて，海岸保全施設等の整備の対象とする津波高を大幅に高くすることは，施設整備に必要な費用，海岸の環境や利用に及ぼす影響などの観点から現実的ではな

い」(中央防災会議 2011：10)と判断している。東日本大震災までは既往最大の原則のもと，被害が発生するたびに設計外力を高め，次の被害が発生しないように努めてきた。だが，今回の大津波に直面してはじめて，L2の津波に対しては，既往最大の考え方に立って今回の津波を防ぐための堤防建設はできないことを認めざるをえなかった。ここでは，長い間防災のための公共事業のあり方を決めてきた「既往最大の原則」の限界を認めざるをえなかった。では，堤防では防ぎえないL2の津波に対してどう対処するかといえば，「住民等の避難を軸に，土地利用，避難施設，防災施設などを組み合わせて，とりうる手段を尽くした総合的な津波対策の確立が必要である」(中央防災会議 2011：9)と提言している。

一方のL1の津波に対しては，「人命保護に加え，住民財産の保護，地域の経済活動の安定化，効率的な生産拠点の確保の観点から，引き続き，比較的発生頻度の高い一定程度の津波高に対して海岸保全施設等の整備を進めていく」(中央防災会議 2011：11)べきだと提案している。このように，L1津波に対しては従来どおりの防災対策を継承している。

防災の基本理念の明確化と「多様な主体」の協働

第2の変更点は，防災の基本理念の明確化と，「多様な主体」間の協働による防災対策の推進である。「防災から減災へ」とは阪神・淡路大震災以降，繰り返しいわれてきたが，この原則が公式に確認されたのははじめてである。「災害の発生を防ぎきることは不可能であるとの基本認識に立ち，災害対策のあらゆる分野で，予防対策，応急対策，復旧・復興対策等の一連の取組を通じてできるだけ被害の最小化を図る『減災』の考え方を徹底し，以下の基本原則の下に防災政策を推進すべきである」(中央防災会議 2012：6)。

この「防災から減災へ」の考え方は，行政が中心にこれまで防災対策を行ってきたことの限界を認めることにつながっていく。「災害対応において行政の責任は大きいが，一方で行政による対応には限界があり，住民，企業，ボランティア等の民間各主体が，必須の担い手と期待される」(中央防災会議 2012：7)と述べ，「自らの命と生活を守ることができる『市民』の力と民間との『協働』に期待する」としている。

このように行政の限界を認めることを前提に防災対策を進めるためには「多様な主体の協働のあり方」を確立する必要が生じてくる。具体的には，「地域で市民同士が助け合い，行政とも連携しつつ市民の協働による組織・団体が積

極的・主体的に地域を守るような社会づくりを普段から進めておくことが必要である」(中央防災会議 2012：7) と述べている。この協働のあり方とは，公助・共助・自助の関係を確立することにほかならない。そのためには，「国民や企業が自らの命，安全・財産を自ら守る『自助』，地域の人々，企業，ボランティア，関係団体等が協働して地域の安全を守る『共助』，国及び地方公共団体による『公助』の，それぞれの理念や役割について，『公助』の重要性とその限界を踏まえつつ，法的に位置付けるべきである」(中央防災会議 2012：31) と提言される。

　なかでも，共助が重要となる。そのために，共助を促す仕組みづくりを次のように提案している。「自主防災組織，NGO，NPO，社団，財団，ボランティアへの支援などの『共助』を促すための取組を進める必要がある」(中央防災会議 2012：31)。共助に注目することは，「地域の防災力」向上への提案，ボトムアップ型防災対策の提案につながっていく。ボトムアップ型防災については具体的に地域からの防災計画づくりを進めようという提案となっている。「コミュニティレベルで防災活動に関する認識の共有や様々な主体の協働の推進を図るため，ボトムアップ型の防災計画の制度化を図り，可能な地域で活用を図るべきである」(中央防災会議 2012：31)。また，「地域の防災力の向上」に関連しては，防災教育の充実，消防団・水防団の強化を求めている。

災害対策基本法の改正

　東日本大震災の経験を踏まえ，中央防災会議の議論をもとに，災害対策基本法改正が2度にわたって進められた。

災害対策基本法の第1次改正　2012年6月に行われた改正では，第1に「大規模広域な災害に対する即応力の強化」，第2に「大規模広域な災害に対する被災者対応の改善」，第3に「教訓伝承・防災教育の強化，多様な主体の参画による地域防災力の向上」，第4にその他としては災害定義の見直し（竜巻の追加）などである。

　ここでの中心的な改正点は，東日本大震災が広域的大規模災害であったことから，その対応策として，①情報の収集・伝達・共有を強化し，②都道府県・国よる調整規定を拡充し，③自治体間の支援の内容を拡大し，④自治体間の相互応援を円滑化するための方策を規定した。さらに，広域災害での被災者対応でも，⑴被災地からの要請を待たずに救援物資を被災地へ供給する仕

組み，(2) 広域避難者への対応を規定した。さらに，大災害の教訓伝承や防災教育の努力，地域防災計画への地域からの参加の枠を拡大した。

災害対策基本法の第2次改正　翌 2013 年 6 月に第 2 弾の改正がなされた。第 2 次改正のほうが大規模であり，第 1 に「大規模広域な災害に対する即応力の強化等」，第 2 に「住民等の円滑かつ安全な避難の確保」，第 3 に「被災者保護対策の改善」，第 4 に「平素からの防災への取組の強化」，第 5 「その他」と説明される (内閣府防災情報ウェブサイト)。

第 1 の「大規模広域な災害に対する即応力の強化」については，① 緊急事態への対処，② 国による被災自治体への支援強化，③ 法律に基づく規制の特例などが定められた。第 2 の「住民等の円滑かつ安全な避難の確保」では，(1) 指定緊急避難場所の指定，(2) 避難時の要支援者名簿の作成，(3) 避難指示等の具体性と迅速性の確保，(4) 防災マップの作成が定められた。第 3 の「被災者保護対策の改善」では，1. 指定避難所の基準の明確化，2. 罹災証明書の交付や被災者台帳の作成による被災者支援のための情報基盤の整備，3. 被災者のための運送の支援，4. 災害救助法等の関連法の一部改正が進められた。第 4 の「平素からの防災への取組の強化」では，① 基本理念の明確化，② 各主体の役割の明確化，③ 地区防災計画の導入が行われた。第 5 の「その他」では，第 1 次改正で災害の定義において「竜巻」が追加されたのに引き続き「崖崩れ」「土石流」「地滑り」を追加した。

これらの改正のなかでもとくに，防災の基本理念を定めた点が注目される。これらの基本理念は，「災害が発生した場合における被害の最小化及びその迅速な回復を図る」と減災の考え方を示し，災害対策の実施主体，すなわち自助・共助・公助の考え方に基づいて「地域における多様な主体が自発的に行う防災活動を促進する」ことを述べ，防災対策ではハード・ソフトの組み合わせ，不断の見直しが必要であり，災害応急対策における人命の保護の重要性を確認し，そのために被災者の援護を求め，速やかな復旧と復興を進めると説明される (災害対策法制研究会編著 2014：12-13)。

基本法改正の特徴

災害対策基本法の 2 次にわたる改正は，1959 年制定以来の大改正であった。この改正点は第 1 に減災の考え方を提示し，第 2 に大規模災害への緊急対応を強調したこと，第 3 に防災の主体を拡大し，自助・共助を強調したこと，第 4

に地域の防災力として自主防災組織や消防団の強化，地区防災計画の導入である。それぞれの特徴について詳しく見ていこう。

減災　　第1の特徴の減災の考え方の提示については，推進会議の議論を受けて，2条の2「基本理念」において，「被害の最小化」という表現で出現している。しかしながら，減災の考え方は，災害対策基本法そのものの条項と直接的な関係をもつものでもなく，さらに，具体的な防災対策の方向性を規定するものではない。具体的には，各防災事業のなかで，どう減災の考え方を具体化していくかが，今後問われていくことになる。

大規模災害への緊急対応　　第2の特徴は大規模災害時の緊急対応能力の強化である。2度にわたる災害対策基本法の大改正は，当然のことながら，東日本大震災の経験を踏まえたものであった。その経験から，何よりも，大規模広域的な災害への対応が，従来の基本法においては不十分であったことが明らかになった。この点について生田長人は，改正以前の基本法は「発生頻度の高い中規模一過性の災害を主として想定して構築されている合理性の高いものであるが，稀にしか発生しない超大規模，広域災害に対して，防災行政の側からの対応のみでは上手く対応できない」（生田 2013：21-22）と述べている。実際，従来まで，被災地自治体が災害対策本部を立ち上げ第一線の災害対応にあたるという「現場主義」（津久井 2012：35）を採用してきたが，今回のような大災害では現場主義だけでは対応できなかった。なかでも，大槌町や南三陸町，陸前高田市では，庁舎が流されたり，大量の職員が亡くなったりしたため，行政機能が一時的に停止してしまった。

　こうした経験から，広域に被害を及ぼす大規模災害に対応できるように，都道府県や国の役割の拡大や被災地自治体の代行，自治体間の応援体制の拡充を定め，さらに，広域的な被害と避難者が発生することに対応した緊急支援物資の供給や広域避難者への対応，それにともなう財政的な措置に関する条項を定めている。

公助・共助・自助と，多様な主体　　第3の特徴は，公助・共助・自助という考え方の明記，多様な主体への着目である。法文に即していえば，「国，地方公共団体及びその他の公共機関の適切な役割分担及び相互の連携協力」が公助に，「住民一人一人が自ら行う防災活動」が自助に，「自主防災組織その他の地域における多様な主体が自発的に行う防災活動」（災

害対策基本法2条の2の第2項)が共助に当たる。これまでの災害対策基本法は行政中心主義であったことからすれば,自助・共助という行政以外の防災の主体を登場させた改正は大改正に見える。

まず,自助について,改正法では,住民自身の自助的な防災への取り組みが数多く規定された。災害への備蓄,自発的な訓練への参加,教訓の伝承などに住民自身が「防災に寄与するように努めなければならない」(同法7条第3項)とされた。このように,住民の防災への自発性が強調されるようになった。共助の部分に注目すると,自主防災組織,民間企業,ボランティアという主体が規定された。なかでもボランティアについては「国及び地方公共団体は,ボランティアによる防災活動が災害時において果たす役割の重要性に鑑み,その自主性を尊重しつつ,ボランティアとの連携に努めなければならない」(同法5条の3)としている。「民間」という言葉も新しく登場した言葉である。防災対策が民間団体との協力のもとに進められるべきだとしている。また「民間」という言葉と同様に,「事業者」という言葉も新たに登場した。今改正で,「電気通信事業者」「基幹放送事業者」「運送事業者」などの事業者という言葉が多く使われている。

以上の「新しい主体」の登場を受けて,基本理念の箇所に,国,地方公共団体は「住民一人一人が自ら行う防災活動及び自主防災組織その他の地域における多様な主体が自発的に行う防災活動を促進すること」(同法2条の2第2項)というように,「多様な主体」という考え方が登場した。

地域防災力の強化　　第4の特徴は,地域防災力の強化に向けて,地域の防災関係団体の強化や地区防災計画の導入を定めている。災害対策基本法制定当初から,自主防災組織につながる発想があったが,今改正においては,こうした発想がより明確になった。法文上では自主防災組織を「住民の隣保協同の精神に基づく自発的な防災組織」と規定している。国および地方公共団体の実施すべき項目として,「自主防災組織の育成」,避難時の要援護者名簿を自主防災組織に提供することができることが定められている。また,新たに,都道府県知事は防災会議の構成員として自主防災組織を構成する者にも参加を求めることができると定められた。自主防災組織への期待が大きくなるとともに,活動の場も拡大されている。

地域防災力強化のもう1つの柱は地区防災計画制度の導入である。地区防災計画とは「災害が発生した場合における地区居住者等の相互の支援その他の当

該地区における防災活動に関する計画」(同法42条第3項) である。この地区防災計画制度の導入のきっかけは，「東日本大震災において，自助，共助及び公助がうまくかみあわないと大規模広域災害後の災害対策がうまく働かないことが強く認識」(西澤・筒井 2014：18) されたことにある。地区防災計画の特徴は第1にボトムアップ型の計画であり，第2に地区の特性に応じた計画が立てられることであり，第3に実践・見直しや継続性を重視した計画であるといわれている (同上：150)。こうしたボトムアップ型の計画は「従来の防災が……上位下達・トップダウンというイメージ」(同上：10) であったのに比べると，新しい発想だとして，室崎益輝は地区防災計画の導入は，「それまでの官主導の防災から官民連携の防災に制度面での舵を大きく切り替えるという『画期的な意義』を持っている」(室崎 2015：7) と高く評価している。

津波防災推進法，津波防災地域づくり法の制定
　東日本大震災を経験して，災害対策基本法以外にも災害に関連した重要な法の制定や改定が行われた。津波対策関連では，「津波対策の推進に関する法律」(2011年6月制定) と「津波防災地域づくりに関する法律」(2011年12月制定) であり，復興関連では，「東日本大震災復興基本法」(2011年6月制定) と「東日本大震災復興特別区域法」(2011年12月制定) と「大規模災害からの復興に関する法律」(2013年6月制定) である。また，地域防災力の強化の観点から，「消防団を中核とした地域防災力の充実強化に関する法律」(2013年12月制定) がある。また，「首都直下地震対策特別措置法」(2013年11月制定) も制定された。ここでは，「津波対策の推進に関する法律」「津波防災地域づくりに関する法律」を取り上げる。

　津波対策の推進に関する法律　「津波対策の推進に関する法律」は，「津波対策を総合的かつ効果的に推進」することを目的に，ハードとソフトの対策をうたっている。ハードとしては，これまでと同様の「津波対策のための施設の整備」と原子力発電所を含む「危険物を扱う施設の津波からの安全の確保」のほかに，「津波対策に配慮したまちづくりの推進」をうたっている。この「津波対策に配慮したまちづくり」の推進については，都市計画法の用途地域指定，建築基準法の災害危険区域の指定によって，「津波による被害の危険性の高い地域における住宅等の立地の抑制」や「沿岸部の堅固な建築物を利用して内陸部への津波及び漂流物の侵入を軽減する仕組みの

構築」に地方自治体が努めなければならないとした（同法11条）。ただし，都市計画法や建築基準法の既存の条項が規制手段としてあげられているだけで，地方自治体に新たな強力な規制手段が与えられたわけではなく，最終的に，努力義務を掲げただけに終わっている。この点は，この後に制定された「津波防災地域づくりに関する法律」に課題は持ち越されることになる。ソフト対策としても，「観測体制の強化及び調査研究の推進」，地方自治体による被害予測の活用，津波に関する防災教育と訓練の実施などが取り上げられている。

同法は全体が努力義務の規定であり，具体的な規定は，津波防災の日の設定，ハザードマップ作成等の事業への財政上の援助があるにすぎない。本法は，「これまでの津波対策が必ずしも十分でなかったことを国として率直に反省」（前文）し制定された法であり，津波対策の基本法とも考えられるが，この法律単独では具体的な防災事業に結びつくものではない。そのため，この法律は現在までのところ一般にあまり知られていない。

津波防災地域づくりに関する法律　津波防災推進にとって実質的により重要なのは，「津波対策の推進に関する法律」の半年後に成立した「津波防災地域づくりに関する法律」である。本法は「津波による災害を防止し，又は軽減する効果が高く，将来にわたって安心して暮らすことのできる安全な地域の整備，利用及び保全（以下「津波防災地域づくり」という。）を総合的に推進すること」を目的として制定された（同法1条）。津波防災地域づくりについて，具体的には次のように事業の流れを定めている。まず，政府が基本指針を策定し，都道府県がそれに基づき津波浸水想定を公表する。この2つに基づき，市町村が津波防災地域づくりの推進計画を作成する。さらに並行して，都道府県は津波災害警戒区域や特別警戒区域を指定し，とくに津波防災地域づくり政策を強化すべき区域を指定する。こうした手続きのなかで容積率緩和などの特例が認められる。

この法の実施へとつなげていくため，政府から「津波防災地域づくりの推進に関する基本的な指針」（2011年12月）が示された。そこでは，「未曾有の災害」となった東日本大震災から，「『災害には上限がない』こと，津波災害に対する備えの必要性を多くの国民があらためて認識し，最大規模の災害が発生した場合においても避難等により『なんとしても人命を守る』という考え方で対策を講ずることの重要性……が共有されつつある」（国土交通省 2011：1）との認識に立って，これまでの「一定頻度の津波レベルを想定して主に海岸堤防等

のハードを中心とした対策」から「低頻度ではあるが大規模かつ広範囲にわたる被害をもたらす津波に対しては，国がその責務として」，津波防災地域づくりを「地域の実情等に応じて具体的に進める必要がある」（国土交通省 2011：2）と述べている。

　この観点から，「国が，広域的な見地からの基礎調査の結果や津波を発生させる津波の断層モデル（波源域及びその変動量）をはじめ，津波浸水想定の設定に必要な情報提供，技術的助言等を都道府県に行」い（国土交通省 2011：3），国，都道府県，市町村が一体となって「発生頻度は低いが地域によっては近い将来に発生する確率が高まっている最大クラスの津波への対策を効率的かつ効果的に講ずる」（国土交通省 2011：3）対策を進める。ここで注意すべきは，この法が低頻度大災害をもたらす「最大クラスの津波」に対応した法律だという点にある。そのため，市町村が策定する推進計画も「最大クラスの津波に対する地域ごとの危険度・安全度を示した津波浸水想定」（国土交通省 2011：8）を踏まえて策定されることになる。

　この法は，政府が基本指針をつくり，それを市町村が具体化するという点では，従来の防災対策基本計画から地域防災計画への流れと同じである。しかし，大規模地震対策特別措置法から始まる，将来の大規模災害に関する特別措置法では中央で強化地域を指定していたのに対して，本法では都道府県が独自に津波災害警戒区域や特別警戒区域を指定することになっており，従来より分権的な構造となっている。

　政府の津波浸水調査に基づき，都道府県が津波浸水想定を行う。これを基礎に，都道府県は津波防災地域づくり推進計画区域，警戒区域（イエローゾーン），特別警戒区域（さらに，この区域はオレンジゾーンとレッドゾーンに分けられる）という3種類の地区を指定する。推進計画区域は，文字どおり津波対策推進計画の対象とされる区域で，この区域で，たとえば避難路や避難施設などの整備が進められるなどの津波対策が強化される。この推進計画区域のなかから警戒区域として，「住民等が平常時には通常の日常生活や経済社会活動を営みつつ，いざというときには津波から『逃げる』ことができるように，都道府県知事が指定する区域」（国土交通省 2011：16）が選定される。簡単にいえば，警戒区域とは，津波浸水の危険性はあるが，適切な対応をすれば安全に避難できると考えられる区域である。それに対して，特別警戒区域とは，そうした避難が困難な地区である。特別警戒区域はさらにオレンジゾーンとレッドゾーンの2地区

に分けられる。オレンジゾーンとは災害弱者が集中する区域で、そのために建物あるいは土地利用に一定の規制を設ける必要がある区域で、その地区内の社会福祉施設、学校、医療施設に対しては津波からの安全確保のために、「津波が来襲した場合であっても倒壊等を防ぐとともに、用途ごとに定める居室の床面の高さが基準水位以上であることを求める」(国土交通省 2011：19)。レッドゾーンとは適切な対応をしても安全な避難が困難な地区で、そのため、「建築物の建築及びそのための開発行為について……津波に対して安全なものであること、並びに居室の床面の全部又は一部の高さが基準水位以上であること (建築物内のいずれかの居室に避難することで津波を避けることができる。) 又は基準水位以上の高さに避難上有効な屋上等の場所が配置等されること (建築物の屋上等に避難することで津波を避けることができる。) のいずれかの基準を参酌して条例で定める基準に適合することを地域の選択として求める」(国土交通省 2011：20)。このように、この法律の注目すべき「新しい点」は、津波対策と土地利用計画や建築規制とを結びつけた点にある。

　以上見てきたように、この法律は、第1に想定される「最大クラスの津波」への対応を目指したものであり、第2に警戒区域、特別警戒区域指定による建築制限や土地利用制限を含んでいることに、大きな特徴がある。その点では河田恵昭が指摘するように「先行投資型の防災」対策とも (『朝日新聞』2012年3月7日)、また、「事前復興型」ともいえる。これまで、津波対策において「都市計画や土地利用計画との連動」の必要性がしばしば指摘されてきた (たとえば、建設省河川局・水産庁 1983「津波常習地域総合防災対策指針 (案)」) ものの、建築基準法の危険地区指定や都市計画法の用途指定の法的手段があっただけで、それが実際に適用されたことはきわめて少なかった。

実際の状況　では、この「津波防災地域づくりに関する法律」が実際にどう適用されているのであろうか。現在 (2015年7月末現在)、同法に基づく津波浸水想定は全国23府県で設定されている。津波浸水想定は、新たに南海トラフ地震の新想定が公表されたため都道府県にとっては新たに作成し直したものではあるが、それ以前から各県では津波ハザードマップを作成しており、この事業自体はなんら新しい事業ではない。この法成立によって新たに導入されたのは、推進計画の策定や警戒、特別警戒区域設定の事業である。

　だが、こうした事業は現在までのところ、実際に着手されているケースはき

わめて少ない。市町村単位の津波防災地域づくりの推進計画は，2014年3月に最初に静岡県焼津市，4月に浜松市，2015年3月には和歌山県串本町と宮崎県宮崎市が計画を策定したが，全国の市町村数1718（2014年4月現在）で，策定率はわずか0.2％にすぎない。さらに，警戒区域設定についてはわずかに，2014年3月に徳島県で，2015年3月には山口県の一部で津波災害警戒区域の指定がなされているにすぎない。しかも，土地利用や建築への法的制限がかかる特別警戒区域の指定は，全国のどこの都道府県でも実施されていない。このように，新事業である推進計画づくりや警戒区域指定に関してはほとんど進んでいない。

　では，理想的津波対策とも見える空間規制まで踏み込んだ事業がなぜ進まないのだろうか。この事業を進めようとすると，警戒区域指定に対して地域の側から大きな抵抗がなされる。たとえば，「静岡県が14日に開いた『津波災害警戒区域』の指定に関する意見交換会。区域の指定をめぐって，県西部の沿岸6市から県の考え方を疑問視する声が相次いだ。……県は区域指定に向けて一定の理解を得られると踏んでいたという。だが，6市の反発は予想以上だった。……『「警戒区域」の響きは強く，住民の不安につながる。人口が流出することになりかねない』。沿岸にある市の幹部はこぼした。『防災先進地の静岡県でもこの反応だ。国が考えたようには進まないだろう』」（『朝日新聞』2014年3月17日）。この法律に対して全国でもっとも積極的に取り組んでいるのは徳島県である。同県では，この法律に関連して県独自に「徳島県南海トラフ巨大地震等に係る震災に強い社会づくり条例」（2012年12月施行）を制定して全国に先駆けて警戒地域を設定し，さらに「津波災害特別警戒区域を速やかに指定する」（同条例52条）と積極的な姿勢を示した。だが，その徳島県ですらその後，「県は今後，基準水位や津波の到達時間などをもとに，学校や病院などの新築規制を伴うオレンジゾーンを指定する［予定であるが］。飯泉知事は『慎重さが求められる』としており，時間がかかるとみられる」（『朝日新聞』2013年11月26日）といわれ，その後「イエローゾーンより津波の危険度が高く，建築制限が伴う『津波災害特別警戒区域（オレンジゾーン，レッドゾーン）』の指定は見通せていない。自治体の間に『住民が「住むこと自体が危ない」と思うかもしれない』という声があり，県側もオレンジゾーン以上の指定については『長期的視野で』と慎重だ」（『朝日新聞』2014年3月17日）と報道されている。このように，現場では警戒区域の第1段階であるイエローゾーン指定までたどり着く

のがやっとであり，実質的な規制をともなう次の段階のオレンジゾーンの指定まで行おうとしても，困難な状況である。

　結局，新しく導入されたL2の最大クラスの津波を前提に土地利用規制をかけるという画期的な事業は，具体的な地域の現場では動いていない。高い理念を掲げた法律が現実を前に適用が進まないのである。

従来の防災パラダイムは変わっていない

　以上，東日本大震災を踏まえての中央防災会議での議論，災害対策基本法の改正，さらに，新しい法律の制定の過程を見てきた。ここに見られる，大震災以降の防災対策の改革の方向性をまとめると，次のようになる。

　第1に，大規模災害への緊急対応能力を向上させたことである。これは，行政機関相互の分担関係や連携を強化することで果たされた。第2にその前提として，従来のハザードの想定よりも大規模な，「過去最大の規模」を新たに想定し，その結果，従来の想定と2種類の想定を行うようになった。第3に，こうした大規模災害を前提とすればこれまでの「災害を防ぐ」防災の考え方では無理であり，減災の考え方を導入せざるをえなくなった。

　「防災：災害を防ぐ」のではなく「減災：被害を最低限に抑える」にしても，すでに行政による防災対策の限界は明らかである。そのため，自助・共助・公助での災害対応が必要となる。こうした総合的な防災対策は同時に，防災対策を行ううえで「多様な主体」に期待せざるをえなくなる。そのなかでも「自助」の局面では，住民や民間事業者の自発的な防災への取り組みを推奨することになった。さらに，「共助」の局面ではそれを実現する集団が必要となるため，自主防災組織，消防団，ボランティアの重要性が指摘され，行政からはこれらの集団活動のための環境整備に取り組まなければならなくなった。共助の強調に関連しては，地域の防災力を強調し，その具体的制度として地区防災計画の導入が奨励されるようになった。その点で一部，分権的発想となっているが，こうしたボトムアップ型防災対策が導入されたが，全体として行政中心の防災対策への「住民の参加」への志向は弱く，わずかに，都道府県レベルの地域防災会議へ自主防災組織リーダーなどが参加することができるといった条項があるにすぎない。

　以上に見てきたように，たしかに東日本大震災の経験を踏まえて，減災の考え方，「自助・共助・公助」，「多様な主体」，民間事業者，地区防災計画，津波

防災対策と都市計画との連携などといった「新しい要素」が加わった。だが，(1) 防災関係法全体の体系，(2) 中央防災会議と防災基本計画を中心としたトップダウンの防災対策の展開，(3) 科学的な想定に基づく防災計画の策定と防災対策の実施という，従来からの基本的な枠組みは少しも揺らいでいない。その意味で，これまでの防災対策の基本的枠組みを変えずに，その周辺に新しい考え方を「ちりばめた形の」改革となっている。それは，中央防災会議が提唱した理念を実際の法改正や政策実施レベルにおいて，周辺的に取り入れたことでもある。言い換えれば，新しい考え方を導入したものの，そのことによって従来の枠組み（各省庁からすれば既存の権限や予算）が「侵犯されないように」周辺的に中央防災会議の提唱した新しい理念を取り入れたともいえる。そのため，「公助の限界」という形で行政による防災対策の限界は認めたものの，たとえば，行政は「ボランティアによる防災活動の環境の整備」に努めるというだけで，行政がもっていた政策決定の権限や財政権を地方自治体や共助セクターへ委譲するわけではない。

　中央防災会議，災害対策基本法改正，津波防災地域づくり法という3つの動きの相互関係を整理すると，中央防災会議では東日本大震災の経験を受け止めて，さまざまな新しい理念や考え方が提案されたが，法改正の段階では，その一部だけが採用されたにすぎず，それを採用するに際しても従来の防災の基本的枠組みを変更することはなかった。この両者の中間にあるのが津波防災地域づくり法で，最大級の津波を想定し，それに対して事前に空間規制をかけるという「高い理想」を掲げたが，その実現は地域の現場からは受け入れられないままである。

　以上述べてきたように，防災対策の基本的枠組みに変更がないばかりか，むしろ従来の基本枠組みを強調するかのように，「強くしなやかな国民生活の実現を図るための防災・減災等に資する国土強靱化基本法」（2013年12月）が制定され，国土強靱化の考え方が導入され，行政による防災行政の内容はいっそう拡大した。

4　今，求められているパラダイム転換

既存のパラダイムの限界はどこにあるのか
　2万人の死者が発生したという事態そのものは，既存の防災パラダイムのど

こかに欠陥があることを暗示している。では，どこに既存のパラダイムの限界があるのだろうか。これまでの議論を踏まえて，この限界について検討してみよう。

中央集権的な行政主導の限界　第2章の避難行動で見てきたように，中央集権的な行政が主導する防災対策は歴史的に見れば一定の役割を果たしてきたとしても，人々が安全に避難行動を行ううえで，それだけでは十分ではなかった。日本における戦後の防災対策の歴史を振り返ってみると，行政が中心に防災対策を進めてきたことが防災水準を向上させたことは確かだが，そのやり方には限界が見えはじめてきた。行政が行えることは防災のための環境条件を整備することにとどまる。一定の水準まで防災のための環境が整備されたとしても，住民自身が主体的に防災に取り組まない限り，それ以上，防災水準は上がらない。なぜならば，自分の命を守る主体的な取り組みなしに，外側から安全環境を整えていっても，その効果には限界があるからである。その点では，津波からの避難行動で見たように，いかに警報を迅速に伝えても，住民自身の普段からの備えと緊急時の主体的な判断能力，これらなしには安全に避難できない。では，個人的な判断能力を高めればよいのかといえば，それだけではない。ここで重要なのは，住民の避難行動は個人的なものではなく，集合体としての行動であるという点だ。この点に注目すると，自助だけで問題は終わらない。コミュニティやボランティアの役割，すなわち共助の力が緊急時の安全な避難のうえでは鍵となる。こうした「行政主導の限界」は，避難行動の局面だけに限られる問題ではなく，あらゆる防災対策の局面に及んでいる。

科学主義，計画主義の限界　地震の防災計画では，初期値として地震規模を設定し，次にそれをもとにシミュレーションを行って予想される津波規模を求め，その津波規模を設計外力として海岸保全施設などのハードな防災施設を整備していく。さらに同一の想定のもとで，警報伝達，避難所の設定，避難路の整備，防災訓練の実施などのソフト対策を行ってきた。このことは，科学によってハザードが予測可能であること，その科学的な知見によって防災計画を立案できるという基本的な前提に立脚している。

以上のような想定のあり方について，次の5つの問題点がある。

第1に，初期値である地震規模などのハザードを正確に予測できないことが，これまでの実際に起きた地震から明確になった。たしかに，東日本大震災が発

生する以前，大地震の発生確率が高い場所としては宮城県沖が同定されていたが，その地震規模はM8程度であり，実際に発生した地震規模の30分の1にすぎなかった。

　そのことが，第2の問題点につながっている。すなわち，その初期値を間違えると，それに基づいて導出される次からの予測値がすべて間違ったものとなる。加えてその想定で「安全な場所」として指定されていた避難所が津波で襲われ死者を増やすといった，想定が逆機能を果たす場合すらあることにも留意しなければならない。

　第3に，想定を行う過程において，果たして，その後のハードの防災対策やソフトの対策を決定づけるだけの，一意的な地震規模，津波高などの数値を与えること自体が妥当なのかどうか，疑問がある。たしかに，たとえば，堤防や原子力発電所を設計する際には「想定外力」の数値を与えないと設計ができない，その意味では一意的な値が必要である。だが，それは構造物建設にとって必要条件ではあっても，防災対策全体にとっては必要条件にはなりえない，「1つの可能性」のもとでの防災対策にすぎない。この点で，防災施設建設と防災対策全体を混同してはならない。防災対策では，その想定を超える高さの津波を想定した対策も必要であり，このことを考慮しなかったことが福島第1原発事故につながったのである。また，想定内で収まったとして，その社会的影響力（「堤防があるから，あるいは原発は常に安全に努めているから，避難を考えなくても大丈夫」といった間違った判断を与える可能性など）を検討し，それへの対策を行うことが求められる。

　第4に，地震や津波などの自然科学的な予測とそれに基づく物的被害の推論過程に比べて，社会現象として被害を算出する推論過程は科学的な妥当性が低いことである。社会面での被害予想は自然現象と比較して格段に介在する変数が数多く，質的にも多様である。

　第5に，以上の4つの原因が重なり合って，全体として，ハザード（地震）の想定からディザスター（被害）の想定までの一連の想定を順次積み重ねる方法の妥当性を低下させている。このように，ハザードからディザスターへの転換過程，想定に限定していえば「科学的想定」が「社会的想定」に移行する過程に，とくに多くの困難がある。

　東日本大震災では「科学に基づく想定」によって立てられた防災計画は，地震学が「正しい地震規模」を予測できなかったために，「現実」に裏切られた。

ここには「科学主義の限界」がある。ただし，ここで「科学主義の限界」と「科学の限界」とはしっかり区別しなければならない。「科学の限界」は科学それ自体で証明されるべき問題である。ここで「科学主義の限界」といったとしても，地震学に限定していえば，地震学が地震予知を追究する努力を否定するものではない。その点で，「現状ではこのような"地震予知"ができる可能性は極めて低いと考えられるが，遠い将来そのようなことが可能になるかもしれない，ということを否定するものではない」（加藤 2013：46）という地震学者の意見は当然である。「科学主義の限界」とは，現在の地震学の科学的な知見が，社会的な想定に展開する過程で生ずるものなのである。この点で，科学内部の想定と社会的想定を混同しないようにしなければならない。

既存のパラダイムの「限界効用低減」

たしかに，戦後の防災対策の展開のなかで，既存の防災パラダイムが一定の役割を果たしてきた。このことは否定できない。これまでの防災への取り組みは，戦後の荒廃した国土を立て直し，防災施設を整備し，日本社会の安全性を高めるのに一定の役割を果たしてきた。

しかし現在，従来どおりの防災の進め方では社会の防災力を向上させるうえで限界が見えてきたことも確かなのである。すなわち，これ以上，従来と同じパラダイムに立脚して防災対策を進めることは，一種の「限界効用低減」である。かつては，従来の防災パラダイムの考え方に立つ防災投資が大きな効果を発揮したが，現在ではその投資額が大きいわりに，それに見合った安全性を確保することは難しい。具体的な例を津波警報について見ると，初期に警報システムを導入したときの投資から得られた効用と比較して，現在これ以上津波警報発令と迅速な伝達に努めたとしても，そのシステム向上への投資による安全向上の効用が少なくなっているのである。津波からの避難行動の研究で見たように，安全な避難は情報を正しく伝えることだけで可能なのではなく，情報の受け手の避難行動につながる判断能力やコミュニティの能力（避難を可能にする環境的条件を含めて）を向上させることに防災投資を振り向けることこそが重要なのである。東日本大震災の経験は，そのことを実証してみせた。

既存のパラダイム転換の方向性

既存の防災パラダイムの限界が明らかになってきたとすれば，では，どうい

った方向に修正すべきであろうか。その修正の方向性を，第1に脱行政，第2に中央集権的な対策から分権化へ，第3に科学主義の修正，第4に想定の考え方の修正として，それぞれの方向性を提示し，最後に，各修正の方向性の相互関係を検討する。

脱行政

第1は，防災対策が行政中心に行われてきたことから軌道修正する必要がある。災害対策基本法の制定以降，日本では「防災対策は公共事業として行政が推し進めるべきもの」という考えのもと，防災対策の具体的内容はすべて行政内部で決定してきた。その結果，これまでの防災対策は行政的対策に偏向しすぎていた。

そして，半世紀にわたって行政主導で防災対策が進められてきたために，行政からはもちろん住民自身の自己認識としても，住民は防災対策の客体（その結果の，「お任せ防災」）になりがちであった。行政主導の防災対策からは，被災者は「守ってあげるべき存在」「受動的な存在，無力な存在」としてとらえられがちであり，そうした枠組みのなかで被災者自身が自分たちをそう思い，それゆえ，発災時でも「行政からの支援を待ちこがれる存在」として自己認識する。どの社会でも，「およそ災害に古来からまつわる誤った通念の1つは『支援者』は強く力があり，一方『被災者』は弱く，無力・無能であると，はっきり2つの型にはめ込んでしまうことだ」（ラファエル 1986＝1989：346）といわれる。特に行政主導の防災対策が長く続いた日本では，この傾向がいっそう強い。第2に，行政が中心となって災害支援が行われ，行政が民間支援活動の役割を代替してきたため，防災ボランティアなどの「必要性が感じられなかった」。そのためにボランティア団体も最近まであまり発展しなかった。もちろんこれは，災害の規模が中程度で民間の支援活動なしでも行政による支援だけで足りたこと，行政の活動能力を超えて民間支援が求められる巨大災害が阪神・淡路大震災まで発生しなかったことにも関連する。

行政主導の防災対策の問題点が顕在化しなかった別の原因は，行政による防災対策が効果的であるという社会的認識があったからである。行政主導の防災対策が効果を発揮しうるのは，1つは災害の規模が一定以下で行政だけで対応可能であること，もう1つは行政に災害対策を推し進めるための財政的な余裕があることである。「財政的に余裕がある」という表現は正しくないかもしれない。たしかに，公的財源から防災投資を行うには，高度経済成長期に典型的に見られたように，財政規模が順調に拡大し防災投資ができたということもあ

るが，もう一方では，財政がそれほど拡大しなくても，防災のための財政投資が「国民のために必要だ」「経済成長を続けるために必要だ」という政治的正当化が可能であればいい。

以上のような，行政中心に行われてきた防災対策を「脱行政」の方向に舵を切る必要がある。

中央集権的な対策から分権化へ

第2に，中央集権的な対策からの転換が必要である。「行政の限界」の議論を進めていく先に，トップダウン型の防災対策の修正の議論も必要となる。災害対策基本法制定当時，防災対策は緊急対応が中心的課題であった。その課題に対応するには，トップダウンで迅速に社会的資源を動員するほうが効率的だと考えられた。さらに，日本の行政システム全体が中央集権的にできているため，中央政府が中心となって防災対策を進めることが当然だとみなされた。日本の行政システムは，たとえば被災地自治体の災害対策本部が中心となって対応にあたるといったように，「現場主義」的に動いている。その点だけを見れば，分権的であるかのように勘違いされがちであるが，それは表面上だけで，日本の行政は集権的分散システムであるから，そう見えるのである。集権的分散システムとは「日本の政府間財政関係は公共サービスを主として地方が供給する分散システムだとしても，公共サービスに関する自己決定権が国の関与によって奪われている」（神野 2000：4-5）システムであり，このシステムのもとでは，「国が政策を（1）企画（デザイン），（2）（地方交付税・国庫支出金などで）財源保障を施して，（3）地方自治体が執行する」（佐藤 2009：24）形で行政が進められている。たしかに災害対策基本法成立当時と比べると，1990年代後半から日本の行政システムは「分権改革」を進め，現在は以前よりも分権的になっているが，集権的分散システムそのものの基本構造は変化していない。とくに分権改革が防災行政分野には反映されなかったために，防災行政分野は依然として集権的な性格を強く残している。もちろん，第2次災害対策基本法改正で導入された地区防災計画制度に見るように，わずかながら災害対策が分権化，住民の参加の方向に動いている。しかし，たとえば，1999年の河川法の改正と比べてみても，災害対策基本法は住民参加や地域集団参加を取り入れる努力は少ない。

防災行政において中央集権的システムと分権的システムを比較してみると，どちらが常に有利だということにはならない。どちらが効率的かは，災害の規模，あるいは，災害のフェーズや防災対策の内容による。たとえば，緊急期

の対応を考えると，一定規模以下の災害では分権的システムのほうが地域の被災状況を正しく把握して対応しやすく，その際には，政府は自治体のバックアップをするほうがいい。しかし，東日本大震災のような巨大災害では被災地の自治体の能力は著しく低下し，分権的システムに任せるのは非効率である。前災害期の防災を考えると，普段からの災害リスク情報の提供は，中央集権的に行うほうが効率的である。地方に専門家がそれほどいるわけではないので，前災害期の情報提供については集権制のほうが効率的であるが，災害の発生以前の防災対策の進め方については逆である。中央集権的システムで全国一律に防災施設を整備すると，ハードな防災対策に偏りがちとなる。ハードの施設整備とソフトの防災対策とを最適に組み合わせるためには，地域ごとの社会的条件を加味して，地域ごとに決めていくほうが合理的な場合が多い。防災計画についても，現在のように，中央で防災基本計画を策定し，その計画を地域へブレイクダウンしていくやり方，さらに，地域での防災対策（とくにハード施設の整備）を進めようとするときに中央からの資金がないと進められないやり方は，こうした合理性を否定することになる。また，何よりも，中央集権的システムのもとでは，地域自体が「自分たちの防災対策を自分たちで責任をもって考える」主体性を殺ぐことになり，中央依存的な防災対策となりがちである。こうしたシステム下では，住民が自治体に依存し，自治体が政府に依存するという悪循環が生じがちである。以上見てきたように，災害のフェーズ，災害規模などに応じて，集権的方法と分権的方法とを選択することが必要であり，現在のように，いかなる場合にも中央集権的に防災対策を進めることは合理的ではない。

さらに，脱行政という方向を考えると，防災対策を市場や社会の領域に拡大していくことが必要となる。そうした修正を進めていこうとすると，行為主体や意思決定主体が多元化していく必要がある。この点からも，行政の防災対策だけ中央集権的に進めることを難しくしていく。

科学主義の修正　先に科学主義の限界を指摘した。「科学主義の限界」とは「科学的な根拠があるとして社会的にある事柄を保障することの限界」である。この意味で，科学主義の議論は，科学と社会との接点上の問題を議論しているのである。地震予知に関しては「直前予知」を別にしても，地震の発生確率，発生するであろう地震の震源地，規模などを「正確に」予測することは，現在の地震学の水準では困難である。

東日本大震災後に行われた，地震学会の議論の総括のなかでも，「現在も近い将来も実用的な地震予知が困難であることは，地震科学研究者の共通認識と言って良いと思う」(川勝・鷺谷・橋本 2012：132) という認識が示されている。
　それにもかかわらず，現行の防災計画では，地震の震源，規模，発生確率を示し，それに基づいて（複数のケースを前提に置くことはあるとしても），津波のシミュレーションをし，ハードな整備とソフトな対策を立て，防災訓練を実施してきたし，このプロセスは現在も基本的には変わっていない。しかし，そうした想定と計画・対策のあり方が東日本大震災では見事に裏切られた。ここでの問題点は，一般には「想定外の規模のハザードが発生した」といわれるが，むしろ問題はそこにあるのではなく，「完全に正解とはいえない」（完全な正解が科学的に求められない）初期値から，行政が１つの「社会的な想定」を導き出し，その想定のもとに防災対策を「社会的に」提示したことである。
　しかし，こうした「科学と社会との接合面のあり方」，すなわち科学主義は修正される必要がある。地震学者からは，科学的に正確に地震規模や発生確率が求められないとすれば，少なくとも「曖昧さを考慮した予測システム」に対応する社会的システムを構築すべきだという提案がなされている。「従来の防災対策は，国レベルの中央防災会議がもとになり，地方自治体がその結果を受けて対策を立て，最終的に地域や企業，個人はそれらの対策にもとづいて動くことが中心であった。しかし……それに頼ってしまうのではなく，それぞれの立場で自発的に考え，判断し，行動していくことが不可欠であ」る（堀・金田 2013：53）。「ここで重要なことは，自発的に考え，判断し，行動するということは，個人だけに当てはまることではないということである。地方自治体，企業（一般，ライフライン，原子力施設など），学校・病院等の公共施設，地域コミュニティ，などの様々なレベルで，様々な情報にもとづいて，防災・減災のために，今何ができるか，いざという時に何ができるか，あらかじめ考え，対策をしていく必要があるはずである」（同上：53）という。まさにこれは「科学と社会との接合面のあり方」をより柔軟に考えようとするものだ。科学主義のこうした修正によって，中央が判断してそれに地方が従属する防災システムから，分権的な自発的主体からなる防災システムへの転換が必要となる。

想定の考え方の修正　科学主義の修正は，想定の考え方の修正につながっていく。すでに見たように，実際に中央防災会議ははじめて，２つの想定を提示した。防災計画の実際の想定に結びつく

形で，津波想定を最大のハザード（L2）と通常のハザード（L1）との2つの場合の想定を提示し，それぞれの防災対策を示した。では，これで十分，安全が確保できるであろうか。次に述べる2つの理由から，この変更でも十分ではない。

　第1に，L1，L2という2つの想定の提示の仕方では，住民が適切に避難するようにはならない。L1の津波の場合には防災施設で防いでおいて，L2の津波の，数百年に1度という津波に対して「適切に避難しろ」と言っても，住民の側は対応できない。L1のケースでは，堤防高以内の津波が発生しても海岸堤防で守られるために実際の被害が0である。こうした経験が長期間繰り返されていくなかで，発生頻度がきわめて低く，1世代はおろか数世代以上にわたって経験もしない（その点で，過去の経験も伝承が難しくなっている）事態に「適切に対応しろ」というのは，理性的には説得できても，実際の行動レベルでは対応がきわめて難しい。人間は，繰り返される事態のなかで学習する行動パターンに基づいて行動するものである。数百年間にわたって経験もしないような事態に対して即座に適切な行動をとることをどう学習するのかという問題が未解決のままである。

　もう1つの理由は，L1の防災対策のもとで形成される土地利用の方式は，L2の津波が発生したときには被害を拡大する要因になりかねない。一般的に考えても，100年以上にわたって津波の被害がない場合，開発圧力が強い都市部では高度な土地利用が進んでいく。この高度に土地利用がなされている空間にL2の津波が起きると，L1対応の堤防を乗り越えて津波が浸入し莫大な被害を発生させることになる。反対に100年間以上にわたって被害がない場所に対して土地利用の公的規制がかけられるかというと，それは社会的な合意形成が難しい。このことは現在，津波防災地域づくり事業が実施過程で直面している困難さである。こうした困難さのために，L2に対して危険とされる地域でも開発の動きは止められない。結局，この問題は，「想定外力」を高めに設定することと，いったん「想定外力」を超えたときの「跳ね上がり」を受容限度に抑制すること，この2つの間の妥協点はどこかという問題にほかならない。しかしながら，この問題を社会全体で議論し均衡点を導き出すことは難しい。さらにこの問題が解決したとしても，一定の「跳ね上がり」が発生することを組み込んだ防災対策をどう構築できるかという問題が，第2の難問として浮上する。

いずれにしろ，今回の「想定外の津波」被害を前に，L1，L2の2通りの津波想定をすることで「想定外の事態」を回避しようとする方策は，期待された効果を発揮するとはいえない。そのため，想定の考え方そのものを根本から考え直さなければならない。

これらの相互関係

以上，修正の方向性として，脱行政，分権化，科学主義の修正，想定の考え方の修正を提案した。

　従来の防災パラダイムにおいては，中央集権的な行政が主導する防災対策は，「科学的な根拠」に基づいて想定を行い，その想定を1つに絞り込んで，その一意的想定のうえで中央防災会議を中心として防災計画を策定し，具体的な防災事業を行政内部で決定してきた。この枠組みのなかで，行政の側からは「科学的に地震予知が可能になる」強い期待が寄せられ，地震学もそれに応えるべく努力をしてきた。しかも，実際に科学的に直前予知が可能になる前に，直前予知を前提とした大規模地震対策特別措置法が制定された。同法においては直前予知ができた場合の社会的対応までが計画され，実施手順が決められた。この点では，行政中心，中央集権的，科学主義，想定といったそれぞれの考え方は，相互に緊密に結びついていた。

　同様に，脱行政，分権化，科学主義の修正，想定の考え方の修正という変革の方向性は，相互に結びついている。脱行政化や分権化は，行政組織だけではなく，ボランティア組織や地域住民組織などのさまざまな社会組織，企業組織などの「多様な主体」が，防災を担うことである。この枠組みにおいては，今後起こりうるであろう地震リスクの評価，地震発生時の対応計画などは，これまでのようにトップダウン的に決めるのではなく，各個人や各地域・組織が置かれた自然的条件や社会環境を考慮してそれぞれで決めることになり，従来のように，政府が科学者の意見に基づいてハザードの想定をし，その想定に基づいて防災計画を決めるという一意的な決め方ではなくなる。この意味で，地震学者の堀高峰・金田義行がいうように「それぞれの立場で自発的に考え，判断し，行動していくことが不可欠」（堀・金田 2013：53）であり，そのための，その時々の科学的な判断と想定を提出することは必要であるが，それが一意的な判断や想定である必要はない。行政が堤防をつくるときに根拠とする想定は当然必要だが，それと別の想定のなかで，避難行動を考えることも必要である。複数の科学的判断と想定が必要であり，そのなかの「どれを採用するか」はま

さに「それぞれの立場で自発的に考え，判断」することなのである。具体的にいえば，同じ県内にあっても，沖合の海底地形の形状，半島や湾内の形状や陸地の微地形などによって津波の高さは異なり，気象庁の県を単位とした津波警報では一概に当てはまらないため，同じ警報に対しても生活圏の地域ごとの判断が求められる。また，同じ地域内にあっても，保育所と高校，あるいは企業の判断は異なるはずで，災害弱者を多く抱える保育所がもっとも安全優先の判断をしなければならない。

このように，従来の一意的な判断と想定から，それらを複数化し，最終的には，決定権は個人や組織，コミュニティにあると考えるべきなのである。

5　新しいパラダイム

新しいパラダイムの基本原理

以上の議論から，既存の防災パラダイムを脱行政，分権化，科学主義の修正，想定の考え方の修正の方向に組み替えて，新しい防災パラダイムを構想することが必要となるという結論までたどり着いた。では，どういったパラダイムを構築していかなければならないのであろうか。

まず，従来の第1の柱である中央集権的行政中心主義に対して，どういった政策原理を立てられるであろうか。

防災というテーマは「すべての国民に関連する」公共性の高いテーマであり，それゆえ防災対策は本来，行政的（法的を含む）対策，市場的対策，社会的対策の3つの部分から構成されるべきである。この3つの対策を総合化するとすれば，当然，防災対策において「多様な主体」を考えざるをえない。近年，政府や中央防災会議からも，防災対策の議論のなかに，企業，ボランティアやNPO，コミュニティ，消防団，自主防災組織などの「多様な主体」が登場し，さらに，公助・共助・自助の議論が行われてきたのは，こうした観点からすれば当然である。ここでの新しい政策の柱は，この「多様な主体」による防災対策をつくりだすことである。そのとき最も重要な課題は，この多様な主体間の役割分担であり，その間の調整メカニズムをつくりだすことである。「多様な主体」間の役割分担の議論は，すでに「自助・共助・公助」論などで議論が始まっている。ただし，その議論は現在までのところ，従来の防災パラダイムの変更なしに，自助・共助のセクターにいかなる機能を担わせることができるの

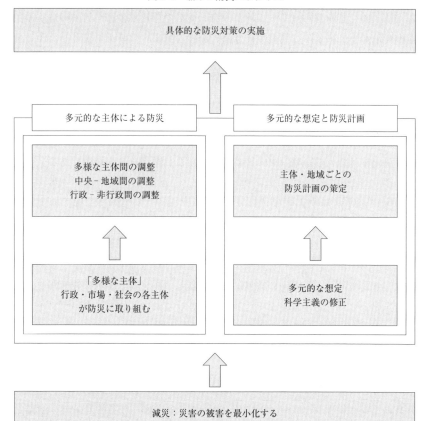

図6-3 新しい防災パラダイム

かという議論にとどまり，各主体の責任，評価と決定権，財政負担の問題にまで及んでいない。とくに，脱「中央集権的行政」からは，政府がもっている防災対策費用をめぐる分権化あるいは社会的組織への委譲の議論が必要である。この新しいパラダイムは，各主体がさまざまな決定権をもって防災に取り組むという意味で「防災自治」とも名づけることができよう。

　第2の従来の柱である科学主義に基づく計画主義に対しては，どういった原理がとって代わることができるであろうか。それは，「多様な主体」による防災対策に対応して，科学主義を修正し，科学的な想定と社会的な想定とを区分すること，社会的想定は中央政府からの一意的な想定ではなく，多様な想定を行

い，その多様な想定に基づいて，各地域や各企業などが，自分たちの自然的，社会的環境のなかでもっとも妥当な防災対策を選択することである。その意味で，「多元的な想定のなかで防災対策が進められる」ことが必要となる。以上の点を図にすると，図6-3のようになる。この図を，従来の防災パラダイムの図（図1-1）と比較すると，変更点は一目瞭然であろう。

こうしたパラダイム転換提唱の背景には，災害対策基本法制定当時の日本社会から，現在，大きく社会が変化したことを，防災対策上正しく評価していないという主張がある。社会の変化に応じて，政策の基本も変化するべきだ。日本社会は現在，1960年代の頃と比べて，市民社会の成熟，ボランティアセクターの成長，伝統的な地域集団の衰退からの反転して新しい地域集団が生まれつつあること（田中 2010：第3章），中央集権的な社会運営の限界と分権改革など，社会構造の根本的な変動を経験してきた。こうした社会変動を踏まえて，上記の新しい防災パラダイムを提案しているのである。

新しいパラダイムに立脚した今後の防災対策のあり方──政策的提言

こうした提案をすると必ず，「そうはいっても，実際に，『多様な主体』が防災を担うことが可能だろうか」「具体的に，政府が今のような中心的な役割の位置から退いて，防災自治で実際に災害へ対処できるだろうか」という疑問が提示されるだろう。実際，現在の政策判断としては「直ちに，新たしい防災パラダイムで災害対応することはできない，その転換には時間がかかる」ことはたしかである。政策論としての議論には，現実との妥協が必要であり，現実的な可能性と理論的な効率性との接点を求めていくことが必要となる。

「新しいパラダイム」として提案したものは，政策転換をしたとしても一挙に実現できるものではない。たとえば，「住民を主体として」としても，ほかならぬ「住民」自身が長い間，行政中心の防災対策のもとで災害対策を考えてきたために，多くの人々にとっては直ちに「住民主体の防災」を実行できるわけではない。また，日本の行政ステムは1990年代から緩やかなに分権化が進んでいるとはいえ，中央政府の構造としてはいまだ財政権限を中心に中央集権的な特質を残している。一方，地方行政においても「住民主体」を支えるだけの地方行政組織が完成しているわけではない。この点では，公助・共助・自助の分担関係を時間をかけて修正していくしかないだろう。

では，現実的な政策選択とは何か。ここでは，2つの実践が求められる。第

1に，ここで「新しいパラダイム」として提示したパラダイムを「対抗的パラダイム」（Alternative Paradaim）として導入することである。繰り返し述べてきたように，これまでの中央政府を中心としたパラダイムが機能していないとしているわけではなく，今後，こうしたパラダイムが機能低下せざるをえないと主張しているのである。むしろ，「もう1つの」パラダイムを導入し，両者が補完し合うことが当面必要となる。その1つの理由は，新しいパラダイムを支える社会的基盤が直ちに育つわけではなく，時間をかけて育てる必要があるということである。ただし，そうした方向に舵を切ることを自覚することは必要である。繰り返せば，新しいパラダイムだけですべての災害対応が可能だというわけではない。防災自治も中央政府主導の防災と同様「限界をもっている」，あるいはもっと正確にいえば「強み，弱みをもっている」。今後の新しい課題は「トップダウンとボトムアップとの調整」，あるいは「両者の補完関係をどう構築するか」であり，それは「公私のパートナーシップの確立」でもある。

第2に考えるべきは，行政中心ではなく住民主体，科学主義ではなく経験主義からなる「対抗的パラダイム」が潜在的にはすでに存在していることを見逃すべきではない。先に述べたように，行政中心の防災対策，災害対応のなかでも，被災地の現場では，地域に根付いていた災害文化が災害を拡大することを防止し，行政が中心となって進める緊急支援活動とは独立に，地域のコミュニティが自分たちの生活を支えてきた。そうした行政中心の防災パラダイムのなかでも存続してきた「対抗的，潜在的な防災パラダイム」を発掘し，積極的に評価することが必要となる。その意味では，今後も，そうした対抗的なパラダイムを育てていけばよいという議論もできるのである。ただし，ここで注意すべきは，こうした対抗パラダイムはどの地域でも健全な形で存在しているわけではないという点である。

以上2つの実践を通して，対抗的パラダイムが既存のパラダイムにとって代わるとき，現実に，防災対策のパラダイムシフトが完成するであろう。

参考文献

中央防災会議，2011，東北地方太平洋沖地震を教訓とした地震・津波に関する専門委員会，『東北地方太平洋沖地震を教訓とした地震・津波対策に関する専門調査会 報告 平成23年9月28日』．

中央防災会議，2012，防災対策推進検討会議「防災対策推進検討会議 最終報告――ゆる

ぎない日本の再構築を目指して 平成24年7月31日」.
堀高峰・金田義行, 2013, 「地震発生予測システムによる予測試行実験と情報発信のあり方」日本地震学会 2012年秋季大会特別シンポジウム実行委員会編『「ブループリント」50周年 地震研究の歩みと今後』.
神野直彦, 2000, 「集権的分散システムから分権的分散システムへ」神野直彦編著『分権型税財政制度を創る』ぎょうせい.
加藤照之, 2013, 「"地震予知"に対する日本学会の取り組み」日本地震学会 2012年秋季大会特別シンポジウム実行委員会編『「ブループリント」50周年 地震研究の歩みと今後』.
川勝均・鷺谷威・橋本学, 2012, 「地震学会は国の施策とどう関わるのか──地震研究者・コミュニティの社会的役割とは何か」日本地震学会 東北地方太平洋沖地震対応臨時委員会編『地震学の今を問う(東北地方太平洋沖地震対応臨時委員会報告)』.
建設省河川局・水産庁, 1983, 「津波常襲地域総合防災対策指針(案)」.
国土交通省, 2011, 「津波防災地域づくりの推進に関する基本的な指針」(2019年2月4日取得, http://www.mlit.go.jp/common/000188287.pdf).
室崎益輝, 2015, 「地区防災計画制度の概要と策定の意義」『季刊 消防防災の科学』No. 121(2015夏号).
西澤雅道・筒井智士, 2014, 『地区防災計画制度入門』NTT出版.
ラファエル, ビヴァリー, 1986=1989, 『災害の襲うとき』石丸正訳, みすず書房 (*When Disaster Strikes: How Individuals and Communities Cope with Catastrophe*, Basic Books, Inc., Publishers).
災害対策法制研究会編著, 2014, 『災害対策基本法改正ガイドブック──平成24年及び平成25年改正』大成出版社.
佐藤主光, 2009, 「災害政策体系の整理と提言──被災者支援を中心に」『経済学的視点を導入した災害政策体系のあり方に関する研究報告書』内閣府経済社会総合研究所.
生田長人, 2013, 『防災法』信山社.
田中重好, 2010, 『地域から生まれる公共性──公共性と共同性の交点』ミネルヴァ書房.
津久井進, 2012, 『大災害と法』岩波書店.

第2部

支援パラダイムの転換と市民社会

第7章

支援パラダイムの転換

横田尚俊・平井太郎・田中重好

1 新しい支援の胎動──なぜ自治体間支援をとりあげるか

東日本大震災の衝撃と災害支援

2011年3月11日14時46分,東北地方の三陸沖でM9.0の巨大地震が発生した。東北地方太平洋沖地震,すなわち東日本大震災である。長さ450 km,幅200 kmにわたって断層がすべったこの巨大地震によって,宮城県北部で最大震度7を記録したほか,関東から東北地方にかけての広い範囲で震度6弱以上の揺れを観測した。そして,周知のように,東北地方を襲った（最高遡上高が40 mを超える）巨大津波と,それに起因する福島第一原発の事故により,「戦後最悪の災害」と呼ばれた1995年の阪神・淡路大震災をはるかに超える甚大な被害が生じた。

東日本大震災は,被災地の広域性と大規模複合としての性格,津波被害による自治体機能の壊滅,未曾有の原発災害にともなう広域避難など,これまでにないような特質をもつ大規模複合災害であり,日本社会における「中心」と「周辺」との関係をあぶり出す「広域システム災害」(山下 2013)でもあった。

他方で,この災害は,被災地・被災者支援という点でも,これまでにない特

質を示している。全国的に広域レベルで，多様かつ膨大な支援が行われたという点である。

　たとえば，行政レベルでみると，緊急消防援助隊派遣のべ人員数は，災害発生後およそ3カ月の間に約10万4000人を数えたし，一般職・地方公務員の派遣も約1年間（2012年3月末まで）で8万1000人を超えた。また，日本赤十字社を含む4団体に寄せられた義援金は，約1年間で，阪神・淡路大震災時（1800億円）の約2倍，3521億円（2012年3月30日の時点）にのぼったほか，食料・水，衣料，医薬品など，さまざまな種類に及ぶ膨大な量の物的支援も展開された。阪神・淡路大震災で一躍有名になった災害ボランティアも，被災後1カ月ほどは，受け入れ体制の問題から現地入りを抑制する動きがあったものの，被災3県のボランティア・センターに登録した人数は1年間でおよそ95万人を数えた。

　本章から続く第2部では，東日本大震災で展開された，こうした膨大かつ広域的な災害支援の取り組みのうち，自治体間支援に焦点を合わせ，その特質と可能性について論じていく。

災害支援のなかの自治体間支援

　災害支援（被災者・被災地支援）とは，主として被災地外や直接被災しなかった人々・機関などによる被災地・被災者への援助行動を意味している。そうした援助行動には，人材およびサービスの提供や物資・物財の支援，義援金・募金・資金助成など金銭面での支援，情報・知識・技術の支援などさまざまなものが存在する。

　支援の担い手・主体という側面から災害支援を区分すると，まず，阪神・淡路大震災後，体制構築が進められてきた，政府・自治体行政や防災専門機関による支援があげられる。災害対策基本法に基づく日本の防災体制においては，基本的に被災市町村が災害対応を担うことになっているが，そこで対応が困難な場合には同一都道府県内の市町村や都道府県が支援し（都道府県は他市町村による支援の調整も担当する），それらも困難であったり支援が不足したりする場合には，国が調整して他の都道府県・市町村が支援を行うというしくみになっている。都道県知事の要請に基づく自衛隊の災害派遣や，阪神・淡路大震災を契機につくられた緊急消防援助隊，警察の広域緊急援助隊，災害派遣医療チーム（DMAT）の派遣，さらには自治体間での災害時応援協定に基づく支援など

は，行政システムレベルでの災害対応を補完・支援するものである。自治体行政間の支援としては，関西広域連合によって実施された「カウンターパート方式」の支援や遠野市の後方支援拠点機能，支援自治体による現地事務所，現地支援本部設置の動きなどが，東日本大震災において創発した新たな支援のしくみだといえよう。

　第2は，民間の人員や団体による支援である。これには，災害救援ボランティアやNPO，生活協同組合，労働組合，企業・業界団体，専門的職能団体，大学・専門学校，宗教団体など，さまざまな担い手による取り組みが含まれる。東日本大震災では，個人ボランティアによる活動が阪神・淡路大震災に比べると低調であったといわれるが，民間団体による組織的活動やネットワーク型の支援は，その広がりにおいても厚みにおいても，阪神・淡路大震災当時と比べると飛躍的に進展したといえよう。災害支援ボランティア団体やNPOだけをみても，東日本大震災支援全国ネットワーク（JCN）をはじめ，Civic Force，災害ボランティア活動支援プロジェクト会議，静岡県災害支援隊，DSP災害支援プロジェクト，災害支援プロジェクトLOTS，東京災害支援ネット，宗教者災害支援連絡会，被災者をNPOとつないで支える合同プロジェクト（つなプロ）など，NPOが主体となった支援プロジェクトやネットワーク型の取り組みが目立っている。

　そして第3に，自治体行政と市民，企業などの連携・協働によるガバナンス型支援があげられる。このタイプの支援は，新潟中越地震（2004年）の被災地支援においてその萌芽が現れていたものの，今回の大規模複合災害で広範に行われた新たな自治体間支援だとみなすことができる。

　東日本大震災では，人や救援物資，義援金などを被災地・被災者に供給する「送り出し支援」が広範かつ膨大に行われただけではない。東京電力福島第一原子力発電所が引き起こした未曾有の原発事故によって，「強制避難」「自主避難」を含めた数十万人ともいわれる「原発避難者」が全国各地に生じたため，遠方も含めた多くの自治体がこれらの人々を受け入れ，その避難生活を支えるための「受け入れ支援」を展開していった。また，被災地から遠く離れた自治体で，福島県内等の被災地周辺で避難生活をおくる人々やその子どもたちを定期的に招待し，保養メニューを提供したり，被災地の特産品や避難者が制作した物品などの販売支援をしたりするような「交流型支援」も新たに胎動した。

　「受け入れ支援」や「交流型支援」は，自治体行政と民間団体との連携・協

働によって行われるケースが多く，今回の自治体間支援において，ガバナンス型支援の創発がきわだっていた支援領域だといえる。

自治体間支援研究の社会学的意義

災害支援に関する社会学的研究は，阪神・淡路大震災を契機として，おもに災害ボランティアの機能やボランタリズムの可能性といった論点をめぐって行われてきた。阪神・淡路大震災におけるボランティアの支援（「自立支援」）を行為論の視点から分析した似田貝香門，佐藤恵らの研究はその代表例である（似田貝編 2008，佐藤 2010）。

東日本大震災においても，避難所や仮設住宅における支援，原発災害による遠隔避難者への支援を対象とした調査研究が行われ，支援主体・支援システムの形成過程とその類型，支援主体と避難者との関係などをめぐり，さまざまな知見がまとめられている（山下・開沼編 2012，西城戸・原田 2013，田代 2014，小内 2015，高橋 2015，後藤・宝田 2015，松井 2017）。

自治体間支援に関しても，現状分析や政策提言などが行われているが，多くは行政学と地理学分野の研究であるため，論点が，支援における需給関係のマッチング調整や災害発生時の通信手段確保，自治体間での人材融通システム構築など，行政システムにおける広域支援の制度・対策・機能の実態と改善点の分析に偏している（稲継編 2012，難波 2011，林ほか 2012，山田 2012）。第2部の諸章は，これに対して，地域社会学の視点から，自治体間支援の現実と可能性について，実証研究の成果をもとに論じようとするものである[1]。

むろん，自治体間支援研究において，広範な支援が被災地や被災者の救援や生活再建・被災地復興にどのような機能を果たしたのか，今後想定される大規模災害（南海トラフ地震や首都圏直下型地震など）において，自治体間支援が果たしうる積極的な可能性とは何か，というような防災・減災的観点が優先されるべきことは論を俟たない。だが同時に，社会学の視点からは，自治体間支援成立の社会的条件や，自治体間支援を通して支援側の自治体・地域社会にどのようなインパクトや変化がもたらされたのか，その変化の累積により全体社会（日本社会）にいかなる変動が生じつつあるのかという点について，分析・考察を深めていく必要があるのではなかろうか。

具体的には，支援に取り組んだ自治体側の政策（防災・減災対策など）や組織文化の見直しにとどまらず，自治体間支援の取り組み（とりわけ創発的なガバナ

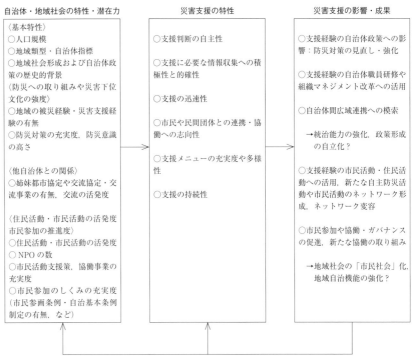

図 7-1　自治体間支援に関する調査研究の枠組み

ンス型支援）が，民間団体と行政との組織間関係や住民参加・市民参加のあり方に変化を促すとともに，新たな市民活動団体の創発や団体間ネットワークの再編成などを通して，地域社会変動を引き起こしているのではないか，という論点である。換言するなら，自治体間支援のフィードバック効果の解明ということになる。これは，日本社会全体の「市民社会としての成熟」や協働・ガバナンス型社会への転換（可能性）を展望することにもつながるであろう。

　このようなわれわれの研究枠組みを示したのが図 7-1 である[2]。この枠組みのもとで，まず，全国 17 県 543 市町村を対象とした自治体間支援に関する質問紙調査（2012 年 12 月実施，回収率 47.4%）を実施し，マクロな動向を把握した。量的調査の結果については，すでに報告書にまとめているので，本書第 2 部の諸章でそれらデータを逐一，紹介したり説明したりはしないが，調査からは，①自治体間協定や独自判断に基づく「水平型」支援が基調をなしたこと，②3

分の 1 強の自治体で民間団体と協力して支援が行われたこと，③被災地との距離とは無関係に多くの支援がなされたこと，④9 割を超える支援自治体で防災対策の見直しや防災意識の向上がみられるとともに，ほぼ半数の自治体で市民活動の活発化や市民・民間団体との協力・協働の強化が図られるなど，一定のフィードバック効果がみられること，などの点が明らかになった（自治体間支援研究会編 2015：12-22）。

こうした調査結果を受けて，2012 年から 16 年にかけて，「新しい支援」として創発した，ガバナンス型支援の諸事例をとりあげ，その成立条件，組織・ネットワークと活動の特質，フィードバック効果などに関する質的調査を実施した。それらの支援には，自治体首長のリーダーシップと市民活動団体の支援活動とが出会う形で構築されたタイプや，社会福祉協議会を核としてボランティア団体や企業，行政がまとまって支援したタイプ，有力な NPO やそのネットワークが核となり主導して支援体制が組まれたタイプなど，さまざまな形態があったが，その概念的類型化については本章 4 節にゆずる。

いずれにせよ，このような「新しい支援」は，いきなり東日本大震災において創発したわけではない。その背景・前提条件には，行政・政策サイドの災害支援策における「パラダイム」改変と，市民社会レベルでのボランタリズムの成長という社会的潮流が存在し，両者が交わることによって，ガバナンス型の自治体間支援の創発をみたといえよう。本章の以下の節では，両者の動向を考察した上で，支援の新しさを概念的に位置づけていく。

2　戦後日本の防災対策と災害支援

戦後日本の防災対策と災害支援は，災害対策基本法（以下，災対法）に規定された「防災中心主義」（津久井 2012：25）あるいは「集権主義＋科学主義」の志向（田中 2013a）のもとに，「災害救助法パラダイム」と呼ぶべき運用（津久井〔2012：54-55〕のいう「災害救助事務取扱要領五原則」）がなされてきたと言えよう。これらは，戦中・戦後の社会的な荒廃期に続発した大規模な自然災害を受けて，災害救助法，さらには災害対策基本法，その他のさまざまな法令のかたちをとって後追い的に整備されたものであり，1995 年の阪神・淡路大震災まで根柢的な反省にさらされることが少なく，まさに「戦後日本」を一貫した，災害に向き合う社会システムであったと言えよう。

そのシステムないしパラダイム自体については，田中（2013a）をはじめとして，これまでもくりかえし反省が加えられてきた。したがってここでは，このパラダイムの根幹をなす災対法の生成過程を再考したい。なぜならそれは，今，求められている課題，すなわち東日本大震災を契機として，災害にこの社会がどう向き合うべきかを考え，どのような道筋を選び取るべきかという課題と，まさに重なり合うものだからである。

大災害期の1つの乗り越え方としての災対法

　よく知られているように災対法は，その制定の2年前，1959年9月の伊勢湾台風を契機として議論が始まり，紆余曲折を経て成立した。たしかに死者・行方不明者5098人という伊勢湾台風の被害は，現在から見ても大規模である。だが注意しなければならないのは，この時期の日本は，死者・行方不明者が1000人を超える大規模災害が毎年続発していた。実際，災対法を議論した国会でくりかえし指摘されていた[3]のは，1946年からの15年間に，水害だけで3万人の死者・行方不明者と3兆円（同期間の累年GNP比3%）の物的被害があった事実である。この3万人，GNP比3%という数字は，くしくも東日本大震災の被害，すなわち死者・行方不明者約2万人，被害額GDP比3%と匹敵する。その意味で当時もまた，社会を揺るがすようなインパクトが実感されていたと見てよい。

　したがって災対法の制定過程を反省する際にも，たんに当時の巨大災害が契機となったとするだけでは十分ではない。むしろそこで揺るがされていた「社会」とは，どのようなものだったのかを考える必要がある。すなわち，当時の人々にとって (1) どのような生き方が揺るがされたり，あるいは自ら変えようとしたりしていたのか，その際 (2) そうした変化を，場合によってはその当事者も含めて，誰が，どう決めようとしていたのかを深掘りしてゆく必要があると考えられるのである。

　そうした人々の生き方や意思決定のあり方に接近するにはさまざまな方法がある。ここでは法制度を核とする社会システムに焦点を当て，災対法制定に至る国会での議論をひもとく。具体的には，災対法制定までに「災害/防災」にかんする「基本法」が議論されたすべての会議（表7-1，計244会議）での発言を考察していく。

表 7-1　災害対策基本法成立までに「災害/防災」「基本法」が討議された国会の会議一覧

第 32 国会	衆議院農林水産委員会 1959 年 10 月 21 日	1 会議
第 33 国会（1959～60 年）	衆議院災害地対策特別委員会，地方行政委員会，参議院風水害対策特別委員会	計 34 会議
第 34-37 国会（1960～61 年）	衆・参議院農林水産委員会，建設委員会，地方行政委員会等	計 45 会議
第 38 国会（1961 年）	衆議院災害対策協議会等	計 93 会議
第 39 国会（1961～62 年）	衆・参議院本会議，災害対策特別委員会，地方行政委員会等	計 71 会議

「産業構造の転換」という災害の捉え方——産業災害

　まず注意されるのが，災対法の原型となる「災害総合立法」が提唱されたのが，伊勢湾台風の災害支援策を議論した 1959 年 10 月 21 日の衆議院・農林水産委員会[4)]における，当時の福田赳夫農林大臣だった点である。

　「災害対策特別委員会」（当時は「災害地対策特別委員会」）でなく，また，災害救助法を所管する厚生大臣でも，災害救助の実務者（都道府県知事・市町村長）を所管する自治大臣でもない点が，当時の災害のリアリティを教えている。すなわち，1955 年から 60 年にかけては第 1 次産業と第 3 次産業の就業者数がちょうど入れ替わってゆく時期に当たり（両者とも約 1500 万人前後），耕地面積のピーク（600 万町歩）もこの時期に訪れる。この頃の人々にとって「災害」とはまずもって農地や漁場，林地の被害であり，しかもそれらの産業は連年打ち続く災害と軌を一にして急速に衰退していくと予感されていたと言えよう。実際に農林大臣・福田もまた「災害総合立法」の構想を披歴した際，こう展望している。

　もちろん，お話の通り，個人が復興されなければ災害は復興されたとは言えません。さようなことから，たとえば家を作るという際におきましては，開拓地においてブロック建をするようにいたしたいとか，いろいろ個人の住宅等につきましても配慮を加えていきたいと思います。なお，しかし，災害から復興するという過程におきまして，農業近代化の方向というか，それを取り入れていくという考え方，これは非常に重要なことではあるまいかというふうに考えておるわけでございます。たとえば，農地をどういうふうに復興するかというのも，今までのこまごま区切った形よりも，復興と同時に土地

第 7 章　支援パラダイムの転換

の交換分合もできておるとか，あるいは農地の経営面積が広くなる形でありますとか，そういうものが好ましいとか，いろいろあろうと思いますが，とにかく，立ち上る際に，農業経営の合理化という方向は大いに進めて参りたい，かように考えておる次第であります。

　この福田の発言は，これからたどっていくように，この場限りの個人的なものではなく，この時期の災対法をめぐる構想や期待，理想と失望の核心を照らしている点で重要である。しかもそれは，現在，災対法やそれを中心とする戦後日本の防災パラダイムをめぐる批判では，それほど注意されていないので，以下，立ち入って検討してみたい。

　まず福田が指摘しているのは，「個人の復興」の重要性である。この点は，戦後日本の防災パラダイムでは，否，現在もなお軽視されていると批判されることが少なくない（津久井 2012）。しかし後で見るように，むしろこの時期，「個人の復興」あるいはそれに先立つ「個人の災害」に関心が向けられるようになったのである。軽視と無視とは異なる。「個人の災害/復興」が注目されるからこそ争点となる。国会討議でも「個人災害」という概念がくりかえし現れ，それに対する手立ては災対法の設計の焦点の1つと見なされていたのである。

　次に，福田は「復興」における「近代化」あるいは「合理化」の重要性を説いている。この論点は，阪神・淡路大震災後の「復旧から復興へ」，あるいは東日本大震災後の「創造的復興」とも重なる。当時の概念では「原形復旧」から「改良復旧」へという志向に当たる。この時期なぜ「改良復旧」が叫ばれたのか。端的に言って，「原形復旧」にもかかわらず連年，水害に見舞われていたからである。たとえば伊勢湾台風の被災地の多くは防潮堤などの復旧が急速に進められたが，翌年の1960年梅雨前線豪雨，さらに1961年の第2室戸台風でも二重，三重の被害に見舞われていた[5]。だからこそ「原形復旧」の有効性が根本から疑われ，何らかの「改良復旧」が必要だと信じられるようになっていた。

　同時に福田のいう「近代化/合理化」は，そうした「改良復旧」に一定の方向性を与えるものであった。それは，ここでは「農業の近代化/合理化」とうたわれているが，さらに広い文脈に位置づければ，現実に進みつつあった「産業構造の転換」にほかならない。福田は間もなく安保闘争後，閣外に去るが，翌年の衆院予算委員会で，新内閣が打ち出した最初の「基本法」，すなわち農

業基本法に質問を投げかけている（1960年10月23日）。そこではまさに，農業から「新産業」にどう労働力を移動させるかがくりかえし議論されていた。つまり，この当時「改良復旧」に関心が集まる背後では，たとえば防潮堤をかさ上げするか否かという土木施設の性能だけでなく，そうした復旧にともなって，人々がどう暮らし方や働き方を変えていくのか，あるいはすでに変えつつあるのかが問題とされていたと言えよう。

　それが現場で生きる人々にとって切実だったことも国会討議からうかがえる。災対法が本格的に議論されたのは，1961年7月から9月にかけての「災害対策協議会」，すなわち閉会中審査であった。そこでは伊勢湾台風以上に，直近の1961年梅雨前線豪雨災害（三六水害，死者130人）が議論されていた。この災害は討議のなかでも「天竜川災害」（1961年7月20日宮沢胤勇議員）と称されたように，天竜川水系で土砂災害が広汎に見られ，多くの耕地や蚕糸設備が土砂に埋まった。それらの生産設備の復旧には，農業関係の融資や給付がないわけではないが，天竜川水系全体の治山治水の見直しが必要とされ，まったく目途が立たない状態であった。すでに少なくない農家が離村し都市に日雇の口を求めて移動しつつあったという。

　こうした例は「天竜川災害」だけに限ったことではあるまい。というのも，この「天竜川災害」が国会の場で，きわめて示唆的な，別な概念に類比されていたからである。「産業災害」である（1961年7月20日藤田藤太郎議員）。この言葉は当時，炭鉱での落盤事故による被害など，現在では「労働災害」と呼ばれる事象を指していた。それを類比的に，天竜川での被害者やその声を受けた政治家たちが用いたのは，天竜川水系における大規模土砂災害の原因が，現場の人々からすると，この水系に続々と設けられた発電用のダムが，豪雨時に排水したことにあったように見えたからである。著名な佐久間ダムをはじめ発電用ダム群が，戦前に引き続き国土総合開発計画の一環（天竜東三河地域総合開発計画）として進められてきたことは周知の事実であった。そのダム群が豪雨時にもかかわらず排水したのは，自らの軀体を守ることで，農業や林業とは異なる「新産業」の利害を優先したのだと直感されたのである。

　このように，同じ災害でもたんに豪雨災害，土砂災害ではなく，「産業災害」と呼ぶ視点が提示されたことにより，災対法の制定過程では，さまざまな災害が「産業災害」として焦点化されてくる。天竜川と同様，電源開発が進められていた水系は全国各地にあった。同じ三六水害でも，京都府桂川水系や由良川

水系，三重県上野盆地水系などが，やはり発電用ダムの排水操作による災害助長が疑問視された。さらに興味深いのが，1962年第2室戸台風の際の大阪都心部などでの高潮被害をめぐる議論である[6]。そこでは，同じ大都市を襲った高潮被害に対して，伊勢湾台風直後には見られなかった「産業災害」という視点が与えられたことで，その原因が防潮堤や気象予報の不備にではなく，大阪沿岸部で進む産業用地下水の汲み上げに求められることになったからである。地下水汲み上げによる地盤沈下はある時期以降「公害」とされ，現在では「災害」だと見なされまい。しかし，この時期には紛れもない「災害」として，しかも急速に進みつつある産業構造の転換がもたらした「人災」として，多くの人々が捉えていたのである。

「個人災害」の焦点化

　こうした「産業災害」という捉え方が見逃せないのは，そのようにしてもたらされる災害が，先に挙げた福田の最初の論点，「個人災害/復興」の重要性を，この当時の人々に気づかせたからだと考えられるからである。「個人災害」という概念は伊勢湾台風直後の国会審議から散見される。それは具体的には，個人所有の生産設備（耕地や園芸・漁業施設，あるいは中小零細企業の工場や事務所），さらにやはり個人所有の住宅に対する被害を指す。

　こうした「個人災害」が焦点化されたのは，まずもって同時代，生産設備や住宅の個人所有化が進められていたからにほかならない。農業では農地解放による自作農創設や復員受け入れのための開拓・入植を通じ，ほぼすべての農地の個人所有化が進んでいた（山下 2014）。伊勢湾台風をはじめとする高潮被害も，沿岸部に急速に広がった干拓地の入植者に集中していたのである[7]。さらにこの時期は，朝鮮特需を契機とする高度成長の端緒に当たっていた。その際の産業構造の転換は，電源開発等の大資本が主導するもの以上に，大都市の町工場や中小商店によって担われていた（黒瀬 2011）。名古屋や大阪沿岸を襲った高潮が直撃したのは，まさにそうした新興の中小零細企業の事業所であり，それら事業所の多くは経営者たちの住宅も兼ねていた[8]。加えていえば，戦災復興，そして災害復興で公的に建設された仮設住宅や公営住宅の払い下げが，当時速やかに進められていたことも見逃せない[9]。そうした措置は，依然として財政難に苦しむ政府による資金回収の思惑に沿ったものであると同時に，人々もまたたとえ劣悪狭小であったとしても，住宅を自ら所有できることに戦

争とその後の混乱からの復興を託していたとみて間違いない[10]。

　そのように生産設備と住宅の個人所有化は，政府からも人々からも総じて支持されていたと言えよう。だからこそ，日本社会党や日本共産党といった野党勢力だけでなく，政権自体も「個人災害/復興」の重要性を認めていたのである。日本社会党は，1960年の段階で「個人災害」に対する国費救済をうたった「災害援護法」をまとめ，国会提出の機をうかがい，与党議員にも賛同する声が少なくなかったという[11]。しかしこの「災害援護法」は，政府も災対法とあわせて検討を加えたものの，結局，成立しなかった。

　その原因として，国会での議論からうかがえるのは，国費救済の根拠となる論理が，国家賠償責任論，とりわけ無過失賠償論と結び付けられていたからだと考えられる[12]。この論理は，国家にたとえ過失が認められなかったとしても，被災者に対する公的救済が国家賠償として行われるべきだとするものである（山崎 2013：219）。政府がこの論理に敏感であったのは，当時の「災害」，すなわち現在の「公害」も含めた「産業災害」全般が念頭にあったからだと考えられる[13]。

　先にふれたダム災害や地盤沈下をはじめ，急速な産業構造の転換にともなう「産業災害」が続発し，国会でも炭鉱事故などの救済を誰がどう担うかがまさに議論されていた[14]。「産業災害」がどこまで広がるかは，「新産業」と呼称されていたように，まさに新しい現象であり想像しがたかったのであろう。だからこそ，「産業災害」にまつわる個人の被害も，それに対する公的な救済に歯止めがかけられたのだと考えられる。

　今日，災対法＝救助法パラダイムにおける個人給付や現金給付の抑制志向は，集権主義や防災中心主義といった政府のイデオロギーとその前例化が原因だと批判されることがある（津久井 2012：54）。もちろんそれも無視できないが，同時に，ここでたどってきた「個人災害＝産業災害」だとする潜在的な社会認識に目を向けることも示唆に富む。なぜなら，「個人災害＝産業災害」だとすると，個々の被害をもたらす原因が，人知の及ばない自然現象だけでなく，また政府だけでも大資本だけでもなく，まさに産業構造の転換を担った一人ひとりのふるまいにも広がるからである。つまり，「個人災害」が焦点化する状況で問われるのは，たんに自然現象を予知できない科学の限界だけでも，政府の無為無策や大資本の横暴だけでもなく，まさに同時代の人々の生き方そのものであった。だからこそ「個人災害」は無視されることなく，長い時間をかけて

第7章　支援パラダイムの転換　215

「補償」ではなく「慰謝」として（1973年災害弔慰金），また「互助」ないし「保障」として（1998年被災者生活再建支援法）対処する道筋が付けられてきた（山崎 2013：230-233）と言えよう。

失われる「互助」の受け皿としての市町村

　災対法成立期，そうした「個人災害/復興」にかんする社会的合意の難しさに直接向き合う存在として期待され，また実際に動いていたのは，被災現場の市町村であった。そこでは次々と顕在化し論点化する「個人災害」に対し，国家の決定や判断をまたない「法外負担」による救済が目指されていた[15]。その額はおおむね数千円ときわめて些少であったが，それでも厚生省・建設省が災害復興用に準備していた支援金の数百円と比べれば充実し，かつ機動的に手渡されていた点で，国会でも高く評価されていた[16]。

　こうした市町村の「法外」の動きは，当時「見舞」以上に「互助」として理解されていた[17]点が興味深い。なぜなら，本来その「互助」の担い手であったはずの地縁あるいは血縁共同体が，まさに生産設備や住宅の個人所有化と，何より産業構造の転換によって十分に機能しなくなった人々に「個人災害」が現われると認識されており，そうした人々にとっての新たな「互助」の受け皿として市町村が期待されていたからである。

　もちろん地域や人によって「互助」の受け皿は多様であり，当時でも労働組合や宗教団体，何より消防団や水防団といった地域団体が「個人災害」の救済に奔走していた。そうした「互助」の多様性や重層性は十分，評価されるべきである。しかし地域や人ごとの「互助」の多様さは，そこから漏れる人々を必ずもたらす。とりわけ当時のように，従来の地縁・血縁共同体から人々が何らかのかたちで離れていこうとしている際には，特にそうした「漏れ」は重大である。それらの「漏れ」は，災対法の制定過程では「貧乏」がもたらすものだとされ[18]，階級闘争や格差是正といった問題枠組みで議論がなされていた[19]。結果として，地域や人ごとの差異を埋めきれない「互助」ではなく，やはり国家による一律救済が期待され，だからこそ与野党あげて災対法の必要性が共有されていたのである。

　最終的に与野党あげて共有された災対法の眼目は手続きの「自動化」であった[20]。災対法以前の災害救助・救済は，災害が起きるたびに，農林水産委員会や建設委員会で被害が見積もられ，厚生委員会で内容が確認され，地方行政委

員会で財源が措置されるといったように,個別に議論が積み重ねられていた。それをあらかじめ公的救助・救済の対象・内容・財源に関する基準を決め,「自動的に」発動していくことが,災対法について最終的に与野党が折り合ったポイントだったのである。

　もちろんこれは現実あるいは未来の被災者の切実な「不安」を意識してのものであり[21]，実際にこれによって物心両面から助けられた人々も少なくなかったであろう。しかし同時に，この「自動化」を通じて私たちが失ったものも少なくない。これまでたどってきたように，「災害」とは何かをその都度反省し，想像力を膨らませる機会もまた，「自動化」によって失われた大きなものである。さらに，国会議員たちが愚痴をこぼしながらも，現場を調査し被害を言語化し討議を重ねていく過程[22]も確実に失われたと言えよう。

下からの/横からの公共性の可能性

　その意味で興味深いのが，災対法をめぐる国会討議で提起された，国土総合開発法（国総法）との対照である[23]。国総法は占領下の1950年に制定され，翌々年の全国19カ所の特定地域総合開発計画の策定の根拠となったものである。先に述べた天竜川水系のダム開発もその一環として進められていた。

　これについて国会で問題とされたのは大きく2点あり，第1はすでにこの国総法に「災害防除」がうたわれ計画も実施されているのに，なぜ災害防除が進まないのか，その反省なくして災対法を制定しても実効性がないのではないかというものである。さらに第2は，国総法でうたわれているはずの地方公共団体における計画策定の主導性や団体間の調整機能が，災対法で規定されていないのは民主化の後退ではないかという論点であった。

　この2つの論点は互いに関連しあって提起されている。なぜなら，国総法が目的の第2に「災害防除」を挙げつつ実効をあげられないでいるのは，1つは「天然資源の利用」や「産業立地の適切化」といった他の目的との政治的な調整が難航しているためであり，もう1つは地方公共団体が主導する計画策定と実施が現実には十分になされていないためだというのである。そのうえで指摘されるのが，災対法はこれらの問題を解決するどころか，より難しくしているという点である。というのも，第1に災対法では「防災」だけを目的化し，他の政策目的との調整を制度上見えなくさせているからであり，さらに計画策定の主導権を中央が握るかたちにしているからであった。

総合開発法の場合にはもっと詳しい規定があるでしょう。しかもこれは地域から積み上げて，地域の創意と地方住民が自治行政に参加していく，その中で計画を作り，それが二つ，三つにわたる場合には協議機関を設けることができる，そういう中から特定地域の開発計画をやる。こういうことを参考にして全国計画というものを作って災害の防除というものをやっていこう，こういう基本計画がちゃんと規定されているわけでしょう。……こういうようなりっぱなものがあるのにかかわらず，これをやってこなかったその怠慢が，今日のような悲惨な災害を惹起しておるのではないですか[24]。

ここで展開されている議論は，災対法と並行して進められていた「全国総合開発計画」の策定とその後の帰結と照らし合わせるとき，きわめて示唆的である。「全総」はまさに「特定地域」ごとのばらばらな計画を集権的に整序し，かつ災対法の制定とあいまって「災害防除」という目的を二次的なものとしていた（長谷川 2004）。そうした単一目的化や集権化された開発の展開と，1990年代以降，現在に至る災害の頻発化・深刻化との関連は，今後，検証されてよい。すでに田中（2013a）は，科学主義・集権主義の防災対策が，近年の災害における被害の「跳ね上がり」を生んでいると指摘している。同時にそれは防災対策ばかりでなく，傾斜地や低湿地に広がっていった宅地開発や施設配置とも無縁であるまい。

もう1つ重要なのは，国総法に埋め込まれていたはずの「地域の創意」と「地方住民の行政参加」による計画策定が，なぜ機能しなかったのかという問題である。それはたんに，政府や資本の開発主義に歪曲されただけなのだろうか。それとも近年「熟議型民主主義」論で指摘されるように（ギャスティル，レヴィーン 2013），それらが機能するには代議制を含む法制度の整備だけでは足りなかったのだろうか。すなわち，公共的意思決定へのさまざまな参加・参画の機会，あるいは住民・市民や自治体どうしの横の連携の機会といった重層的な機会が開かれている必要があったのであろうか。

それらは，まさに私たちが問おうとしている「下からの公共性」あるいは「横からの公共性」を生み出す，法制度だけにとどまらない社会的な仕組みと関係していよう。災対法の制定過程が教えるのは，そうした社会的な仕組みを，私たちが見失ったもう1つの可能性として今ふたたび構想し実践することの重要性である。同時に，そうして考え，取り組む際，現在の「災害」概念に囚わ

れず，制定当時のように「災害＝産業災害＝個人災害」というより広汎な社会的想像力を取り戻すべきことも忘れてはなるまい。

3　脱災害救助法パラダイムの兆候
―― 支援の対象・財源・主体における変容

　戦後，構築された災害支援をめぐる「災害救助法パラダイム」に変化の兆候はないのだろうか。法学分野では東日本大震災で明らかになった「災害救助法パラダイム」の課題が整理され，そのあるべき変化の方向性が示されている（中川 2012，津久井 2012，山崎 2013 ほか）。ただし，同時にその課題や方向性は，今回の震災で初めて明らかになったものでなく，1970 年代から徐々に顕在化してきていることに注意する必要がある。

　たとえば震災前にすでに法学分野では「災害救助法パラダイム」の課題と展望が整理されている（八木 2007）。そこでは変化の兆候が 2 つ指摘されている。1 つは，支援がモノだけでなくカネでなされるようになってきていること（現物給付から現金給付へ）であり，もう 1 つは支援の財源が税金だけでなく基金に求められるようになってきていることである。前者は支援の「対象（object）」にかんする論点であり，後者は支援の「財源（resource）」にかんする論点に他ならない。以下ではこれらに加え，支援の「主体（subject）」においても，対象や財源と関連しつつ変化が見られることを考え，(1) 対象，(2) 財源，(3) 主体の 3 つの論点について「災害救助法パラダイム」がどのように変化しつつあるのかを明らかにする。

支援の「対象」をめぐる変化 ―― 災害支援の個別化

　災害救助法そのものについては，今回の震災でも支援がモノ，それも特定のモノに限られたことが批判された（神谷 2012 ほか）。たとえば寒冷な東北での被災にもかかわらず暖房器具が公的に支援されなかった。この問題は生活保護において空調機が支給されないのと同じ，「福祉」に固有の平等性に起因している。しかし今回，暖房器具が結局は日本赤十字を経由して間接的に支給されたように，「福祉」という論理をとったとしてもその必要性が認められないわけではない。「福祉」は「個人」を対象とする（森合 2012）。そのうえで「個人」を均質とみるか多様とみるかであり方が変わってくる。

　こうした均質か多様かという見方の違いは，人間観・社会観だけでなく行政

実務の効率性という論点と関わっており調停が難しい。災害支援において，その調停を模索するなかで編み出された方策の1つが，モノにかわるカネの給付である。現物ではなく現金を給付すれば，その使途は受給者個人それぞれの判断と責任に委ねることができる。同時に，被災の程度についての判断は極力控えることで，実務上の判断にかかる費用（労力や時間など）を最小限に抑えることもできる。

　法制史上，現物給付から現金給付への第一歩は，1967年の羽越水害をきっかけとして成立した1973年の災害弔慰金等法だとされる（図7-2）。それまでの戦後の重要な災害法制である災害救助法や災害対策基本法・激甚災害法が，制定のきっかけとなる災害から長くても3年ほどで成立しているのに比べ，災害弔慰金等法は6年あまりかかっている。それだけ支援対象としての「個人」の捉え方をめぐる合意形成に困難があったことを示している。

　災害弔慰金などの現金給付はその後，定着したものの，1990年代に入ると被災の程度の多様性が無視できないと考えられるようになってきた。1つは「被災の長期化」である（三田1991，室井2002）。1991年以降の雲仙岳噴火災害では危険区域内への法的な立入禁止措置がこれまでになく長引いた。したがって被災直後の現金給付だけでは災害支援の意味をなさないと考えられるようになった。この場合は法改正・制定までは至らず，長崎県が創設した災害対策基金を財源として，長期的な被災にたえる規模の現金給付が実施された。以後，1993年の北海道南西沖地震をはじめ現在まで，比較的大規模な災害ではこの基金方式が踏襲されている。

　もう1つは「災害弱者」（田中・小倉1994，林1996）や「生活再建」（大矢根1996，横田・浦野1997）という論点である。1995年の阪神・淡路大震災では大都市部における高齢者や母子世帯，非正規労働者や自営業者，在日外国人など「災害弱者」の存在に目が向けられた。そうした人々は総じて「福祉」が薄かったり，その網の目から漏れたりする人々だった。それら「災害＝福祉弱者」は災害弔慰金などが給付されても「生活再建」がおぼつかないと考えられたのである。このため災害弔慰金などにどういった論理でどの程度，現金給付を上乗せするかで議論が積み重ねられ，1998年の被災者生活再建支援法が成立した。

　被災者生活再建支援法をめぐる議論では大きく2つの論点が顕在化した。1つは「個人」に対する公的災害支援はどういった論理で可能になるのかという

図 7-2 戦後の大災害と法整備の流れ

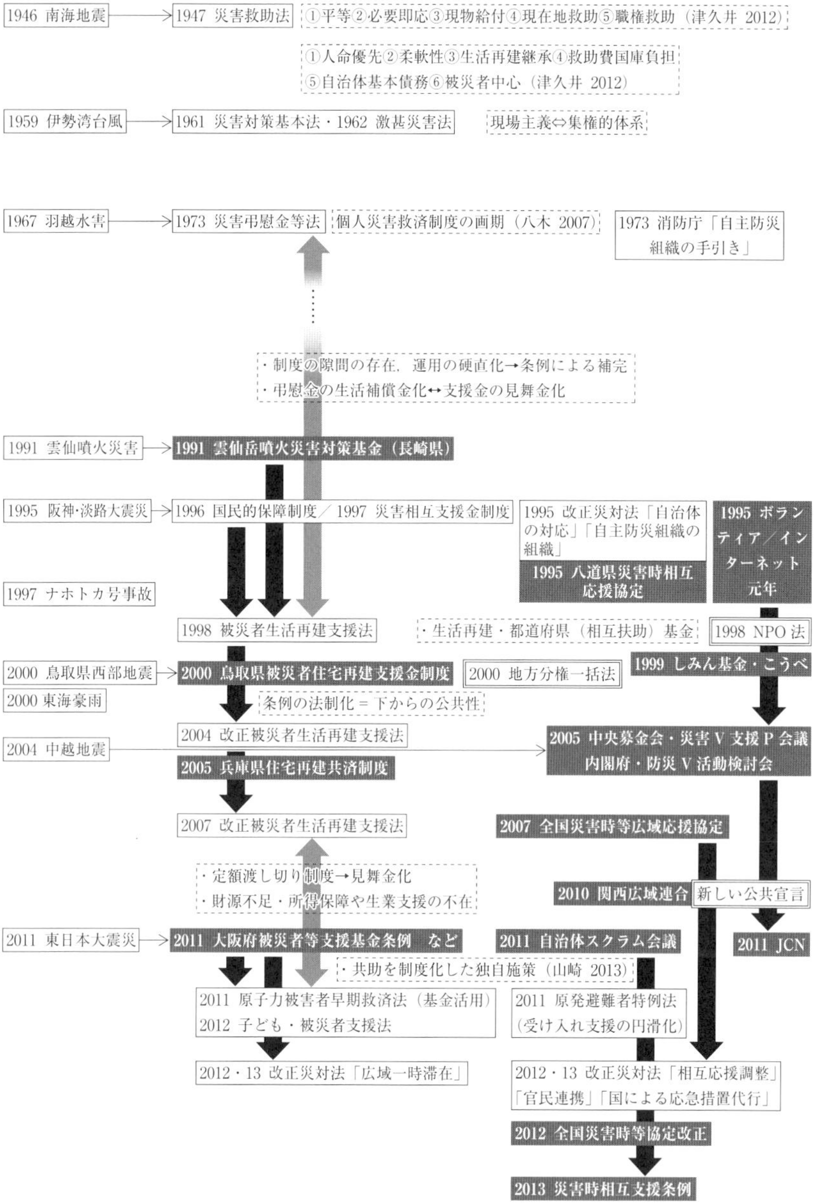

- 1946 南海地震 → 1947 災害救助法 ①平等②必要即応③現物給付④現在地救助⑤職権救助（津久井 2012）
  - ①人命優先②柔軟性③生活再建継承④救助費国庫負担
  - ⑤自治体基本債務⑥被災者中心（津久井 2012）
- 1959 伊勢湾台風 → 1961 災害対策基本法・1962 激甚災害法　現場主義⇔集権的体系
- 1967 羽越水害 → 1973 災害弔慰金等法　個人災害救済制度の画期（八木 2007）　1973 消防庁「自主防災組織の手引き」

・制度の隙間の存在，運用の硬直化→条例による補完
・弔慰金の生活補償金化↔支援金の見舞金化

- 1991 雲仙噴火災害 → 1991 雲仙岳噴火災害対策基金（長崎県）
- 1995 阪神・淡路大震災 → 1996 国民的保障制度／1997 災害相互支援金制度　1995 改正災対法「自治体の対応」「自主防災組織の組織」　1995 八道県災害時相互応援協定　1995 ボランティア／インターネット元年
- 1997 ナホトカ号事故
  - 1998 被災者生活再建支援法　・生活再建・都道府県（相互扶助）基金　1998 NPO法
- 2000 鳥取県西部地震　2000 鳥取県被災者住宅再建支援金制度　2000 地方分権一括法　1999 しみん基金・こうべ
- 2000 東海豪雨
  - ・条例の法制化＝下からの公共性
- 2004 中越地震　2004 改正被災者生活再建支援法　2005 中央募金会・災害V支援P会議　内閣府・防災V活動検討会
  - 2005 兵庫県住宅再建共済制度
  - 2007 改正被災者生活再建支援法　2007 全国災害時等広域応援協定
  - ・定額渡し切り制度→見舞金化
  - ・財源不足・所得保障や生業支援の不在
  - 2010 関西広域連合　新しい公共宣言
- 2011 東日本大震災　2011 大阪府被災者等支援基金条例　など　2011 自治体スクラム会議　2011 JCN
  - ・共助を制度化した独自施策（山崎 2013）
  - 2011 原子力被害者早期救済法（基金活用）　2011 原発避難者特例法（受け入れ支援の円滑化）
  - 2012 子ども・被災者支援法
  - 2012・13 改正災対法「広域一時滞在」　2012・13 改正災対法「相互応援調整」「官民連携」「国による応急措置代行」
  - 2012 全国災害時等協定改正
  - 2013 災害時相互支援条例

第 7 章　支援パラダイムの転換

ものであり，もう1つは「個人」を対象とした場合，どの部分の被災を焦点化すべきかというものである。前者にかんしては当初，個人に対する災害支援を「個人補償」と呼び換えてその必要性が提起されたことから，災害に対する国家の「賠償責任」論に議論が展開した（阿部 1995）。東日本大震災でもこうした責任論は社会的には共有されやすいが法的には合意形成が難しい（清水 2011，除本 2011）。そのため被災者生活再建支援法をめぐる議論でも，個人に対する災害支援を行うことそのものが争点となった。この結果，災害支援が「補償」ではなく「給付」に当たる，つまり「福祉」の範疇に含まれることが社会的にあらためて確認された意義は小さくない。

そのうえで「個人」を対象とした場合，被災にかんしてもその多様なあり方，捉え方に向き合い，そのうちの何を給付の対象とすべきかという課題が生じる。被災者生活再建支援法の制定過程でとりわけ問題になったのは「住宅」であった。

住宅は個人の生活の基盤として大きな比重を占め，その被害に対する支援は「生活再建」の行方を左右する。しかし，だからこそ住宅は個人の財産に占める比重も大きく，「住宅再建」に対する支援は公的にはどこまで可能なのかが議論になる（吉川 1998）。

このため被災者生活再建支援法の制定当初は，「住宅再建」への支援が目指されながらも，合意された内容は十分なものではなかった。「住宅再建」に対する支援のあり方はその後も大きな論点でありつづけ，2000年の鳥取県西部地震では鳥取県が独自に住宅再建支援金制度を創設した。これを受け，2004年，2007年と被災者生活再建支援法が逐次改正され，住宅の被災に対する公的支援が明確に正当化された（鍋谷 2005）。

さらに東日本大震災においても，「個人」の被災の多様性に対する配慮があらためて問題化している。この震災では従来の災害では顕在化しなかった原発災害と広域避難とがあらたな被災のかたちとして社会的に共有された。2011年には大阪府で条例化されるなど広域避難者に対する現金給付に途が開かれたほか，原子力被害者早期救済法も成立した。従来，光が当てられてきた「長期」，「住宅」だけでなく「復旧の困難さ」，「家族の分離」などそれぞれの個人による被災の多様性はますます複雑化している。2012年の子ども・被災者支援法はじめ，これまで講じられてきた公的支援策も，それら多様で複雑な被災に対して十分追いついているとは言えない（板倉 2013）。だが重要なことは，

そうした限界が社会的に自覚化されるほどに「個人」を対象とする災害支援が定着してきているという変化である。

ここではそうした変化を森反章夫の「個人化」と「個別化」の区別（森反 2005）にならって，「災害支援の個別化」と呼びたい。一見，「個人」を対象とする災害支援の定着は「個人化」と呼べるようにも見える。だが 1990 年代以降の「家族の個人化論」を批判的に捉え返す森反によれば，むしろ事態は「個別化」と呼ぶべきだという。なぜなら，家族がすべて単身者に解体しつくすというより，進みつつあるのは，単身であることも含め家族の形態が多様化し，またそのライフスタイルは年齢や居住地，就業形態などにより分化している事態だからである（三上 2013）。「個人」を対象とする災害支援においても，この間，問題化されてきたのは，それぞれの被災の多様性であり，その意味では「個別化」と捉え返した方が事態に即している。

そのように「個別化」をキーワードにしたとき，視野に入ってくるのが「被災者の分断」という問題系である（牧田 2013，坂田 2014）。原発被災者を中心として被災者どうしの疎隔・対立感情の激化がさまざまに指摘されている。それらは公害問題などでは知られていたものの（梶田 1979），災害にかんしては東日本大震災で初めて社会的に共有すべき事態として目配りがなされた。

この「被災者の分断」を深刻化させるのがほかならぬ「災害支援の個別化」である。「個人」を単位とした災害支援が常態化すると，被災者はそれぞれの家族，さらには個々人に分けられ，被災の程度が選別され，それに応じた支援がなされるようになる。個々の被災の多様性に配慮がなされればなされるほど，被災者は支援者との縦のつながりが強くなり，被災者どうしの横のつながりは断ち切られてゆく。「災害支援の個別化」は個々の被災に対する細やかな配慮を実現するように見える。だが同時にそれは，被災者どうしの連帯の可能性を狭め，今ある支援する‐支援される関係を固定化する危険性をともなうものでもある。

支援の「資源」をめぐる変化

「災害支援の個別化」をめぐる課題に私たちは無力なのだろうか。この問いの糸口を探る意味でも興味深いのが，当の「災害支援の個別化」を促してきた支援をめぐる「資源」や「主体」をめぐる変化である。

まず「支援」をめぐる変化について共通して目につくことがある。それは

「被災の長期化」に対応した雲仙岳噴火災害対策基金や「原発災害・広域避難」への対処の先駆けとなった大阪府被災者等支援基金をはじめ「基金」が活用されている点である。実際のところ，被災者生活再建支援金や原発被害者支援金なども形式的には「基金」を財源にして現金給付がなされている。

　災害支援の文脈でいう「基金」とは，災害時に寄せられた義援金や寄付金，また税金などを財源として災害支援に充てることを目的とした資金のことで，運用に当たる独自の法人（財団法人など）が設立される場合と地方自治体が設置する場合とがある。どちらの場合でも，税金を直接財源とするときよりも会計年度をはじめとする法制度に縛られる度合いが小さくなる点に特徴がある（青田 2011）。

　雲仙岳噴火災害以降，大規模な災害ではこのような災害支援に当たる「基金」が設置された。それにより災害救助法などでは対応が難しい多様な被災への支援が可能になってきた。その意味で災害支援の資源の「基金化」は，災害救助法パラダイムが乗り越えられるうえで重要な役割を果たしてきた。「災害支援の個別化」も，この「基金化」を背景として，たんに社会的に希求されるだけでなく現実のものになってきた面が少なくない。

　では災害支援の資源の「基金化」には，どのような社会（学）的な意義があるのだろうか。「基金」の運用に当たっては税金とは異なるかたちで意思決定が行われる。税金においては世論や専門家が影響を与えるとしても，一義的には議会と行政機構がその意志決定を担う。これに対し基金では有識者が審議に当たるだけでなく，住民や市民に提案の機会が与えられたり，審議も公開形式で行われたりする場合がある。阪神・淡路大震災復興基金をはじめとするこれまでの基金では，さまざまな災害支援の取り組みを募集しその実現を下支えしてきた。

　このような「基金」における，税金とは異なる独自の意志決定のあり方には，社会（学）的な意義が少なくない。第1は何が公的支援に値するかという「公共性」の決定権を，官僚や政治家，専門家から一般市民へと開いたことである。防災だけでなく災害救助においても「公共性」の決定権は，専門家の知見に裏打ちを求める官僚や政治家に一義的には握られていた。それをこれまでは決定権をもたなかった人々に開いた点で，「基金」の存在は災害救助法のパラダイムが転換する下支えになりうる。

　ただし，「一般市民に開いた」と書くと，あたかも初めから官僚や専門家な

どに拮抗しうる「一般市民」が顕在化していたかのように見える。だが現実には「基金」の第2の意義として，「公共性」を担いうる潜在的な主体を引き出す点を無視しえない。これはまさに災害支援の「主体」をめぐる変化であり，戦後の災害支援のパラダイムの実質的な転換を見通すための重要な論点として，後に詳述する。

最後に「基金化」の意義の第3として，その時その時の課題に即して柔軟に「公共性」を組み換える点を挙げたい。図7-2からも見て取れるように，戦後長く安定していた災害救助法の枠組みは，1991年の雲仙岳噴火災害対策基金の創設以降，新たな災害が起きるたびに微修正が繰り返されている。そうした微修正は法改正をともなう場合もあるが，被災者生活再建支援法の財源が「基金」に求められている点も含め，多くは「基金化」を通じて可能になってきた。

これを場当たり的な弥縫策として批判することも可能である。しかし微修正のきっかけはその都度の災害そのものにあった。20世紀末から日本列島をめぐる地殻変動は活発化していると言われる（石橋 1994）。さらに言えば，そうした自然現象にかかわらず，また，災害支援をはじめとする福祉の「個別化」にかかわらず，私たちの生活そのものが否応なく「個別化」している。そのような状況の下，あらゆる災害と生活の「個別性」に応える制度的な対応を構想するのは現実的でない。むしろその状況にしたがって，しかもできるだけ幅広い市民が意思決定に加わりながら，あるべき災害支援は何かを考え，実現し，また考え直す循環的な道筋が残されている方が望ましい。そうしたやり直しの利く，あるいは決まったことを自明だとしない災害支援を可能にするのに「基金」は重要な役割を果たしてきた。

このような「基金」の役割を一言でいえば，災害支援の「社会化（Sozialisierung）」と呼ぶことができる。市野川（2006）が批判的に考察するように，現在，「社会化（socialization）」というと既存の規範の内面化と捉えられることが多い。しかし「医療の社会化」「介護の社会化」などと言われるときはまったく意味が異なる。そこでは家族や専門機関あるいは市場に委ねられてきた介護や医療を，それらとは別の支え合いの関係に転換させることであり，具体的には地域社会や保険組合などが新たな主体として想定されている。もちろん日本で実現した健康・介護保険や地域福祉といった諸制度は，家族をはじめとする従来の主体の間の関係を再編するにとどまる点に注意しなければならないが，「社会化（Sozialisierung）」には元来，個々の多様性に配慮してつねに新たな関係性を

反省的に生み出しつづける含意がある。現実に1990年代以降の災害支援をめぐって起きているのは，そうしたダイナミックな再編のプロセスである。

　注意しなければならないのは，災害支援のたえざる「社会化」と「個別化」とは矛盾するものではなく相互に促進しあう関係にある点である。災害支援における「基金」の活用も，被災の個別性への目配りが社会的に共有されなければ実現しえなかった。逆に，被災の個別性への対応も「基金」における柔軟な運用を通じて，より細かなものになってきている。

　それでは「災害支援の個別化」をめぐる「被災者の分断」といった課題は，「基金」の活用によっては対処できないものなのだろうか。あるいは逆に「基金」を活用することで避けがたく発生する課題なのだろうか。この点を考えるうえで被災者生活再建支援法に対する批判が示唆的である（中川 2012，山崎 2013）。

　被災者生活再建支援法の財源は，形式的には都道府県が合同で設立した「基金」に求められている。しかし度重なる法改正による支援対象の拡大や支援水準の引き上げ，また1990年代以降の大規模な災害の続発により，「基金」は恒常的な財源不足に陥り国税による補填が常態化している。そのため支援するか否か，どの程度支援するかの選別は行政機構により機械的に行われ，東日本大震災でも原発被災者や広域避難者に対する機動的な対応がとられなかった。これは「基金」が本来持っていたはずの「社会性」，すなわち幅広い住民や市民の主体性を引き出し，新たな状況にも柔軟に対応する特性が，国税による補填の常態化と行政事務化をきっかけに失われていることを意味する。

　したがって重要なのは，災害支援の「社会化」というときの「社会」を（ふたたび）国家を頂点とする行政機構に安易に回収されないよう，いかに歯止めをかけつづけるかという目配りである。その有効なきっかけになりうるのが，この第2部で注目する地方自治体にほかならない。地方自治体は行政機構の一部ではあるが，国家に対する相対的な独自性（団体自治）と自治体を構成する住民の合意による絶対的な独自性（住民自治）をもちうる。しかも，行政機構の一部を担うことで一定の安定的な枠組みとして働くことが期待できる。言い換えれば，支援する国家と支援される個人という組み合わせから災害支援をすくいとるうえで，国家と個人を媒介する役割として地方自治体が注目されるのである。

支援の「主体」をめぐる変化——ガバナンス化

　地方自治体の媒介的役割としてまず注目されるのは，災害支援の「社会性」の根幹をなす，つねに新たな仕組みを生み出す「創発的な対応 (emergent response)」(Schneider 2011) である。図7-2にあるように，(1) 災害弔慰金等が長期的な被災に対応していない部分を「基金」の活用により充実させた長崎県雲仙岳噴火災害対策基金，(2) 当初の被災者生活再建支援法における「住宅再建」支援の不十分さを独自に補完した鳥取県被災者住宅再建支援金制度や兵庫県住宅再建共済制度，(3) 広域避難者に対する現金給付に途を開いた大阪府被災者等支援金制度などがそのわかりやすい例である。

　こうした地方自治体による既存の法制度を補完する取り組みは，これまでも特に福祉分野などで「横出し」「上乗せ」と呼ばれた対応であり，行政学では「補完性の原理」として知られるものである（矢部 2012）。そのような「補完性の原理」が災害分野でも定着したのは，1990年代以降の災害の増加やライフスタイルの個別化などに加え，90年代後半から本格化した地方分権化とも無縁ではない。

　たとえば，鳥取県被災者住宅再建支援金制度を主導した片山善博知事は，当時「改革派知事」の一人と呼ばれ，災害支援をめぐる独自の制度創設は望ましい地方分権化を体現するものとして評価されていた。なぜなら，一方でそれは住民のニーズの個別化に機動的に対応し「住民自治」を実現するものであると同時に，他方でそれを理念だけにとどめず制度として具現化し，国と拮抗できる「団体自治」を現実化させるものと見なされたからである（出口 2001）。

　そのうえで，こうした地方自治体の「創発的な対応」で注意されるのは，それらが地方独自の措置にとどまらず，おおむね国の法制度に反映されていったことである。(1) 雲仙岳噴火災害対策基金は，その後，大規模災害における基金の創設を国から地方自治体に促す先駆となっただけでなく，基金を原資とする点で被災者生活再建支援法のモデルともなった。(2) 鳥取県や兵庫県の住宅再建支援制度は被災者生活再建支援法の改正につながった。(3) 大阪府などの広域避難者に対する現金給付は，原子力被害者早期救済法などの創設や災害対策基本法の改正（広域避難を「広域一時滞在」として救助対象に追加）に反映された。

　これら一連の動きは地方自治体による「創発的な対応」の「制度化」（山崎 2013）ないし「法制化」と呼ぶべきものである。これについて災害支援の「社

会化」として，すなわち，従来，法制度を提起し決定する権利が高級官僚や国政政治家，それに連なる専門家から広く社会に開くものだとして評価することもできる。田中（2010）に倣って言えば，文字どおりそれは「下からの公共性」の具体的な姿にほかならない。

ただし，そうした「創発的な対応」の「法制化」は「災害支援の官僚制化（bureaucratization）」（Schneider 2011）におちいる危険がある。実際，先にふれたように被災者再建支援法も，国税からの財源補塡が常態化したことにより運用が機械化・画一化し，当初うたわれていた「都道府県の相互扶助の精神」が形骸化している。つまり，災害支援の「個別化」と「社会化」と同様に，その「創発的な対応」と「官僚制化」との間も，互いに前提としつつ相克もしあう関係が見出しうるのである。

同じ現象は，地方自治体どうしが災害支援を行う「災害時相互応援」または「自治体間支援」においても見出しうる。自治体間の災害支援が社会的に広く認知されたのは 1995 年の阪神・淡路大震災であった。同じ年に災害対策基本法が改正され，初めて「自治体の応援」という規定が盛り込まれただけでなく，国の呼びかけにより全国の地域ブロックごとに都道府県間の「災害時相互応援協定」が結ばれた。なお，阪神・淡路大震災をきっかけに問題化した被災者生活再建支援法において，原資となる基金が，従来の被災自治体に設置されるものから全都道府県の出資によるものに変化したのも，自治体間支援が重要視されるようになったことと無縁ではない。

しかし東日本大震災では，そのように準備された北海道・東北ブロックの災害時相互応援協定が十分に機能しなかった。これに対し，そうした協定にもとづかない個別の地方自治体またはその連合体（関西広域連合など）による「創発的な対応」が，災害支援の現場に果たし，果たしつつある意義が小さくなかった。災害対策基本法の規定や国の呼びかけにもとづく協定は，地方自治体を主体とする形式がとられていたとしても官僚制化を免れなかったのである。

こうした官僚制化の罠は乗り越えられないのだろうか。この点についても私たちは災害支援の現実から手がかりを学ぶことができる。

阪神・淡路大震災がきっかけとなって社会的に共有されたのは「生活再建」や「自治体間支援」という考え方だけでなかった。「災害ボランティア」もその 1 つである。機能不全を来たしていた国・被災自治体による災害支援を補ったのは，被災地内外の善意の人々による自発的な行動であった。しかも災害ボ

ランティアの存在や実践は災害支援の法制的な対応を「補完」するだけにとどまらなかった。むしろ重要だったのは，既存の対応を根柢から問い直し，より望ましい災害支援とは何かを問い続ける契機となってきたことである（渥美 2014）。

同時に，そうした問い直しや問い続けは法制度と一定の接続可能性をたえず残してきてもいた。その基盤となったのが 1998 年に成立した NPO 法である。同法は災害ボランティアをはじめとする市民活動に公的な支援が与えられる広範な根拠であった。さらに，公的な支援を具体化するボランティアセンター／市民活動センターなどの施設・組織，助成基金の運営が事実として積み重ねられてきた。

たとえば国レベルでは，2004 年の中越地震を契機として 2005 年には内閣府に防災ボランティア活動検討会が，また中央募金会に災害ボランティア支援プロジェクト会議が設けられた。これらにより，職業的な研究者でも政治家でもない市民活動家が，国の政策立案・調整に直接かかわる機会が恒常化した。東日本大震災でも，法制度にも影響力をもつ災害ボランティア組織（またはそのリーダー）の存在によって，「東日本大震災支援全国ネットワーク」が速やかに組織され，現在もなお各地の災害ボランティアの下支えを果たしている。

もちろん，災害ボランティアも法制度と接近すればするほど，官僚制化の罠から逃れるのが難しくなる。東日本大震災では，阪神・淡路大震災当時に比べ，災害ボランティアの受け入れ体制なども格段に法制化されていたにもかかわらず，また関係者の熱意と努力にもかかわらず，被災者と支援者との不調和が数多く残された（本間 2014）。さらに，この不調和をあくまで制度設計の改善により解決しうる課題と位置づける考え方もありうる。

だが，災害ボランティアが災害支援にもたらすより根柢的な意味は，そのような問題設定が妥当かどうか疑う途を具体的に示すことにある。それは必ずしも法制度の存在意義を否定することではない。たとえば法制度について，あらかじめ最適なかたちに設計されているべきものと考えるだけでなく，状況に応じてよりよい対応があれば事後的に追認する余地を残すものだと発想を転換させることもできよう。実際，阪神・淡路から東日本まで，災害ボランティアが切り拓いた実践の多くは，そのようにして事後的に追認されてきた。同時に，そうした発想の転換は，災害ボランティア＝市民だからと言って，初めからよりよい対応をすると決めてかかることにも慎重さを促す。設計主義からの脱却

を構想するならば,法制度は悪または善,市民は善または悪という「設計」にこそ囚われないことが何より重要である。

このように,法制度と市民——政治家でも官僚でも専門家でもない人々——とが,よりよい課題解決という視点を共有し,互いに緊張感を持ちながら開き合う関係を「ガバナンス」(Risse 2011:9)と呼ぶことができる。今回の災害支援でもガバナンス型支援と呼びうるものが少なからず展開されてきた。そこでは,よりよい支援とは何かという問いを立てることにより,災害ボランティアだから,法制度で規定・想定されているからという前提がともに乗り越えられ,市民と法制度との新たな関係が事後的に生まれつつある。それは「官民連携」といった既成の枠組みをたんに組み合わせるだけの概念では捉えられない,ダイナミックなプロセスにほかならない。そのプロセスでは,よりよい災害支援ばかりでなく,それを生み出す市民と法制度との組合せもつねに反省され,そしてわれわれもつねに,社会のありように対する新たな発見を得ることができるだろう。

4　市民社会のボランタリズムと自治体間支援

東日本大震災において,新たな支援の形が登場した。それは「横型支援」とも「自治体間支援」とも呼びうる。

こうした新たな支援が登場したのは,日本の市民社会の一定の「成熟」の現われともいいうるボランタリズムの進展と,地方分権化という2つの潮流が合流して生まれたものである。

ここでボランタリズムというのは,「自分となんら直接的な社会的つながりがない人々が困っているときに,外部からの強制や干渉もなく自発的に,何らかの支援に向けた働きかけをする」行為を生み出す意欲・意識や考え方と捉えておく。

通常,ボランタリズムとは「市民の自由意思に基づいた自主的・任意的・自発的な活動を優先させる考え方」(武川 2001:95)と説明される。しかし,ここで考察しようとする災害支援のボランタリズムの特徴をよりいっそう際立たせるために,「直接的な社会的つながり」(菅磨志保は「直接"縁がない"」と表現している〔菅 2014:178〕)を手がかりに再定義する。というのも,災害時には,多くの人が自発的に支援活動することが「普通であり」,その支援者のなかに

は，被災者あるいは被災地と「なんらかの社会的つながりがある」人と，「つながりがない」人が含まれる。現代の災害支援の特徴は，この「つながりがない」人が大量に，遠距離から支援に駆けつけることである。そのため，「つながりがない」人に重点をおいたボランタリズムに着目する。この規定において「直接的な社会的なつながりがない」とは，親族的なつながりはもちろん，近隣や地域的なつながり，職業的なつながりがないという意味であり，さらに，古くは幕府の「御救米」などのように，支配者が支配体制の維持に向けて支援するような「つながり」もない，という意味である。もちろん，このつながりが「ある」「なし」の境界はあくまで相対的なものであるが，災害支援においては，「直接的なつながりがない」人々がボランティア活動を行なう点が最も注目すべき点であり，そのため，自発性，利他性といった要件だけで，ボランタリズムを規定しない。

　ボランタリズムという用語についてはさまざまな使われ方がなされており，それは価値理念あるいは思想的意味を含んでいる場合が多い。社会学内部でも，「他者へ自己を開放しながら，被災者を……『人間として受け入れる』という状況」を生み出し，「お互いの『生』の固有性，そのかけがえのなさを支えあう」(西山 2007：128-129) 行為をボランタリズムと呼ぶような用語法もある。ここでは，以上のような思想や哲学的な含意を取り去った，経験的な要件から規定する。したがって，ボランタリズムとは，ボランティア活動といった具体的な活動とも，ボランティア団体（NPO や NGO を含む）とも概念的に区別されるものであり，むしろ，こうした活動や団体を生み出す根底に横たわる価値観を意味している。ボランタリズムがボランティア行為を生み，その行為はボランティア団体と一定の関係をもつと，整理できる。

ボランタリズムの展開

　東日本大震災までに，ボランタリズムがどう形成されてきたのかをボランティア活動を手がかりにごく簡単に見ておく。
　最初に，災害という分野に限定されない，さまざまな社会的領域において，ボランティア活動がどう展開されてきたのかを，簡単にふり返る。
　日本においてボランティア活動が古くから行なわれてきたのは，社会福祉の領域においてである。近代の福祉ボランティアは，戦前期から行なわれてきた。具体的には，孤児院などの民間社会福祉施設の設立，生活協同組合，セツルメ

ント運動，方面委員制度であった．

　戦後になると，民生委員制度，社会福祉協議会（1951年創設），民間福祉施設，YMCAやYWCAなどの西欧の影響を受けて展開されたボランティア組織，さらに，大阪ボランティア協会（1965年）や日本青年奉仕協会（1967年）の設立など，いっそうの発展を見た．ただし，戦後になってもボランティア活動が飛躍的に発展を遂げてきたとはいいがたい．その発展の画期は1980年代から90年代であり，福祉サービスを提供する有償ボランティア活動の登場や，1973年から開設が始まった社協によるボランティアセンターの全国各地への展開，さらに企業による社会貢献活動の開始によって，ボランティア活動は大きく発展した．「とはいえ，当時の人々の『ボランティアは社会意識の高い一部の人たちが無償でおこなうもの』という見方は大きくは変わらなかった」（石川 2007：77）．

　こうしたボランティア活動についての一般の人々の考え方を大きく変えたのは，1995年1月に発生した阪神・淡路大震災にともない，大量のボランティアが被災地に押しかけたことであった．そのため，この年は「ボランティア元年」と名づけられた．こうしたボランティアの隆盛を受け，1998年には特定非営利活動促進法が議員立法で可決成立した．施行10年後の2008年度には認証法人数は3万7192に達し，2016年10月末現在では5万1343団体にまで達している．法人の定款に記載された活動種類（複数回答）では，最も多いのは「保健，医療又は福祉」で3万79団体，次いで「社会教育」2万4698団体，「子どもの健全育成」2万3445団体，「まちづくりの推進」2万2647団体と続く．「災害救援」のNPOは4154団体，全体の8.1％とそれほど多くはない（内閣府ウェブサイト，2016年12月17日閲覧）．だが，ここで注意すべきは，災害発生後のボランティア活動は一挙に増加するという事実であり，さらに，その活動団体は災害NPOに限定されるものではなく，普段は災害とは直接関係しない団体が，医療，福祉，子ども，まちづくりとの関連で，さまざまな支援活動を行なう．この点は，かつて，ダインズとクアランテリーが，災害時における機能と構造の変化拡張として議論した点である（Dynes and Quarantelli 1968）．

　ボランティア活動人数や団体数の伸びは，図7-3に見るとおり，1980年代以降に急激に増加している．たしかに，ボランティアが今日のように「当たり前の活動」と受け取られるようになったきっかけを作ったのは大都市災害であったが，そうした活動を生み出す社会的土壌は，戦後の社会の民主化と個人化，

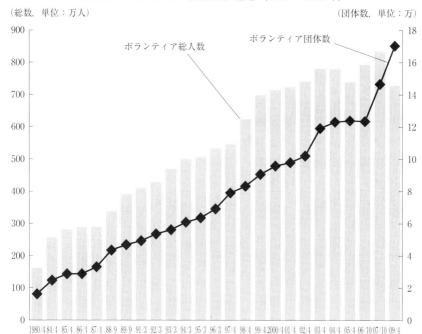

図7-3 ボランティアの把握人数の推移（1980〜2009年）

（出所）　全国社会福祉協議会資料「ボランティア人数の現況及び推移」、内閣府資料「ボランティア、民間企業の役割と連携」（2018年12月11日取得、http://www.bousai.go.jp/jishin/chihou/bousai/4/pdf/5.pdf）より作成。

高度経済成長を経過した「豊かさ」実現、さらに、都市化社会といった社会変動のなかで醸成されてきたものであった。

災害をめぐるボランティア活動の歴史

次に、災害という分野に限定して、ボランティア活動の歴史をふり返る。「日本の防災体制は欧米に比べると、行政依存度が高い」（吉井 1996：106）という特徴があり、その原因でもあり結果でもあるが、災害時のボランティア活動は低調であった。とくに、ここで注目している「直接的な社会的つながりがない人々」の支援活動は低調であった。

阪神・淡路大震災以前　低調であったとはいえ、日本社会においては、近代以降についても、大災害が発生すると、民

第7章　支援パラダイムの転換　　233

間でも，無償の支援活動や義援金，支援物資の送付提供が行われきた。災害支援の広がりは，情報化と密接に関連する。日本では「新聞が社会事業として，災害その他の義金募集を紙面で行なうことはすでに明治18（1885）年の淀川洪水」からであるが，1891年，岐阜県根尾谷を震源地として発生した大地震・濃尾地震では「中央紙が……発生直後直ぐに紙面トップに……義援金募集の広告」を掲載し，その結果，全国各地から11万円を超える募金が集まった（北原 2006：294-295）。その後，明治・昭和三陸地震津波や関東大震災などの大規模な災害が発生すると，新聞社や日本赤十字などの社会的なチャンネルを通して，義援金や支援物資が被災地に届けられることが通例となった。

ただし，ボランティアが被災地で人的支援を広範囲に行うことは少なかった。その数少ない事例は，1923年9月の関東大震災であった（鈴木 2004）。戦後になって，1959年の伊勢湾台風（被災学生を守る会編集委員会編 1960；山本 2006），1964年の新潟地震の際にも，被災地支援のボランティア活動が行なわれたが，全国的にボランティア支援活動が注目されることはなかった。こうしたなか，「災害救援という分野におけるボランティア活動が，広く一般の市民に浸透するきっかけとなったのは，1986年に発生した伊豆大島の噴火災害であった」（鈴木・菅・渥美 2003：170）といわれる。このように，災害ボランティアの歴史は，それほど古くない。伊豆大島火山噴火に続く，「1991年の雲仙普賢岳噴火災害と1993年北海道南西沖地震では，今回［阪神・淡路大震災］のボランティア活動の萌芽がみられた」（吉井 1996：109）。こうした災害ボランティアの歴史は，先にみた日本全体のボランティア活動の隆盛とほぼ時を同じくしているともいえよう。

阪神・淡路大震災　阪神・淡路大震災では，130万とも150万ともいわれるボランティアが被災地に押しかけ，支援活動が活発におこなわれた。そのため，この年は「ボランティア元年」と呼ばれるようになった。阪神・淡路大震災時のボランティア支援の最大の特徴は，被災地に非被災地から大量の人々が支援に入り，人的支援を行なったことである。このことを簡単に図で説明すると（図7-4），伝統的には被災地やその近傍からは，被災地に対して物的，財政的，人的支援が行なわれてきた（A）。それが，明治の全国紙新聞などが普及することで，非被災地からも物的，財政的支援が行なわれるようになった（B）。だが，非被災地から（あるいは，非被災地において）人的支援が行なわれるようになった（C）のは，ごく最近であり，そ

図7-4　支援活動の類型

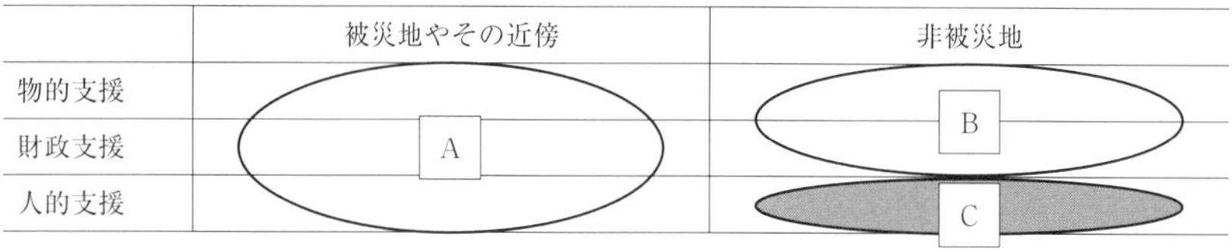

	被災地やその近傍	非被災地
物的支援		
財政支援	A	B
人的支援		C

れは1986年の伊豆大島噴火災害による全島避難者に対するボランティア活動以降に顕著となった。

　阪神・淡路大震災のボランティア活動の特徴をボランティア活動参加者の特性から見ると（鈴木・菅・渥美 2003：172），第1に，被災地外からの参加者が多かったこと，第2に，ボランティア活動に初めて参加した人が多かったこと，第3に，団体に所属しない参加者が多かったことの3点が指摘されている。この参加者の特徴は，現地でのボランティア活動の特徴と密接に関連している。その特徴をこれまでの研究や報告（鈴木・菅・渥美 2003；吉井 1996）から整理すると，次のようになる。

　第1に，阪神・淡路大震災の際のボランティア活動の多くは，個々バラバラに，個人が被災地に赴き，そこでボランティア窓口で，支援先や支援業務を指定され，支援に入るという形であった。しかし，支援の原地窓口で「ボランティア・コーディネート，ボランティア・マネジメントの不備」が数多く指摘された（鈴木・菅・渥美 2003：172）。第2に，そのことは，一部では西宮ボランティアネットワークなどが活躍した（西宮ボランティアネットワーク 1995）とはいえ，全体として，被災地のボランティア団体は未成熟であり，また，個々のボランティア組織を連絡・調整・支援する組織も未整備であった。当時，「阪神大震災地元NGO救援連絡会議」が立ち上がったが，その活動の評価はそれほど高くない（桜井 2013：111）。加えて第3に，現地の行政組織も大量に押し寄せるボランティアたちを受け入れた経験はなく，まして，その受援体制は未整備であった。このことは，発災直後に開設された神戸市役所のボランティア窓口が大量に押しかけるボランティアを整理しきれずに，4日後に閉鎖されたことに象徴されている。

　以上のような要因が相互に関連して，支援の供給側と受援の需要側のマッチングがうまくいかなかった。こうした困難さを抱えながらも，130万人ともいわれる大量のボランティアが「いてもたってもいられない」という衝動にから

れて被災地に押しかけた。これは，まさに「ボランタリズムの噴出」とでもいうべき事態であった。だが，この当時は，そうした社会的な「支援の情熱」を「支援を必要としている人や事柄」につなげてゆく社会的仕組みや，その情熱を組織化した活動に変換する団体や集団活動を遂行する知恵や経験が，「ボランタリズムの大きな力」と比べて決定的に不足していた。逆にいえば，こうした仕組みや団体，知恵や経験の蓄積が不十分なままに，阪神・淡路大震災という危機的な状況に直面して，潜在的なボランタリズムのうねりが顕在化したとも，言い換えることができよう。

阪神・淡路大震災以降，東日本大震災まで　阪神・淡路大震災以降，実際に規模の大きな災害が発生すると，ボランティア支援活動が行なわれるようになった。表7-2に見るように，一定規模の災害が発生すると，多くのボランティアが活動してきた。このように，災害が発生すると，活動規模の大小はあれ，ボランティア支援活動が行なわれることが常態化していった。

こうした災害ボランティア活動の隆盛は，行政側の後押しにもよっている。阪神・淡路大震災が発生した年の7月には，防災基本計画が改正され，「防災ボランティア活動の環境整備」および「ボランティアの受入れ」に関する項目が設けられ，さらに，同年12月には災害対策基本法が改正され，国および地方公共団体が「ボランティアによる防災活動の環境の整備に関する事項」の実施に努めなければならないことが明記された。

こうした動きを受けて，災害ボランティア団体が各地で結成されていった。しかも，ボランティア参加者の量的拡大だけではなく，ボランティア活動そのものの質的変化が見られるようになった。阪神・淡路大震災時のボランティア活動の経験の反省から，第1に，災害ボランティア団体の組織化と，中間支援組織の必要性，それに関連して，ボランティアの調整機能とそのためのボランティア・コーディネーターの人材育成の必要性，第2に，被災地側の受援体制の必要性が指摘された。受援体制の整備確立については，防災計画においてボランティアの受け入れ体制整備を明記することや，各都道府県，各市町村の社会福祉協議会を中心とした受け入れ体制の整備が進められた。第3に，広域災害に対応できる災害ボランティアの全国的なネットワークの構築が目指された。たとえば，実際に，静岡での図上訓練の実施などを通して，災害ボランティア団体のネットワークの強化が図られてきた。この間の動きは，内閣府が設けた「防災ボランティア活動検討会」（2002年3月～現在：http://www.bousai-vol.go.jp/

表 7-2　阪神・淡路大震災以降のボランティア数の推移

日時	災害	ボランティア数（のべ）
1993.7	北海道南西沖地震	9,000
1995.1	阪神・淡路大震災	1,377,300
1997.1	ナホトカ号流出油災害	274,607
1997.7	鹿児島県　出水市土石流災害	3,049
2000.3-7	北海道　有珠山噴火災害	9,293
2000.6	東京都　三宅島噴火災害	250
2000.9	秋雨前線豪雨災害　東海豪雨	19,598
2000.9	鳥取県　西部地震	5,384
2001.3	芸予地震	3,174
2001.9	高知県　南西部豪雨災害	11,488
2002.7	台風6号　降雨災害	890
2003.7	宮城県　北部地震	4,065
2003.7	7月梅雨前線豪雨	3,630
2004.7	平成16年7月新潟・福島豪雨	45,229
2004.7	平成16年7月福井豪雨	60,208
2004.8	台風15号　大雨	8,229
2004.8-9	台風16号，18号	6,713
2004.9-10	台風21，22号	11,924
2004.10	台風23号	44,473
2004.10	平成16年新潟県中部地震	85,508
2005.3	福岡県西方沖地震	3,254

（出所）　内閣府『平成17年版 防災白書』。

meeting/〔2017年8月7日取得〕）を見るとよくわかる。

東日本大震災でのボランティア活動

　東日本大震災での支援活動には，従来の形とは異なるボランティア活動の形が見られた。

　それは，1つは，支援物資や支援金を送る「新しいルート」の出現である。この支援活動も，従来のように社会福祉協議会や日本赤十字社，新聞社などのルートだけではなく，災害ボランティア団体を通じて，あるいは，自治体を通じての「新しい支援のチャンネル」が活用された。また，災害支援の仲介組織

にも大量の寄付が集まり，そこから，現地で活躍するボランティアや被災者に支援金が届けられた（菅 2014：189）。

　第2に，ボランティア・バスに代表されるような，非被災地の居住地でボランティア活動を志す人々が「緩やかな集団」を形作り，被災地に支援に入る，あるいは，被災地に特定の宿泊場所を設けて，そこで「緩やかな集団」が形成されるような，ボランティアたちの事前の集団化が図られた。この点では，阪神・淡路大震災のボランティア活動が，個々人で被災地に押しかけたとの対照的である。

　第3は，東日本大震災の被害の特徴は，元の居住地からの脱出・避難した被災者が大量に発生したことである。その原因は，大震災にともなう福島第一原発事故による放射能汚染により遠距離避難を余儀なくされた大量の人々が発生したことと，津波によって町が壊滅的な被害を受け，さらに，その地域が広範にわたって居住禁止区域になったために，原地再建ができなくなり避難したことである。実際に，原発避難者を中心に，避難先は全国に展開した。こうした災害避難者を，自分の居住地で支援するボランティア活動が，全国各地に展開された。

　第4に，こうした支援活動の背後に，全国レベルのボランティア組織や連合組織があったこと，さらに，政府内部にも，内閣官房震災ボランティア連携室が設置されたことを見落としてはならない。なかでも注目すべきは，「東日本大震災支援全国ネットワーク」（JCN）の成立であり，この組織が直ちに結成しえたのは，それまで静岡県で行なってきた防災ボランティア活動検討会での広域連携訓練が1つの基盤になっている（菅 2014：187）。

ボランタリズムと自治体間支援との交点

　このように，東日本大震災での災害支援のボランティア活動が多彩に展開された。さらに，自分の居住地を出発点として展開された災害支援ボランティア活動は，地方自治体とさまざまな接点をもつことになった。

　このことは，従来の支援方式の持っている「限界」を補うものであった。従来の支援の限界とは，「現物主義」「間接支援」「私的財産への支援禁止」「緊急時のみ給付，それをすぎると貸与」「自治体の裁量の余地なし」「災害の特徴に応じた特別措置ができるのは政府だけ」という考え方である。

　ボランタリズムによる災害支援の成長は，従来の行政を中心とした「支援の

あり方」に対して「そのやり方は窮屈なものだ」と感じさせ，そのために，従来型の支援の枠組みから「はみ出る」形で，「新しい支援」方法をつくりあげたのである。

そして，そうした「はみ出し」を助けたのは，地方分権化の動きのなかで「より自律性を高めた」地方自治体であった。この両者の動きが合流したことにより，「新しい支援」が始まったのである。このことを概念的に説明すると，従来，縦型の（中央集権的な）管理の下で行なわれてきた支援から，横型の（分権的な）民間主導の支援や，横型の（自治体独自の判断の基に行なわれる）支援や縦型の（強力なNPOによる）民間主導型の支援へと変化してきたのである。

次章からは，以上の議論を，具体的な事例に即して見てゆく。

注

1) 行政学の分野においても，小原・稲継編（2015）のように，行政とボランタリーな市民の活動との関係を視野に入れた支援研究がまとめられている点を付記しておく。
2) 第 2 部諸章のもとになった調査研究は，科学研究費（2013〜16 年度基盤研究（B）「大規模災害における創発型自治体間支援とそのフィードバック効果に関する研究」研究代表者：横田尚俊，ほか複数のプロジェクト）の助成を受けて，各執筆メンバーから構成された自治体間支援研究会により実施されたものである。
3) 衆院地方行政委員会 1961 年 10 月 24 日佐野憲治議員発言など。
4) 当時の国会には，現在，常置されている「災害対策特別委員会」はなかった。1948 年 11 月に，6 月の福井地震，9 月のアイオン台風をきっかけとして衆議院に「災害地対策特別委員会」が設置されたほか，災害対策が多く議論されていたのは，農林漁業被害を扱う農林水産委員会や災害救助費を扱う地方行政委員会であった。
5) 衆院建設委員会 1960 年 2 月 19 日二階堂進議員発言，衆院災害対策特別委員会 1961 年 10 月 13 日辻原弘市議員発言。
6) 衆院災害対策特別委員会 1961 年 10 月 16 日ほか。
7) 衆院地方行政委員会 1961 年 10 月 19 日太田一夫議員発言。
8) 衆院地方行政委員会 1961 年 10 月 17 日太田一夫議員発言。
9) 衆院地方行政委員会 1960 年 2 月 19 日大沢雄一建設政務次官発言。
10) 衆院地方行政委員会 1960 年 2 月 19 日二階堂進議員発言。
11) 衆院建設委員会 1960 年 12 月 16 日岡本隆一議員発言。
12) 衆院災害対策特別委員会 1961 年 10 月 13 日辻原弘市議員に対する大平正芳官房長官答弁。参院予算委員会 1961 年 10 月 19 日岩間正男議員に対する中村梅吉建設大臣答弁。
13) 衆院災害対策特別委員会 1961 年 10 月 20 日八木一男議員に対する大平正芳官房長官答弁。
14) たとえば，衆院社会労働委員会 1961 年 10 月 13 日石田博英労働大臣発言。

15) 参院予算委員会 1960 年 2 月 17 日成瀬幡治議員発言。
16) 衆院災害対策特別委員会 1961 年 10 月 20 日島本虎三議員発言。
17) 衆院災害対策特別委員会 1961 年 10 月 20 日八木一男議員発言。
18) 衆院災害対策特別委員会 1961 年 10 月 13 日辻原弘市議員は第 2 室戸台風を「貧乏台風」と呼んでいた。
19) 参院建設委員会 1960 年 11 月 30 日橋本登美三郎建設大臣発言，衆院地方行政委員会 1961 年 10 月 17 日太田一夫議員発言。
20) 衆院災害対策特別委員会 1961 年 10 月 16 日岡本隆一議員は，災対法の眼目を(1)手続きの自動化，(2)改良主義，(3)個人保障の 3 点とし，政府案では第 1 点しか満たされないと批判していた。
21) 衆院地方行政委員会 1961 年 10 月 24 日佐野憲治議員発言。
22) 参院建設委員会 1960 年 11 月 30 日田中一議員は「お手盛り」と批判的に言及していた。
23) 衆院地方行政委員会 1961 年 10 月 24 日佐野憲治議員発言。
24) 同前。

参考文献

阿部泰隆，1995，「大震災被災者への個人補償――政策法学からの吟味」『ジュリスト』1070：135-142。

青田良介，2011，「被災者支援にかかる災害復興基金と義援金の役割に関する考察」『災害復興研究』3：87-117。

渥美公秀，2014，『災害ボランティア――新しい社会へのグループ・ダイナミックス』弘文堂。

出口俊一，2001，「自然災害と被災者支援(2) 鳥取県片山善博知事が語ったこと」『福祉のひろば』379：56-59。

Dynes, R. R. and E. L. Quarantelli, 1968, Group behavior under stress: A required convergence of organizational and collective behavior perspectives, *Sociology and Social Research*, 52: 416-429.

ギャスティル，ジョン，ピーター・レヴィーン，2013，津富宏・井上弘貴・木村正人監訳『熟議民主主義ハンドブック』現代人文社。

後藤範章・宝田惇史，2015，「原発事故契機の広域避難・移住・支援活動の展開と地域社会――石垣と岡山を主たる事例として」『災後の社会学』3：41-61。

長谷川淳一，2004，「1940 年代の国土計画に関する一考察 (6) ――国土総合開発法を中心に」『経済学雑誌』105(3)：38-63。

林春男，1996，「災害弱者のための災害対応システム」『都市政策』84：41-67。

林信濃／渡部厚志／釣田いずみ／ロバート・デイビット・キップ／森秀行，2012，「災害に対するレジリアンス（対応力）再考――東日本大震災における自治体連携の活用」IGES policy Reports: 1-32。

平井太郎，2013，「広域災害における自治体間支援をめぐる社会学的課題――経験知と寄付金によって開かれた可能性」『日本都市学会年報』46：160-169。

Hirai, Taro, 2014, 'Legitimacy or Legitimation?,' XVIII ISA World Congress of Sociology"

被災学生を守る会，1960，『伊勢湾台風——被災学生救援のために』被災学生を守る会事務局．
本間照雄，2014，「災害ボランティア活動の展開と新たな課題——支援力と受援力の不調和が生み出す戸惑い」『社会学年報』43：49-64．
市野川容孝，2006，『社会』岩波書店．
稲継裕昭編，2012，『大規模災害に強い自治体間連携——現場からの報告と提言』早稲田大学出版部．
石橋克彦，1994，『大地動乱の時代——地震学者は警告する』岩波書店．
石川久仁子，2007，「歴史のなかの福祉ボランティア」三本松政之・朝倉美江編『福祉ボランティア論』有斐閣．
礒野弥生，2014，「新たな自治体連携の枠組みのための試論」岡本雅美監修『自立と連携の農村再生論』東京大学出版会．
板倉有紀，2013，「東日本大震災における『支援』と『ケア』——被災者ニーズの多様性と保健師職能」『社会学年報』42：17-29．
自治体間支援研究会編，2015，『東日本大震災——自治体間支援調査報告書』自治体間支援研究会．
梶田孝道，1979，「紛争の社会学——『受益圏』と『受苦圏』」『経済評論』：28(5)：101-120．
神谷秀之，2011，「『3・11』以後見えてきたもの 自治体連携元年2011——新時代の幕開け」『地方行政』10252：2-10．
神谷秀之，2012，「東日本大震災1年——これから行政は何をすべきか(3)「現物」支給を見直そう——災害救助制度の致命的問題点」『地方行政』10293：14-16．
北原糸子，2006，「近代法に基づく災害救済の実際」北原糸子編『日本災害史』吉川弘文館．
黒瀬直宏，2011，「戦後復興期の中小企業問題」『嘉悦大学研究論集』53：93-111．
牧田実，2013，「引き裂かれた福島——分断の諸相」『コミュニティ政策』11：51-66．
松井克浩，2017，『故郷喪失と再生への時間——新潟県への原発避難と支援の社会学』東信堂．
三上剛史，2013，「リスク社会と"ディアボリックなもの"」『フォーラム現代社会学』12：121-128．
三田広行，1991，「長期化した雲仙・普賢岳噴火災害——21分野90項目の救済対策実施へ」『立法と調査』167：22-26．
森合真一，2012，「社会福祉の対象論——生活概念を通した考察」『立命館人間科学研究』25：59-65．
森反章夫，2005，「『家族は解体するか』の問いかけの構図」都市住宅学会編『データで読みとく都市居住の未来』学芸出版社．
室井研二，2002，「災害都市の復興過程とボランティア——島原ボランティア協議会の調査より」『人間科学共生社会学』2：1-15．
鍋谷州春，2005，「災害救助・復興と生存権保障としての住宅再建支援——北海道奥尻被災から阪神大震災，新潟中越地震まで十余年の変遷」『総合社会福祉研究』26：78-84．
内閣府『平成17年版 防災白書』．

中川秀空，2012，「被災者生活支援に関する制度の現状と課題——東日本大震災への政策対応と諸課題」『調査と情報』712：1-12。

難波悠・東洋大学 PPP 研究センター，2011，「被災自治体の後方支援体制の構築に向けて——ヒアリングから見えてきた制度的課題」『PPP センターレポート』15：1-8。

西城戸誠・原田峻，2013，「東日本大震災による県外避難者に対する自治体対応と支援——埼玉県の自治体を事例として」『人間環境論集』14(1)：1-26。

西宮ボランティアネットワーク，1995，『ボランティアはいかに活動したか——震災 60 日もうひとつの阪神大震災記録』NHK 出版。

西山志保，2007，『〔改訂版〕ボランティア活動の論理——ボランタリズムとサブシステンス』東信堂。

似田貝香門編，2008，『自立支援の実践知——阪神・淡路大震災と共同・市民社会』東信堂。

小原隆治・稲継裕昭編，2015，『震災後の自治体ガバナンス』（大震災に学ぶ社会科学 第 2 巻）東洋経済新報社。

小内純子，2015，「北海道・札幌市における震災避難者支援システムの形成と現段階」『社会情報』24（1・2）合併号：57-85。

大矢根淳，1996，「災害復旧・復興過程＝生活再建に向けた組織活動の展開」『社会科学討究』42(1)：31-74。

Risse, Thomas ed., 2011, *Governance without State?*, Columbia University Press.

坂田勝彦，2014，「被災地における『分断・対立』のメカニズム——震災から三年を迎えたいわき市の現状から」『参加と批評』8：104-128。

桜井政成，2013，「NPO 間の協働による被災者支援」桜井政成編『東日本大震災とNPO・ボランティア——市民の力はいかにして立ち現れたか』ミネルヴァ書房。

Samuels, Richard J., 2013, *3. 11: Disaster and Change in Japan*, Cornell University Press.

佐藤恵，2010，『自立と支援の社会学——阪神大震災とボランティア』東信堂。

Schneider, Saundra K. 2011, *Dealing with Disaster: Public Management in Crisis Situations 2nd ed.*, M. E. Sharpe.

清水修二，2011，「震災および原発事故に係る被害補償と生活再建に関する法的・経済的研究（概要）」『福島大学研究年報別冊』104-107。

菅磨志保，2014，「市民による被災者支援の可能性と課題」関西大学社会安全学部編『防災・減災のための社会安全学』ミネルヴァ書房。

鈴木勇・菅磨志保・渥美公秀，2003，「日本における災害ボランティアの動向——阪神・淡路大震災を契機として」『実験社会心理学研究』42(2)：166-186。

鈴木淳，2004，『関東大震災——消防・医療・ボランティアから検証する』ちくま新書。

高橋征仁，2015，「沖縄県における原発事故避難者と支援ネットワークの研究(2)——定住者・近地避難者との比較調査」『山口大学文学会志』65：1-16。

武川正吾，2001，『福祉社会——社会政策とその考え方』有斐閣。

田中重好，2010，『地域から生まれる公共性——公共性と共同性の交点』ミネルヴァ書房。

田中重好，2013a，「東日本大震災を踏まえた防災パラダイム転換」『社会学評論』64(3)：366-385。

田中重好，2013b，「『想定外』の社会学」田中重好・舩橋晴俊・正村俊之編『東日本大震

災と社会学——大災害を生み出した社会』ミネルヴァ書房.
田中重好・小倉賢治, 1994,「災害情報と災害文化——北海道南西沖地震時における青森県沿岸住民の津波対応行動」『地域安全学会論文報告集』4:117-123.
田代英美, 2014,「原発避難・移住者への新たな支援活動の可能性」『福岡県立大学人間社会学部紀要』23(1):13-21.
津久井進, 2012,『大災害と法』岩波書店.
矢部明宏, 2012,「地方分権の指導理念としての『補完性の原理』」『レファレンス』62(9):5-24.
八木寿明, 2007,「被災者の生活再建支援をめぐる論議と立法の経緯」『レファレンス』57(11):31-48.
山田浩久, 2012,「自治体間の交流事業が災害救援活動に果たす役割」『山形大学紀要(人文科学)』17(3):70-90.
山本唯人, 2006,「伊勢湾台風といずみの会——再軍備下の大規模都市災害」『現代思想』vol.34-1:170-181.
山下祐介, 2013,『東北発の震災論——周辺から広域システムを考える』ちくま新書.
山下祐介・開沼博編, 2012,『「原発避難」論——避難の実像からセカンドタウン, 故郷再生まで』明石書店.
山下一仁, 2014,「農業と農地問題」『土地総合研究』22(4):3-16.
山崎栄一, 2013,『自然災害と被災者支援』日本評論社.
除本理史, 2011,「福島原発事故の被害補償をめぐる課題」『環境経済・政策研究』4(2):120-123.
横田尚俊, 2014,「災害支援パラダイムの転換」『弘前大学防災社会研究会』25.
横田尚俊・浦野正樹, 1997,「住民の生活再建と地域再生への模索」『社会学年誌』38:23-43.
吉川忠寛, 1998,「被災密集市街地の「空洞化」と被災者の住宅再建行動に関する一考察——住宅再建条件の分析を通して」『立命館産業社会論集』95:157-174.
吉井博明, 1996,『都市防災』講談社現代新書.

第8章

自治体間支援の展開

室井研二・平井太郎・黒田由彦・速水聖子

1 東日本大震災における自治体間支援

全体像の解明と社会学的アプローチ

研究の観点　　　2011年3月11日の東日本大震災では津波によっていくつもの自治体の庁舎が破壊され，職員が死亡するという異例の事態に陥った。機能不全に陥った自治体業務を補ったのが，自治体間の支援活動である。東日本大震災は，巨大災害においては専門的・職能的な支援が必要になるという教訓を残した。そしてこうした自治体間支援は，災害後4年以上が経っても地道に継続されていた。たしかに，支援に関与した人員の量という点では，民間ボランティアの数に遠く及ばないが，ボランティアは時間の経過にともなって激減したのに対し，派遣職員は一定数を保ち，被災から数年後には微増傾向にあった（図8-1）[1]。さらに，今次の災害では被災地への自治体間支援が全国的なスケールで展開し，一定の自立性をもって多様な展開をみせた点でも注目を集めた。そのため，阪神・淡路大震災が発生した1995年が「ボランティア元年」とするなら，東日本大震災が発生した2011年は「自治体連携元年」と呼べるのではないか，という意見もある

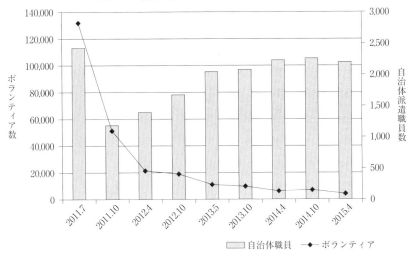

図 8-1 被災 3 県への人的支援（2011〜15 年）

（出所）総務省ウェブサイト「総務省における東日本大震災による被災地方公共団体に対する人的支援の取組」および全社協ウェブサイト「東日本大震災ボランティア活動者数の推移」より作成。

（神谷・桜井 2013）。われわれの研究も今回の災害において自治体間連携が果たした役割に注目し，その意義を探ろうとするものである。

　分析にあたって重視したのは以下の点である。第 1 に，自治体間支援の全体像の解明である。東日本大震災では関西広域連合の対口支援，遠野市など被災地近くの自治体が拠点となって展開した後方支援，杉並区が防災協定を結んでいるいくつかの自治体と共同で取り組んだスクラム支援など，いくつかの特徴的な取り組みが先進事例として注目を集めた。自治体間支援に関する先行研究もこれらモデル事例を対象とした事例研究が多い[2]。しかし逆にいうと，全国的に展開した自治体間支援の全体像を視野に入れた研究は少ない。集計的なデータにしても，総務省や国土交通省など行政機関による記録はいくつか残されているものの，断片的な事実や数字の列挙にとどまっており，支援の全体像の提示というには程遠い。このような既存の調査研究の欠を補い，とりわけ世間の目からこぼれ落ちがちな「ふつう」の自治体で展開した多様な支援活動にもスポットを当てて，自治体間支援の実態に迫ってみたい。

　第 2 に，自治体間支援の発動を促した社会背景の検討である。先行する諸研

表 8-1　調査票の送付先と回収率

	市町村数	回収数	回収率（%）
青森県	40	23	57.5
秋田県	25	15	60.0
山形県	35	13	37.1
新潟県	30	15	50.0
岐阜県	42	17	40.5
静岡県	35	16	45.7
愛知県	54	36	66.7
三重県	29	12	41.4
和歌山県	30	14	46.7
広島県	23	11	47.8
山口県	19	13	68.4
徳島県	24	13	54.1
香川県	17	6	35.3
愛媛県	20	10	50.0
高知県	34	13	38.2
福岡県	60	22	36.7
宮崎県	26	10	38.5
計	543	259	47.4

（注）　調査は 2012 年 12 月に自記式，郵送法で実施。

究において自治体間支援は，現行の災害法制や行政機構の仕組みとの関連で，その防災行政上の意義が検討される場合が多い。そのため，政策科学的，対策論的な研究スタンスが顕著である。テーマの性格上，そのような実践的態度が重視されるのは当然であり，われわれもそのような態度を共有するものであるが，他方で実務的な対策論に傾斜してしまうことは研究の視野を狭めてしまうおそれがある。災害は，対策を求められる研究対象であると同時に，平時には見えにくい社会の構造や矛盾を鋭く照射する一面をもつ。社会学的な研究は後者の社会診断学的な側面に強みをもつものであり，政策的な提言と同時に災害（支援）が映し出す社会の姿を描くことに力を入れることにしたい。

研究の方法　　自治体間支援の全体像の解明を目的に，われわれが実施したのが 17 県の全 543 市町村を対象

図8-2　調査対象地

としたアンケート調査である（表8-1）。次節以降ではこの17県の自治体を東北（青森，秋田，山形，新潟），東海（岐阜，静岡，愛知，三重，和歌山），四国（徳島，香川，愛媛，高知），中国・九州（広島，山口，福岡，宮崎）の4つのブロック（図8-2）に分け，ブロックごとの支援特性について分析を行う。調査対象地に関東や関西の自治体が含まれていないのは，われわれの研究テーマは被災地支援に果たした非被災地の役割であり，この点で関東は被災地としての性格も有していること，関西はすでに関西広域連合に関する研究にそれなりの蓄積があり，われわれとしてはスポットを浴びていない「ふつう」の自治体の支援活動の実態解明に主眼を置こうとしたことによる。

　調査の枠組みは以下のようなものである。第1に，支援の内容の把握である。救援物資や義援金の送付，職員派遣といった「送り出し支援」と，被災地からの避難者に対する「受け入れ支援」に大別し，その各々の実態把握を試みた。

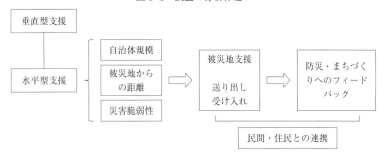

図8-3 調査の分析枠組み

　第2に，支援と分権化の関連についてである。国の指示や法律に基づく集権的，「垂直型支援」とは区別される，自治体の独自判断による「水平型支援」はどの程度みられたのか，支援の実施にあたって民間との連携はどの程度みられたのかについて検証を試みた。第3に，支援の規定因について。支援自治体の，①規模（人口，財政力），②被災地からの距離，③災害脆弱性という3つの要因を重視し，これらの要因が自治体間支援に与えた影響について検討した。またこれら3つの要因に着目した観点から，上記4つの地域ブロックの自治体間支援の地域特性の摘出を試みた。第4に，支援の経験はどのように支援自治体にフィードバックされ，自地域の防災対策や地域づくりに活かされようとしているのかについて検証した。以上の分析図式を図で表したのが図8-3である。なお，分析にあたっては数量的なデータだけでなく，特徴的な事例に関する質的データも活用することで，量的データの質的意味の検証を心がけた。以上を通して，分権化社会に対応した災害支援のあり方を支援自治体の地域特性に即して把握するというのが本章の目的である。

自治体間支援の全国的動向

　地域ブロックごとの分析に先立ち，東日本大震災における自治体間支援の全国的動向について概観しておきたい。

支援の空間的分布　東日本大震災では自治体間支援が全国的に展開したことで注目を浴びた。支援のそのような広域的な展開はわれわれの調査によっても裏づけられた。送り出し支援についてみれば，物資，職員，義援金の各々について，86.5％，87.3％，76.8％の自治体がそれを送付（派遣）したと答えている。受け入れ支援についても，たとえ

図 8-4　職員派遣の派遣先

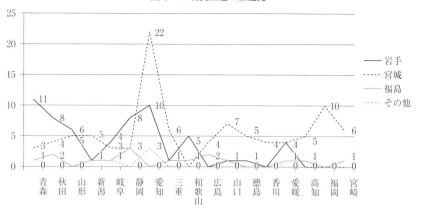

（注）　数値は職員派遣を行ったと答えた自治体の数。

ば，「避難者の支援を行った」と答えた自治体は 70.3% にのぼっている。17 県内の 7〜8 割の市町村で被災地（者）に対する支援活動が繰り広げられたのである。

　被災地に対する外部的な支援は，支援にかかる金銭的，時間的コストの関係で，被災地に近い自治体で活発に行われ，被災地からの距離が大きくなるほど希薄になるというのが一般的な通念である。阪神・淡路大震災における支援研究でも，被災地からの距離と人的支援の実施率の間に明確な関連があったことが指摘されている（渡辺・岡田 2004）。しかし今回の災害における自治体間支援はそのような通念を覆すものであった。物資支援や人的支援について，それを行ったと答えた自治体の比率と，被災地からの距離との間に統計的に有意な関連は見出せなかった[3]。距離と無関係に展開した自治体の支援活動は，国民に全国的な「絆」を印象づけるものであった。

　もっとも，避難者の受け入れ支援に関してみれば，被災地からの距離は大きな意味をもつものでもあった。相談窓口の設置，避難者への支援，避難所の開設といった対策に関し，山形，新潟，秋田といった被災地近隣の自治体が果たした役割は遠方の自治体よりも有意に大きかった。これはいうまでもなく避難者の避難先が近隣の自治体に偏る傾向があったためである。災害後に設置された災害ボランティアセンターの空間的分布も被災地からの距離と関連性をもつものであった（全国社会福祉協議会 2011）。また，今回の災害では大量の瓦礫

第 8 章　自治体間支援の展開　　249

表8-2 支援の類型別実施率（M. A.）
(単位：%)

	物資送付	職員派遣
法律に基づく支援	34.4	52.9
協定に基づく支援	18.9	10.8
自治体独自の支援	68.7	61.0

表8-3 支援の費用負担

	費用負担あり（%）	平均額（千円）
送り出し支援	56.8	7,212
受け入れ支援	29.4	1,719

（災害ゴミ）が発生し，その処理が大きな問題となった。瓦礫処理の受け入れについても，被災地近隣の自治体が果たした役割は有意に大きかった。今回の災害は距離の制約を超えた広域支援の可能性を開示するものであったが，他方で，支援の内容によっては被災地との近接性が依然として重要な意味をもつことを再確認させるものであった。

東日本大震災は原発災害を併発させた点でもこれまでに例がない災害であった。このことも支援の空間分布にいびつな刻印を残した。図8-4は人員支援の支援先を図示したものである。宮城や岩手と比較して，福島への支援が顕著に少なくなっている。放射性物質の漏出が緊急時の外部支援を遮断したことがわかる。受け入れ支援についても，原発避難者への支援が避難の長期化や避難先住民との軋轢など固有の困難を抱えていることは周知のとおりである。東日本大震災は自治体による新しい支援の可能性を示唆するものであったが，こと原発災害に関する限り，支援の無力さを露呈させるものであった[4]。

水平型支援の実態と規定因

支援活動の国からの自立度を検証するため，調査票では自治体間支援を，①各種法律（災害対策基本法や消防組織法など）に基づく支援，②災害時応援協定に基づく支援，③自治体独自の支援，の3つの類型に区分し，各々の実施状況について尋ねた。①が中央集権的な「垂直型」支援であるとするなら，②と③はそのような公権力的要請によらない「水平型」支援であるといえる[5]。

調査結果からまず確認しておきたいことは，東日本大震災では，物資支援，人員支援のいずれにおいても，垂直型支援よりも水平型支援が活発に展開したということである。水平型支援のなかでもとくに自治体による独自支援の占める比率が高いことがわかる（表8-2）。

現行の災害法制のもとでは，自治体間支援の発動は国からの指示や被災自治体からの要請を要件としている。しかし今回のように庁舎ごと津波に流される

ような大規模災害のもとでは，被災自治体が支援要請を出すということ自体が困難であることが明らかになった（磯野 2014）。また，支援要請が出せる場合でも，要請による支援が要した費用は被災自治体が負担することになっているため，要請をためらわせることになりがちである（曽我 2014）。今回の災害では支援要請を待たずに独自の判断で支援に乗り出した自治体が多数みられたという点に，これまでにない目新しさがあった（林ほか 2012）。また，支援にかかる費用負担も支援自治体が負った例が少なくなかった。送り出し支援，受け入れ支援を実施した自治体の56.8％，29.4％が費用負担があったと答えており，そのほとんどは従来予算の振り替えや新規の予算化など一般財源の取り崩しで対処されている（表8-3）。

　これらのことと対応して，今回の災害では支援物資の多様性が目を引いた。飲食料品，毛布や衣類，医薬品等の定番的な物資のほかに，被災地への配慮や支援自治体の地域資源を活かした多様な物資が被災地に送られた。たとえば，漁船（浜松市），リンゴ（青森），みかん（蒲郡市，上島町），木工品（牧之原市），灯油・軽油（吉田町，南魚沼市），石油ストーブ（多治見市），自転車（丸亀市，新城市），慰霊祭用の菊（小豆島町），インフル検査キット（沼津市），PC（松山市，苅羽町），地元産味噌・醤油（江田島市），畳（阿賀町）等々である。それは災害救助法で定められた救援物資の画一性と著しいコントラストをなすものであり，自治体による思いやりや創意工夫を感じさせるものであった。

　たしかに，自治体によるこうした創発的支援が逆に被災地で混乱や支援格差をもたらした面もある。今後の対策として支援の調整問題は問われるべき課題であろう（福本 2013）。しかし，大規模災害における国の法制度的対応の機能不全を補ううえでこうした柔軟な自治体間連携が大きな役割を果たしたことは，正当に評価される必要がある。

　自治体が独自支援に踏み切った契機は多様である。たとえば，姉妹都市等の交流協定やさまざまな歴史的なゆかり，漁業や製造業など産業上のつながり，首長間のインフォーマルなつながり，以前被災したときに支援を受けた恩返し[6]等々。なかには自治体の人口規模や地形的特性が似ていることを理由に支援先を決定した自治体もある。支援の契機はこのように多岐にわたるが，おおまかには(1) 被災前からの交流やつながりを機縁とするもの，(2) 発災後創発的に開始されたもの，に大別することができる。

　(1)のタイプの独自支援は東北ブロックで顕著にみられた。東北エリアは過

表 8-4 継続支援
(単位:％)

物資支援を継続した	14.3
人的支援を継続した	27.4

	3.11 以前に自治体間交流あった	3.11 以前に住民団体間交流あった
物資支援を継続した（N=37）	59.4	24.5
人的支援を継続した（N=71）	22.6	11.3

疎高齢化の先進地である。そのため，多くの市町村では過疎化対策として地域ブロック単位の連携による地域振興に取り組んできた。北東北地域連携軸推進協議会や三陸沿岸都市会議などがその例であり，これらは支援発動の契機としても機能した。また，阪神・淡路大震災以降，東北エリア内の自治体間で防災協定を締結する動きが活発化したことも，自治体の独自支援を促す重要な契機となった。これら機関レベルでの交流に加え，民間レベルでの交流（観光物産に関わる交流，リンゴの定期市など）が自治体間支援の契機となった例もいくつかみられた。東北エリア内で形成されている地縁や血縁ネットワークの集積も，同地における災害支援活動に少なからぬ影響を与えたと推測される。

(1) のタイプの支援について付け加えておくと，既存の交流関係は支援の継続性とも関連をもつものであった。アンケートの結果によれば，緊急期を脱した後も引き続き支援を継続した自治体は，物資支援に関しては 14.3%，人的支援に関しては 27.4% であった。そして，物資支援を継続した自治体のうち 83.9%，人的支援を継続した自治体のうち 33.9% は，以前から支援先自治体と交流があった自治体である（表 8-4）。平時の交流の有無が危機時における支援の質を規定したといえる[7]。

(2) の創発的支援の発動を促した一般的背景として重要なのが，情報化である。IT の普及によりリアルタイムの映像情報が容易に入手できるようになり，それにより生み出された疑似被災体験や共同体意識が支援を動機づける大きな要因として機能したと推測できる。アンケートでも，現地情報を自治体独自に収集した自治体は 43.2% にのぼっている。

ブロック別にみると，創発的支援を最も活発に展開したのは東海ブロックの自治体である。たとえば，名古屋市や浜松市は被災地に先遣隊を派遣し，先遣隊によるニーズ把握に依拠して独自に支援先や支援内容を決定している。これは支援自治体の主体性が最も顕著に発揮された支援タイプであるといえる。情報化に加え，分権改革による大規模自治体の国家からの自立性の高まり，とりわけ東海ブロックの自治体は財政力やマンパワーの面で恵まれた条件にあることが，このような支援の展開を促したと考えることができる。

民間との連携　　東日本大震災で活発に展開した自治体間支援は，分権化社会に対応した支援の姿を指し示すものではないか，というのがわれわれの仮説である。そして分権化には，自治体の国家からの自立性に加えて，自治体と住民自治の連携という側面が含まれる。次に，この後者の側面についてみておきたい。

　支援活動を実施するにあたって民間団体の協力を得たと答えた自治体は，送り出し支援で36.3％，受け入れ支援で30.9％であった。つまり，30％以上の自治体が被災地（者）の支援を民間団体と共同で行っている。ちなみに最も協力を得た団体としては社会福祉協議会が多く，比率的には約5割を占めた。

　今回の災害では自治体による支援活動は行政業務の代行が中心となったため，被災地で民間と連携した活動を展開した例は少なかった。送り出し支援における民間との連携は，もっぱら自地域における救援物資・募金の収集や仕分け，被災地への物資・人員の輸送といった局面でみられた。しかし，官民が協働して被災地で支援活動を展開した青森県弘前市，山口県宇部市の例など注目すべき例もいくつかみられた。被災地での協働はなくても，自治体間支援をきっかけとして後に官民協働で被災地との交流事業が始められた例（名古屋市など）もある。救援物資の仕分けや輸送における協働の経験を踏まえて，3.11の後に自治体とNPOや企業の間で防災協定が結ばれた例も少なくない。

　受け入れ支援における民間団体の協力は，避難者への支援物資の配布，交流会の開催，生活相談や各種の情報発信といった多様な分野でみられた。自治体間支援において民間が果たした実質的な役割は，送り出し支援よりも受け入れ支援において大きかったといえる。ただし，民間との連携が行われた度合いには顕著な地域的ばらつきがみられた。受け入れ支援において民間との連携が最も顕著にみられたのは東北ブロック（山形，秋田，新潟）の自治体である。これら被災地近隣の自治体には多くの避難者が集中したため，実務的な人手の必要

表8-5 支援経験のフィードバック（県別集計）(%)

	多い	少ない
庁内報告会の開催**	三重 (75.0)　香川 (66.7)　静岡 (64.3)	青森 (8.7)　新潟 (13.3)
広報誌による報告**	徳島 (90.0)　愛媛 (60.0)	新潟 (6.7)　宮崎 (12.5)　和歌山 (15.4)
市民報告会の開催**	徳島 (50.0)　広島 (36.4)	青森・山形・新潟・和歌山・香川・高知 (0.0)
防災講演会の開催**	静岡 (71.4)　三重 (58.4)	新潟 (6.7)　青森 (8.7)
行っていない***	新潟 (73.3)　青森 (60.9)	徳島・愛媛 (0.0)　静岡 (14.3)　高知 (18.2)

（注）　$p^* < .05$　　$p^{**} < .01$　　$p^{***} < .001$

性から自治体と民間の連携が促されたと推測できる。東北ブロックに次いで活発な連携がみられたのは東海ブロック（静岡，愛知）である。静岡や愛知では防災関係のボランティア団体やNPOの活動が活発であり，これらの民間団体が避難者の支援活動に大きな役割を果たした。

フィードバック効果　　災害支援の経験は支援自治体にどのようにフィードバックされたのか。災害支援に関する広報活動の実施状況について尋ねたところ，報告会等を行っていない自治体は25.9％にすぎず，7割以上の自治体が支援活動やそこから得られた教訓について何らかの広報を行ったことが明らかになった。報告は庁内での報告会（40.5％）という形式をとる場合が多かったが，広報誌を通して市民への周知（39.0％）もそれに劣らず行われた。防災講演会や地域団体との会合を通して市民に直接報告を行った自治体も2～3割にのぼった。

　県別にみると，徳島，三重，静岡などの自治体で相対的により積極的な報告活動が行われている。これらはいずれも南海トラフ巨大地震で被災が予測されている地域である。逆に，新潟や青森では，被災地から近いにもかかわらず，報告を行っていないと答えた自治体が6～7割にのぼっている（表8-5）。支援経験のフィードバックは，被災地からの距離とは無関係に，災害危険度の高い自治体でより積極的に行われたことがわかる。

　災害支援の経験は自治体の防災体制の見直しに大きな影響を与えた。96.6％の自治体が今回の災害を教訓に防災体制の見直しに着手している。新たに災害時応援協定の締結を検討している自治体も68.7％にのぼる。また，協定の締

表8-6 応援協定の締結先（M.A.）

(%)

近隣の新しい協定先	38.2
遠隔地の協定先	45.2
広域連合間の協定	17.8

表8-7 支援のフィードバック効果

(%)

職員の防災意識が向上した	90.4
職員の行政能力が向上した	76.1
ボランティア団体との協力が強化された	40.4
地域団体との協力が強化された	49.5
市民との協働が活発化した	48.6

表8-8 協定で重視すること（M.A.）

(%)

普段からの自治体間のつながり	58.7
緊急物資の調達先の確保	57.5
人的な支援体制の拡充	55.2
初動体制の重視	45.6
複数の市町村間の連携	45.2
防災のための物資の備蓄	42.1
緊急物資の輸送方法の確保	36.3
長期的な支援	29.3
ボランティアとの連携の強化	29.3
市民レベルでの支援の拡充	17.4
その他	1.5
特に重視することはない（従来通り）	1.5

結先を遠隔地の自治体に求めようとする動きが顕著にみられ，阪神・淡路大震災のときにはみられなかった広域連携を模索する傾向が確認できる（表8-6）。

フィードバック効果の評価も高い。支援を経験したことで職員の防災意識が向上したと答えた自治体は90.4%にのぼる。しかしその一方で，支援が自治体と市民社会の連携にもたらした影響という点での評価はそれほど高いものではない（表8-7）。防災協定で重視されているのも自治体間の連携やそれによる行政機能の強化であり，それと比べると市民社会との連携を模索しようとする動きは相対的に弱い（表8-8）。東日本大震災では多様な官民の連携がみられたが，その経験が必ずしも今後の政策にフィードバックされていないきらいがあり，この点は課題とされるべきであろう。

次節以下では自治体間支援の実態を地域ブロックごとにより具体的に分析し，その地域特性について考察する。支援の規定因として重視するのが，空間的要因，政治経済的要因，社会文化的要因である。東北ブロックでは被災地から「近い」ということが支援との関連でどういった意味をもったのか，逆に，四国や中国・九州ブロックでは被災地から「遠さ」がどういった文化的要因によって克服されたのか，東海ブロックでは大都市に特有の団体自治の強さや市民組織の発達が支援にどう影響したのかが検討されることになる。

2　東北地方——被災地との「近さ」を活かす新しい社会の条件

全体的傾向——支援の自主性は「近さ」だけで説明できるのか

　東北地方（青森・秋田・山形・新潟4県）では送り出し支援において物資・人員双方ともほとんどの自治体が支援を行った。しかも，自主的な支援を行った自治体が多く，量だけでなく質的にも「新しい」地平が開かれた。

　われわれが行った調査によれば，とくに物資について自主的に支援した自治体が，全体では68.7%だったのに対し，東北地方では80.3%を数えた。また，物資支援のきっかけも「要請はなかった」との回答が27.1%にのぼり，全体の15.1%に比べかなり高かった。

　このように質量とも充実した支援が行われたのはなぜか。調査では，震災前からの交流が自治体間で16.7%，住民間で9.1%あったとの回答があった。全体がそれぞれ8.5%，3.5%にとどまるのに対し倍以上になる。したがって，第1には被災地に地理的だけでなく社会的にも近接していた点があげられる。

　この被災地との「近さ」は，今回の震災の「新しい」支援である受け入れ支援にも影響を与えた。東北地方では，避難者に対する相談窓口を設けた自治体が86.4%，避難所を開設したのが62.1%にのぼり，それぞれ全体での57.1%，19.7%を大きく上回った。

　だが東北地方における創発的な支援はたんに地理的＝社会的近さだけから説明できるのだろうか。たとえば受け入れ支援についてみると，われわれの調査では秋田・山形・新潟3県のほぼすべての自治体が避難者の相談窓口を設けているのに対し，青森県では6割にとどまる。これは避難所の開設についても同様だった。このように「近さ」だけでは支援が始まったり続いたりする背景は説明しきれない。以下の事例分析ではその背景に迫る。

自治体における創発性はどうありうるか

　後方支援または制度内改革　東北地方では発災直後，1996年に結ばれた8道県（北海道・新潟県を含む）の災害時応援協定に基づく被災地支援が道県を中心に模索された。8道県協定では岩手‐秋田など被災‐支援の対口関係があらかじめ決められていたが，被災側の自治体の業務がオーバーフローしたためほとんど機能しなかった。これに対し自治体や市

民が支援先を開拓し独自の送り出し支援が行われた。なかでも青森県弘前市による岩手県野田村の支援は「制度の隙間」を埋めるものとして特筆される。支援の手は三陸海岸を南から北上しており，青森県境に近い野田村にはほとんど届いていなかった。阪神・淡路大震災以降，支援経験の厚い大阪大学＝日本災害ボランティアネットワークの慧眼により，八戸市から三陸海岸を南下することで「制度の隙間」が発見された。研究者間のつながりを通じ弘前大学を経て弘前市に状況が伝えられ，市長の判断で野田村への独自の対口支援が始められた（李 2013）。

　さらに東北地方では独自の後方支援体制も構築され，とくに遠野市の試みが知られている。阪神・淡路大震災当時，岩手県防災課長だった市長の主導で，震災前から遠野市が拠点となって三陸沿岸の被災地を支援する体制が実地訓練されていた。その基盤のうえに各地の自治体や公的機関，研究機関が参画し送り出し支援の目詰まりを解きほぐした。その自治体の1つが1991年から遠野市と友好都市であった東京都武蔵野市だった。両市は後方支援の経験を踏まえ，東北から九州，太平洋から日本海を横断する有志の10自治体で協定を結び，有事の際に「マルチステークホルダー型支援」を進める体制を整えつつある。

　こうした独自の対口支援や後方支援の整備は，阪神・淡路大震災以降進められている自治体間支援の制度的な枠組みをより精緻化するものといえよう。有事のたびに問題点が発見され克服する手立てを制度的に講じる――この努力はあくまで重ねられたうえで，今回の震災から学ぶべきことがある。それは，すべてを制度的に想定・準備しつくすのみならず，想定外の出来事に対応する「無形の知」を，行政や市民がいかに蓄えうるかという課題である。その課題への手がかりとして，あまり知られていない事例を伝えたい。

首長のリーダーシップ　2012年9月，秋田県では『秋田県　東日本大震災1年の記録』を公開した。125ページに及ぶ大部の資料である。復興庁の予算化により2013年度以降，多くの自治体で同種の資料が作成されている。だが秋田県は先んじて庁内・県内で経験の共有を図ろうとしていた。そこで記録集の刊行直後，担当部局の課長以下から2時間説明を受けた後，さらに2カ月後，当時の担当者から6時間に及ぶ聞き取りを行い，以下のような知見が得られた。

　県では発災後まず県内の被害状況の確認に追われたが，3月13日には2つの人波への対応が迫られることになった。1つは県内からの波だった。被災地

にボランティアに行きたいという登録者が県内各地に溢れた。秋田県では2007年の集中豪雨を契機に災害ボランティア登録制度が始まり，県内4市に災害ボランティアセンターが開設されていた。そこに希望者が殺到した。もう1つは県外からの波だった。福島県の原発被災者が山形県を越えて続々と避難してきた。ボランティアを希望する人々，そして避難先を求める人々——この2つの人波に各地の市町村も悪戦苦闘して対応したが，ほどなくしてさまざまな限界が顕在化しはじめた。そこで県はその双方の後方支援にあたった。

まず，ボランティア希望者は県で一括・費用負担し被災地に派遣することにした。行政職員等の人員支援は災害救助法により最終的には国の費用負担が期待できる。しかしボランティア派遣は現状では難しい。その財源の壁を秋田県は知事の判断で乗り越えた。その際ボランティアセンターを運営委託する社会福祉協議会の回路が期待された。しかし8道県協定での支援先である岩手県社協は3月いっぱいまでボランティアの系統的受け入れ体制が整わなかった。ようやくバスを送り出せたのが5月だった。それでも半年にわたり，土日限定だったものが希望者の声を受け平日にも増便されるなど機動的な対応がとられ，計64便が運行された。

支援をめぐる想像力の逐次展開

次に受け入れ支援でも法の規定を越えた独自の支援が展開された。厚生労働省の弾力的運用に関する局長通達を受け，随時，受け入れ支援は拡充されていた。しかし担当者は豪雨災害時の経験から，住居や物流の整った状況では避難者には，法に縛られた物資よりも現金を給付したほうが効果的だと想像をめぐらせていた。そのように発災からの時点時点でいかなる支援が有効なのかの想像力が重要である。

4月，県内新聞社から，読者から集めた寄付を提供したい旨が県庁に寄せられた。担当者は機を逃さず，この寄付金を財源にして機動的に金銭給付する可能性を探った。全国避難者情報システムが本格稼働していなかった当時，避難者か否かの見極めは難しかった。そこでちょうど年度替わりの時期であることを活かし，小中学校の学校長の認定書によって避難者を特定することにし，子どもたちに1人一律10万円を給付した。この現金給付は避難者から歓迎され，県庁では7月から1カ月以上避難している全世帯への給付（7万円，ただし単身世帯4万円）を開始した。

ところが当の担当者は疑問を感じはじめていた。現金給付が有効なのは避難から1，2カ月の当座の場合であるにもかかわらず，7月から受け付けを始め

ても避難者であるかの確認作業に手間取って時間ばかりが過ぎていたからだった。逆に，支援の実務にあたっていると，避難の長期化につれ避難者の精神的ケアやフレキシブルな職場の確保など，豪雨災害の際には経験しなかったニーズが生まれていることに気づかされていた。にもかかわらず担当者は現金給付の実務に忙殺されざるをえなかったという。

　結局7月に受け付けた現金給付の処理は12月までずれこんだ。その間，担当者はきめ細かな支援をどう実現するか，あらためて想像力を展開していった。たどりついたのが，あきたスギッチファンドを通じ市民による支援活動を助成する方法であった。同ファンドは2009年，官民の寄付金を原資に設立され，2011年度からすでに民間企業の寄付金をもとに受け入れ支援の助成を始めていた。担当者はファンド立ち上げに関わっていたことからその存在を記憶していた。そこで残された寄付金1700万円をファンドに交付し現在まで活動助成が続いている。

想定外を乗り越える経験の記憶とその知識化　秋田県の例からうかがえるのは自治体を含めた地域での経験「知」の重要性である。経験と経験「知」とは異なる。苦い失敗を含む過去が未来の課題解決に活かされて，はじめて経験は経験「知」となる。秋田での豪雨災害の経験は，その際の限界を踏まえ，市町村と県とが役割分担したボランティアの組織化や現金の支給に活かされていた。さらに，今回まさに経験された失敗を乗り越えようとする志向が生まれ，とかく批判されやすいローテーション人事を逆手に取って，防災と市民活動支援という業務の壁が乗り越えられていた。

　同様の構図は山形・新潟県でも見られた。とくにこの両県では，中越・中越沖地震で災害支援に取り組んだ市民の力に引っ張られるようにして，県・市町村側も体制を整えていた。これに対し青森県では，当初，被災地としての自己認識が強かったためか，県庁をはじめ自治体側が送り出し・受け入れ支援を展開するタイミングを逸してしまった例が少なくない。

　秋田県の担当者が繰り返し付け加えていたのは自分一人の力でないということであった。たしかに彼一人の功績とする「物語」はわかりやすい。しかしそれでは組織として，また地域としては経験が知識化されないことになる。今日まであきたスギッチファンドではNPO法人としての組織性を活かして，その時々で避難者のニーズと市民活動の能力をマッチングさせてさまざまな支援が展開されている。とりわけ避難者自身が生活・生業の両面での自立を目指し農

園を借り受けた活動への支援などは注目される。それが本当に市民活動の枠を超えた地域や自治体全体の経験として記憶され，さらに知識化されているかは，次なる危機においてこそ確かめられるであろう。

　まとめるならば，本研究で着眼している自治体間支援，なかでも独自支援を生む創発性については，東北地方においては一義的には (1) 被災地との近接性，(2) 分権化，阪神・淡路大震災以降の制度改革といった要因が指摘できよう。しかし，より重要なのはそれらの条件下で独自支援が現実化する諸要因であり，それらは①災害（被災と支援）経験とその知識化，②市民活動とその支援制度の充実といった要因に注意する必要がある。とくに，地域内外の住民・企業・自治体からの寄付金を原資とし，法制度では対応しづらい柔軟で多様な支援に資金を，住民が関与しながら分配する仕組みが注目される。なぜならこの仕組みを通じて災害が一過的経験でなく恒常的課題として地域社会に意識化されうるからである。しかも今回この仕組みが経済環境に決して恵まれているとはいえない東北地方でも，十分に機能しえている点が重要である。そこにこそ，地理的条件や災害の有無，法制度や経済動向など与えられた条件を超えて，より柔軟で多様な創意と願望とが互いに結びつきうる「社会」の萌芽を見て取ることができるからである。

3　東海地方──大都市自治体の創発的支援

全体的傾向

　最初にアンケート調査の結果から，自治体支援における東海地方の特徴をまとめておきたい。東海地方の県のうち，内陸部の岐阜県を除く愛知県，三重県，静岡県は，いずれも南海トラフ巨大地震による大きな被害が予想されている地域である。加えて伊勢湾台風による大きな被害を経験した地域でもある。台風に関しては，1960年代以降，最大規模の高潮を想定した海岸堤防を整備してきたこともあって，その後は伊勢湾台風のような被害は出ていない。しかし，アンケート調査の結果によれば，南海トラフ巨大地震に対する危機意識は高く，それは20～30年間の今後において災害危険度が高いと認識する自治体が多いことに反映されている。

　東海地方の自治体も，被災後直ちに自治体独自の判断に基づいて被災地への

支援を開始した。そのなかでも物資の支援に関しては，全国の平均以上に独自の判断で支援を実行した自治体が多かった。人的支援に関しては全国平均並みであるが，注目されるのは，被災地に職員を派遣するにあたって先遣隊として現地に派遣した職員からの情報が有益だったと評価する自治体が多数にのぼっていることである。

東海地方において被災地と距離的に離れているにもかかわらず独自支援が活発だった理由をアンケート調査から探ると，第1に東日本大震災以前から被災自治体との間に災害応援協定を締結していた自治体が平均以上に多かったこと，第2に過去および未来の災害が身近であることから災害に対する応答力が高いこと，この2つが浮かび上がる。

たとえば，東海市の例を引こう。東海市は発災後に迅速な動きを見せたことでメディアにも取り上げられたが，その前提には，東海市と釜石市が両市ともに新日本製鐵が立地しているという機縁から，すでに1980年代半ばから交流を積み重ね，2003年に「災害時における相互応援に関する協定」を，さらに2009年には姉妹都市提携を結んでいたということがある。発災直後，東海市は災害対策本部を設置し，情報収集にあたるとともに支援内容の検討を行い，その日のうちに消防職員4名からなる先遣隊を釜石市に派遣した。日付が変わった12日未明には，消防車1台，救急車1台，隊員8名からなるチームが，「愛知県緊急援助隊」として釜石市に向けて出発した。13日には，救援物資を満載したトラック4台が釜石市に向かった。わずか1日あまりの間に支援物資を用意したことになる。東海市における迅速な対応は，あらかじめ災害を想定し，ある程度の訓練を行っていなければ実行できなかっただろうと思われる。

しかし，災害応援協定がない自治体への支援を行った自治体もある。たとえば，三重県伊賀市は「奥の細道」にゆかりがある松島に注目し，大きな被害を出した東松島市の支援を行った。また後述する名古屋市の陸前高田市に対する支援も，それまで交流のなかった自治体を対象とした支援活動であった。今触れた東海市，伊賀市，名古屋市は，法定支援だけでなく，独自の判断で支援を行った自治体である。

このように，被災地自治体との間で災害相互応援協定のなかった自治体でも独自の支援に動いたとすれば，アンケート調査から浮かび上がる上記2つの条件のほかに，独自の支援を生み出す他の理由があると考えられる。以下，いくつかの自治体の事例を取り上げ，公刊資料とヒアリングに基づいて，独自の判

断による創発的な自治体間支援がどのように行われたのかを見ていきたい。創発的な支援はどのような条件のもとで生まれたのだろうか。

名古屋市

名古屋市では，3月16日に総務局総合調整室と消防局防災室が合同で事務局を担う名古屋市被災地支援本部を設置し，いち早く被災3県に1億円分の自動車を送ったが，さらに被災地を直接支援する手立てを調査するために，19日に先遣隊を岩手県に派遣した。岩手県庁に行った理由は，消防庁の要請で発災直後にすでに消防隊を岩手県に派遣していたからである。第1次先遣隊は宮古市，山田町，大槌町を視察した。宮古市では市長に会っている。陸前高田市の名前は視察の最後の段階で上がった程度であった。この段階では，支援先をどこに絞るかについては決まっていなかったという。

ところが第2次先遣隊は，岩手県から陸前高田市が専門職員の派遣を望んでいるので対応してもらえないかと要請され，それを受けて陸前高田市に入るが，現地でまち全体が壊滅している様を目の当たりにした。一日も早く保健師を派遣してもらえないだろうかという福祉担当の市職員からの切実な要請もあり，先遣隊は被害の程度の大きい陸前高田市を支援する方向へ傾く。しかしその時点において陸前高田市の幹部職員は関係機関の調整がすまないうちに名古屋市からの支援を受けることに消極的だった。注目されるのは，陸前高田市の支援が決まっていなかった段階で，先遣隊がその足で支援の足場となる宿泊施設を探し，その目途をつけたことである。勇み足とも思えるこの行動はその後，陸前高田市に対する支援の円滑な遂行を支えた一因だと評価された[8]。

結局，名古屋市副市長の派遣を経て，4月7日に名古屋市は正式に陸前高田市の支援を決定する。支援の範囲は，保健師の派遣のような特定行政機能の回復に資する支援をはるかに超えて，麻痺状態に陥っていた陸前高田市の行政機能を回復するのに必要な支援すべてである。これは「丸ごと支援」と命名された。支援地と支援内容に関するこの決定は，最終的には河村市長の政治的判断である[9]。この決定に基づき，住民票交付窓口から復興計画策定関係事務まで合計33ポストに職員33名を派遣した。この「丸ごと支援」はその後，派遣人員を徐々に増加させていく（2015年4月1日時点で71名）。名古屋市と陸前高田市は，支援を機に形成された絆をこの先も継続することを目的として，2014年に兄弟都市の自治体協定を取り結んだ。

このように，国や全国市長会などからの支援要請とは別枠において「丸ごと支援」という独自の支援方式を構想・実行している名古屋市であるが，他方でその支援においてボランティア団体との連携はあまりなかった。名古屋市の被災地へのボランティア派遣等については，本庁が直接関与せず，名古屋市社会福祉協議会（以下，市社協）が担当した。具体的には，2011年4月14日に東日本大震災被災者支援ボランティアセンターなごやが，名古屋市総合社会福祉会館5階「福祉のひろば」に設置された（その後，名古屋市社会福祉協議会ボランティアセンター内に移動）。そこにおいて，名古屋市社協が運営主体となり，名古屋市内に本拠を置く防災NPO「レスキュー・ストック・ヤード（以下，RSYと略称）」，および各区の災害ボランティアネットワークで構成するなごや防災ボラネットと協力しながら，(1) 名古屋市内に避難した被災者の生活支援に関するニーズの把握とボランティアによる支援，(2) 被災地域におけるボランティア活動を希望する市民への情報提供，(3) 岩手県大槌町へのボランティアバスの派遣等を行った。RSYは独自の判断で，宮城県七ヶ浜の災害ボランティアセンターの運営支援，足湯ボランティア，たべさいんプロジェクト，ボランティアきずな館の運営等々，多岐にわたる支援活動を行い，さらに名古屋から七ヶ浜へボランティアバスを派遣した。このように，行政サイドが陸前高田市に資源を集中的に投入する一方で，民間セクターは大槌町と七ヶ浜町を支援した。被災地支援に関して行政と民間の協働は低調だったのである。

愛知県

　名古屋市と対照的だったのは，愛知県である。愛知県の場合，発災後，知事の指示に基づいて直ちに副知事を責任者とする支援本部が立ち上げられ，物資の送付と職員派遣が行われた。しかし職員支援は，基本的に他の機関からの要請に応える形で行われた。緊急対応期において，被災3県への緊急消防援助隊の派遣（～5月26日），被災3県および茨城県へのDMATの派遣（～3月22日），被害者救出・捜索のための被災3県への県警の派遣（～3月16日）が国の省庁（それぞれ消防庁，厚生労働省，警察庁）の要請・指示に基づいて行われたのは当然としても，その後の復旧期においても，愛知県が行った支援は基本的に被災地からの要請に基づいて行われた。たとえば，愛知県が職員派遣を行った被災自治体は宮城県多賀城市であるが，それは宮城県から全国知事会に支援要請が行き，知事会から愛知県に要請が来たという経緯をたどって決まったものであ

る。名古屋市のように，自ら先遣隊を派遣し，現場の生々しい状況を直接把握しながら支援地を決めたのではなかった。国，全国知事会，他県との調整を考慮したのではないかと推察される。その意味で，従来の法定支援の枠を出ない支援だったと思われる。

　むしろ愛知県の独自性と創発性は，受け入れ支援の面で発揮された。愛知県は，被災で家を失った人々が広域避難してくることを想定し，県営住宅確保，児童・生徒の公立学校への受け入れ，県立高校への入学料・授業料の免除，健康相談・こころの健康相談への対応などの施策を発災後1週間以内に打ち出している。3月22日には，受け入れ支援を専門に担当するプロジェクト・チームを庁内に設置した。4月6日には，県独自の受入被災者登録制度を開始している。受入被災者登録制度は，震災・津波被災者，および福島原子力発電所の事故の影響で避難を余儀なくされている人に関する情報を把握し，支援が必要な人に適切なサポートを行うとともに，被災自治体からの情報を登録者に提供したり，登録者の情報を被災自治体に提供したりすることを目的として設けられた。愛知県独自の制度であり，その後，総務省が全国的に統一的に展開するが，フォーマットは愛知県が作成したものが用いられている[10]。

　最も注目されるのは，広域避難者への物資提供に公金を投入すべきかどうかに関する検討を経て，6月13日に愛知県被災者支援センターを開設し，公募で選んだ4つのNPOにその運営を委託したことである。その後，県のサポートを得て，被災者サポートセンターはさまざまな支援活動を立ち上げて現在に至る。当時の県の担当者は次のように語る。

　　企業から布団1000枚の寄付があったが，どうやってそれを配るか。取りにきてもらうか，郵送を考えたが，公金支出の決済は10円であっても2～3週間かかる。もっと機動的に動けないか，ということで，NPOに運営を任せることにして公募をかけた。正直，（NPOが）ここまでやれるとは思わなかった。

　担当者が「ここまでやれるとは思わなかった」と語るが，具体的な支援方法と支援内容については第9章第3節で触れたい。広域避難者に対する愛知県の受け入れ支援が手厚いという情報は全国を流れ，2011年の夏休み前に避難者が急増する。

創発的な自治体間支援を可能にする要因

　以上，名古屋市と愛知県の事例をみてきたが，そこからいえるのは次の2つである。

　第1に，深刻な事態を前にさまざまな配慮を超えて支援を行うには，やはりトップの政治的決断が大きい。迅速な支援の前提は支援先を決めることである。現地や国・県との調整は時間を浪費する。丸ごと支援は，名古屋市役所の行政に大きな負担を強いるものであったが，政府主導・省庁縦割りという従来の支援体制を超えた新しい支援のあり方だった。もちろん，首長の決断力があっても，支援できる条件がなければ意味がない。この点で，名古屋市は行政資源に恵まれた大都市自治体であった。行政資源に裏づけられた団体自治の強さが1つ目の要因である。

　第2に，行政組織が外部の民間組織との協力で行政目的を達成しようとする場合，創発は起こりやすい。創発は，行政を運営するルールと行政の内部の人的資源だけで事足りるような支援内容では生まれにくい。行政内部に対応できる人的資源がない場合，行政運営が機動的でなく，外部の民間組織の協力が必要になった場合に，生まれやすいのではないか。その前提には，外部に構想力と実行力に秀でたNPOや住民団体が存在しているという条件がある。その意味で，創発は住民自治が強いところに生まれやすいといえるだろう。

4　四国地方──災害支援にみる分権化の地域特性

全体的傾向

　四国は日本の地方区分のなかで社会経済的に最も小規模な地方であり，四国四県の人口および域内総生産はともに対全国比3％程度を占めるにすぎない。被災地からの距離という点でも，四国は九州・中国ブロックとならんで東北から最も離れた地域の1つである。災害前に東北被災地と災害時応援協定を結んでいた自治体も9.5％にすぎず，これは全体の平均（19.7％）と比較すると顕著に低い数値である。このような四国でどのような自治体間支援が展開されたのか。全体的な傾向として以下のようなことが指摘できる。

　まず，支援の量についてみると，四国における自治体間支援は全国的にみて目立つものではなかったが，決して低調でもなかった。たしかに受け入れ支援に関してみれば，四国への避難者は少なかったこともあり，実施率は相対的に

低かった。しかし，物資の送付や職員の派遣といった送り出し支援の支援実施率は全体の平均と比べても遜色ないものであった。一般に，自治体間支援の量は自治体の規模や被災地からの距離に相関することが指摘されるが（渡辺・岡田 2004；山口・土居・谷口 2013），そうした通説は必ずしも当てはまらず，むしろ東日本大震災における「距離を超えた自治体間支援」を例証するものであったといえる。

　支援の質という点では，以下のようなことが指摘できる。第1に，たしかに市町村レベルで独創的な支援がいくつかみられたものの[11]，県レベルでみるなら，自治体間支援は基本的に知事会に主導される形で展開した。四国でも法的な要請に基づかない，自治体独自の支援が活発に展開したが，そうした独自支援の契機として過半を占めたのが知事会からの要請である。全国知事会では地域ブロックごとに相互応援協定（ブロック協定）が締結されており，それに依拠して県から市町村に応援要請が出され，市町村がそれに応える形で支援が発動されるというのが，標準的なパターンであった。しかし，ブロック協定による応援調整は基本的にブロック内の応援調整を想定したものであり，ブロック間の広域調整は必ずしも視野に入れられていなかったため，初動期に少なからず混乱や対応の遅れが生じた。第2に，民間団体と連携したガバナンス型支援の実施率は相対的に低調であった。支援を実施するにあたり民間団体の協力を得たと答えた自治体は，全国平均では，送り出し支援 36.3%，受け入れ支援 30.9% であったのに対し，四国のそれは順に 31.0%，14.3% であった。第9章でみるように四国でも地域性に根ざした独自のガバナンス型支援がみられたが，全体としてみた場合，四国では自治体が民間とは連携せずに単独で支援活動を展開したケースが支配的であったといえる。

　最後に強調しておきたい点は，支援経験のフィードバック効果が顕著にみられたことである。四国は全国有数の災害常襲地帯である。われわれのアンケート調査でも，大規模な風水害の頻度や災害に対する危機意識は全国平均よりも明らかに高かった。太平洋沿岸部はほぼ全域にわたって南海トラフ巨大地震の重点対策地域に指定されており，東日本大震災と同様の地震津波災害に襲われる危険性が高い地域である（表 8-9）。こうした事情を反映した結果であるといえよう。この点については後述することにしたい。

表 8-9　災害リスク認知

(単位：%)

		全体	四国
大規模災害の経験	津波	14.3	31.0
	台風	66.0	73.8
	高潮	12.4	21.4
	土砂災害	34.7	50.0
災害が多い地域だ		20.4	35.7
今後20〜30年間の災害危険度高い		58.7	76.1

四国における関西広域連合

　全体的な傾向は以上のようなものであるが，他方で四国4県間の支援活動には顕著な地域差もみられた。それは徳島県と他の3県の差異であり，徳島県は独自の支援活動を積極的に展開した。こうした地域差をもたらした要因として，以下のことを指摘しておきたい。

　第1に，徳島県が四国で唯一，関西広域連合の加盟県であったことである。関西広域連合が展開した「カウンターパート方式」は従来型支援と異なる新しい分権型支援として注目を浴びたが（林ほか 2012：坂本・矢守 2012），支援様式のそうした差異は従来型支援が支配的な四国内でむしろ際立つことになった。前述のように，知事会のブロック協定による応援調整が初動時に幾分混乱をきたしたのに対し，関西広域連合の一員として支援を展開した徳島県はそうした弊を免れ，初動の速さ，支援（先）の一貫性，現地情報の収集といった点でより大きな成果を挙げた。義援金についても，日本赤十字社ではなく被災県（宮城県）に直接送金するとともに，その一部で基金を創設し，避難者の受け入れ支援の財源にあてるなど独自の工夫がみられた。また，徳島県は国へのアドボカシー活動を積極的に展開し，義援金にかかる税の控除措置や災害復旧事業の一括代行などの提言は制度として実現の運びをみた。こうした創意工夫は関西広域連合が掲げる広域分権化の理念を共有していたことで可能になったと考えることができる。

　第2に，阪神・淡路大震災の経験である。徳島県は四国における阪神・淡路大震災の被災地であり，関西の被災地への支援拠点でもあった。当時は本四架橋事業の最中であり，明石海峡大橋の建設に先立って徳島（鳴門）と淡路島を

結ぶ鳴門大橋が開通するなど，本州と四国，なかんずく兵庫と徳島の距離は急激に縮小しつつあった。こうした事情を背景に，徳島は淡路島に災害支援のベースキャンプを設置するなど，四国における災害支援活動の拠点として主導的な役割を果たした。阪神・淡路大震災の経験の仕方に関して四国内でこうした地域差があったことも，今次の災害における支援の地域差に影響したと考えることができる。関西広域連合による創発的支援自体も，たんに分権改革の理念だけでなく，関西圏が阪神・淡路大震災の被災地であったという歴史的な背景のもとで実現したものである[12]。

　もっとも，徳島県の支援活動は過疎自治体に特有の制約を伴うものでもあった。地方分権改革は関西広域連合といった広域分権化の動きを生みだす一方で，財政改革の一環として市町村レベルでは大規模な合併をもたらした。合併による面積の広域化と職員数や事務事業の縮小再編は自治体の「防災力空洞化」をもたらしたとされる（室崎・幸田 2013）。こうした動向は面積が狭小な西日本の過疎自治体で顕著であり，徳島県でも平成の大合併で50市町村（2004年）が24市町村（2006年）に再編され，県内市町村の総職員数は10％以上削減された。そのため，筆者が徳島県内の自治体に行ったヒアリング調査[13]でも，カウンターパート方式の事後評価に関して県と市町の間には少なからぬ温度差がみられた。すなわち，県の評価は高いものであった一方で，県内市町，特に沿岸部の小規模自治体のそれは芳しいものではなく，ただでさえマンパワーが不足しているなか，既存ルートからの諸要請に加えて関西広域連合からも派遣依頼があったことで，地元の防災業務が一時空洞化するなどの弊害が生じた。財政的な負担も大きく，広域支援に要する費用負担に関して四国（中でも特に小規模自治体）では「全額国費から支出すべき」とする意見が有意に多くなっている。行革が防災行政にもたらしたしわ寄せはとりわけ小規模自治体で大きく，関西広域連合からの協力要請はそうした自治体にさらなる負担を強いるものでもあった。カウンターパート方式の支援活動は四国でも大きな成果を挙げた一方で，広域的な団体自治の自立化と狭域的な団体自治の空洞化という過疎自治体に特有の矛盾を顕在化させた面がある[14]。

被災地支援のフィードバック

　東日本大震災に対する四国地方の対応は，被災地での支援活動そのものよりも，支援経験の自地域へのフィードバック効果の大きさによって特徴づけられ

表 8-10　災害危険地域の社会経済統計

		想定 津波高	人口 (2010年)	高齢化率 (2010年)	財政力指数 (2010年)
徳島県	牟岐町	9 m	4,826 人	41.6%	0.20
	美波町	14 m	7,765 人	41.1%	0.20
	海陽町	12 m	10,466 人	37.3%	0.18
高知県	室戸市	12 m	15,210 人	38.3%	0.23
	土佐清水市	17 m	16,029 人	39.2%	0.25
	黒潮町	19 m	12,366 人	35.2%	0.21

(注)　想定津波高は内閣府平成 24 年発表より。数値は最大の場合。

る。それは同地が災害多発地域であるからで，とりわけ南海トラフ巨大地震のリスクが危惧される徳島や高知の沿岸部自治体にとって，東日本大震災の発生は大きな衝撃をもたらした。

　一般に，災害は自然外力的な要因（ハザード）と社会経済的な要因（脆弱性）の関数として現出する（Wisner et al. 1994）。東日本大震災の発生は南海トラフ地震の四国沿岸部におけるハザード面（津波高等）での想定に大幅な見直しを迫っただけでなく，同地の社会経済的な脆弱性を対自化させることにもなった。表 8-10 にみるように，南海トラフ地震の想定津波高が最も高い自治体は，過疎高齢化が著しく，財政力が最も脆弱な自治体でもある。これらのエリアには，東海ブロックでみられるような防災 NPO のネットワークも存在しない。また，四国では新全総の時代から高速道路の建設事業が進められてきたが，南四国沿岸部だけはいまだに未接続な状態にある。津波が発生するといくつかの地域では道路が遮断され，孤立状態に陥る可能性があることが判明した。

　これらのことから四国，とりわけ沿岸部自治体では防災対策が活発化した。県レベルでは高知県が主導して 2011 年 6 月に 9 県知事会議が結成され，南海トラフ対策特措法の制定を訴えて精力的な陳情活動が繰り広げられた。市町村でも避難対策を中心に防災対策の見直しが進められた。しかし，過疎地ゆえの困難も少なくない。たとえば，高層建築物が少ないため避難場所の確保が困難，職員が少ないため他の自治体と防災協定を結んでも日常的交流や実効性のある対応が期待できない，といった問題である。住民レベルでも，自主防災組織で避難計画を作成しても極度の高齢化ゆえに実効性のある支援が期待できないといった問題が随所で発生している。

しかしその一方で，小規模自治体であることの強みを活かした取り組みも散見される。高知県黒潮町の例をあげておきたい。黒潮町と気仙沼市はかねてからカツオ漁の関係で交流があり，地域間で婚姻関係も形成されていたことから，発災の1週間後に町は独自の判断で気仙沼への支援に踏み切った。被災地の惨状は派遣職員に大きな衝撃を与え，町は従来の災害対策（避難道整備）の見直しに取り組んだ。黒潮町のそうした危機意識に追い打ちをかけたのが，南海トラフ地震の被害想定の上方修正である。全国最大規模の津波想定の発表を受けて，町は沈滞した雰囲気に陥り，「震災前過疎」の進行が危惧されたが，1人の死者も出さないという市長の強い決意のもと，官民をあげた取り組みが開始された。それは「地域担当制」というもので，町の全職員が防災業務を兼任し，土地勘のある消防団分団地区に割り当てられて住民とともに地区防災計画を作成するというものである。官民共同の防災という点で，全国で最も先進的な取り組みが展開されているといってよいだろう。たしかに，合併・分権改革は自治体の防災力空洞化をもたらした面がある。しかし他方では，逆にそうした行政能力の低下や災害危機意識の高まりが，関西広域連合といった広域分権化の動向とはまったく別の脈絡から，一部の小規模自治体をして住民自治レベルでの分権化をこれまでになく活性化させているのである。

5　中国・九州地方——距離の隔たりがもたらす「支援の想像力」

全体的傾向

　東日本大震災は被災地が東日本地域の広範囲に及ぶ大規模な災害である。地震・津波災害に原発事故災害も加わり，日本全国の広範囲に長期間に及ぶ避難者を生み出していることもこれまでの災害史上で異例である。これらの点は，これまでの災害支援や災害ボランティアのあり方にも影響を与えているといえるだろう。

　従来，災害に関わる支援活動やボランティア活動のほとんどは，被災地で何ができるか，現地ではどのような役割を担うのか，が問われてきた。つまり，「被災地まで行くことができる」距離の問題は支援活動を行う条件であったといえる。東日本大震災においても，東北地方は被災地から近いということにより，避難者の受け入れと支援物資・人員の送り出しという両面における支援課題に直接対峙しなければならなかった。秋田県や山形県を中心に，東北地方に

おいてこのような状況が現在も続いていることは指摘するまでもない。

　では，被災地からかなり距離がある中国・九州地方ではどのような自治体間支援が行われたのだろうか。全体的な傾向からみていこう。

　調査結果によれば，被災地までの距離の隔たりにもかかわらず，送り出し支援における物質的支援・人員的支援の両面での自治体による独自支援はそれぞれ51.8%，64.3%と全国平均よりも高い割合で行われたことがわかる。とくに，人員的支援に関しては緊急支援後も30.4%の自治体で継続して行われている。さらに，これらの送り出し支援について自らの財政負担があった自治体は69.6%にのぼるとともに，41.1%の自治体において従来予算を振り替えることによって財源をまかなっている。1自治体当たりの義援金の平均額も約3300万円と調査全体の平均を上回る。

　人員的支援にみる支援の継続性や経済的支援の活発さは，中国・九州地方からの自治体間支援の特徴であろう[15]。このことの背景として，中国・九州地方における阪神・淡路大震災以降の被災地支援の経験の高さ（職員派遣92.9%，義援金送付82.1%）に加えて，支援された経験の高さ（全体の平均が17.0%に対して30.4%）を指摘しておきたい。すなわち，災害支援の一般化による経験値の高まりに加えて，風水害や火山噴火災害などの西日本地域特有の災害発生に対する被支援経験が，距離を超えた自治体間支援に結びついているといえるだろう。

　加えて，ここで注目すべきは，調査結果に表れている自発的な支援の契機についてである。自由回答では，姉妹都市としての交流のほか，歴史的な由来や経緯など，多様な形での被災自治体とのつながりへの言及がある[16]。なぜその自治体を独自に支援するのかという理由づけとして，震災前からの被災自治体との「縁」をどのように意味づけるかという点は，距離を超えて自治体間支援を行う背景を考察するうえで非常に興味深い。このような観点から，中国・九州地方における自治体間支援の2つの事例として，宮崎県と広島市のケースを次節から紹介しよう。

被支援経験と「恩返しとしての支援」

　われわれの調査において，中国・九州地方の自治体では，2009年の中国・九州北部豪雨災害ならびに東日本大震災後の2012年の九州北部豪雨などにおける被支援の「恩返し」として，被災地に対する独自支援や支援の継続をあげる自治体は多かった。なかでも宮崎県は，2010年の口蹄疫発生以降，その後

も続いた鳥インフルエンザや新燃岳噴火災害に対する全国からの支援に感謝し，今回の大震災の被災者へ恩返しを行う意味で県としての支援活動を「みやざき感謝プロジェクト」として現在も継続して展開している。

　東日本大震災発災1カ月後の2011年4月11日を「宮崎の思いと力を結集する日」とすること，同時に「東日本大震災に対する本県独自の支援について」とする知事メッセージが出され，宮崎県独自の支援基金の設置と県民の総力を挙げて支援する仕組みづくりとして「みやざき感謝プロジェクト」が呼びかけられた[17]。

　感謝プロジェクトの財源は，市町村と個人・企業からの寄付金による基金（みやざき感謝プロジェクト基金）である[18]。さらに，庁内各課による支援事業は，2011年6月議会において基金を予算として財源化することが決定し，継続的な支援事業の基盤となった。2011年度は職員派遣やボランティア派遣等にも基金を使用したが，2012年度からは予算化して利用している。

　2011年度当初，感謝プロジェクトは，宮崎県内産の産品を被災地に送る事業から始まった。たとえば，宮崎県産杉を使った学童机・椅子セットの寄贈や避難所や役場への宮崎県産花（スイートピーやシクラメン）の寄贈のほか，農林漁業関係の経済団体を中心に行政・民間団体を主とする「チームみやざき」によって県産の農産品を利用した被災地での炊き出し等を行った。2012年度に入ると，モノの提供は現地で充足するとともに，宮崎産品を送ることが逆に被災地での産業復興の妨げになるとの認識により，プロジェクトの事業が変化していく。

　2012年度以降は，宮崎県内のボランティアやNPOなど民間団体による被災地支援活動や宮崎県内市町村が主導する支援事業の助成を行う「東日本大震災復興活動支援事業」，宮崎県と宮城県の高校生による交流事業（「若人の絆！復興支援事業」），またJAをはじめとする県内経済団体による被災地支援のためのチャリティーオークションなど，交流を中心とする活動が感謝プロジェクトの中心となりつつある。これらは単年度ではなく，2015年度現在も継続して行われている。さらに，2014年度からは感謝プロジェクトによる支援事業の1つに，宮崎県への避難者が立ち上げた当事者団体である「うみがめのたまご」の活動へのサポートが採用され，避難者の孤立防止と生活支援を中心とする活動が展開されている。

　このように，被災した現地での支援活動だけではなく，宮崎県での避難当事

者の活動の支援も含めた，宮崎県の「外」と「内」の両面での被災地・被災者支援活動が感謝プロジェクトによって支えられている。2011年から支援活動が継続されるなかで，その内容も少しずつ変化しつつ，現在のように，宮崎県と被災地・被災者を多様なかたちでつなぐ支援の方向性へ拡がりを見せているといえよう。

一方，支援活動の原資である「みやざき感謝プロジェクト基金」は2013年度からは「宮崎県大規模災害対策基金」として継承され，自他県の災害支援活動に活用されている。大規模災害対策基金は，感謝プロジェクト基金に予算を増額して創設され，2013年度で総額5億円となっている。これまでの基金で行ってきた東日本大震災の被災者支援や復旧復興支援事業に加え，南海トラフ巨大地震を想定した宮崎県内の避難先確保・広域連携の体制強化のためのソフト事業がこの新しい基金によって実施されている。背景には，2012年の内閣府による南海トラフ巨大地震による被害想定において，宮崎県では最悪のケースとして，死者4万2000人，建物の全壊棟数8万3000棟，経済被害額4.8兆円という甚大な被害に及ぶことが発表されたことを受けている。「恩返しの支援」として立ち上がった感謝プロジェクトは，南海トラフでの被害想定を受けて自県の災害対策へフィードバックされる形へなりつつある。

裏方のボランティア・裏方としての支援

既述したように，今回の大震災は原発事故にともなう多くの避難者を遠隔地に生み出しており，中国・九州地方においても都市部を中心にある程度の避難者の集積がみられる。避難の長期化とともに，いずれは受け入れ先から戻っていく存在として避難者を「お客・よそ者」として支援対象とするのではなく，帰還するか移住するかも含めて避難者の当事者としての決定権や選択権を重視し，それをサポートする支援に特徴がみられる。とくに，中国・九州地方を含む西日本において，避難2年目を迎える頃からみられた避難者による当事者団体の立ち上げ，さらにそのサポートには受け入れ自治体におけるさまざまな「裏方としての支援」が大きな役割を果たしている[19]。中国・九州のなかでは，とくに岡山県で避難者を移住者として従来のIターン者支援の形で定住施策と結びつけ，積極的に受け入れ政策が展開されている[20]。ここでは，広島市の事例を紹介したい。

広島市では，社会福祉協議会（以下，社協）を中心にして行政とNPOとのネ

ットワークを活用した避難者の受け入れ支援を継続している。このネットワークは「広島市災害ボランティア活動連絡調整会議」として1999年に発生した広島市での土砂災害をきっかけに社協と行政関係課に加え，経済団体や市内NPO・市民活動団体を合わせた18団体により組織されたもので，広島県外の災害において組織されたのは2004年の中越地震以来であった。

　当初は上記の連絡調整会議にさらに8団体ほどを加えて，広島市社協に「広島市被災者支援ボランティア本部」を立ち上げた（2011年3月17日～現在も継続）。これは，被災地と被災者を支援する広島市の核となるもので，支援活動に関わる情報収集と情報提供・活動調整等を担うものである。支援活動は，災害ボランティアを募って被災地へボランティアの送り出しを行う被災地支援と，被災者・避難者の交流会や茶話会の開催などを通して生活相談支援を行う避難者支援の2つの柱からなる[21]。

　とくに，大震災の2カ月後（2011年5月）から広島市社協とボランティア本部主催で月1回のペースで開催された被災者交流会，2012年に入ると避難者主催となり避難者の交流の場として「交流カフェ」と名を変え，避難者のネットワークづくりに大きな役割を果たした。2012年10月には，交流カフェの参加者を中心にして，ひろしま避難者の会「アスチカ」が設立され，避難者が声をあげて行政や支援団体と本当に必要な連携を図ろうとする当事者団体として歩み始めている。被災経験より生まれた連絡調整会議を基盤に，従来からの社協とNPO・市民活動団体と行政との連携を活かした支援活動は，避難者の当事者としてのエンパワーメントを促す「裏方としての支援」として有効に機能したといえよう。

　「アスチカ」設立の中心的なメンバーからは，「放射能からの避難」という自分たちの境遇について，広島の人々が原爆の経験を重ね合わせて理解してくれたという声が聞かれた。さらには，避難者の支援活動に関わるNPO・市民活動団体関係者からも，放射能の問題については広島の人間だからこそ寄り添うサポートをしたいという意見があった。広島における「裏方としての支援」の背景には，原爆の被害からの復興という独自の経験が反映されている面も指摘できるだろう。

「遠くからできる支援」と「支援の想像力」

　中国・九州地方は被災地からかなり遠く離れており，もちろん大震災時に揺

れを感じることもなかった。しかし，マスコミを通じてこの地震が未曽有の大規模災害であることを実感するとともに，津波による甚大な被害状況をテレビ等でリアルタイムに感じ取った人々は少なくない。「何かをせずにはいられない」という思いを抱く人は多かったのでないだろうか[22]。

　自明ではあるが，被災地から遠いからこそ「被災地でできる支援」は限られている。一方で，今回の大震災に対しては，被災地まで行くことができなくてもできる支援活動として寄付金の受け付けやイベント等での物品販売を通じたチャリティーなど経済活動による支援は全国で行われている。その他，津波などで泥だらけになった思い出の写真を修復しようという写真洗浄ボランティアなども，これまでの災害ボランティアにはなかった「遠くでできる支援」としての新しい形であるといえよう[23]。

　距離が離れているからこそ，支援のきっかけや縁を自ら見出しつつ，自発的な自治体間の支援活動が生まれているのが中国・九州地域の特徴であるといえる。距離の隔たりは，情報機器を経由した津波映像などを通じたリアリティをともなって「遠くからできる支援」を考える「支援の想像力」の醸成にもつながっている。さらに「支援の想像力」の発動は，被支援経験からの「恩返しとしての支援」と遠距離だからできる「裏方のボランティア・裏方としての支援」とでも呼べる2つの方向性において，自治体間の具体的な支援活動として現れているのではないだろうか。

　細々とであるかもしれないが，現在も継続して行われている遠距離からの支援の意義や役割の可能性を中国・九州地方の支援活動から指摘することができるだろう。

注

1) ボランティアの数値は災害ボランティアセンター（全社協），派遣職員数は総務省に把握された限りのもので，必ずしも正確な実態を反映するものではないが，大まかな傾向は示していると考える。
2) たとえば，坂本・矢守（2012），林ほか（2012），稲継編（2012），宇野・辻本・島田（2013），室崎（2013）などを参照。
3) 山口らが行った調査では，「被災県への距離が遠くなるにつれて援助実施割合が低下する」傾向（山口・土居・谷口 2013：182）が指摘されており，われわれの主張と背反する見解が提示されている。こうした食い違いは調査方法の違い（われわれの調査が自治体を対象とした質問紙調査であるのに対し，山口らのそれは自治体のウェブサイト情報に関する調査）によるところが大きいと考えるが，いずれにせよ阪神・淡路

大震災時の自治体間支援（渡辺・岡田 2004）と比較するなら，全国の自治体の支援実施率が大幅に上昇し，支援実施率の自治体間格差もかなり縮小されていることに変わりはない。われわれとしてはこうした変化の側面を強調しておきたい。
4) 原発災害に関する諸問題については，本巻5章のほか，第3巻を参照のこと。
5) 防災行政における集権と分権をめぐる問題については，津久井（2012），室崎（2013），林ほか（2012）などを参照のこと。
6) 「恩返し」としての支援については，菅（2014a）を参照のこと。
7) この点については，山田（2012）も同様の指摘を行っている。
8) 名古屋市総務局へのインタビュー（2011年8月2日）。
9) 河村名古屋市長の方針を以下に示す（名古屋市 2013：9）。
　○本市としては岩手県陸前高田市を今後全面的に支援していく。
　○現地の声を聞きながら早急に細部を詰めて，ゴールデンウィーク明けをめどに本格的に派遣を開始したい。
　○事務局においては，現地や各局との調整に全力で取り組み，環境整備を。大変厳しい人員派遣となるが，覚悟して取り組んでもらいたい。この経験が将来想定される東海地震・東南海地震に必ず役立ち，本市を救うことにもつながると確信している。派遣する職員については，この経験を活かすことのできる本市の防災力を担っていく若手職員を積極的に登用し，経験を積ませてほしい。
　○新しい復興モデルになる可能性があるので，記録をとって将来のために役立たせてほしい。
　○昭和34年の伊勢湾台風で甚大な被害を受けた名古屋市は全国の支援で助けてもらった。今，被災で陸前高田市が困難を極めているのならば，同じ市町村として苦しみを分かち合いたい。陸前高田市を支援することは大都市名古屋の使命である。いろいろ困難はあるがチャレンジしよう。
10) 愛知県防災局災害対策課主任主査O氏へのインタビューによる（2011年10月3日）。
11) たとえば，歴史的ゆかり（香川県小豆島町），観光姉妹都市協定（徳島県徳島市），青年市長会（愛媛県四国中央市），立地企業や産業間のつながり（高知県須崎市，同黒潮町）等を機縁とした支援である。
12) 関西広域連合による災害支援活動は，「情報がないときには，要請を待つのではなく，現地に行って情報を集める必要がある」という阪神・淡路大震災の経験を踏まえた兵庫県知事の呼びかけによって開始された。
13) ヒアリング調査は2012年7月に徳島県と徳島市，2013年6月に阿南市と牟岐町の防災担当職員に対して行った。
14) 北村は，関西広域連合がカウンターパート方式を遂行した際の府県と市町の協力関係に注目し，その点に関する地域差を兵庫県と滋賀県を事例に検証している。それによると，阪神・淡路大震災の被災県である兵庫県では協力調整が上手く機能したのに対し，滋賀県では県知事と県内市町の間で形成されていた政治的軋轢がネックとなって対立や摩擦が生じた（北村 2013：2017）。徳島県では滋賀県ほど先鋭化しなかったものの，同様の混乱が過疎化や行政機構の縮小といった地域的文脈において顕在化したといえる。
15) 避難者の受け入れ支援は被災地に近い自治体が主となっているが，今回の大震災は

原発事故をともなっていることから放射能からの自主避難を含めると中国・九州地方を含めた遠隔地での受け入れ支援は継続的な課題であり，時間の経過とともに遠隔地自治体においても重要性を増している。
16) 山口県萩市は歴史的縁から福島県会津若松市，周南市は共通の姉妹都市をもつことから福島県いわき市，福岡県八女市は2009年の豪雨災害への恩返しから宮城県石巻市など。
17) 2つの知事メッセージは現在も以下のURLで見ることができる。
http://www.pref.miyazaki.lg.jp/kense/koho/chijishitsu/hatsugen/h23/20110411-02.html
http://www.pref.miyazaki.lg.jp/kense/koho/chijishitsu/hatsugen/h23/20110422.html
　なお，2つのメッセージのなかで宮崎県出身の「孤児の父」石井十次の精神を受け継ぐことや，近海一本釣りカツオ漁で縁の深い気仙沼市の「思いを受け止める支援」などにふれながら県民へアピールしていることも「支援の想像力」という点から注目すべきであろう。
18) 寄付金は，平成26年度現在で192件総額2億1513万9342円となっている。
19) 岡山の例（おいでんせえ岡山，うけいれネットワークほっと岡山）や宮崎県のうみがめのたまご，福岡のふくおか市民ネットワークなどが設立されている。
20) 岡山市には平成25年に「移住・定住支援室」が創設されている。
21) 広島市被災者支援ボランティア本部における登録ボランティアの有志によって，中心的な実動部隊となる市民活動のネットワークとして「ひろボラネット」が立ち上がっている。
22) 聞き取り調査を行った中国・九州地方の自治体のほとんどにおいて，個別に寄付や募金の相談に多くの住民が訪れたという声が聞かれた。
23) 山口県では「あらいぐま作戦」と題して，写真洗浄ボランティア「りす会山口」が現在も活動を積極的に続けている。また，写真洗浄の支援活動は，専門技術をもつ企業（富士フイルム）も積極的に行っている。

参考文献

青田良介・津賀高幸，2014，「福島第一原子力発電事故に伴う広域避難者を支援する中間支援組織について――「東日本大震災支援全国ネットワーク（JCN）」・「全国災後民間重建聯盟（全盟）」の事例から中間支援組織が抱える課題と持続可能な仕組みを考察する」『災害復興研究』第6号。

福本弘，2013，「災害時における自治体による被災地支援のあり方について――市区町村間災害時相互援助協定締結の有効性の検証から」（http://www3.grips.ac.jp/~up/pdf/paper2012/MJU12620fukumoto.pdf）。

林信濃，渡部厚志，釣田いずみ，ロバート・デイビット・キップ，森秀行，2012，「災害に対するレジリアンス（対応力）再考――東日本大震災における自治体連携の活用」，公益財団法人　地球環境戦略研究機関（IGES），『持続可能な社会の構築に向けて　東日本大震災の経験から』。

平井太郎，2013，「広域災害における自治体間支援をめぐる社会学的課題――経験知と寄付金によって開かれた可能性」『日本都市学会年報』46：160-169。

稲継裕昭編著，2012，『大規模災害に強い自治体間連携――現場からの報告と提言』早稲

田大学出版部。

磯野弥生, 2014,「新たな自治体連携の枠組みのための試論」, 岡本雅美監修, 寺西俊一・井上真・山下英俊編,『自立と連携の農村再生論』東京大学出版会：235-252。

神谷秀之・桜井誠一, 2013,『自治体連携と受援力――もう国に依存できない』公人の友社。

北村亘, 2013,「関西広域連合の被災地支援方式の再検討」ひょうご震災記念21世紀研究機構研究調査本部『災害時の広域連携支援の考察』：43-48。

北村亘, 2017,「カウンターパート方式と府県の役割」大西裕編『災害に立ち向かう自治体間連携』：79－97．ミネルヴァ書房。

見川彰彦・佐川亮太, 2015,「岡山市の移住・定住支援の取り組み――民・業・官の協働によるワンストップ支援サービスの推進―」『都市社会研究』7号。

室崎益輝・幸田雅治編著, 2013,『市町村合併による防災力空洞化――東日本大震災で露呈した弊害』ミネルヴァ書房。

名古屋市, 2013,『東日本大震災に係る被災地支援活動記録集――平成23年3月11日から2年間の取り組み』。

李永俊, 2013,「弘前大学ボランティアセンターのこれまでとこれから」弘前大学震災研究交流会編『東日本大震災　弘前大学からの展望』弘前大学出版会：175-192。

坂本真由美・矢守克也, 2012,「広域災害における自治体間の応援調整に関する研究――東日本大震災の経験より」『地域安全学会論文集 No.18』：391-400。

曽我謙悟, 2014,「検討項目ごとの成果概要」ひょうご震災記念21世紀研究機構研究調査本部『災害時の広域連携支援の役割の考察』, 7-22。

菅磨志保, 2011,「日本における災害ボランティア活動の論理と活動展開――『ボランティア元年』から15年後の現状と課題」『社会安全学研究』創刊号：55-66。

菅磨志保 a, 2014,「市民による被災者支援の可能性と課題――1.17から3.11へ」関西大学社会安全学部編『防災・減災のための社会安全学――安全・安心な社会の構築への提言』ミネルヴァ書房：178-195。

菅磨志保 b, 2014,「災害ボランティア――助け合いの新たな仕組みの可能性と課題」荻野正弘・蘭信三編著,『3.11以前の社会学――阪神・淡路大震災から東日本大震災へ』生活書院：90-121。

津久井進, 2012,『大災害と法』岩波書店。

宇野宏司・辻本剛三・島田広昭, 2013,「東北地方太平洋沖地震発生当時の大阪湾圏域自治体の対応・支援状況と今後の津波対策の課題」『自然災害科学』32(2)：165-181。

山田浩久, 2012,「自治体間の交流事業が災害救援活動に果たす役割」『山形大学紀要（人文科学）』17(3)：70-90。

山口裕敏・土居千紘・谷口守, 2013,「災害時自治体間援助の全国的実態とその特徴――東日本大震災を対象に」『地域安全学会論文集』No.21：179-188。

渡辺千明・岡田成幸, 2004,「全国自治体による激震被災地への支援のあり方――(1)阪神淡路大震災における実態調査と要因分析」『自然災害科学』23(1)：65-77。

全国社会福祉協議会, 2011,『東日本大震災　災害ボランティアセンター報告書』（http://www.shakyo.or.jp/research/2011_pdf/11volunteer.pdf）

Wisner, Ben, Piers Blakie, Terry Cannon, and lan Davis, 1994, *At Risk: Natural hazards people's vulnerability and disaster*, Routledge.

第9章
地域社会におけるガバナンス型支援の創発・展開

速水聖子・平井太郎・黒田由彦・室井研二

1 官民の枠を超えるガバナンス型支援の可能性

災害支援の文脈における NPO・ボランティアの位置づけ

　歴史的にみると，日本における災害時の救援活動は，伝統的には地縁・血縁による助け合いとしての「自助・互助」，さらには災害救助法や災害対策基本法に基づいて行政が行う「公助」の2つを主な担い手としてきたといえよう。もちろん，民間による救援活動として，日本赤十字社や各種宗教団体・大学のセツルメント活動など古くからの歴史もあるが，災害救援や支援活動の中心的な存在ではなかった。

　阪神・淡路大震災が起きた 1995 年は，全国から押し寄せた災害支援に関わるボランティアの数とその果たした役割が注目され，後に「ボランティア元年」と呼ばれることになった。多くの市民による救援活動は，行政や地縁組織等による対応の限界を補完するものとして「災害ボランティア」が脚光を浴びたのである。阪神・淡路大震災では2カ月間に 100 万人の災害ボランティアが活動したといわれており，自発的な市民活動が災害支援に多大な役割を果たしたという社会的評価を得て，その後の特定非営利活動促進法（通称：NPO 法）

の制定や各地の市民活動支援施策に大きな影響をもたらしたといえる。すなわち，従来の災害救援における「自助・互助」「公助」領域に対して，それらが対応できない支援や支援を補うものとなる「共助」としての災害ボランティア活動が注目されることとなったのである。

　また，災害ボランティアは，いわゆるNPO・ボランティアの社会的役割や可能性を象徴する新たな「市民社会」を拓く存在たる市民活動としての期待を背負うものともなった。行政や民間企業とも異なる柔軟性や先駆性をもち，社会的使命を実現できるとしてボランタリーセクターへの注目が一気に高まったのも1995年の阪神・淡路大震災が契機である。行政が形式性や手続きにこだわることで支援が硬直化するのに対し，市民活動は個別の多様なニーズに応えることが可能であり，公では解決しえない社会課題に対応できるとする認識である。

　ところで，ボランティアに対する新たな「共助」の位置づけや，市民活動としての期待の枠組みは，どちらも「公（行政）」や「私（地縁・血縁）」とはまったく別のものとして登場している。とくに「公」に対しては，むしろその限界をボランタリーセクターが補完するといった文脈で大いに期待されるのが「ボランティア元年」以降の議論であった。すなわち，「公」とボランタリーなものとの関係性は対抗的であり，かえってその後にボランティアが制度化されることへの批判が強まったことも事実である。

　1995年の阪神・淡路大震災の経験をもとに，それ以降のたび重なる災害時の災害ボランティアについては，被災地の社会福祉協議会（以下，社協）を中心にボランティアセンターを設置して，殺到するボランティアを被災者のニーズに合わせてマッチングするという手法が確立され，実践されるようになった（菅 2014a）。一方で，センターの設置という手法が制度化されることは，ボランティア活動の硬直化や効率性への偏重をもたらし，多様なニーズに対応できないとする批判も現場での経験から指摘されている（渥美 2014）。

　2011年の東日本大震災におけるボランティアによる災害支援についても，この2つの観点，すなわち制度化と硬直化をめぐる功罪と，そのことが実際に活動する災害ボランティアの量にどのように影響するのか，という点についてはさまざまな現状評価がある。まず，今回の大震災における災害ボランティアの量を既存資料の数値からみてみよう。

　災害ボランティアの統計的数値については，全国社会福祉協議会（以下，全

表9-1　ボランティア活動者数の推移（全社協，仮集計）

	3県合計	岩手県	宮城県	福島県
平成23年3月	63,900	12,100	31,400	20,400
平成23年4月	162,200	34,700	98,500	29,000
平成23年5月	182,400	46,000	102,000	34,400
平成23年6月	143,500	42,200	78,800	22,500
平成23年7月	131,600	46,400	68,500	16,800
平成23年8月	101,500	48,200	44,100	9,200
平成23年9月	63,700	36,400	23,900	3,400
平成23年10月	51,400	25,500	21,900	4,000
平成23年11月	38,600	19,900	16,400	2,300
平成23年12月	19,500	9,100	8,500	1,900
平成23年1〜12月合計	958,300	320,500	494,000	143,900
平成24年1〜12月	257,800	121,700	118,700	17,400
平成25年1〜12月	118,500	42,200	60,200	16,100
平成26年1〜12月	83,900	29,700	37,300	16,900
平成27年1〜12月	56,900	20,000	26,200	11,600
積算合計（平成23〜平成28年7月末）	1,499,800	543,100	745,700	211,000

（出所）　全社協ウェブサイトより速水作成。

社協）による被災地のボランティアセンターを通じたボランティア活動者の積算の資料によって，とくに被災3県の分を把握することができる（表9-1）。これによると，2011年末までで約96万人がボランティアとして被災地で活動しており，2016年7月までの積算ではおよそ150万人が活動している。また中央共同募金会「災害ボランティア・NPO活動サポート募金（ボラサポ）」は支援活動のために2016年1月までに延べ9586件，総額41億4993万円を助成している。その他，JCNや助けあいジャパンのウェブサイトなどを通じても，ボランティアの支援活動の実績や財政的援助の実績をみることができる。

　これらの数字は今回の大震災におけるすべての災害ボランティア活動の人的量や財政規模をカバーするものではないが，これらの数字をもとに，ボランティアの数や量は阪神・淡路大震災に比較して少なかったとする見方も示された。さらに，被災地では支援が不足していたにもかかわらず「ボランティアはまだ被災地に行くべきではない」とする主張もなされ，それをめぐって，ボランテ

ティアは行くべきだったのか行くべきではなかったのか，といった議論も提起されている（新 2013；村井 2011）。

いずれにしても，東日本大震災における災害ボランティアの評価において，量についても制度化による受け入れ態勢についても，1995 年以降にイメージされた「あるべき災害ボランティア」への過大な期待が働いたともいえよう。むしろ，今回の大震災における，とくに被災初期の災害支援の実態は，被災地の社協や自治体が人的な被害を含めて壊滅的な状況に陥ったことで支援ボランティアの受け入れ自体が困難だった点に留意する必要がある（仁平 2012a）。そのことが「ボランティアが機能しなかった」とする否定的な見方に一部つながったというのが妥当であろう。さらにいえば，社協の災害ボランティアセンターに包括的かつ一元的なボランティアの受け入れを前提とするような議論自体が問題であるといえるだろう（岡本 2013）。

創発的支援としてのガバナンス型支援の可能性

こうした議論を踏まえ，本章では 2011 年の東日本大震災における災害支援について，ボランティアの量に対する評価や「あるべきボランティアが機能しなかった」という規範的な評価よりも，これまでとは異なる支援の形が生まれていることに注目したい。第 8 章で既述したように，われわれが各地域で行った調査においても，さまざまな縁による支援が行われている実態が明らかになった。これは支援のきっかけの多様性や既存の制度枠組みとボランタリーな組織・枠組みとの新たなつながり方を示唆するものであり，これまでとは異なる「支援の質」の変化を生み出していると考えられる。

たとえば，2011 年の大震災は原発事故をともなうことから全国に多数の広域避難者を生んでいる。その支援には民間主導で震災直後に組織された「東日本大震災支援全国ネットワーク」（JCN）が大きく関わっている。JCN の基盤となったのは，2005 年に内閣府に開設された「防災ボランティア活動検討会」や，同じく 2005 年に中央共同募金会に事務局を置いた「災害ボランティア活動支援プロジェクト会議」などである。JCN は，震災後に政府が立ち上げた「内閣官房震災ボランティア連携室」の連携先となり，全社協はじめ全国の NPO や労働組合・企業等，多様な組織のネットワークの核として活動している（菅 2012；「広がれボランティアの輪」連絡会議編 2014）。つまり，国レベルにおいても官民をはじめとするさまざまな主体の連携が支援の質的な変化を後押し

したといえよう。

　また，今回の災害支援活動を支える経済的な基盤として，日本経済団体連合会（以下，経団連）の「1％クラブ」などを通じた，企業をはじめとする民間団体からのボランティア活動支援金が大きな財源となっている。2012年3月に出された「1％クラブ」の報告書によれば，「1％クラブ」からの協力願いによる企業からの支援金は，災害ボランティア活動支援プロジェクト会議・赤い羽根災害ボランティアNPOサポート資金・ジャパンプラットホームを合わせて約105億円にも達する。経団連による企業への震災支援に関するアンケートでは，支援金は154社から138億円が拠出されたという結果も出ている。近年，企業の社会的貢献活動に注目が集まっているとはいえ，東日本大震災は，期せずして経済的な面や活動の場づくりといった面において企業と市民活動団体との連携の機会を大きく広げるものになったといえるだろう。

　東日本大震災以前，これまでのボランタリーな災害支援活動に関わる議論において，NPOやボランティアといった市民活動と私企業，あるいは行政といった各組織間の関連はあまり意識されてこなかったのではないだろうか。むしろ，それぞれの立場や分担を前提として，すべき役割が規範的に論じられてきたように思われる。とくに，市民活動と自治体との関係では，既述したように自治体が「できない」こと，自治体の限界を超えるものがNPO・ボランティアであるとの認識を当然とする枠組みのうえで議論されてきたといえよう。すなわち，従来のボランティアをめぐる研究では，制度的なものとボランティアとの積極的な関わりへの視点が乏しいと理解することができよう。

　行政／住民，あるいは自治体／市民活動を対置させる見方が，1995年の阪神・淡路大震災での災害ボランティアの活躍を機に，強調されてきたのは既述したとおりである。換言すると，日本における「市民社会」の到来を期待する，その社会的役割を担う存在としてボランティアが位置づけられたといえよう。しかし，今回の東日本大震災における支援のあり方を通して見えてくるのは，自治体に対抗するという形で一面的な「市民社会」を担うという意味でのボランタリーな支援活動ではない。むしろ，地理的・文化的・歴史的なさまざまな現実的な条件を背景として，ボランタリーな組織はもとより地縁組織とも，さらには自治体そして企業とも連携・協働して，これまでにない多くの創発的支援が行われたことに注目すべきであろう。

　関嘉寛は，1995年の阪神・淡路大震災と2004年の新潟県中越地震について

図9-1 災害支援のあり方の類型

(出所) 横田 2013。

それぞれの復興のあり方を比較し，2つの震災における時代背景や被災地の社会構造の違いが復興の志向性も異なるものにしたと指摘している（関 2013：96）。そのうえで，中山間地で発生した中越地震の復興は，阪神・淡路大震災のような「市民社会」をめざすものではなく，近代的価値を見直す「質的な豊かさ」の追求に災害ボランティアの支援の意義があったことに言及している（同上：98）。周知のように，中越地震では地縁組織と市民団体・民間団体が産官学民を超えて「中越復興市民会議」を形成し，地域ごとの内発的復興を多様な連携によって支援する形態が奏功する形となった（稲垣ほか 2014）。中越においては，一面的な市民社会とは異なる地方からのボランタリーな連帯の可能性を地元の地域組織とボランティア的関係との関わりから見ることができるといえる。今回の東日本大震災における支援のあり方の考察においても，多様な組織のつながり方・連携のあり方が，どのような新たな支援の可能性をもっているのか，現実のありようから探っていくことが必要である。

ガバナンス型支援の組織類型と地域性

われわれは各地での調査から，東日本大震災における支援のあり方の類型を次のように整理した。すなわち，横軸を「行政主導か，異組織間による連携・協働か」，縦軸を「従来の法制度に基づくものか，独自あるいは創発的なものか」とするとそれぞれの度合いに応じてⅠ～Ⅳに類型化される（図9-1）。

類型Ⅰは，災害対策基本法や災害救助法等をはじめとする既存の法制度に基

づいて自治体や警察・消防などが支援活動に取り組むものであり、いわゆる公的な災害支援活動がこれにあたる。類型Ⅱは、自治体が支援活動を主導するが、自治体独自に支援先や支援内容を決定するもので、多様な支援の形が生まれている。第8章で紹介した事例等がこれにあたる。

類型Ⅲは、自治体と民間団体・ボランティア組織等の多様な主体による新たな連携や協働によって、これまでになかった新たな支援への模索が行われるケースであり、これを本章では最も創発性が高いものとして「ガバナンス型支援」と位置づけたい。さまざまな組織・集団が結びつく経緯やきっかけが創発的であるとともに、支援内容や方法も創発性を帯びている点に注目し、後節では地域ごとの事例を紹介する。

類型Ⅳは、異なる主体が制度的に結びつき、連携した支援として発動するものである。例としては、2013年の災害対策基本法の改正により、行政とボランティアの連携が条項に盛り込まれ、それにともなって全国的に行われている行政による防災ボランティア講座などが該当するだろう。連携のあり方が制度的である点が類型Ⅲとの相違である。

自治体と民間との協働や連携の発露には、当然であるが地域的な多様性が見られるが、われわれの調査から明らかとなったガバナンス型支援としての特質も指摘できる。地域ごとの事例の詳細は後節に譲るが、ここでは次の2点をあげておきたい。

(1) **支援経験の蓄積をもつ核としての組織の存在**

ガバナンス型支援において、協働の仕組みやつながり方の実際は多様であるが、各地の支援活動に共通する背景もある。

まず、被災地支援の活動以前から、地域社会において何らかの支援的な取り組みが行われていたかどうかということ、さらにはその取り組みにおいて連携の中心となる組織が存在していたことは、東日本大震災のガバナンス型支援の前提条件として大きく影響している。たとえば、社協は歴史的に地域に根差した福祉活動を半官半民の立場で行ってきた組織であるが、そのような立場性が連携の結節点として作用していることは後述する四国の事例等からも明らかである。また、後述するように、愛知県では全国に先駆けて自治体と市民活動との協働の指針（ガイドライン）づくりを行っており、高齢者・障がい者福祉をはじめ災害関連においてもNPOが従来から活発に活動し、時には行政をリードする役割も担ってきた。同様に、後節でもふれる北九州市ではNPOが中心

となって1980年代よりホームレス支援を行っており，官民による東日本大震災の避難者支援の取り組みにおいてもそのノウハウが活かされるものとなっている。すなわち，地域社会の組織が支援の経験値を蓄積としてもっていることが新たな創発的支援に結びついているといえよう。

(2) 地域的多様性としての「市民社会」モデル

ガバナンス型支援のもう1つの特質として，その実態から多様な「市民社会」のあり方が示唆されることを指摘しておきたい。

　一般に，NPO活動など市民活動は大都市のほうが数も多く，盛んであるといえよう。市民活動が活発で先進的とされる大都市では，市民活動団体は必ずしも行政と常に良好な関係であるわけではない。活動を通して対立したり交渉したりしつつ，市民活動ならではの活動を行っているという意味では，市民活動側が行政との距離の取り方を学習しているともいえよう。行政はあくまでも官僚的であり，柔軟性に欠ける面をもつのは否めない。支援活動を通じて，人的資源や財源などの面から行政と市民活動団体が連携するときに，ガバナンス型支援の創発的な特性が活かされる。

　一方でNPOや市民活動が少ない多くの地方都市では，自治会・町内会などの地縁組織や半官半民である社協などの役割が大きい。これらの組織がもつ行政的な信頼が，支援活動を行ううえで市民活動との協働をスムーズにしたり，また地縁的組織が有効に活用されることにもつながる。

　すなわち，ガバナンス型支援における「民」の立場の位置づけや役割は，地域性にも左右される面があると考えられる。財政規模や人的資源も乏しい地方の市町村では，行政ができない部分について地縁組織が従来からの行政とのパイプを活かす形で補完的協働とでもいえる連携をつくる。一方，財政規模・人的資源を豊富にもつ大都市では，従来から活発に活動するNPOや市民活動団体が行政をもリードする形で協働の仕組みをつくる。換言すれば，ガバナンス型支援が体現する「市民社会」のモデルは，大都市と地方ではその発動の形態が異なることを示している。すなわち，「市民社会」のあり方は，地域の文化的・歴史的な条件に規定されるローカル・ガバナンスとして多様であるということを，ガバナンス型支援から読み取ることができるといえよう。

2　被災地との近さが生む支援に対する根本的な反省──東北地方

民間組織による顔の見える支援の展開

　東北地方（青森・秋田・山形・新潟4県）にはガバナンス型支援が生まれるための市民社会の素地が薄いように見える。実際にわれわれの調査でも，市民活動サポートセンターをもつ自治体は6.0％，民間ボランティアセンターをもつ自治体が4.5％しかなく，全体の18.5％，11.6％を大きく下回る。NPO法人数でも全体平均16.8に対し東北地方は6.9にとどまる。また，われわれの調査の焦点の1つでもあった災害支援の地域社会に対するフィードバックについても，東北地方はかなり限定的に見える。庁内や市民への報告会を開催した自治体が全体ではそれぞれ40.5％，10.8％あるのに対し，東北地方では16.7％，1.5％とかなり少ない。やはり東北地方では市民社会はまだ十分育まれていないのだろうか。

　再考を促すデータもある。受け入れ支援について民間団体の協力を得た自治体が全体では30.9％にとどまるのに東北地方では50.0％にのぼる。送り出し支援では全体，東北地方ともほぼ36％だったことと対照させると，質量ともにこれまで経験したことのない支援を行うにあたり，行政のノウハウ不足を民間が確実に補っていた。補えるだけの民間の力が東北地方にも備わっていたといえよう。

　もう1点，東北地方の民間の力をうかがわせるデータがある。送り出し支援の1つともいえる金銭の送付に関し，義援金についてみると全体での平均2934万円に比べ，東北地方は平均1543万円とかなり少なくなっている。しかし寄付金は逆に全国の平均1041万円を上回る平均1577万円が寄せられている。義援金は自治体から日本赤十字社などの全国組織に一元化され，被災地に分配される。これに対し寄付金は，自治体が独自に被災地に送ったり，それを財源にして独自の支援を行うことができる。したがって，どちらかといえば義援金は中央機関任せの匿名的な支援なのに比べ，寄付金は自治体ごと独自の顔の見える支援である。そうした寄付金がより多く寄せられるように，東北地方でも民間の力が地域を単位として結集する基盤が残されている。

　ただし地域差はある。たとえば，受け入れ支援で民間団体と協力した自治体が，新潟，山形，秋田県ではそれぞれ80.0％，61.5％，53.3％にのぼるのに比

べ，青森県は21.7%にとどまる．以下，地域差にも目を配りつつ，従来の指標では測りにくい東北地方独自の地域の力について事例に即し分析する．

支援とは何かを突き詰めた先に

寄付金による新しい自治の模索　第8章でふれたように，東北地方では域内外からの寄付金を原資に独自の送り出し・受け入れ支援を展開している．青森県を除く各県では，市民の災害ボランティア派遣の充実に寄付金が使われたばかりではない．刻々とニーズが変わり，また自立支援という自己矛盾を抱えた課題が顕在化しつつある受け入れ支援についても，寄付金による市民活動助成を通じて法の壁が乗り越えられつつある．さらに寄付金の活用は，その使途をめぐる公開審査を通じ，地域の貴重な資源の配分について誰が意思決定に加わるのか，何が正しい判断なのかという問いを市民に開き続けている．それは地域の自治や民主主義の根幹に関わる問いであり，この試練を重ねてゆくことで新たな地域社会が構想され現実化してゆくものと期待される．

寄付金という地域の資源配分をめぐり東北4県はそれぞれに模索を重ねている．なかでも新潟県の場合，中越地震後に創設された中越大震災復興基金を原資としたさまざまな事業や組織が立ち上げられる過程で，それまで顕在化していなかった新たな地域の人材や知恵の掘り起こしが進んだ．とくに，そうした掘り起こしを通じて，従来の地域あるいはより広い社会における，何が正しいのかという基準が見直されつつある点が注目される．それはより望ましい支援とは何かという支援の本質に関わる問題提起である．

中越地震では中山間地域で広範な被害が広がり，全村避難などを介しすでに深刻化しつつあった集落の人口減少が極端に進んだ．県は道路や圃場だけでなく住宅などの再建にも積極的に取り組んだが，離村の動きに歯止めがかからなかった．農業資機材といった生業再建に不可欠な要素だけでなく，神社や都市農村交流施設といった集落住民の「誇り」を支える要素への支援が十分できなかったためである．そこで県では2007年4月から中越大震災復興基金を活用し，集落ごとに策定した「地域復興デザイン」に即してより柔軟な支援を展開することとした．基金を通じた「正しさ」の模索の第一段階である．

さらに同年9月からは基金を財源に「地域復興支援員」が設置された．これは中山間集落のコミュニティの維持・再生を目的とし，ネットワーク形成やイ

ベントの企画・実施，行政との連絡調整，福祉的見守り等が期待された専任職である。従来，救助・復旧後の外部からの支援には建築・地域計画や福祉計画等の専門職があたっていた。これに対し県では，あえてそれらを専門としない人材が集落の復興に欠かせないと判断したのであった。

その背景には「中越復興市民会議」による集落復興に関する合意形成支援に対する一定の評価があった。同会議は救助・復旧に携わったボランティアを母体として 2005 年 5 月に組織された。インフラ整備などが完了しながら復興感に乏しい集落を一つひとつ回り，住民の声を聞きながら行政との連絡調整を進めていた。そうした調整を通じ，「地域復興デザイン」に基づいた基金の活用や地域復興支援員の配置などの新たな支援策が導き出されてきたのである（稲垣ほか 2014）。

中越方式の制度化の効果　そこでの新たな支援策の中核的な概念が「足し算の支援」である。それは専門家による「掛け算の支援」と対置され，住民の声を集約したり地域内外の交流を促すことを通じ住民に自省と自覚をもたらし，最終的には住民自身によって代替できる支援である。他方「掛け算の支援」は高度に専門分化し，住民は支援なしには集落を維持できない。中越ではこうした整理をもとに，「足し算の支援」による土壌なしの「掛け算の支援」を戒め，とかく専門的支援を志向しがちな地域復興支援員自身に自らの役割を再確認するよう求めてきた。

このように支援を弁別し，忘れられやすい「足し算の支援」の重要性を訴える視点は，今回の震災でも貫かれている。新潟県が設立した中越防災安全推進機構は発災後，速やかに被災地支援のため人員を継続的に派遣し，救助から復旧，そして復興へと向かう局面ごとの支援ノウハウを惜しみなく提供してきた。とりわけ今回の新たな支援の象徴ともいえる広域避難に関しては，その初動対応において，機構を介した民間レベルのノウハウ提供が決定的な役割を果たしたと指摘されている（須永 2012）。さらに機構では，時間の経過にともなう支援ニーズの変化に対応した長期的な支援を展開し，現在でも宮城県が設立した「みやぎ連携復興センター」をはじめとする後方支援組織に，中越で鍛えられた市民を送り出している。

加えて，国・総務省も地域復興支援員をモデルとして「復興支援員」制度を 2012 年 1 月に創設し，現在 452 人（2016 年 3 月末時点）が従事している。この制度では，中越と同様，支援員を受け入れる地域のビジョンに即した「コミュ

ニティの再生」が図られることがうたわれ，「足し算の支援」が確保されるよう留意されている。

　復興支援員による支援内容は，被害の特徴により岩手・宮城・福島の各県で比重が異なるが，(1) 大都市圏からのボランティア（組織）による支援の継続化の受け皿，(2) 主として地元ボランティアによる仮設住宅等でのコミュニティ形成支援の受け皿，(3) 同じく地元ボランティア（組織）による地域活性化支援の受け皿の3つに大別される（中沢 2016）。したがって (1) にあるように，復興が長期化しているにもかかわらず，財源等の問題による継続が見通せなくなっていたボランタリーな支援に一定の保証を与えた点がまず評価されよう。

　さらに同じ地域に対する支援者を出身地の別なく任用することで，被災地と大都市圏のボランタリーな組織・人材同士の，また同じ被災地内でも地縁組織との距離感の異なる組織・人材同士が同じ事業に取り組み，方向性を共有する場を提供した点も評価すべきである。なぜなら今回の震災で留意すべきは，被災地を含む地方圏と大都市圏を地縁組織の強度で対照させること以上に，(A) 被災地に根差す地縁組織・人材，(B) 被災地に内在する地縁組織と距離感のある組織・人材，(C) 大都市圏（をベースに構想された）組織・人材というように，被災地における組織・人材の重層性だと考えられるからである（平井 2015；宮内 2016）。

制度化の限界を超えて　しかしながら制度化の限界もすでに露呈している。まず地域のビジョンの根拠を復興計画に求めざるをえなかったために，支援を受ける側の合意形成が十分でなく，しかも計画やビジョンの見直しの機会も確保されていなかった点である。関連して，生活・生業の基盤整備と並行して行われざるをえなかった今回の「足し算の支援」には，成果が同定しづらいという難点が付きまとう。たとえば仮設住宅等でのコミュニティ形成支援はたしかに必要不可欠であるものの，住宅再建が進むにつれ，取り残された仮設住宅での支援は高度化・専門化を余儀なくされる一方，再建された地域でもまた一からコミュニティ形成支援がなされる必要が出てくる（中沢 2016）。このように被災地の刻々とした変化に応じて必要とされる支援に，相対的に単純なモデルに即して制度化された復興支援員だけで対応しようとするのには無理がある。集中復興期間の終了を控え制度設計の再構築が求められよう。

　その際に重要なのは，中越モデルによる問題提起の本質である。それは，何

のための支援か，あるいは支援とは何かという問いにほかならない。中越では現下の復興過程よりもはるかに住民の声を吸い上げ，公的な復興資金もより柔軟に投下されてきた。にもかかわらず，なぜ住民の復興感がともなわないのか。もしかするとそれは支援が行き届きすぎているからではあるまいか——「足し算の支援」はこうした懐疑から概念化されている。その懐疑を突き詰めれば，支援なるものは支援者の尊大さからの一方的な押し付けだというほかなくなる。するともはや，あくまでも「支援」を前提として組み立てられている既存の法制度との接点を失う。「足し算の支援」とはそうなる一歩手前で踏みとどまった概念にほかならない。

　この概念を手にできたゆえに私たちは大きな機会を得た。それは，公式の法制度に則ったうえで，《自立を支援する》という自己矛盾する，だがしかし，そこから容易には抜け出せない支援に，誰のための支援なのか，支援とは何なのかという根本的な疑いを抱きながら向き合う機会である。それこそが今回の震災復興における社会的な課題であり，中越から何かを学び得た証になる。しかもそれは，新潟県の地域復興支援員が国・総務省の外部人材を通した地域活性化策のモデルとされたように，災害支援にとどまらず地域開発に対する支援すべてに関わる課題にほかならない。

3　市民社会組織のネットワークが生む創発性——東海地方

市民社会組織に関する東海地方の地域特性

　最初に，東海地方全体の傾向について，自治体防災担当局に対するアンケート調査の結果に基づいて整理しておく。

　まず町内会・自治会の加入率に関しては全国並である。自主防災組織の組織率については，NPOの法人数，防災ボランティア団体の有無，ボランティア活動の活発性，防災支援計画の有無に関しては，東海地方は全国平均と比較してすべて高いポイントを示している。ただし，民間ボランティアセンターの設置状況は全国平均よりもやや高い程度である。市民活動サポートセンターは，全国平均よりも9ポイントほど高い。自治基本条例，住民参加条例，パブリックコメント条例，まちづくり条例の制定状況についても全国平均並である。災害が多い地域だと答えた比率は全国平均よりも4ポイント近く低いが，今後20〜30年の災害危険度が高いと答えた比率は全国平均よりも17.5ポイントも

高い。非常に危険であると答えた比率がもっとも高い県は静岡県であった。

　以上からいえることを2点指摘したい。第1に，東海地方は市民社会組織が比較的充実した状態にあるということである。それは，従来からある町内会・自治会のような地域住民組織，およびボランティア・NPOなどのような比較的新しい市民組織の双方に関して妥当するが，とくに後者の充実が目を引く。これは，東海地方に名古屋という大都市部が含まれていることが背景にあるだろう。第2に，将来の大規模災害に対する危険度の認識が高いことである。それは，とくに太平洋沿岸に面する地域で顕著である。東海地方には，南海トラフ巨大地震に対する危機意識が定着しているといえるだろう。

　次に，東海地方において，特徴的な支援を展開した2つの事例をみていきたい。1つは三重県の災害ボランティアセンターによる被災地支援の事例，もう1つは愛知県の被災者支援センターの受け入れ支援の事例である。いずれも法定型支援とは異なる支援の形を創発した例だと思われる。

支援の事例

三重県の災害ボランティアセンターによる被災地支援

　三重県の災害ボランティアセンターによる被災地支援はどのように始まったのだろうか。東日本大震災が発生した3月11日当日の夜，NPO法人みえ防災市民会議のY議長の呼びかけに応じて，みえ県民交流センターに「みえ災害ボランティア支援センター」の幹事団体が集まった。幹事団体は，NPO法人みえ防災市民会議，同みえNPOセンター，三重県ボランティア連絡協議会，社会福祉法人三重県社会福祉協議会，日本赤十字社三重県支部，そして三重県（防災対策部防災企画・地域支援課，健康福祉部，地域福祉課，環境生活部男女共同参画・NPO課）の官民あわせた6団体である。

　みえ災害ボランティア支援センターは，大規模災害発生時に災害ボランティア活動が円滑に行われるよう支援するため，三重県と民間のボランティア関係組織等が協働で運営する官民協働の組織であり，三重県地域防災計画のなかに正式に位置づけられている。通常は会議体での運営であるが，大規模災害が発生した際には，設置マニュアルに基づきセンターの設置を行い，被災地のニーズ情報の収集・発信，被災地外からのボランティアへの情報提供，現地ボランティアセンター間のネットワーク化など，災害ボランティア活動の広域的なバックアップを行うことになっていた。センターは，そもそも三重県内および近

隣地域での発災を前提としたものであったが，集まった幹事団体は東日本大震災という未曾有の事態を目の当たりにして，その前提を踏み越え，東北の被災地・被災者を支援することを決定し，支援期間をとりあえず3年とすることで合意した。そしてその3日後の3月14日，「みえ災害ボランティア支援センター」のオフィスがみえ県民交流センター内に設置され，センター長にNPO法人みえ防災市民会議議長のY氏が就任した。

どこを支援の対象とするかについては，首都圏から遠くボランティアが集まりにくいこと，長期活動に適した宿泊施設を確保できること，三重県東紀州と似たリアス式海岸の地形で復旧・復興に対する教訓を得られること等，いくつかの基準から防災NPOのネットワークや先遣隊調査からの情報が検討され，支援先を岩手県山田町とすることが決定された。注目されるのは，震災以前，三重県の市町村と山田町の間に防災交流協定など公式の関係はなかったということである。山田町の社会福祉協議会の事務局長H氏は，みえ災害支援センターから支援の打診を受けたとき，なぜ三重から十数時間の時間をかけてまで山田町へ支援に来るのか尋ねたと述懐している（みえ災害ボランティアセンター編 2014：資18）。

4月11日には息の長い支援活動を三重から展開することを宣言した「東日本大震災復興支援みえ宣言」を採択し，本格的に支援活動がスタートする。支援活動の中心は，「みえ発！ ボラパック」と命名されたボランティア・バスの派遣であった。具体的には，ボランティアを県民に募り，事前ガイダンス等を行ったうえで，山田町に向けてボランティアをバスで運び，1週間程度滞在してボランティア活動を行い，終了後三重まで送り届けるというものである。2011年4月29日の第1便から2013年12月28日にセンターが閉所するまでに派遣したバスとボランティアの数は，2011年に36便延べ648名，2012年に22便延べ386名，2013年に13便延べ256人，合計71便1290人である。1年目はほぼ毎週のようにボランティア・バスを派遣したことになる。

「1000km離れた現場にボランティアを毎週送り込むという前代未聞のミッション」（みえ災害ボランティアセンター編 2014：資20）のための事務量は相当なものになる。先述したように，みえ災害ボランティアセンターはもともと長期の活動が想定されておらず，当初事務局に専従職員はいなかった。しかしボランティア・バスの派遣を中心とする支援を3年間継続するためには，事務局体制の強化と資金の確保が必須となる。そのハードルは県の協力によって乗り越

えられた。具体的には，事務局に専従職員2名を配置し，さらに現地にも拠点を設置，地元から専従事務職員1名を雇用した（その後1名増員）。

　以上見てきたように，三重県の災害ボランティアセンターが行った被災地支援で目立つのは，1つはNPOのイニシアチブの強さと，今1つは県とNPOの協働のスムーズさである。前者に関して，災害ボランティアセンター幹事団体の1つである三重県防災対策部の職員は，発災直後の状況について振り返り，「最初は他の幹事団体のみなさんの熱意に圧倒されるばかり」だったと述べている（みえ災害ボランティアセンター編 2014：資22）。後者に関しては，ボランティア・バスの派遣が続くなか，2012年4月に県はNPOの活動資金を助成するために三重県災害ボランティア支援・NPO活動促進基金を新設した。さらに，5月17日には災害ボランティアセンターの6幹事団体が改めて「災害ボランティア活動の支援に関する協定書」を締結した。協定書には，支援センター運営に必要な人員・資材・資金・情報の収集を県ができるだけ支援することが明記されている。まさに，県とNPOが「あうんの呼吸」で支援を進めたことがうかがわれる。

　このようなNPOの強いイニシアチブとスムーズな官民協働は，一朝一夕にできたものではなかった。三重県においてNPOの成長の契機となった出来事は1998年4月にさかのぼる。改革派知事と呼ばれた北川正恭知事が，同年3月のNPO法の成立を受けて，市民の参加を求めて設置したみえNPO研究会がそれである。その研究会は8回にわたって開催された。延べ1500人の市民参加と120時間の討議の成果が，三重県非営利活動促進法施行条例とみえパートナーシップ宣言（1998年11月24日）である。宣言では「自立した市民が中心の社会をつくる夢を共有します」とうたわれている。全国に先駆けて県庁内にNPOの担当課も設置された。ちなみに，NPO法が施行されたのはその年の12月である。

　NPO法自体，阪神・淡路大震災時におけるボランティアの活躍がきっかけであったが，同時に国の防災計画も動かした。1995年7月に国は「防災基本計画」を改定し，「災害ボランティア活動の環境整備」に関する項目を新設した。それは自治体の地域防災計画にも波及し，災害発生時に災害ボランティアセンターを開設することが社会的に定着していく。三重県においても，先に述べたNPOを重視する県政のなかで，NPOと県の協働からなる「みえ災害ボランティアセンター」の仕組みが形成され，月の1度の定例会や防災訓練など

が十数年にわたって継続されてきたのである。今回設置された「みえ災害ボランティアセンター」のセンター長に就任したNPO法人みえ防災市民会議議長Y氏は，その仕組みの成立当初から関わってきたキーパーソンである。市民の自発的な活動を培う官民の長い努力の結晶として，東日本大震災被災地への創発的な支援が実現したといえる。

愛知県の広域避難者受け入れ支援

第8章第3節で述べたように，愛知県における創発性は，広域避難者の受け入れ支援において発揮された。原発事故を受けて愛知県被災地域支援対策本部に被災者受入対策プロジェクトチームが設置されたのは3月22日であり，4月6日には県独自の受入被災者登録制度を開始している。プロジェクトチームはより機動的に支援を行うために，支援センターを県が設置し，運営をNPOに任せる官設民営方式を採ることを決め，公募で専門的知識と経験のある4つのNPOを運営者として選定した。そして，6月13日に愛知県被災者支援センターが発足する。事務所は県庁舎内に置かれた。主たる財源は県が国から獲得した新しい公共支援事業（内閣府，2011年度）および「絆」再生事業（厚生労働省，2012～13年度）である。センター長は4つのNPOからそれぞれ1人ずつ出し，統括センター長として，愛知県における災害NPOの草分け的存在であるNPO法人レスキューストックヤード（以下RSY）の代表理事K氏が就任した。ちなみに，東日本大震災に関する支援団体を支援するために，発災から3日後の3月14日に東日本大震災支援全国ネットワーク（JCN）が急遽立ち上げられたが，その創立者の一人がこのK氏である。

愛知県への広域避難者の推移についてみると，発災から約1カ月後の4月13日時点で798人（246世帯）であったが，半年後の10月6日時点には1172人（486世帯）へと世帯ベースで約2倍に増加する。その後は微増傾向が続き，発災から約1年後の2012年3月29日時点で1249人（542世帯）となる。そこがピークであり，その後，微減傾向が続くが，2015年3月15日時点においても1135人（462世帯）を保っており，静岡以西の西日本では最多である。避難者の内訳は，6割が福島県からの避難，3割弱が宮城県と岩手県，1割強が関東からの避難者である。また，避難者は特定の地域に集住しておらず，県内市町村に広く分散している。

支援の第1の特徴は，被災者登録を行った全員を対象として，被災者の個別のニーズに合った支援を行うことを方針としている点である。支援センターの

キーワードはパーソナルサポートであり，それは法律に則り同一カテゴリーの避難者に同一支援を画一的に適用する行政組織による支援とは正反対の方向性である。たとえば，行政組織による支援の典型例が広域避難者に対する住宅支援である。地震・津波による避難者は罹災証明，原発事故にともなう避難者は被災時福島県に居住していたという証明があれば，災害救助法に則り住宅費全額補助の対象となる。しかし，世帯によって，また個人によって，支援のニーズは異なる。具体的にいえば，親戚が愛知県にいるかどうか，主たる家計の支持者である夫を残し母子だけで避難しているかどうか，原発事故の賠償があるかないか等々によって，避難者のニーズは細かく異なる。しかも，同じ世帯，同一個人であっても，時間とともに支援ニーズは変化していく。変化する多様な個別的ニーズを丁寧に聞き取りながら対応可能な支援を行う，というのが愛知県被災者支援センターの不変の基本方針である。行政によって設置されながらも，実際の運営はNPOが担当するという官設民営の特性を活かした支援を目指しているといえよう。

　第2の特徴は，NPOと県の協働だけでなく，さまざまな専門家集団，大学の研究者，企業，民間組織，国や県内市町村と連携しながら支援を行っている点である。中心となっているNPO自体も防災などに関して専門性を有しているが，避難者の多様な個別のニーズに対応するには不十分である。たとえば，原発事故被災地からの避難者の場合，東電から送られてきた賠償請求書類の書き方を教えてほしいという要望，避難指定区域外であるが福島県内の市町村からの避難（いわゆる自主避難）の場合，東京電力にどのように補償を求めていくかという相談，子どものPTSDにどのように対処すべきかという問題等々，ニーズは多岐にわたる。センターと連携して支援にあたっているのは，愛知県弁護士会，愛知県司法書士会，法テラス愛知，愛知県社会福祉協議会，コープあいち，愛知県臨床心理士会，南医療生協，名古屋大学の研究者・大学院生（社会学）などである。それら専門家集団からの代表者の参加を得て，パーソナルサポート支援会議と称される会議が隔週で開かれ具体的案件が議論される。また，先に述べたように，避難者は県内市町村に分散して居住しており，日常的な住民向けの行政サービスは居住する自治体が担当するため，センターと市町村の連携は不可欠である。実際，避難者が居住する市町村には必ず担当者を置いてもらい，必要に応じて連絡を取り合っている。

　支援の具体的な内容は，寄付等で集めた生活物資の分配（とくに1年目），さ

まざまな交流会・各種相談会の開催，月2回の情報誌（『あおぞら』と称する）の発行・送付（2015年3月末時点で57号を発行），登録全世帯を対象とした個別訪問等である。交流会は多種多様である。2013年から温泉で年に1回開催している全体交流会，餅つき大会・花見・サマーキャンプなど季節ごとの交流会，子育てに特化した交流会，囲碁クラブなど趣味の交流会等々がある。県内に分散居住している避難者の便宜を考え，交流会は愛知県内の各地において開催される。具体的には，名古屋市東区，天白区，昭和区，南区，豊橋市，豊田市，岡崎市，一宮市，安城市，犬山市，小牧市，瀬戸市，日進市，津島市，飛島村，知多市で開催された。地域での開催にあたっては，当該市町村との日頃の連携がものをいうことになる。とくにセンターが重視している支援が全世帯を回る個別訪問であり，半年に1回程度数カ月かけて実施している。冬の訪問では，飛島村から寄付された米（100俵）を全世帯に分配・配布している。「見守り（所在把握）率」は95%を維持している（向井 2014：66）。継続的かつきめの細かい支援を行ってきたことがわかる。

　支援業務を担う事務局は，センター長，事務局長，3名のスタッフ，ボランティアから構成される。毎週，4つのNPO，愛知県社会福祉協議会，コープあいち，県の被災者受入対策プロジェクトチームからなるセンター協議会が開かれるほか，上述のように専門家集団等を加えたパーソナルサポート支援チーム会議が隔週で開催される。後者は，震災から4年となる2015年3月末までに88回の会議が開催されている。

　三重と同様，このような愛知県とNPOの協働には歴史がある。プロジェクトチームの初代担当者であったO氏によれば，2000年9月の東海豪雨が1つの画期になったという（愛知県防災局災害対策課O氏へのインタビュー，2011年10月3日）。全国から来る大量のボランティアを前に県職員が途方に暮れるなか，県庁内に設置された災害ボランティア本部において本部長として行政や民間団体と協力しながらセンターを運営したのがRSY（当時は，震災から学ぶボランティアネットの会）のK氏であった。他方，1990年代を通していくつかの市民団体が市民社会の重要性を説く啓蒙啓発活動を名古屋を中心として繰り広げており，1998年のNPO法の成立にも貢献した。そのなかからNPO法人市民フォーラム21やNPO法人ボランタリーネイバーズが独立し，名古屋を拠点としてNPOを支援する中間支援組織として発展していく。2000年代に入ると，愛知県においても知事認証のNPOは着実に増加していくが，それを背景として

2003年に県に「NPOと行政の協働のあり方検討会議」が設置された。NPOと行政双方の意見が対立する厳しい討議を経て、翌年NPOと行政の協働に関するルールを定めた「あいち協働ルールブック2004」が発表される。全国的に先駆けとなったこのルールブックにおいて、行政とNPO共通の基本姿勢は、「行政とNPOは、双方の良さ、得意分野を活かすために、お互いの立場の違いを尊重する」ことであると明確に記されている。以後、ルールブックは愛知県内市町村において行政とNPOの協働のガイドラインとして普及していく。広域避難者に対する受け入れ支援にも、この協働原則が貫かれていることがみてとれるだろう。

4 災害ボランティアの組織化と土着的創発性──四国地方

四国の地域特性

ガバナンス型支援の地域性という点で、四国の特徴として指摘できるのは、第1に、「市民社会」的な組織・団体はそれほど発達してはいないことである。一般に、市民社会は「共同体」と対置され、ボランティアやNPOといった新しい共同の仕組みと解されがちである。そのような理解に立つなら、四国は「遅れた」地域といえるのかもしれない。われわれが行ったアンケート調査でも、四国におけるNPO団体の数、(防災)ボランティア活動の評価、市民活動サポートセンターの設置状況等は軒並み全体の平均を下回っている。東海地域でみられたような強力な防災NPOのネットワーク組織も存在しない。第2に、そのこととも関連して、四国では今次の震災で社協を中心としたガバナンス型支援が展開した。ガバナンス型支援における自治体のカウンターパートを市民団体と社協に大別するなら、四国で支配的な役割を担ったのは後者の社協である。東北の被災地支援にあたり民間団体の協力を得たと答えた自治体のうち、実に69%がそのパートナーとして社協をあげている。これは全体の平均値よりも顕著に高い数値である。

以上のように、四国におけるガバナンス型支援にいわゆる「新しい公共」のイメージを見出すのは難しい。被災地から遠隔の地であることもあり、実際、四国では官民協働型支援の実施率は全体の平均よりもかなり低かった（とくに受け入れ型支援において）。しかし、数こそ多くはないものの、四国でも民間が主体性を発揮したガバナンス型支援が散見された。その活動スタイルは通念的

な「市民社会」モデルとはいささか異なるものであるが，地方の地域特性に根ざした公共性のあり方を考えるうえで興味深いものである。以下ではそうした支援の例として，徳島県海陽町の小地域社協の取り組みと，香川県丸亀市の自主防災会の取り組みをみておきたい。

小地域社協が触媒となった災害支援

既述のように，四国におけるガバナンス型支援は自治体と社協の連携を基本とするものであった。阪神・淡路大震災以降，災害ボランティアを組織的に動員する仕組みとして災害ボランティアセンター（以下，災害VC）が整備され，その運営の担い手として社協が大きな役割を担うようになった。災害VCの普及は，災害NPO団体の増加やそのネットワーク化の進展とならんで，災害ボランティアの組織化の主要な成果であるといえる[1]。

ところで，社協は2つの顔をもった組織である。一方で，社協は全社協を頂点にピラミッド型に組織された全国組織としての側面をもつ。他方で，社協は地域において自治体と各種団体を取り結ぶ中間支援団体としての側面をもった組織でもある[2]。

全国組織としての社協が行った災害支援に目を向けるなら，その主要な成果としてあげられるのが「ブロック派遣」である。東日本大震災では多くの社協が被災し，被災地では災害VCの設置，運営が困難な状況に陥った。全社協はこうした状況への支援として，広域ブロックごとに被災3県への割り当てを決め，職員を現地の災害VCに組織的，継続的に派遣する「ブロック派遣」を実施した。それは阪神・淡路大震災以降進展してきた災害ボランティア組織化の1つの達成として評価されるべきものである。四国でも香川と徳島の社協は石巻に，愛媛は女川に，高知は南三陸に6カ月間にわたって継続的に職員を派遣し，避難所の運営補助に携わった。

しかし，ここでより注目しておきたいのは，地域の中間支援団体としての社協が災害支援に果たした役割である。とりわけ四国のような小規模自治体が多い地域では，地区社協が地域活動のファシリテーターとして果たす役割は大きい。徳島県海陽町を例にこの点についてみておきたい。

海陽町（旧・海南町）は徳島県南の沿岸部に位置し，過疎高齢化が顕著な漁村地域である。同地では東日本大震災発生後，地元の高校生が石巻市の被災地を慰問に訪れ，交流活動を展開した。それは被災地支援事業としてはささやか

なものであったが，東北とは縁もゆかりもない遠隔の過疎地からそうした支援が自発的に行われたことは注目に値するといえよう。

　海陽町は南海トラフ地震で大きな被害が予想されている地域である。また徳島県は全国有数の災害多発地であり，2004年に県内山間部で発生した土砂災害以降，県社協レベルで独自の防災まちづくり事業が進められていた。東北への支援が決行された背景として指摘できるのが災害多発地に特有のこうした危機意識であるが，そうした危機意識を支援活動へと発展させる基盤として重要な意味をもったのが，同地で地区社協を主体として続けられてきた地域づくり活動である。

　徳島県では全県的な社会教育活動としてTIC（Teens In Community）という取り組みが進められてきた。これは県社協が1946（昭和21）年に創設した子供民生委員制度を嚆矢とするもので，子どものボランティア活動を推進することで次世代の地域の担い手を育てるとともに，大人（親世代）の地域福祉活動を触発することを狙いとするものである。この取り組みは高度経済成長期にいったん消滅するが，2000年頃からそうした社会教育活動の復活が模索されるようになった。しかし，海陽町のような漁村地域に「ボランティア」といった横文字の活動はなじみが薄く，TICの理念はなかなか浸透しなかった。こうした状況を変えるきっかけになったのが，ちょうどその頃導入されることになった学校週5日制への対応である。テレビゲームが普及し子どもが家にこもりがちになったことに加え，漁村地域では週末も親が漁に出て不在である家庭が多かったため，保護者から子どもの休日の過ごし方を危惧する声があがった。こうした状況を町社協の職員が察知し，地域の各種団体へ協力を呼びかけ，2002年に「児童青少年を育成する会」が結成された。つまり，ボランティアやTICという舶来性の理念を週5日制への対応という地域の具体的な生活課題に結びつけることで，会の結成がはじめて可能になったのであり，そうした地域課題への翻訳という点で地域の実情に通じた社協職員が大きな役割を果たしたのである。

　石巻の被災地への慰問はこの「育成する会」の活動として行われ，その実現にあたっても社協職員が重要な媒介的役割を担った。東日本大震災の発生が南海トラフ地震の発生が危惧される海陽町に大きな衝撃を与えたが，他方でそれはメディアを介在させた「遠いところの出来事」でもあり，住民に戸惑いや無力感をもたらすものでもあった。そうした閉塞状況に突破口をもたらしたのが，

社協職員による「ブロック派遣」の経験の地元地域へのフィードバック活動である。既述のように，ブロック派遣は全社協の事業として実施されたものであるが，それを経験した町社協の職員が独自の判断で地域住民への報告会を開き，またその席で高校生による現地視察を提案した。子どもに被災地の惨状を見せることには反論も出たものの，同様の災害の発生が予想される海陽町にとって，そうした体験は今後の災害対策にきっと役立つとの訴えは大方の住民の同意を得，事業の実施が決定した。派遣に必要な資金には，徳島県が東日本大震災支援を目的に独自に設置した基金（第8章4節参照）が活用されたが，そうした資金調達も行政情報に通じた社協職員が介在したことで可能になったといえる[3]。

かくして2012年8月，海陽町の高校生と石巻市の被災者との交流事業が実現した。高校生は地元名産の藍を持参して藍染め体験（藍＝愛を届ける）を披露して被災者を励ますとともに，避難生活の現状に関して意見交換を行った。彼らは地元に戻った後，現地で得た教訓をより多くの人に知ってもらうために防災講演会の開催を提案，翌2013年には石巻社協の職員を招き，それを実現させた。

自主防災会による遠隔地支援

自主防災会は町内会を単位として組織される場合が多いが，四国の太平洋沿岸の諸地域では，震災後，自主防災組織間の広域連携を模索する動きが散見される[4]。いうまでもなく，これは将来の広域災害（南海トラフ地震）への対応を想定した取り組みである。それは，東海地域（大都市圏）のような防災NPO団体のネットワークが存在しない地方圏における，独自の土着的対応であるといえるだろう。さらに興味深いのは，こうした自主防災会の組織や活動を基盤とした，東北被災地への支援活動がみられたことである。香川県丸亀市の川西自主防災会は，東日本大震災後，独自の判断で石巻市と陸前高田市の被災地を2度にわたって訪問し，炊き出しを中心とした支援活動を繰り広げた。地域の自主防災会が遠隔の被災地で支援活動を展開するというのはきわめて異例のことである。

丸亀市川西地区は市の西部に位置する郊外住宅地である。もともとは農村であったが，高度経済成長期以降，とくに瀬戸大橋架橋を機に，農地の宅地化がすすんだ。開発前は市内を流れる土器川がしばしば氾濫し，そのため農家を中心に水防団が組織されていたが，次第に離農が進み，また昭和50年頃に土器

川が1級河川に認定され，国の管轄下に置かれたことで，地域防災は弱体化し，水防団は解散した。混住化がすすむにつれて自治会活動も停滞し，自治会加入率は50％を下回るほどにもなった。市域全体でみられるようになったそうした状況への対応として市はコミュニティ施策を推進し，川西自主防災会は川西地区におけるコミュニティづくりの核をなす団体として結成された。

　コミュニティづくりで防災が重視されたのは，同会の会長であるⅠ氏の個人的な働きかけによるところが大きい。香川県は四国の中では水害や震災のリスクが少ない地域であるが，Ⅰ氏は若い頃に仕事の関係で高知県室戸市に赴任し，そこで何度か大水害を経験した。そうしたⅠ氏にとって，1995年に発生した阪神・淡路大震災は，近い将来に発生するであろう南海地震とダブってみえたという。香川に戻って自治会の役職に就いた後，Ⅰ氏が防災に執心したのはそのためである。本土から海で隔たれた四国では，島内に行政区画を超えた地縁・職縁の集積がみられる。川西自主防災会の結成は，Ⅰ氏を介した高知という災害多発地域とのつながりによって可能になったと考えることができる。

　しかし災害，なかんずく大規模災害の発生頻度はきわめて低いため，自主防災活動を継続させることには大きな困難がともなった。この点の克服に向けて戦略的に重視されたのが，第1に，防災とまちづくりの一体化である。川西自主防災会は市のコミュニティ施策への対応として発足した経緯もあって，防災を日常的なコミュニティ活動や各種の地域行事に内部化することに注意が払われている。とくに重視されているのが，教育や学校との関わりである。地域の防災活動を小学校の学校行事と一体化して行うことで，次世代の防災リーダーの育成やともすれば離反しがちな親世代の動員を図ったり，住民と子どもが共同で炊き出しを行うことで防災力の向上とともに地域の親睦を培うことが目指されている。第2に，行政や大学との連携である。既述のように，川西地区ではもはやかつての農村的な生活様式と一体化した防災は失われている。分離した生活と防災の再結合を図る上で重視されているのが，防災・災害に関する「科学」的知識である。地元の香川大学や自治体が開催する防災関係のイベントにはほぼ毎回出席し，専門知の地域還元が図られている。川西地区のこうした取り組みは県も注目するところとなり，2007年には県の危機管理課と連携して県内の自主防災組織の広域連携組織（「かがわ自主ぼう連絡協議会」）が発足した。川西自主防災会はこの連絡協議会の担い手として県内各地の自主防災組織を訪問し，精力的に防災講演活動を繰り広げた。

東北被災地への支援活動もこうした活動の蓄積をもとに実現したものである。防災活動によって培われた人脈を通して被災地の状況に関する情報を入手し，支援先を決定し，訪問に必要な費用（1回につき70万円）や炊き出しに必要な資器材や食材もまたそうした人脈を通じて調達された。自前の大型資器材を用いて1度に数百人分の豚汁を調理する手際のよさは現地でも称賛されたというが，それも数多くの防災訓練を繰り返してきた賜物である。

　なお，この被災地支援活動は川西自主防災会が単独で実施したものである。しかし支援が実現した背景に，県の防災行政との協働によって培われた広域的な人脈があったことはすでにみた通りである。さらに，こうした被災地支援活動の実績を買われ，「かがわ自主ぼう連絡協議会」は香川県が実施する県内自主防災組織に対するフォローアップ事業を全面的に委託されることになった。県職員への聞き取りによれば，地域の自主防災活動に下手に行政が介入するよりも住民同士の取り組みに委ねたほうがはるかに効果的とのことである。その意味で，官民協働の防災活動の蓄積が東日本大震災での支援活動の創発に寄与し，さらに被災地での支援活動の経験がそうした地域防災活動のさらなる進展を促しているといえる。

まとめに代えて

　海陽町の事例から押さえておきたいことは，地方圏のコミュニティ活動において地区社協が果たすファシリテーター的役割である。社協は半官半民の全国組織であり，ともすれば行政寄りの組織とみなされがちであるが，地域の各種団体のコーディネーターとして無視しえない役割を果たしている。それは，端的にいえば，社協職員が社協という全国組織の職員であると同時に，住民と同じ生活世界を共有した住民の1人でもあるという単純な事実に由来するものであろう。社協のそうした地域的自律性は地方の小規模自治体でより顕著に現れるものであり，海陽町の事例ではそれが全社協の取り組みとコミュニティのニーズをつなぎ，独自の災害支援活動を生みだすことになった。川西自主防災会の取り組みは，防災の市民社会的なネットワーク形成が遅れているとみなされがちな地方で，それと同質的な機能をもった地縁型防災組織が力強く育っていることを指し示す事例であるといえる。彼らの東北での支援活動は官民協働で行われたわけではないが，支援の前提や帰結という点で官民協働型の地域防災と密接に連動しており，大規模災害リスクを共有した地域に特有の支援のあり

方として示唆に富むものである。これらは四国という地方の社会特性に根ざした創発型支援として正当に評価されるべきであろう[5]。

5 集合的記憶の共有がもたらす官民協働型支援への推進力
――中国・九州地方

「物語の共有」と支援の継続性

被災地からの距離の隔たりが「できる支援」のためのきっかけや縁を自ら見出しつつ、自発的な支援活動へつながっている点については第8章第5節で言及した。遠隔地からの支援活動の担い手の多様性や連携のあり方という観点からみると、支援を行うきっかけが「物語」として支援側の地域社会に浸透していることが活動の拡がりを生むように思われる。ここでの「物語」とは地域社会が歩んできた歴史としての「集合的記憶」と換言できる。つまり、支援する側の地域社会で多くの人が有する集合的記憶が、支援先の地域社会と共有される（重なり合う）ことにより、似た歴史を歩んできた「仲間」として支援側地域の行政・地域団体・経済団体・市民活動団体の結束を強め、協働型の支援への推進力につながっているのではないか。

とくに、中国・九州地域のように遠隔地から継続的な支援を行う事例において、前章でふれた「支援の想像力」の根拠としてこのような「物語の共有」は機能している。広島の原爆の歴史もその代表例ともいえよう。

一方で、支援する側の地域社会において「物語」が共有されるだけで具体的な支援の仕組みがつくられ、とくに継続的な支援の仕組みとして機能するかどうかはまた別である。中国・九州地域におけるわれわれのアンケート調査においても、市長会・知事会といったフォーマルなルートによる支援要請以外に、自らきっかけや縁となる「物語」をもとに独自支援を行う自治体は多かった。しかし、震災から時を経るにつれ、持続的な支援の仕組みづくりへつながる例は少ないといえる。仕組みの持続性の背景には、「物語」が共有されることに加えて、支援側地域の行政をはじめ地域の各組織団体のネットワークや協力体制が日常的に形成されていたかどうかが重要であろう。日常的な連携のあり方が「物語」によってさらに強化され、持続的な活動や仕組みづくりへつながっていると考えられる。

本節では、このような視点から、産炭地としてのつながりをもつ山口県宇部市から福島県いわき市への支援活動、ならびに鉄の町としてのつながりをもつ

福岡県北九州市から岩手県釜石市への支援活動について紹介したい。

「東日本大震災復興支援宇部市民協働会議」による支援の継続——山口県宇部市

　山口県宇部市は，戦後，石炭産業や重化学工業を中心とする産業都市として発展してきた。都市化にともなう経済発展と並行する大気汚染公害に対し，産学官の協力による「宇部方式」で対策を進め，1997年にはその成果を認められ国連環境計画によるグローバル500賞を受賞した。宇部方式の官民協働のあり方は「共存同栄・協同一致」と表現される宇部の精神（こころ）と地元でも称されており，宇部市のまちづくりのキーワードにもなっている。

　宇部市と福島県いわき市は旧産炭地という共通項に加え，炭坑を活用したふるさとツーリズム事業等での交流があった。東日本大震災の発災後，ツーリズム事業をきっかけに培われていたいわき市出身のコンサルタント（東京在住）と宇部市職員の個人的ネットワークから，いわき市勿来地区のボランティアセンターの立ち上げに宇部市職員が関わったことが宇部市による支援の発端である。

　3月11日の大震災発災後，すでに3月26日には，いわき市勿来地区のボランティアセンターの設置支援のために宇部市職員2名を派遣した。宇部市からいわき市への業務支援のための職員派遣は現在も継続して行われており，東日本大震災の発災直後から宇部市は独自にいわき市への支援活動を開始したのである。

　3月12日に行われた市長以下行政幹部の会議により，宇部市民を巻き込んだ震災支援への対応が決定し，3月24日には市議会，社会福祉協議会，商工会議所，自治会連合会，市民活動支援センターなど官民の主要組織が名を連ねる「東日本大震災復興支援宇部市民協働会議」が結成された。その事務局およびプロジェクトチームとして，副市長をトップとする「復興支援うべ」が設立され，構成団体には市役所・市社協・NPO法人うべネットワーク（中間支援団体）・NPO法人防災ネットワークうべ・日本防災士会山口県支部が入るとともに，実質的な事務局機能を市の防災危機管理課が担当する形をとった。

　「市民協働会議」の活動財源は，市による1000万円の拠出に加えて，市民に寄付を募って集まった4200万円を超える支援金が中心である。この資金が「復興支援うべ」を通じて派遣職員の交通費や長期派遣のための宿泊費用・救援物資の配送料などに活用されている。

いわき市での応急的な復旧活動がある程度落ち着いて以降，宇部市による支援活動は被災者・被災地との交流を通じたサポートへと継続されている。映画でも有名なフラガールを宇部市に招待したり，いわき・宇部双方のイベントにお互いの市民団体の参加や名産品の出品などが行われている。とくに，2011年の夏からは「子ども夏休み夢プロジェクト」（以下，夢プロジェクト）と題していわき市の小学生を宇部市に招き，子どもたちによるさまざまな体験・交流活動が継続されている。

　「夢プロジェクト」は，いわき市の小学生を宇部市に招き交流活動を行う「がんばっぺ！　A」と，福島県の自閉症児とその家族を宇部市に招待する保養事業「がんばっぺ！　B」の2つのプログラムから構成されている。Aのほうは「復興支援うべ」を主体として実施され，Bのほうは宇部市で自閉症児のサポート活動に取り組んできた市民活動グループが「福島の子どもたちとつながる宇部の会」を結成し，プロジェクトの実施を担当している。

　さらに，2012年からは宇部市民や宇部市の中学生による被災地へのスタディツアーが，いわき市をはじめ東日本大震災の被災地において毎年行われている。スタディツアーの参加者，「夢プロジェクト」の参加者はともに数人から40人程度で宇部市全体の人口からすると多くはないが，子どもたちを含む市民レベルでの交流活動を官民協働により継続的に支援するという意義は大きいといえるだろう。

　以上のような支援活動を経て，宇部市では2012年に宇部市防災基本条例が制定された。条例には，産官学民が協働して防災・減災活動に取り組むことや，災害の経験や教訓を次世代に継承し，平時から災害・防災について学び備えること，「防災文化」の定着と災害に強いまちづくりをめざすことが盛り込まれている。また，継続して支援・交流活動を行ってきたいわき市との間には，2014年に災害時相互応援協定が締結されている。

　このように，宇部市における支援は自治体主導による官民ネットワークによる基金を活用した送り出し支援から市民同士の交流活動への継続を経て，いわき市との自治体間応援協定の締結へとつながっている。支援の創発性には産炭地同士という「物語」の共有に加え，「宇部方式」としての官民協働の蓄積が大きく作用しているといえよう。また，支援の経験が自市の防災施策へフィードバックされている点も注目すべきである。

「鉄のまち」つながりと「絆」プロジェクト北九州会議──福岡県北九州市

　福岡県北九州市と岩手県釜石市はともに新日鉄の東西拠点であり「製鉄のまち」としての共通点をもっている。高度経済成長期以降，鉄鋼業の合理化が進み，両市とも溶鉱炉の休止が進む等の苦難を乗り越えてきた。両市とも，合理化後の遊休地や遊休施設を活用して企業誘致に取り組み，1997年には北九州市が「エコタウン」の指定を受けてリサイクル産業の集積を進めていたが，釜石市も2004年に同じく「エコタウン」指定を受けている。また，両市ともに東日本大震災以前より，製鉄関連の史跡や施設等の世界遺産登録を目指す「九州・山口の近代化産業遺産群」世界遺産登録推進協議会に属する間柄であった。

　そのようななかで，北九州市は被災地の要請を待つ受動的な支援ではなく，対口支援としていち早く岩手県釜石市を集中的に支援することを決めた。きっかけは国からの要請で北九州市から保健師が派遣され，避難所運営に携わったことに始まる。そこでの情報をもとに支援の必要性を重く見た北九州市トップの判断により，釜石市への対口支援が開始された。

　具体的な支援業務は選挙事務や戸籍事務，廃棄物処理や市民課業務，都市計画部門まで釜石市の幅広い要請に応じることとなる。北九州市は政令指定都市ということもあり，土木分野など専門業務に長けた職員の派遣が可能であったことも釜石市にとって非常に役立ったという声があったという。

　市による釜石市支援の充実のため，北九州市議会からの提案と承認を受け，2011年8月1日からは釜石市との連絡窓口となる職員を常駐させる「北九州市・釜石デスク」を釜石市復興推進本部内に開設し，2015年度現在も継続している[6]。釜石デスクを活動拠点として，釜石市内の地区別懇談会や市民集会にも積極的に参加し，そこでの情報をもとに支援関係の調整を進めたことは，多様な支援業務を進めるうえで効果的であったとされる。釜石デスクの活動は，市のウェブサイトをはじめ，北九州の地元紙に定期的にレポートを掲載するなど，メディアを通じて北九州市民への情報発信も積極的に行われている。

　また，釜石市は，発災直後の一部地域での長時間の停電が市民生活・産業活動に多大な影響を及ぼしたことから，自立したエネルギー確保をめざして，北九州市をモデルとするスマートコミュニティの導入の検討を2011年より始めた。スマートコミュニティ事業は復興基本計画にも掲げられ，事業の進展に北九州市も大きく貢献している[7]。

　被災地への送り出し支援を積極的に行う一方で，北九州市では避難者の受け

入れ支援についても官民協働による「『絆』プロジェクト北九州会議」を 2011 年 4 月に立ち上げ，物心両面での支援活動を行ってきた。会議には，市社会福祉協議会・市自治会総連合会・市民生委員児童委員協議会・高齢者福祉事業協会・NPO 北九州ホームレス支援機構（現在は NPO 抱樸）・北九州商工会議所・北九州市が名を連ねた。

「『絆』プロジェクト」は，これまで 20 年以上にわたり，北九州市でホームレス支援活動を行ってきた北九州ホームレス支援機構が培ってきた生活困窮者に対する支援プログラムを軸に，住宅の確保事業・受け入れ事業・寄付受け付け事業・伴走型支援事業という住宅確保から生活支援までを一体で提供する仕組みを官民協働で提供しようというものである。「『絆』プロジェクト」は市民からの寄付・募金による約 6500 万円を財源として，約 2 年間で 125 世帯 291 人に支援を行ってきた[8]。

「『絆』プロジェクト」は 1980 年代からホームレス支援活動を行っていた NPO 北九州ホームレス支援機構が提案して，行政や他地域団体・市民団体に呼びかける形で官民協働の仕組みをつくりあげた。従来の生活困窮者支援活動の蓄積が経験として避難者支援にも活かされており，支援のノウハウを民がもっていた点は官民協働の実践において重要であったといえよう。また現在，NPO 抱樸は連携するホームレス支援全国ネットワークを通じて，現地被災地でも生協との連携による公益財団法人共生地域創造財団を組織し，さまざまな支援活動を行っている[9]。

見てきたように，北九州市における今回の支援活動は，NPO と行政による生活困窮者への支援の蓄積をベースとする官民一体となった「『絆』プロジェクト」と並行して，行政主導での釜石市支援，さらには NPO による北九州市・被災地での独自支援がそれぞれ行われている。官民それぞれの支援の仕組みを前提としながら，必要に応じて官民の協働ネットワークとして機能した事例とみることができるだろう。なお，2013 年 2 月には，北九州市と釜石市の間で連携協力協定が締結され，さらなる交流活動が期待されている。

継続的支援を支える地域性

支援する地域と被支援地域との間の「物語」の共有だけでは，具体的な支援の仕組みが持続的な形とはならない。継続的な支援活動となるためには，加えて支援側の地域が日常的に組織間のネットワークや協働につながる素地をもち

えていたかどうかが問われる。

　宇部市の事例は，市民活動（民間の市民力）の蓄積が支援から始まり，大きな形ではなくとも交流活動へと転換していることが活動の「継続性」につながっているといえよう。その背景には，歴史のなかで培われた「宇部方式」とも称される官民の連携が機能していると理解することができるだろう。

　北九州市の場合，「物語」の共有に加えて行政職員の専門性や市民活動団体の先進的な取り組みなど，資源が豊富であることが支援の継続性を支えていると思われる。加えて，政令指定都市であることにより，さまざまな自治的権限をより多くもっている点も，地域資源の豊富さを支援活動に活かすことにプラスに作用しているのではないか。

注
1) 阪神・淡路大震災以降の災害ボランティア組織化の動向をとくに社協との関わりで分析したものとして，菅（2014b）などを参照のこと。
2) 社協のこうした二面性は，そもそも社協が草の根民主主義を理念とする戦後民主化改革の一環として誕生した一方で，他方では戦前の旧官制団体を母体とし，全社協を頂点とするピラミッド型全国組織として整備されたという複雑な歴史的出自に根をもつものである（岩本 2011）。
3) 筆者が四国で実施した現地調査に限っても，川西自主防災会以外に，徳島県阿南市，高知県高知市などで自主防災組織間の連携を進めようとする動向が確認された。
4) 東日本大震災の被災地においても緊急対応時に地区社協が大きな役割を果たしたことが指摘されている（仁平 2012b）。なお，仁平は平成大合併が社協のそうした中間支援的機能の弱体化を招いた面があることを指摘しているが，合併が大規模に進んだ四国の自治体にとっても重要な指摘であるといえる。
5) 地方のこうした土着型ボランティア行為を理論的に定式化したものとして，鈴木（1987）を参照のこと。
6) 北九州市・釜石デスクは派遣職員1名（係長級）と現地採用スタッフ1名からなる。支援先を特定して，現地に常駐者を置く方式は全国でも数少ない。
7) スマートコミュニティ事業を主とする両市の連携によるまちづくりは大きな評価を得て，2011年に両市ともに「環境未来都市」に選定された。
8) プロジェクトそのものは，2013年3月末で一応の終了となっている。
9) 西日本に展開するグリーンコープ共同体，主に東日本を中心とする生活クラブ生協がともに組織体となっている。

参考文献
新雅史，2013，「ボランティアの制度化は〈支援〉の有り様に何をもたらしたか」『福祉社会学研究』10号：39-55。

渥美公秀，2014，『災害ボランティア――新しい社会へのグループ・ダイナミックス』弘文堂．

東義浩，2014，「鉄の絆の復興支援――北九州市の活動」東大社研・中村尚史・玄田有史編『〈持ち場〉の希望学――釜石と震災，もう一つの記憶』東京大学出版会．

平井太郎，2015，「『集合性』をめぐる豊かさ『見えない』復興から学ぶ」『NETT』87号：27-31．

「広がれボランティアの輪」連絡会議編，2014『ボランティア白書〈2014〉――東日本大震災復興支援におけるボランティア・市民活動』筒井書房．

稲垣文彦ほか，2014，『震災復興が語る農山村再生――地域づくりの本質』コモンズ．

岩本裕子，2011，「社協と民間ボランティアセンターの関係に見る社協ボランティアセンターの課題――歴史的経緯と設立時の論争が，現代に問いかけるもの」，『人間福祉学研究』4(1)：105-117．

川島毅，2004，「『あいち協働ルールブック2004』の取組」『地方財務』第603号．

みえ災害ボランティアセンター編，2012，『活動報告　2011.3.11→2012.1.31』．

みえ災害ボランティアセンター編，2013，『活動報告　2012.1.1→2012.12.31』．

みえ災害ボランティアセンター編，2014，『活動報告　2013.1.1→2013.12.28』．

宮内泰介，2016，「コミュニティの再生へ」西城戸誠・宮内泰介・黒田暁編『震災と地域再生――石巻市北上町に生きる人びと』法政大学出版局：272-288．

向井忍，2014，「広域避難者支援の到達点と支援拠点及び体制の課題――愛知での経験から」『災害復興研究』第6号．

村井雅清，2011，『災害ボランティアの心構え』SB新書．

中沢峻，2016，「住宅移行期において『復興支援員』が果たしてきた役割――宮城県内での制度運用状況を事例として」『弘前大学大学院地域社会研究科年報』第12号：73-88．

仁平典宏，2012a，「二つの震災と市民セクターの再編――3.11被災者支援に刻まれた『統治の転換』の影をめぐって」『福祉社会学研究』9号：98-118．

仁平典宏，2012b，「3.11ボランティアの『停滞』問題を再考する――1995年のパラダイムを超えて」長谷部俊治・舩橋晴俊編著『持続可能性の危機――地震・津波・原発事故災害に向き合って』御茶の水書房：159-188．

岡本仁宏，2013，「『東日本大震災では，何人がボランティアに行ったのか』という問いから」『ボランタリズム研究』2号：3-14．

関嘉寛，2013，「東日本大震災における市民の力と復興――阪神淡路大震災／新潟県中越地震後との比較」田中重好・舩橋晴俊・正村俊之編著『東日本大震災と社会学――大震災が生み出した社会』ミネルヴァ書房：71-103．

菅磨志保，2012，「災害ボランティアをめぐる課題」関西大学社会安全学部編『検証　東日本大震災』ミネルヴァ書房：236-252．

菅磨志保，2014a，「災害ボランティア――助け合いの新たな仕組みの可能性と課題」荻野昌弘・蘭信三編著『3.11以前の社会学――阪神・淡路大震災から東日本大震災へ』生活書院：90-121．

菅摩志保，2014b，「市民による被災者支援の可能性と課題」関西大学社会安全学部編『防災・減災のための社会安全学――安全・安心な社会の構築への提言』ミネルヴァ

書房:178-195.

須永将史,2012,「大規模避難所の役割——ビッグパレットふくしまにおける支援体制の構築」山下祐介・開沼博編著『原発避難論——避難の実像からセカンドタウン,故郷再生まで』明石書店:198-230.

鈴木広,1987,「ボランティア的行為における"K"パターンについて-福祉社会学的例解の素描」九州大学文学部『哲学年報』46:13-32.

横田尚俊,2013,「東日本大震災と災害社会学」(第86回日本社会学会シンポジウム「ポスト3.11の社会学」報告レジュメ).

北九州市,2012,「被災地の復興を願って——北九州市・東日本大震災の支援活動(平成23年3月～平成24年3月)」.

北九州市,2013,「被災地の復興を願って2——北九州市・東日本大震災,九州北部豪雨災害の支援活動(平成24年度活動報告書)」.

北九州市,2014,「被災地の復興を願って3——北九州市・東日本大震災,九州北部豪雨災害の支援活動(平成25年度活動報告書)」.

NPO法人北九州ホームレス支援機構,2013,『あんたもわしもおんなじいのち』第14号.

第10章

支援パラダイムの転換とその社会的基盤

黒田由彦・檜槇　貢

1　新しい支援パラダイムの生成

創発的支援へ

　本書で見てきたように，東日本大震災の勃発に際し，これまでにない新しいかたちの支援が創発された。本章では，創発的支援の特質と効果について現時点での総括を行い，そのうえでどのような社会的基盤のもとに創発的支援が生まれたのかについて考察する。同時に，新しい自治の生成という視点からも創発的支援を検討したい。

　議論を始めるにあたって，東日本大震災にかかわる災害支援の全体としての見取り図のなかで，われわれが特に何に注目したのかについて確認しておく。

　われわれが注目したのは，第1に自治体間支援のなかでも全国知事会などの中央の機関を経由しなかった支援，また事前に被災地自治体と災害協定等を締結していなかった支援である。第2に全国各地から被災地に移動してさまざまな支援活動を行った，被災地とは「直接"縁がない"」（菅 2014）大量のボランティア団体・NPOである。第3に被災地から全国各地に広域避難した人々を地域において法定支援の枠を超えて支援した自治体，また行政と協働しながら，

あるいは行政とは別に自前の資源で支援したボランティア団体・NPO である。

従来型の支援パラダイムとその限界

法定支援とボランティア　　わが国の災害支援の中核は法定支援であった。戦後日本における総合的災害対策の起点である災害対策基本法は，5098 名の犠牲者を出した伊勢湾台風（1959 年）を契機に制定された（1961 年）。災対法は防災・災害予防についてだけでなく，発災後の応急対策，災害復旧，被害者の援護，財政金融措置など災害支援についてもさまざまな対策を定めている。それら対策の主体は国・都道府県・市町村であるが，被害状況を把握し，被災現場の最前線において住民への警告を出し，消防機関への出勤命令や警察官等への出動要請を行う主体は市町村など基礎自治体が想定されている。

発災後の緊急対応に関しては，災害対策基本法以前，終戦直後に制定された災害救助法のなかで，避難所および応急仮設住宅の供与，食料の供与や飲料水の供給などに関して，実施主体としての都道府県の努力義務が定められている。また道路，港湾など公共土木施設に関しては，個別の地方公共団体のみで負担することが困難かつ非効率であることを理由として，その速やかな復旧を図るために災害復旧制度が国土交通省を主管官庁として整備されている。

以上の法定支援中心の災害支援にボランティアによる支援という新しい要素を付け加える契機となったのが阪神・淡路大震災であった。すでに述べたように，ふだんは災害とは直接関係のない活動に従事していた多くのボランティアが全国各地から被災地に駆けつけ，主として緊急対応期の支援に大きな役割を果たした（第 7 章第 4 節を参照）。非被災地からのボランティアが支援する動きは，1986 年の伊豆大島噴火災害による全島避難者に対するボランティア活動から顕著になる。しかし，非被災地から被災地への大量のボランティアの流入という現象は阪神・淡路大震災を画期とする。

その後，災害ボランティア団体の結成が全国で進められるとともに，そのネットワーク化が図られ，他方，被災地側の受援体制，具体的には市町村の社会福祉協議会が災害時に災害ボランティアセンターを設置し，受入窓口となって支援ニーズとボランティアをつなぐ役割を果たす体制が整備されていく。そして阪神・淡路大震災以降，規模の大きな災害が発生すると，ボランティアによる支援活動が行われることが常態化していく（渥美 2014）。

東日本大震災で露呈した限界

　東日本大震災では，上述の法定支援の限界があらわとなった。

　第1に，災害対策基本法は被災地域が局地的であることを暗に想定しており，そこを管轄とする市町村など基礎自治体で対応できることが想定されており，場合によって県域をまたぐなど市町村では対応しきれない場合は都道府県に対応が委ねられることになっている。しかし想定はそこまでであり，複数の県にまたがって数十もの市町村が被災すること，また現地災害対策本部を置く市庁舎・町村役場が被災して機能麻痺におちいる事態は想定されていなかった。東日本大震災によって被災した地域は，11道府にまたがり[1]，227市町村に及ぶ[2]。南三陸町，女川町，陸前高田市，大槌町では役場や庁舎が被災した。陸前高田市と大槌町では社会福祉協議会の会長が犠牲となった。つまり災害対策基本法を核とする従来の法定支援のシステムでは到底対応しきれない事態が起こったのである。

　第2に，全国知事会の調整に基づく自治体間支援に関しても，そのあまりの被災地域の広がりと被災した多くの自治体の行政機能の低下によって，機動的な支援が困難な状態が発災後しばらく続いた。行政資源が比較的豊富な都道府県や大都市自治体が，みずから先遣隊を被災地に派遣して被災状況を自前で把握しようとした背後には，そのような事情が存在していた。自治体間災害協定に基づいていち早く支援隊を被災地に送りこんだ自治体を別にすれば，従来からの自治体間支援の枠組みも局地的地域の被災を前提としたものであり，広域性かつ甚大性をもった東日本大震災ではその限界が露呈したといえよう。

　ボランティアによる災害支援に関しても，東日本大震災では想定外の事態が生起した。広域に被災したことによって支援ニーズが膨大になったことに加えて，津波被災のためにボランティアと支援ニーズをつなぐ役割を果たすべき災害ボランティアセンターが開設不能になる地域が存在したことである。

　さらに，被災地から大量の避難者が全国各地に避難するという現象も，災害対策基本法を核とする従来の災害支援システムでは想定されていなかった現象だった。そのため，東北・関東の被災地から広域的に避難した被災者を自治体が支援するに際して参照するマニュアルは存在せず，どういう支援を行うかは最前線に立つ自治体の裁量に委ねられた。その事情は地域のボランティアやNPOにとっても同様であった。

創発的支援と自発的水平型支援

創発的支援のさまざまな事例

第8章および第9章で詳述した創発的支援の事例を, あらためて要約しておきたい。

2012年10月に17県543市町村を対象として実施した質問紙調査の結果によれば, 法定支援 (垂直型支援) 34.4%, 災害時応援協定に基づく支援 (協定による水平的支援) 18.9%, 自治体独自の支援 (独自の水平的支援) 68.7% であった。独自の水平的支援を行った自治体が多かったことがわかる。

秋田県では知事の判断によって県が費用を一括負担してボランティア派遣が行われ, 他方, 県境を越えて避難してきた被災者に対する支援として, 小学校を通して避難者と特定した被災者家族に現金を給付した。

名古屋市は市長のイニシアティブの下でいち早く現地に先遣隊を派遣し, 市独自の判断で陸前高田市を支援することを決定した。名古屋市の支援方式は, 知事会や市町村会の調整に基づく, 機能を絞った支援ではなく, 市役所の全機能を支援する「丸ごと」支援であった。

愛知県はいち早く広域避難者支援を目的として被災者支援センターを設置, 予算を確保し, 機動性を高めるために実際の運営はNPOに委託した。そこでは多種類の組織の協力に基づくきめの細かい個別支援が展開された。

三重県では, 官民協働の「みえ災害ボランティア支援センター」がそれまで公式的関係のなかった山田町を支援対象に選び,「1000 km離れた現場に毎週ボランティアを送り込むという前代未聞のミッション」を3年間続けた。それは県内被災地支援という本来の目的を意識的に踏み越えたものだった。

岡山県では, 複数の市民グループが原発事故発生後, 広域避難者を一時的に受け入れるシェアハウスを設置した。シェアハウスの利用者の中から岡山県へ移住する人が現れ, さらに移住した人が地元の市民グループと緩やかに連携して移住希望者を支援するしくみへと発展した。当初無関心だった行政は, 移住者の増加という現実を目の当たりにして, 被災者支援という枠組みではなく, 移住者支援というスキームで協力するようになった。

徳島県海陽町では, 被災地への「ブロック」派遣を経験した社会福祉協議会 (以下, 社協) の職員が媒介的役割を果たし, 県の基金を利用して高校生の石巻市への慰問が実現した。伏線としてあったのは, 2002年から社協が週休2日制への対策として地域の各種団体に呼びかけて進めていた子どもによるボランティア活動である。

香川県丸亀市の川西自主防災会は，県の防災行政との協働で培った防災知と社会関係資源の上に立って，単独で石巻市と陸前高田市を2度にわたって訪問し，自前の調理器具で炊き出しを中心とする支援活動を行った。その活動が評価されて，川西自主防災会は県から県内自主防災組織に対するフォローアップ事業を全面的に委託されることになった。

　いわき市と旧炭鉱地という共通項があった宇部市は，官民主要組織が参加して「東日本大震災復興支援宇部市民協働会議」を結成し，市からの拠出金と市民からの寄付に基づき，いわき市に対して救援物資の送付と職員派遣を行った。その後支援は継続的な市民の交流に発展するとともに，宇部市防災基本条例の制定（2012年）というフィードバック効果をもたらした。

　北九州市は，市長の判断により，同じ「製鉄のまち」の釜石市を集中的に支援することを決め，「北九州市釜石デスク」を現地に設置，職員派遣等の支援を行った。同時に，ホームレス支援を行ってきたNPOが主導して官民協働の「『絆』プロジェクト」を立ち上げ，広域避難者の受け入れ支援を行った。

　宮崎県は，口蹄疫・鳥インフルエンザ等の災害への東日本からの支援に対する恩返しとして，市町村と個人・企業からの寄付によって，「みやざき感謝プロジェクト基金」をつくり，被災3県および6市町村への職員派遣，NPOへの助成，県内産品の送付，広域避難者支援等を行った。基金は，南海トラフ巨大地震に対する備えを強化するために，「宮崎大規模災害対策基金」（2013年）として継承されている。

創発的支援の二つの類型

　上の事例から創発的支援には二つの類型があることがわかる。災害支援を分類した図10-1を使って説明しよう。横軸に行政単独か，それとも行政と民間団体の連携・協働かという軸をとり，縦軸に制度化されているか，それとも創発かという軸をとると，4つの類型ができる。［①行政単独×制度化］は，災害対策基本法を核とする従来型の支援である。全国知事会を通した自治体からの職員派遣，消防の出勤，警察官の出動，災害復旧制度などを具体的内容とする法定支援がこれに当たる。［②連携・協働×制度化］は，行政と民間（ボランティア団体・NPO）が協働して支援を行うタイプの支援である。阪神・淡路大震災以降，被災地の社会福祉協議会が設置した災害ボランティアセンターが全国各地からのボランティアを受け入れ，支援ニーズとつなぐ役割を果たすしくみが定着していくが，それがこのタイプに当たる。［③行政単独×創発性］は人員・財政の点で比較

図 10-1 支援の類型

的豊富な行政資源をもった自治体が単独で行う支援であり，名古屋市の陸前高田市への支援がこれに当たる。[④連携・協働×創発性]は，行政と民間団体（ボランティア団体・NPO），民間団体どうしが連携・協働して支援活動に当たったタイプの支援である。上記事例のほとんどがこのタイプの支援であると考えられる。

以上の4つのタイプの支援を使って表現するならば，災害対策基本法以後①型の支援が確立するが，阪神・淡路大震災を契機として②型の支援が付け加わる。そして今回の東日本大震災において③型と④型の支援が創発された。とくに④型の支援が地域によってさまざまなかたちで創発された。

次に④型の創発的支援を自発的水平型支援と呼んで特に注目し，上記の事例からどのようなプロセスをたどってそのような支援が創発されたのか，その発現モデルを示したい。

自発的水平型支援の発現モデル 　創発性は次のようなプロセスを経て実現したと思われる。

まず全国各地の自治体関係者，ボランティア団体，NPO，普通の市民が，さまざまな情報ソースを通して被災地が深刻な状況におかれているにもかかわらず，支援が行き届いていないという状況認識が共有される。しかし，その共有された状況認識は，誰（どの主体）が何を行うべきなのかに関して曖昧であった。未曾有の事態を前に，国・都道府県・市町村の間に，また複数の行政組織の間に，そして行政とボランティアの間に，明確な役割分担が意思統一される状況ではなかった。

「曖昧な状況」のもとで，さまざまな主体の間に「支援の情熱」が高まっていくと，人員・財政など行政資源を十分にもつ自治体は首長の決断で自発的にアクションを起こす。首長のイニシアティブによる「自分たちが支援する」という「状況の再定義」である。
　他方，ほとんどの自治体，民間のボランティア団体・NPO はみずからが保有する資源だけでは有効な支援を組織できない。しかし，「曖昧な状況」と「支援の情熱」のギャップを埋める動きは，複数の主体間のコミュニケーションの中から生まれる。「では自分たちが支援しよう」という集合的かつ水平的な「状況の再定義」である。この非連続な飛躍が起こりやすいのは，複数の主体の間に蓄積されたコミュニケーションの密度だと思われる。
　「状況の再定義」が各主体間に共有されると，複数の主体間が横につながることによって，有効な支援に必要な資源の調達が可能になり，現実の支援が実現する。そのとき複数の主体間を横につないだのは，さまざまな意味で要の位置にいた個人の創意である。
　創発的支援を担った人々は，支援全体の動きを意識はしていたと思われるが，当然ながら全体の動向を十分把握した上でアクションを起こしたのではなかった。全国各地で同時多発的に多くの人々が創発的支援の行動を起こしたその時点において，被災状況の全体像を把握していた主体は中央政府を含めていなかったと思われる。換言すれば，創発的支援を担った無数の人々は，各々が置かれたポジションで自分にできることを行ったと推測される。さまざまなポジションにいた無数の人々の情熱とスキルの，事実上の共同作業として東日本大震災の創発的支援は成立したのだと思われる。

創発的支援の特質と効果

創発的支援の特質　事例から見えてくる創発的支援の特質は，以下の3点にまとめられよう。

　第1に自治体首長のリーダーシップである。これは名古屋市の「まるごと支援」の例に見られるように，行政単独の創発的支援に特に言えることである。しかし自発的水平型支援についても，首長のリーダーシップの存在が大きな意味をもった事例が少なくないと思われる。というのは，法に担保された日常的業務を超える行政行為に正当性を与えるのは首長の命令だからである。そしておそらく首長が決断するに当たって意識したのは，選挙で自分を選んだ都道府

県民，市町村民の意思であろう。その意味で，住民自治が創発的支援の最底流にある。

　第2に，主体の複数性とその連携である。創発的支援を担ったのは，自治体（行政組織），ボランティア団体・NPO，市民，生協，企業など，さまざまな主体であった。それら複数の主体が連携した結果，支援が実現した。連携の質（強さと持続性）は多様である。時間を限定した連携や，別の目的で形成されたネットワークを衣替えしたケースもある。人員，物資調達能力，知識，経験など，さまざまな点において異なる資源をもった個人・集団が緩やかに横につながることによって，それぞれ単独ではなしえない支援を実現させることができた。

　第3に，第2の点と関連するが，つなぐ人の存在である。人と人をつなぐ，組織と組織をつなぐ，あるいは被災地と被災地をつなぐ等々，支援のさまざまな局面において，普段はつながりのないものどうしをつないだキーパーソンが存在した。それは災害ボランティア・コーディネーターのような制度化された存在の場合もあるが，たまたまその状況がある特定の個人をキーパーソンにしたというような偶然的な場合もあった。

創発的支援の効果　　創発的支援の効果については，支援を行った自治体がその支援内容や現地の人々の声を集めた記録集はある。また行政とボランティア団体・NPOが協働で支援を行ったケースについても，支援の内容や被災地の人々の証言などを内容とする報告書を作成した地域もある。しかし創発的支援を一定の視点から地域横断的に体系的に検証した調査はなされていない。

　緊急対応期において圧倒的に不足していた物資と人的資源を被災地に供給する役割を果たしたこと，またボランティア団体・NPOの支援が被災地に入ったことによって，法定支援が一般にもつ「期限付き」，「支援対象が限定的」，「資格審査（罹災証明）に基づく平等主義」，「感情中立」，「支援の終わりは支援者が決定」といった弱点を補ったことは確実だろう。

　われわれが行った質問紙調査で確認されたのは，支援した側に対するフィードバック効果である。第8章第1節で触れたように，質問紙調査によれば，支援を行ったほとんどの自治体で，防災体制の見直しや防災協定締結の模索などのフィードバック効果がみられた。防災体制の見直しに着手したと答えた自治体は96.6％にのぼり，なかでも南海トラフ巨大地震で被災が想定されている

四国や東海地方の自治体では，支援経験の情報還元が他のブロックの自治体よりも活発に行われた。防災協定の締結については，全国的にそれを模索する動きが起こりつつある。東日本大震災での広域支援の経験が，そのような形で今後の巨大災害に対する自治体間の水平的支援・受援関係の構築をうながすフィードバック効果をもったといえる。

2 創発的支援を生んだ社会的基盤

創発的支援を生んだ制度的条件

地方分権改革と改革派首長

第2節では，創発的支援を生んだ社会的基盤について探っていく。まず制度的条件の変化を検討し，次にそれが成立した社会的変化について考察する。

制度的条件の変化として重要なのは，地方分権改革と改革派首長の2つだと思われる。いずれも1990年代の動きである。

まず地方分権改革であるが，1993年6月に衆参両院で「地方分権の推進に関する決議」が行われた。これは，憲政史上初の衆参両院における地方分権を積極的に進める決議であり，国と地方の役割を見直し，国から地方への権限の移譲，地方財源の充実強化等，地方公共団体の自主性，自律性の強化を図ろうとするものであった。「臨時行政改革推進審議会（第3次行革審）最終答申」（93年10月），地方6団体による「地方分権の推進に関する意見書」（94年9月）を経て，1994年12月に「地方分権の推進に関する大綱方針」が閣議決定される。それを受けて，1995年2月に地方分権推進法が国会に上程され，同年5月に成立した。同法に基づいて，7月には地方分権推進委員会が設置され，翌1996年3月に中間報告が発表される。その内容は，中央集権型行政システムが制度疲労を起こしていることの認識に立ち，少子高齢化および国際化に対応するために，東京一極集中を是正し，地方分権化をすすめることによって，個性豊かな地域社会を形成しなければならないというものである。1998年10月には地方分権推進計画が閣議決定され，1999年7月に475本の法律を一括で改正するという地方分権一括法案が成立した。①機関委任事務制度の廃止とそれに伴う事務区分の再構成，②国の関与などの見直し，③権限移譲の推進が，その主要な成果である。地方分権一括法の成立をもって，90年代を通して推進されてきた地方分権化はひとつの結論をみることになった。

もう一つの制度的条件である改革派首長とは，1990年代から2000年代初頭にかけて各地で新しいタイプの知事や市町村長が出現したことを指している。具体的には，田中康夫（長野県知事），福田昭夫（栃木県知事），寺田典城（秋田県知事），北川正恭（三重県知事），増田寛也（岩手県知事），浅野史郎（宮城県知事），小池正勝（徳島市長），片山善博（鳥取県知事），橋本大二郎（高知県知事），木村守男（青森県知事），中田宏（横浜市長），彼らは政党や利益団体に選挙基盤を置かず，改革を直接アピールすることで市民層からの支持を得た（木田2012）。改革派首長は，従来型の行政の問題点を明らかにしたという意味で，国の政策を忠実に実行する行政官を超えた存在，つまり政治家であった。彼らは，既存の政治的ルートがすくいあげないような市民・住民の声を聞き，政治的支持につなげるという政治手法を志向したのである。
　地方分権改革によって，住民の意思を体現した地方自治体の首長が中央政府から独立した独自の政策を推進する可能性が開かれた。そして改革派首長によって，その可能性は現実にさまざまな独自の政策となって実現されていく。

阪神・淡路大震災とボランティアの防災行政への組み込み　防災という政策領域に関する制度的条件の変化としては，阪神・淡路大震災以後，ボランティアが防災行政に制度的に位置づけられたことが挙げられる。
　具体的には，1995年7月改訂の「防災基本計画」において，防災ボランティア活動の環境整備とボランティアの受け入れに関する項目が設けられた。さらに，同年12月に改正された災害対策基本法において，国および地方公共団体はボランティアによる防災活動の環境の整備に努めなければならないと法律に明記された。また，1997年2月には，国内において災害時の社会奉仕活動に従事している者が不慮の死を遂げた場合，一定の条件を満たせば内閣総理大臣が褒賞を行う制度を設置することが閣議決定された。最後に，1998年12月に施行された特定非営利活動促進法（NPO法）において，ボランティア団体等のNPO（民間非営利組織）が法人格（特定非営利活動法人）を取得する途が開かれた。
　このような一連の制度的変化を前提として，ボランティアの側においても組織化の動きが生じてくる。第7章で既に触れたように，阪神・淡路大震災後，ナホトカ号重油流出事故（1997年）や東海豪雨（2000年）に対する救援活動を経験するなかで，災害ボランティアが社会に定着していくが，2004年に新潟県で勃発した中越地震を契機として，「社協体制」が全国的に整備されていく。

ここであらためて「社協体制」とは，被災地の社会福祉協議会が主体となって全国からのボランティアを受け入れる災害ボランティアセンターを設置し，膨大かつ多種多様なニーズを把握しながら，ボランティア配置などのコーディネーションを行う体制を意味する。災害ボランティアセンタの運営の原則は，「被災者中心」「地元主体」「協働」である。

　以上，地方分権化の進展と災害行政の変化を見てきた。それら行政制度の変化と災害ボランティアの組織化は，それを取り巻くより大きな社会構造の変化と関連している。次に，それを見よう。

創発的支援を生んだ社会的条件

NPOの成長とボランタリズム　　創発的支援を生んだ社会的条件として最初に指摘したいのは，NPOの成長とその背後にあるボランタリズムの伸長である。全国20歳以上の男女を対象として内閣府が毎年実施している「社会意識に関する世論調査」において，社会貢献意識について質問しているが，「何か社会のために役立ちたいと思っている」という回答の比率と「あまり考えていない」と回答する人の比率が46～47％あたりで拮抗していた状態から，前者が後者を引き離すようになったのが1980年代後半である。その後，「何か社会のために役立ちたいと思っている」が60％，「あまり考えていない」が30％という分布が固定した（図10-2）。阪神・淡路大震災でのボランティアの活躍はそのような社会意識の変化のなかで起こった現象であり[3]，さらにそれがNPO法の成立につながっていくのは前述したとおりである。NPOの認証・認定数の推移のグラフが示すように，ゼロ年代におけるNPOの成長には著しいものがある（図10-3）。

　多くのボランティア活動に共通するのは，立場の入れ替え可能性を前提とした「助け合い」活動という性質である。高齢化や災害によって困難な状況に直面し，何らかの支援を必要とする人々に対して，市場や政府による制度的解決ではすくいきれない個別的要求が存在する。制度に基づく支援は，具体的な個人の異質的多様性や個別的差異を捨象する傾向をもつ。人々の個別的な〈生〉の要求を満たすという公共的な課題の解決を志向したのがボランティアであり，ボランティアが支えるNPOであった。「助け合い」の基礎には，置き去りにされた〈生〉の要求を媒介として，助ける側と助けられる側が共感でつながるという，共同性生成の過程がある。

図 10-2 社会貢献意識の変遷

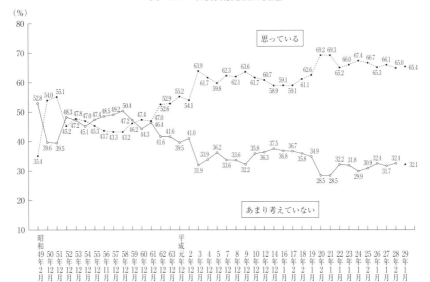

(注) 平成 28 年 2 月調査までは，20 歳以上の者を対象として実施。29 年 1 月調査から 18 歳以上の者を対象として実施。
(出所) 内閣府「世論調査」ウェブサイト，「平成 28 年度 社会意識に対する世論調査」より（2018 年 12 月 6 日取得，https://survey.gov-online.go.jp/h28/h28-shakai/zh/z04-2.html）

　NPO の成長と活躍は，公益的目的をみずからの使命とし，その目的を達成する活動能力も備わる民間組織があるという認知を社会に普及させた。換言すれば，ボランティアが支える NPO は公共性を担う主体となりうるという認知を社会に定着させた。
　税金という公金で運営される行政組織とともに，NPO が公共性を担う主体として活動するための条件は，財政的自立と組織内民主主義である。前者は活動の独立性を保ち，行政の下請けにならないための担保であり，後者は公益性に関する説明責任を果たすために必須である。それらの条件を満たそうと努力する NPO は，みずからの活動を通して公共性を支え，さらに公共性の領域を拡張する革新性を獲得する。
　もちろんすべての NPO がそのような革新性を備えているわけではない。しかし，2000 年代における NPO の成長の意義は，市民の自発的な活動が共同性を生み出しながら公共的領域を拡大する主体となりうることを，全国各地にお

図 10-3 NPO 認証・認定数の推移

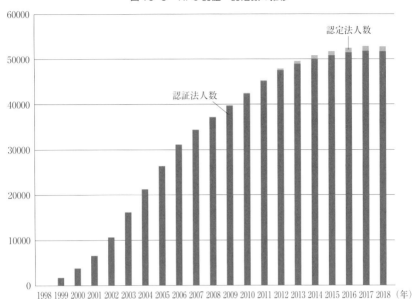

（出所）　内閣府公表資料（2018 年 12 月 6 日取得, https://www.npo-homepage.go.jp/about/toukei-info/ninshou-seni）に基づき筆者作成。

ける市民の集合的実践のなかで社会に示したことにある。

コミュニティに根ざした住民活動の蓄積　　創発的支援を生んだもうひとつの社会的条件は，住民の地域共同管理能力の高まりである。1970 年代における作為阻止型，作為要求型の住民運動を経て，80 年代に入ると，全国各地のコミュニティにおいて，住民みずから地域生活の質的向上を図るために，地域資源の共同的な管理・運営システムを形成・運営する社会的実践が蓄積されるようになった。

その社会的実践を担った組織的基盤は，町内会・自治会などの既存の地域住民組織や新たに形成されたまちづくり組織など多様であったが，共通していたのは，行政組織を含めた多様な主体の協働行為として地域共同管理が展開したということである。換言すれば，行政組織，町内会・自治会のような地域住民組織，商店街振興組合のような機能的組織など，複数の異質な組織が，上下関係ではなく横に緩やかにつながるようなかたちで協働体制を構築し，地域資源の共同管理を通して，地域問題の解決を志向した。

とくに行政組織との関係性において，行政の下請け的存在になるのでもなく，逆に70年代の住民運動のように行政と対決姿勢をとるのでもなく，イシューに応じて行政とコミュニケーションをとりながら信頼関係を築き，地域の問題を解決していくというスタイルが主流となった。

地域共同管理の基礎にあるのは，コミュニティにおいて，住民たちが多様性を認め合いながら，自覚的に洗練された新しい共同生活の規範をつくるという集合的営為である。さまざまなきっかけで活動に参加する住民が相互に協力しあって生活の質を向上する活動を展開するとき，そこでは共同性が生成している。多様なかたちで展開された地域共同管理の実践は，住民が居住の場において共同性を生み出しながら公共的領域の拡大に貢献する主体となりうることを教えた。

公共性の構造転換と市民社会の成熟　　以上，みてきた制度的条件の変化とその背後にある社会的変化を要約すれば，国家・官主導の公共性から自治体・市民主導の公共性への構造転換ということになろう。

広く一般に人々の間で公開討議を行い，そこでの合意に基づいて相互行為を調整するルールを形成する領域を「公共空間」と呼ぼう。「公共空間」で形成されたルールに実効力を持たせるためには，強制力が必要であるが，それを可能にするのが政府である。「公共空間」で生まれたルールが国家権力に担保されたとき，それは「公」となる。

日本において公共性は近代化の過程で国家によって独占されてきた。公共空間が機能せず，事実上，「公共性＝公」という状態が固定されてきた。戦後長らく，「公共性＝公」の実質的内実は中央主権的な政府主導の地域開発であった。しかし80年代末以降，「公共性＝公」は内外のさまざまな要因によって機能不全に陥り，公共性の新しいあり方が模索されるようになる。上述の地方分権改革，改革派首長の登場はその社会的文脈のなかで起こった現象である。

ではボランティアや地域共同管理を行う住民は，その文脈のなかでどのような役割を担ったのか。彼らの活動がどのように始まり，展開していくかについてモデル化すると次のようになろう。まず地域に個人的解決では対応できないが，既存行政が対処できない問題が生じ，苦難に陥る人々が出てくる。その問題を自分の問題として引き受け，解決に向けて行動を起こそうとするリーダーが現れる。彼／彼女が声を上げ，それを聴く人々が現れ，問題解決に取り組むためにネットワークや集団を形成する。彼らは自前で資源を調達し，あるいは

行政など他の組織と協働関係をつくりながら，実際に問題解決のしくみをつくり上げていく。

このプロセスで起こっているのは，市民が「官による公共性の独占」状態を打破し，問題解決志向の集合的実践によって公共性の定義を変更し，公共的に解決すべき問題の領域を拡大するという過程である。窒息状態にあった「公共空間」を市民が解き放ったと言うこともできよう。

この国家・官主導の公共性から自治体・市民主導への公共性の構造転換は，市民社会の成熟という論点に接続する。市民社会の基礎に，貨幣（市場）でも権力（政府）でもない言語というメディアを媒介した相互了解あるいは信頼の構築があると考えるならば，公共性の構造転換の過程は，わが国において市民社会が成熟化するプロセスであるといってよいだろう。

一点補足しておきたい。NPOが少ない地域は公共性の構造転換が進んでいない，あるいは市民社会の成熟化が進んでいないと言っているわけではない，ということである。一般に大都市圏はそれ以外の地域と比較してNPO数が多いが，だからといって大都市圏以外の地域において市民社会の成熟化がおしなべて低調とは言えない。上述したように，地域共同管理能力の高まりという経路で公共性の構造転換が進む地域もある。つまり，それぞれの地域は固有の歴史と文化を有しており，その地域独自の公共性の構造転換のかたちがあると考えなければならない。

創発的支援の社会的基盤──3層モデル

制度と社会構造/政治文化

以上，述べてきたことから，どのような社会的基盤が創発的支援を生みやすいかに関して，試論的に3層モデルを提出したい（図10-4）。

最上層にあるのが「制度」の層である。中間層が「社会構造/政治文化」の層である。基層にあるのが「長期的に持続する災害文化」の層である。順に説明しよう。

まず「制度」層であるが，創発的支援の起こりやすさは，少なくとも次の3つの条件に依存する。第1に市民のニーズや活動に近い位置で政策策定・実行に関する意思決定ができる地方行政制度になっているかどうか，第2に防災・減災や被災地支援に関わる制度が，ボランティアの存在を組み込んでいるかどうか，第3に防災・減災や被災地支援に関わる制度が，コミュニティにおける

図10-4 支援の創発性の社会的基盤のモデル

市民の当事者性を重視しているかどうか，である。上で説明したように，第1と第2の条件はクリアされている。第3の条件についても，2014年に地区防災計画制度が創設されることでクリアされた。

しかし，制度が整備されても，ボランティア活動を行う市民がいなければ支援は始まらない。行動する市民がいても，市民の活動を支える組織的基盤がなければそれは続かない。制度を生かすのは，「制度」層の下にある「社会構造/政治文化」の層である。

「社会構造/政治文化」層に関して創発的支援の起こりやすさは，公共性の構造転換が起こっているかどうかに依存する。その地域における公共性の構造転換の基準は，第1に地域が直面する問題に対して，行政組織とNPO・地域住民組織が対等な立場で協働して解決に当たる継続的関係を樹立しているかどうか，第2に町内会・自治会，NPO，商店街振興組合などの職能的組織，地元企業，それらの民間諸組織のなかに地域の問題をめぐって何らかの連携関係があるかどうか，第3に行政組織の側に，民間組織も公共性を担う主体であるという発想があるかどうか，である。

長期的に持続する災害文化　最後に，「長期的に持続する災害文化」という基層である。災害時において，とりわけ阪神・淡路大震災や東日本大震災のような大規模災害時において，支援に対する集合的エネルギーは沸騰する。その事実を思えば，「長期的に持続する災害文化」を想定することは妥当だろう。

創発的支援を含めて，やむにやまれぬ感情に突き動かされて被災地におもむき，被災者への支援を行う人々にインタビューをして繰り返し聞くのは，「お互い様だから」という言説である。そこに流れるのは，災害多発国に住む以上，いま支援する側に立っている自分も，いつか支援される側になるかもしれない，あるいは逆にいまは支援される側であるが，いつか支援する側になることもあるという発想である。

被支援者が支援する側に回る，あるいは支援者が被支援者になるということは，「時間を超えた互酬性」が成立しうるということである。「時間を超えた互酬性」が成立する客観的前提は，日本列島において，プレート型にせよ活断層型にせよ，地震がどこでも起きうるという地震学的特性であり，さらにその上に蓄積されてきた被災体験・受援体験の集合的記憶ではないかと思われる。さらに地震・津波だけではなく，日本は台風，大雨，火山噴火など，多種多様な災害が多発する国であり，「時間を超えた互酬性」が成立する自然科学的条件も多様性に富む。それだけ集合的記憶の蓄積機会も多いということである。

災害は集合的記憶を想起させる。災害を契機として支援者と被支援者が共感でつながり，災害をめぐって共同性が生成するたび，平常期には必然的に薄まる集合的記憶が再強化されてきたものと思われる。もちろん，この「長期的に持続する災害文化」の層は，日本全国に一律の密度で存在するというよりも，災害の発生頻度や発生時期によって濃淡があるものだろう。しかし，創発的支援を生む最も基層の部分に，傷ついた他者への共感に裏付けられた共同性が集合的記憶へと結晶化していくプロセスがあるのではないだろうか。

3 支援パラダイムの転換と新しい自治のかたち

本節の課題は，平常時には非公式のものとして見えにくい，住民自治の災害支援を掘り起すことにある。災害支援は，国・都道府県・市区町村・地域社会のタテ型の指示依存関係により行われることになっている。この指示・依存関係は，災害が起きていない平常時において起こりうる状況を想定したうえで，その際に生じうる事務事業を説明するいわば建前の公式である。実態は，千差万別の状況の下での災害支援であって，公式通りにはならないというべきである。被災現場の実情に合わせて災害を鎮めようとする被災地住民と多元的な災害対応のしくみがあって，それらを支援する市民，行政の多様なネットワーク

が展開するものである。

　そこではいわば公式の計画的行政支援とは別に，被災地外の支援者による創発的・水平的ネットワークが構築される。被災の規模と支援の動きのなかで，救済を第1とした非公式の住民の地域生活を基礎とした社会的市民活動支援がつくりだされた。東日本大震災では，そんな支援対応が打ち出された。ここではこの支援形成に着目し，住民自治を基礎とする水平的支援として意義と役割を検討する。

創発的災害支援パラダイム

自治体主導の災害対応　東日本大震災を踏まえると，大規模災害時には以下のようなことがいえる。被災者の生命の安全・安心という課題は，市民に最も近い政府としての自治体＝市区町村が担う。地方自治に関する補完性の原理からいっても，実際の災害対応における初動段階から復旧復興段階まで地域社会をリードするのは市区町村行政である。それも事前に準備された防災計画等のマニュアルによってコントロールできるような災害であれば，ここでとりたてて語るまでもない。被災の規模や形状がそれまでの経験を生かせるものとして，既定のマニュアルによる行動ということになる。準備・訓練された行動を自治体は進め，そこでの不足する部分を都道府県や国に求めるという対応である。ここでの議論はマニュアルの前提となっている被災状況を超えた，コントロールできにくい災害対応に関するものである。そのためには，マニュアルに固執することはかえって災害を大きくすることになりかねない。

　既定のマニュアルを越えた対応をする自治体は平常時に検討されたものと同じように，垂直的な関係にある都道府県や国に依存・指示に従うことはできないし，そのような選択をしない。災害時に国・都道府県の指示を受けるよりも被災者とともに自治体は現場対応に努めることになる。被災した住民と自治体，自発的な市民集団，支援に駆けつけたボランティアや自治体による減災・防災の活動が進められる。まさに，被災地に広がっている自助・共助の世界において多様な参加主体が一体となって災害を乗り切ることになる。災害対応の事前想定を生かし，状況変化のなかで修正し，さらには既定の想定を使わないことを含めて，地域社会の総力をあげて被災者を救うことに力が注がれる。

　事前に準備された想定による減災・防災の対応から，その場や時期に応じた

創発的関係への転換が進められる。被災状況から逃れること，住民にとっての安全・安心の条件をつくり出すこと，復旧への手がかりをつかむことは，被災地の現場で動き出すものであって，実際の動きには命令・指示よりも被災現場への緊急対応をつくり出す「もう一つの社会」によって進められるものとみたい。そこではあらためて，被災地をめぐる市民力や自治体の力が求められる。別のいい方をすれば，市民と行政の関係による被災対応が，市区町村と都道府県・国との関係よりも優位することになる。

まさに，被災者の生命の安全・安心を守るという具体的な個別的現場において生じるミッションの実現に向けて，被災地と支援地の地域性に対応する支援システムが構築される。災害対策基本法は，災害支援においての主な原則ではあるが，もちろんそれがすべてではない。災害の規模や形状に応じた支援活動は，被災している現場に関わる人々に委ねられている。生活者の立場からみれば，国の災害対策の本質は災害類型対応のメニューにすぎないものであって，具体的な処方箋は自治体現場で決められることになる。後述する災害支援における住民主導の創発とそのネットワーク化は，この被災している現場と自治体マネジメントから生まれるものである。

住民主導の創発的ネットワークの形成　さて，ここで言及する状況を確認しておきたい。災害を受けた地域だけではなく，同時にそれを支援する地域をも含んでいる。

被災者の受け入れ支援，被災地への送り出し支援という側面において，災害の前線において被災状況に関する市民的共助を創発する動きが生まれる。そこに生活してきた人々，被災した生活者に共感し課題を共有しようとする市民，彼らによる生活の安心・安全を求める動きが始まる。失われた人命・環境・財産はもはや私的領域のものではない。災害からの初期の段階の回復過程はすぐれて公的領域のものである。災害現場における被災者と支援者が織りなす創発的行動であって，まさに市民的公共性といわれる領域が生じているのだといってよい。自己のためではない，大切な隣人を救い守る心情から生まれるような活動である。

そのようななかで，外形としての支援のプラットフォームに注目したい。その多くはそれまで培われてきた支え合いの歴史と文化に基づく，いわば自然発生的なものであって，市民的公共性を地域全体において先駆的なものとして評価し，行政区域を中心とする地域におけるしくみに還元していこうとする行政

対応がある。それでも住民の領域と行政対応の領域は容易につながらない。その中間に市民と行政を混合させたメカニズムによる仲介が必要ではないかと思われる。

　たとえば，各地の社会福祉協議会はその1つである。また，被災者の受け入れ，支援者の被災地への送り出しという活動の側面において，大学，NPO法人，地域自治組織等が想起される。このようにして，市民，行政，市民と行政の中間に位置する媒介機能の3つが織りなすネットワークが形成されるとみたい。具体的な動きについてここでは言及を避けるが，それぞれの役割の「際」を縫うような活動としくみが展開されることで，現場の要請に対応するネットワークが創発される。そして，それが被災住民と支援市民の領域，行政領域に変革のインパクトを与え，自治の内側から政策展開が進められる。

　これらの経験を経て，行政プログラムとしての防災行政は，生活世界において活用される市民生活行動に転換する。防災の現場は災害の監視，応急対応，BCP（事業継続計画）から行政と住民との関係のフィールド，地域コミュニティのフィールドへと広がっていく。言い方を変えると，事前の緊急対応の行政上の施策や事業は必要条件でしかなく，市民と行政の関係のフィールドや地域コミュニティレベルにおける災害対応のしくみにまでの広がりがあって，ようやく災害対応の必要十分条件が整うのである。この段階に至って，消防団，自主防災組織といった地域組織の自治体における居場所が安定する。まさに緊急時における住民主導の創発条件が整うことになる。

　これらのことは，事前の準備，制度化や組織化によって可能ではあろうが，具体的に動けるのかどうかは市民活動の組織化や市民文化としての災害文化が形成されているかどうかにかかっているというべきである。そして，それを持続させるためには，自治体の政治行政の中心に位置する首長のリーダーシップが重要である。一時的ではなく，計画的支援は情緒的な支援を越えて，いわば広域支援においては支援先の被災地から復旧復興のあり方を学ぶ（次の災害は支援する自地域に起きることがある）という基本姿勢が求められる。また，災害が終息するなかで熱気は冷めるものだが，条例の制定や協定締結等を通じて，災害文化の形成とシステム化が求められる。この点においても首長のリーダーシップの役割が大きい。

支援と受援が生む新しい自治

　災害がいつでも，どこでも起こりうるのが現在の日本列島である。被災していない地域からの

被災地への支援とその地域社会における意義，さらには支援する自治体における政策決定はきわめて重要である。支援は関係地域の都道府県や国の役割だと非被災地が傍観するような状況ではない。いや，むしろすでに触れたように，非被災地によって展開される支援を整理・分析することが必要である。住民とそこで動員される市民的組織における市民的公共性の形成と展開を認識すべきである。

その動きを踏まえ，さらにはより充実したものとし，持続的なしくみとして展開しようとする自治体行政に注目しなければならない。このことは被災した住民と支援する市民，そしてそこに関わる行政という，特性の異なる主体を支援という活動によってつなぐことになる。支援を通していわば疑似的に復興体験から住民と行政の壁を乗り越えていくことが望まれている。

被災地という個別の現場においては，まさに住民自治の力が問われる。災害の広がりと被害を最小限に抑える取り組みが行われる。水平関係における災害支援は，住民主導の創発的ネットワーク形成を触発し，自治体内の資源を動員する。それを持続的なものとするためには，まさに住民自治が必要になる。個別現場の動きが住民自治に連動し，そのまま広域的な水平関係に広がる。それは住民自治をセットにした自治体間の連携だといってよい。その多くは市民的公共性によって生み出されているものである。その成果がそれぞれの自治体にフィードバックし，都道府県や国と市町村との関係の団体自治に昇華されていくものである。

中央と地方の垂直的関係は災害以前の準備段階のものであるが，それにとどまらない。実際に生じた災害現場をめぐる自治体内での対処，それに連動して動き出す自治体間の広域的な災害支援の関係という，いわば水平的関係がつくり出される。東日本大震災において生じた自治体間支援の動き，災害対応という人々の生命と財産を守るという根源的な動き，市民，被災自治体，支援自治体，国がそれぞれの役割を行うなかで，住民自治と団体自治が連動するものとみたい。

自治体災害支援の構図

被災下に生まれる支援行動　自治体における災害支援を「計画的行政支援」と「社会的市民活動支援」に区分して考えてみたい（檜槇 2015）。前者の計画的行政支援は一定の科学的知見を踏まえた，事

前に準備された災害支援であり，後者の社会的市民活動支援は，計画的行政支援による諸条件を踏まえながらも，実際の災害において展開される支援活動である。計画的行政支援は，災害関係法令に基づいて事前に定められた防災行政上の計画，組織，事務事業，予算，事業マニュアルによる支援活動を指している。被災者の安全・安心を確保する中央・地方を通じた行政システムで貫徹されるいわば制度防災である。それに対して社会的市民活動支援は制度防災としての実施に合わせて，災害時やその後の実態として動く市民主体の個別・多様な支援活動を指している。この支援にあっては市民と行政のパートナーシップ等のしくみを創発することは少なくない。

　計画的行政支援は災害の発生において防災上の体制が堅持されることを前提にしているのに対して，社会的市民活動支援はその防災上の体制の堅持の有無にかかわらず行われる支援（行政に代位させずに市民が直接的に行うという政策の位置づけという考え方でもいい）であって，自治体の総力としての社会的資源の動員として行われるものとして位置づけられる。したがって，計画主義においては，災害へのすべての対応が制度防災によって可能になれば，社会的市民活動支援は行われることはないということになる。だが，実際の社会においてはそういうことはなく，さまざまなかたちで社会的市民活動支援は行われている。

　このようにみていくと，計画的行政支援は，災害が発生する以前の被災想定を前提とするガバメントに基づき，いわば合理的な計画行政のロジックをもって事前の行政手続きにおいて進められることがわかる。それに対して，社会的市民活動支援は災害発生とそれ以降において生じる市民，ボランティア，企業，行政などのいわゆる自発的市民的行動として展開される。それがどのようなものになるのかは必ずしも明らかではなく，発生した災害そのものとその直後の状況によって規定されるものだと認識したい。社会的市民活動支援においては，発災後の回復過程のなかで形成されるパートナーシップによるルールづくりに向けてのガバナンスが展開される。そこでは一種のメンバーシップのようなものが形づくられる動態的なものであって，そこで生まれた関係やしくみはそれ以降の社会システムにフィードバックされる可能性をもつ。つまり，災害が終わって，防災計画から社会のあり方やシステムの改定につなげられることが期待されるけれども，社会的・政治的な状況によっては一時的なものとして忘却されることの方が少なくない。しかしながら，その推進力は自治そのものであって，その実績は文化的蓄積となって新しい自治につながるものと認識したい。

社会的市民活動支援の地域的論理

計画的行政支援は，中央政府主導の国民観念を基調とする，制限と強制の発動を手段とする方式を中心とするものである。国・都道府県・市区町村・地域社会のタテ型の支援構造を基礎とする。そこには被災規模の序列に応じて住民から距離のある上位の政府に委ねる官の論理が貫かれる。まさに科学主義を受け入れ，中央政府を頂点とした災害復旧の戦後パラダイムを踏襲してきたといってよい。

阪神・淡路大震災以降の災害対応に市民ボランティアが支援に加わった。そして，東日本大震災では自治体がその隊列に加わった。それも中央政府，都道府県の要請ではなく，その始まりと持続的な支援は現場からの要請に対応するきわめて多様なものであった。災害支援特有の義援の要素がないわけではないが，地域的同質性，歴史的関係性，人のつながりなどといった連携の名分を基本に，ヒト，モノ，カネの支援と被災者の受け入れが行われたものと認識したい。支援する地域としては，南海トラフ等の被災の不安もあって，その際の支援を受けるためのものもあったのかもしれないが，そんな利害の発想で説明できるものではなかった。支援側の社会福祉協議会，NPO，市民組織等がリードすることで支援が成り立ったものも少なくない。国民や国家の観点からではなく，生活世界における市民サイドからの要請を受け入れる自治体の行動だった。自治体支援は団体自治としての国と地方の関係からではなく，住民自治としての市民と行政の関係からのものとして展開されたと認識すべきであろう。

社会的市民活動支援は，生活現場における市民の命に関わる課題への市民力を踏まえながら，支援の実現は市民と行政の連携が基本となる。この支援は災害の復旧復興に積極的に関わろうとする市民主体の，地域社会に根ざすものであって，地域的論理にもとづくものである。これはまた官からの公共性実現ではなく，脱官僚，脱近代の地域的共生・再生の市民活動の論理がリードするものである。

「主体的」移動と社会的支援

被災者の被災地からの移動と，非被災地からの支援者の行動はともにアクティブなものである。危機のエリアから抜け出したい。困った地域や人々を救いたい。被災者は新たな適地を求め，支援者も支援する場所を主体的に決める。これらはともに防災計画や被災・支援マニュアル等を踏まえつつも，主体的でライブリーな生き方であり，行動である。彼らの周辺にその思いを支える支援のしくみがあった。自治体は，そのフィールドにあって，さまざまな支援に関わる実践を強固にす

る役割をもっている。

　このような行動は被災地にあっては自助・共助に関わる生活世界から生まれ出るものであり，支援地にあっては災害の発生を他人事としないで，自分のこととして対処しようとする。中央政府主導の計画的行政支援として行われるものではない。その初動とそれを支える社会的支援が決定的に重要であって，流れが決まった後のそれを担保するように行政システムが支えるという動きに注目したい。

水平的広域支援のメカニズム

2つの越境　東日本大震災で見せた被災者の広域避難と全国各地の広域支援は2つの越境があることを教えている。第1は被災地にとどまれず，生活していた空間からの流出としての「被災者越境」であり，第2は自治体の越境である。自治体の越境はそれまでの行政区域やサービスの範囲やスタイルを越える「サービスの越境」である。それらが自然に行われたのが東日本大震災の支援であった。被災者の越境は自主避難を含めると，おびただしい数の人々が全国各地に避難した。同時に従来の見方を超えた広域支援も行われた。支援地側から見れば，避難者を受け入れながら被災地への送り出しも行ったのである。支援側の規模や役割論からは理解できない主体的（主観的）なものもあった。それらを可能としたのは国内において2つの越境があったからである。

　この2つの越境現象は，中央政府主導で進められてきた政策推進の立場からみれば，例外的なものが少なくない。災害の大きさや広がりとして，このような越境が生じることはあるが，これほど大規模で長期間の現象は考えられていなかったと思われる。その結果，中央政府による垂直的な関係によるマネジメント力が弱くなり，その一方で自治体間の水平的な関係によるマネジメント力が強くなった。越境した被災者は2つの住所をもったし，それを受け入れる自治体は避難者，避難者を受け入れる住民，地域社会，市民団体等との新たな関係をつくりだすことになったというしかない。

市民活動と並走する行政サービス　災害時においての行政サービスは現象面としては，平常時と変わらないことが志向される。認定された行政需要から行政サイドとして制度システムにまで昇華されて，持続的安定的に実施することとされる。教育，福祉，インフラの維持，文化振興は

平常時志向の典型的な行政サービスである。だが，それがすべてではない。むしろ，行政需要と行政サービスとの間にあるあいまいな状況の方がはるかに多い。そのあいまいな状況こそが，市民活動を基本とする社会的市民活動支援の領域だと認識したい。行政サービスというよりも社会的サービスといったほうがふさわしいサービスといえよう。行政の供給力とニーズが合致する市民活動の要素の強いサービスであって，被災地や支援地において必要性や主体性の状況によって行われることがあったり，行われなかったりするものといってよい。これを市民活動と並走する行政サービスといっておきたい。
　ここでの市民活動と並走する行政サービスは，平常時に行われる典型的な行政サービスの対極に位置している。平常時の行政の論理からは分離が行われる。そのために被災地や被災者の実態とそれへの地域社会における支援の声や行動は重要である。目に見えるかたちでのサービスの存在が不可欠といえる。流入する避難者への居住環境提供の必要性や，地域の資源を動員しても支援すべき地域の存在等が，支援自治体の住民と行政が共有することである。つまり，市民活動と行政サービスが並走する状況である。
　たとえば，弘前市においてオール弘前の活動がある。震災直後に弘前大学人文学部教員，市民リーダー，弘前市職員が岩手県野田村に支援に入った。その支援は一時的なものにとどまらず，大学発の支援バスが運行されるなど持続した。
　この活動は2年以上に及んだ。この間，オール弘前の活動は2つの動きを促していた。1つは住民サイドである。支援と被支援を通じた，大学を中心とする住民主体の派遣ボランティアと野田村住民との親交の深まりと同時に，この活動に参加した大学，市民等のボランティア支援組織としての再構築であった。被災地支援に参加した学生を中心とする学内ボランティア組織の結成と弘前市内生活道路の除雪等への自発的実施という動きを見せた。もう1つは行政サイドである。弘前市はオール弘前への職員参加を進めながら，地域防災を核とする安全行政の課を創設した。防災住民リーダー育成のための「防災マイスター講座」を設置した。この講座は市民サイドにおける自助・共助を支える組織と人材の不足を被災地支援により認識したことでの対応であった。その間，被災者の避難地としての受け入れも積極的に行っている。これらの動きは市民活動と行政サービスの並走といっていい。自然にそのような動きが生じたというよりも，弘前市長のリーダーシップが強く働いていた。

支援職員の活動スタンス

ここで支援された自治体職員の活動についてふれておきたい。被災，被災地支援，復旧復興過程においての自治体職員は一般的な行政職員としての行動スタイルとは違っていた。上司の指示・命令で動くのではなく，事にあたっては職員自身で判断しなければならない。自治体の組織メンバーとしてではなく，同時に，それ以前の地域社会のメンバーとして行動することになる。つまり，行政の組織を離れて仕事にあたる公務員である。自治体職員は，国・都道府県・市区町村を通じた公務員制度に基づくものとして，その活動や責任のあり方が決められている。だが，自治体職員は制度と同時に活動する地域の現場との関係も大きい。

被災や支援の現場にあって活躍する自治体職員を「ストリートレベルの公務員（street-level bureaucrats）」（真渕 2009）として検討してみたい。一般的には，ストリートレベルの公務員は保健所の保健師，図書館司書，福祉事務所のケースワーカー，ゴミ清掃の作業員や運転手，外勤の警察官，公立学校の教師などの公務員を指すものである。この種の公務員は組織的行動をとることが原則とされているものの，他の部署に配置されている公務員に比べて現場においての具体的な状況に応じた，裁量による判断余地が与えられている。執行上の規制，誘導，サービス給付等において，原則的な事務事業の役割は明確でありながらも対応の幅は広くとらえられている。そうすることによって適切な現場対応がなされるものとみられている。

被災地や支援地での担当職員も，そのストリートレベルの公務員のグループに含めることができるのではないか。なぜなら，現場で起きていることについて上司の指示を受け，行動を監督されることは不可能である。現場の状況において随時の自己判断による対応が必要だからである。それが被災地や被災地行政サービスの現場たるところでもある。もちろん，被災地で求められる事務事業が示されており，罹災証明の発行，住宅倒壊度合の決定等の主たる事務とその権限が当該自治体職員に与えられている。現場の応援職員と受援職員との指揮調整系統の問題等が指摘されている（永松・越山 2016）が，被災地での行政行動に関して，支援・受援の自治体職員のあり方としてストリートレベルの公務員を参考にしてもいいのではないかと思われる。

社会的市民活動支援の自治行政

広域的水平支援下にあっては，災害時の自治体対応が管理型の自治行政を遮断し住民自治の社会的市民活動支援を軸にした自治行政に向かわせる。もともと自治体は政策展

開においてフィードバックのしくみをもつ。それが平常時におけるもので計画行政のねらいでもあった（たとえば，計画行政によるPDCAサイクルを定着させて自律的な行政の展開は実践の計画へのフィードバックのしくみ）。また，中央政府と自治体の融合関係を指すような現象においての大きなループが，いわば中央と地方をつなぐ行政のスタイルとして機能させられてきた。

　災害の緊急時にあって，先に触れたように自治体と中央政府との大きなループが遮断（あるいは形骸化）され，市民活動との連携が確認されるなかで，それに代置するように社会的支援と自治行政と関係が創発し，社会的支援と自治行政の間にフィードバックループが生まれる。そのことが被災地と支援地の自治体間の水平的支援を起動させ持続させる。それらは平常時に戻った後に，アカウンタビリティ（説明責任）が関係自治体において行われることになる。

新たな自治のかたち

　東日本大震災の復興過程は，ボランティアだけではなく，自治体の行政そのものが支援を行った。具体的には支援地として被災者を受け入れ，支援の現場にボランティアとともに行政職員を送り出した。それらはあらかじめ決められたことではなかった。被災地を対岸の火事として等閑視するのではなく，同じ社会の一部として認識し自治体同士としての共感を媒介にした行動だった。それも一時的なものではなく，長期に及ぶ対応となった。これは被災地あるいは被災者の地域資源の付与にとどまらない。これまでの垂直的な国，都道府県との関係を基礎に災害対応を行うという行動を越えた動きとなった。

　これまでの被災地支援は，国，都道府県，市町村のいわばタテ型のものであった。国土防災，都道府県土防災，市町村防災，市町村内地域防災の枠組みのもとで進められることとなっていた。災害が大きくてもブロック別で対応できると認識されていたが，制度やしくみにおいて十分機能しなかった。そのようななかでヨコ型の支援が行われた。それはヨコ型の支援関係がつくりだされただけではなく，被災地と支援地において，新たな自治のかたちが創発されたものと見たい。それも新たな水平的関係を持ち込んだことによって，支援地域における市民と行政の関係が活性化し，市民における生活世界と行政における組織世界が相互に刺激し，災害対応を基礎とした住民自治の地域文化が形成されるのではないか。被災地において生まれる共同性が被災していない支援地にも波及し，支援地においても共同性の記憶が付加されるものと考えたい。

注

1) 具体的には，北海道，青森県，岩手県，宮城県，福島県，茨城県，栃木県，埼玉県，千葉県，新潟県，長野県。
2) 財特法の適用を受けた特定被災区域または特定被災地方公共団体（2012年2月22日時点）。
3) 1986年に「何か社会のために役立ちたいと思っている」と「あまり考えていない」に差が生じ，90年代前半に前者60%，後者30%で安定した。2006年頃から前者の増加，後者の減少という傾向が見られたが，2011年からは一転して，前者の微減，後者の微増という傾向になり，今日に至っている。

参考文献

檜槇貢，2015，「自治体防災と広域支援——垂直支援から水平支援へ」『日本都市学会年報』49。

木田勇輔，2012，「現代大都市における改革派首長の支持構造——名古屋市における有権者の分析」『日本都市社会学会年報』30。

黒田由彦，2002，「地域社会の現状と展開——公共性の再構築に関するひとつの試論」『社会学雑誌』（神戸大学社会学研究会）19。

真渕勝，2009，『行政学』有斐閣。

永松伸吾・越山健治，2016，「自治体の災害時応援職員は現場でどのように調整されたか——2011年南三陸町の事例」『地域安全学会論文集』29。

菅磨志保，2012，「災害ボランティアをめぐる課題」関西大学社会安全学部編『検証 東日本大震災』ミネルヴァ書房。

菅磨志保，2014，「市民による被災者支援の可能性と課題」関西大学社会安全学部編『防災・減災のための社会安全学——安全・安心な社会の構築への提言』ミネルヴァ書房。

渥美公秀，2014，『災害ボランティア——新しい社会へのグループ・ダイナミックス』弘文堂。

索　引

● アルファベット
BCP（事業継続計画）　332
CPX：Commanding Post Exercise　169
DIG：Disaster Imagination Game　169
DMAT　→災害派遣医療チーム
DMC 時計モデル　160
DSP 災害支援プロジェクト　206
EPZ：Emergency Planning Zone　154-156
ERC　→緊急時対応センター
HUG　169
JCN　→東日本大震災支援全国ネットワーク
JCO 臨界事故　138-140, 146, 167
L1　175, 176, 195, 196
L2　175, 176, 183, 195, 196
NGO　177
NPO　177, 197, 206, 209, 253, 259, 264, 265, 281, 283, 284, 286, 288, 292-295, 297-299, 316-320, 322-325, 327, 328, 332, 335
NPO 活動　287
NPO 北九州ホームレス支援機構　309
NPO と行政の協働のあり方検討会議　299
NPO 法（特定非営利活動促進法）　163, 229, 232, 280, 295, 298, 322, 323
NPO 法人うべネットワーク　306
NPO 法人市民フォーラム 21　298
NPO 法人防災ネットワークうべ　306
NPO 法人ボランタリーネイバーズ　298
NPO 法人レスキューストックヤード　296
NPO 抱樸　309
PAZ：Precautionary Action Zone　155, 157
PTSD　297
Shake Out 訓練　167
SPEEDI　146, 151, 152, 157, 168
TIC：Teens In Community　301

UPZ：Urgent Protective action planning Zone　154-157
YMCA　232

● あ　行
Ｉターン者支援　273
あいち協働ルールブック 2004　299
愛知県緊急援助隊　261
愛知県司法書士会　297
愛知県社会福祉協議会　297, 298
愛知県被災者支援センター　264, 296, 297
愛知県弁護士会　297
愛知県臨床心理士会　297
曖昧さを考慮した予測システム　194
曖昧な状況（定義）　54, 60, 319
赤い羽根災害ボランティア NPO サポート資金　284
アカウンタビリティ　339
あきたスギッチファンド　259
足湯ボランティア　263
アスチカ　274
新しい漁村　105
新しい公共　299
新しい自治　313, 339
アドボカシー活動　267
網元網子関係　130
あらいぐま作戦　277
新たな自治のかたち　339
アンケート調査　35
安全神話　148
安全度評価　63
安全優先の判断　197
安定ヨウ素剤予防服用　145
安保闘争　212
伊方原発　147, 159

意思決定過程　56, 60
石巻市北上総合支所　37
石巻市雄勝病院　40
石巻市南浜町介護施設めだか　40
石巻市役所北上支所　49
石巻市立大川小学校　38, 45, 46, 61
慰謝　216
移住者支援　316
移住・定住支援室　277
伊豆大島噴火災害　234, 314
伊勢湾台風　3, 5, 6, 13, 90, 108, 109, 161, 210, 212, 214, 234, 260, 314
異組織間による連携　285
1F 災害　144, 150, 154, 155, 157, 168
1% クラブ　284
一体性　118
医療の社会化　225
岩手県山田町シーサイドかろ　39
岩沼市特別養護老人ホーム赤井江マリンホーム　40
飲食物摂取制限　145
羽越水害　219
受け入れ支援　206, 247, 249-251, 253, 256, 258, 264, 266, 270, 276, 288, 296, 299, 308
受入被災者登録制度　264
受け流し方式　108, 129
宇部市防災基本条例　307, 317
宇部方式　306, 307, 310
海、陸・山村の一体　118
埋込まれ　101
埋込み　96, 129
埋込みの主体　96, 116, 122
裏方としての支援　274
上乗せ　227
雲仙岳噴火災害対策基金　224, 225, 227
雲仙（普賢）岳噴火災害　220, 224, 234
エコタウン　308
エコロジー的近代化　82
越境現象　336
「縁」　271
遠隔地避難　273
遠隔避難者　207
遠距離避難　238
延焼遮断帯　163
援助行動　205

遠地地震　99
遠地津波　97
応援協定　27, 316
大阪府被災者等支援基金　224, 227
大阪ボランティア協会　232
大　槌　108
大槌町赤浜小学校　37
大槌町安渡地区　51
大槌町吉里吉里　107
大槌町役場　49
大津波警報　32
大船渡港湾防波堤　109
大船渡市南三陸町特別養護老人ホームさんりくの園　39
大船渡湾　99
大森今村論争　15
公　281, 326
沖合・遠洋漁業　122
補い合い　67
屋上避難　43
屋内退避　145
送り出し・受け入れ支援　259, 289
送り出し支援　206, 247, 248, 251, 253, 257, 266, 270, 271, 274, 288, 308
御救米　231
女川町の七十七銀行支店　49
オフサイトセンター　140, 142, 147, 149, 151, 152, 157, 159
お任せ防災　191
オール弘前　337
「恩返し」　271
「恩返し」の支援　273

● か 行

改革派首長　321, 322
海岸堤防　67, 78, 79, 109, 129-132
海岸法　109
海岸保全施設　175, 62
階級闘争　216
介護の社会化　225
介護要員　155
階層構造　122
開発圧力　125, 131, 195
開放性　118
改良復旧　212

カウンターパート方式　206, 267, 268
科学革命の構造　21
科学主義　22-24, 172, 194, 196, 198, 209, 218
　　──の限界　190, 193
　　──の修正　191, 194, 197
科学的な想定　76, 132, 189, 187
科学と社会との接点　193
科学の限界　190
科学万能観　23
格差是正　216
学　習　195
核燃料サイクル交付金　156
掛け算の支援　290
河口可動式水門　78
河口水門　129
過去最大の規模　186
嵩上げ　106
風下3方位のキーホール図　145
火山噴火災害　271
カスリーン台風　5
仮設住宅　154, 214, 314
河川災害　14
河川整備計画　87
河川堤　109
河川法　4
過疎化　276
家　族　59
家族分離　222
過疎高齢化　145, 251, 269, 300
過疎自治体　268
過疎地　269, 301
学　校　58
　　──の防災計画　48
合　併　270
カトリーナ台風　57
狩野川台風　5
ガバナンス　230, 334
ガバナンス型支援　206, 207, 209, 230, 266, 286-288, 299, 300
ガバナンス型社会　208
ガバメント　334
釜石港湾口防波堤　109
釜石市鵜住居防災センター　37
釜石市市営釜石ビル　43
釜石市立鵜住居小学校　47

釜石市立東中学校　46
瓦礫処理　250
環境相互の補完関係　66
環境的条件　57
環境放射線モニタリング　140
環境未来都市　310
環境を解釈する主体　61
観光化　123
関西広域連合　206, 228, 245, 247, 267, 268, 270, 276
官主導　→行政主導
　　──の公共性　326
　　──の防災　181
間接支援　238
官設民営方式　296
観測強化地域　15
観測体制　64
官　邸　151-153
関東大震災　234, 234
官による公共性の独占　10, 327
官の公共性　12, 23, 24
官の論理　335
官民協働　253, 293, 299, 309, 316
官民ネットワーク　307
官民連携　230, 255
　　──の防災　181, 270
官僚制化　228
　　──の罠　229
義援金　129, 288
既往最大の原則　87, 88, 176
機関委任事務　321
危機意識　270
危機の時系列的展開　148
危機のスイッチ　54
企　業　49, 196, 197, 206, 320
基　金　220, 224, 225
基金化　224
危険地域　131
危険地区　106, 184
危険度認識　86, 293
疑似被災体験　252
技術的可能性　75
気象庁　65
気象予報　214
『絆』プロジェクト北九州会議　309

索　引　343

犠牲者数	3, 68, 82, 124
犠牲者率	43, 123
北九州市釜石デスク	308, 317
北東北地域連携軸推進協議会	252
機能不全	152
寄付金	260, 288, 289
逆機能	189
救援ボランティア	160
旧産炭地	306
旧三陸町越喜来（現大船渡市）	108
旧三陸町吉浜（現大船渡市）	108
九州北部豪雨	271
給　付	222
旧船越村田ノ浜（現山田町）	106
教訓伝承	177
凝集性	50
共　助	3, 26, 163, 165, 177, 180, 181, 187, 188, 281
行　政	
——が育成する災害文化	116
——と民間の協働	263
——による埋込み	123
行政依存	67, 233
行政事務化	226
行政主導（行政中心）	23, 24, 180, 196, 285
——の限界	13, 26, 176, 186-188, 192
——の防災	8, 27, 28, 67, 191, 197
共生地域創造財団	309
強制避難	206
共創ボランティア	160
共存同栄・協同一致	306
兄弟都市	263
協　働	323
——体制	325
——のガイドライン	286
——の仕組み	286
協働型社会	208
共同管理	117
共同漁業権	118, 122
共同性	118, 122, 130, 323-326, 329
共同生活の規範	326
共同体	299
共同体意識	252
共同利用	117
共有地的	119

漁業加工	122
漁業協同組合	118, 119
漁業共同体	130
漁業権	118, 119, 122
漁業資源	122
漁業集落	119, 130
漁業生産組織	130
居住禁止区域	238
巨大広域複合災害	73
巨大災害	191
巨大地震	204
巨大津波	97
魚油製造	122
距離を超えた自治体間支援	266
吉里吉里地区	38, 43
緊急災害対策本部	27
緊急時医療	140
緊急時対応センター（ERC）	140, 151, 152
緊急時の環境	61
緊急消防援助隊	205, 263
緊急対応	11, 14
近　助	165
近接性	260
近代化産業遺産群	308
近地津波	99
近隣関係	159
空間規制	133, 134, 185
空間情報	58
空間への埋込み	128
空間変容	96, 103, 104, 123, 129
区画漁業権	118
区画整理事業	106, 124
グリーンコープ共同体	310
訓練シナリオ	147
訓練想定	144
警戒区域設定	185
警戒警報	114
警戒宣言	17, 18
計画主義	172, 198
計画提案制度	169
計画的行政支援	330, 333-336
経験則	51
経験知	259
経験の情報還元	321
経済的合理性	75

経済的（財政的）支援　205, 234
経済的損失　89
警　察　42, 286
警報システム　190
警報伝達　188
警報発令　80, 99, 172
芸予地震　237
激甚災害法　7, 220
気仙沼市　43
気仙沼市老人保健施設リバーサイド春圃　39
血縁共同体　216
血縁ネットワーク　252
限界効用逓減の法則　65, 190
現金給付　215, 219, 220-224, 227, 258, 259, 316
県警の派遣　263
原形復旧　212
権限委譲　147
減　災　160
　　──の考え方　176-179, 186
原子力安全協定　156
原子力安全・保安院　75
原子力緊急事態宣言　140, 145, 151
原子力災害　139
原子力災害現地対策本部　151
原子力災害対策特別措置法　138, 140
原子力災害対策本部　139, 141, 151
原子力総合防災訓練　140, 150, 152, 157, 159
原子力地区防災計画　265
原子力発電所事故　138, 139
原子力被害者早期救済法　222, 227
原子力防災　154
原子力防災行政システム　148
原子力村　89
建設禁止区域　105
建築基準法　106, 181
建築規制　184
現地支援本部　206
原地復帰　104, 107
原地復興　105
原　爆　305
現場主義　179, 192
原発（広域・中長期）避難システム　155
原発サイト　138, 143, 148
原発事故（災害）　73, 88, 89, 138, 157, 175, 206, 207, 222, 238, 250, 270, 273, 296, 297
原発被害者支援金　224
原発被災者　223, 258
原発避難者　206, 250
原発防災システム　138, 159, 165
原発防災中枢　151
原発防災リテラシー　159
原発防災レジリエンス　139, 165
現物給付　219
現物主義　238
広域緊急援助　205
広域支援　207, 250, 336
広域システム災害　204
広域性　118
広域的情報　134
広域の生活圏　122
広域避難　222, 264, 290, 296, 313, 336
広域避難者　178, 179, 264, 283, 297, 299
広域避難者支援　316, 317
広域避難者用シェアハウス　316
広域分権化　268, 270
広域連携　255, 302
行為空間　55
合意形成　128, 222, 290, 291
公営住宅　214
公益性　324
公　害　214, 215
江岸寺　37
工業開発　123
公共空間　326
公共事業　131
公共施設　124
公共性　10, 197, 224, 300, 324
　　──の再定義　327
　　──を担う主体　328
　　下からの──　218, 228
公共性の構造転換　326-328
公共的意思決定へのさまざまな参加・参画　218
公共的な課題　12
公共的領域　324, 326
公共投資　103
公共の福祉　18
公　助　26, 166, 177, 181, 280, 281
　　──の限界　161, 163, 187

索　引　345

高所移転　105, 111, 128
公助・共助・自助（論）　13, 26, 28, 179, 197, 199
高地移転　104
講　中　117
硬直化　281
交通規制　140
交通網の整備　124
口蹄疫　271, 317
公的災害支援　220
公的領域　331
行動準拠枠　55
行動選択　54
行動の節目　56
高度経済成長　91, 109, 118, 191, 214, 233, 301, 308
広報活動　140
後方支援　245
後方支援拠点　206
後方支援組織　290
後方支援体制　257
交流型支援　206
交流カフェ　274
高齢者　38, 50
高齢者・障がい者福祉　286
高齢者福祉事業協会　309
港湾都市　103
誤確信　55
互近助　165
国際化　321
国土強靭化　175, 187
国土強靭化基本法　187
国土総合開発計画　213
国土総合開発法　217
国土保全費用　14
国　難　174
こころの健康相談　264
孤児院　232
互　助　216
　――の受け皿　216
個人化　223, 232
個人給付　215
個人災害　212, 214, 215
個人所有化　214, 216
個人の脆弱性　83

個人の復興　212
個人補償　222
誤　断　51
国家と個人の媒介　226
国家賠償責任論　215
子ども夏休み夢プロジェクト　307
子供民生委員制度　301
コープあいち　297, 298
個別化　223-225
個別訪問　298
小枕集会所　37
コミュニティ　59, 130, 162, 188, 197, 200, 332
　――の維持・再生　289
　――の再生　290
　――の衰退　3
　――の能力　190
コミュニティ形成　291
コミュニティづくり　303
コンクリート屋内退避　145
混住化　303

● さ 行
災　害　211, 215
　――の間接的影響　73
　――の空白期　86
　――の克服　24
　――のフェーズ　193
　――のポテンシャル・リスク　74
　――への転換　81
　――への武装　85
　――への武装解除　86
災害アンケート調査　68
災害イメージ　133
災害NPO　232
災害援護法　215
災害応援協定　261
災害応急対応　26, 160
災害応急対策　7, 12 173, 178
災害観　93
災害危険区域　181, 220
災害危険度　254, 260, 292
災害規模　193
災害基本計画　116
災害救援ボランティア　206

災害救助法　209, 211, 220, 224, 251, 258, 280, 285, 297, 314
災害救助法パラダイム　209, 219, 224
災害協定　313, 315
災害警報伝達システム　132
災害サイクル論　160
災害＝産業災害＝個人災害　219
災害支援　205
　——の官僚制化　228
　——の個別化　223-226
　——の社会化　225, 227
　——の社会性　227
　——のパラダイム　225
　——のベースキャンプ　268
災害支援システム　315
災害支援者　41
災害支援プロジェクトLOTS　206
災害時応援協定　205, 250, 254, 256, 265
災害時相互応援　228
災害時相互応援協定　228, 307
災害社会学　30
災害弱者　36, 41, 58, 59, 83, 153, 220
災害時要援護者　164-165
災害時要支援者　42
災害情報　48
災害脆弱性　248
災害総合立法　211
災害対応能力　86
災害対策基金　219, 220
災害対策基本法　3-7, 11-13, 21, 26, 27, 116, 117, 140, 161, 163, 172, 192, 199, 205, 209-220, 236, 250, 280, 285, 286, 314-318, 322, 331
　——の成立過程　4
　——の改正　177, 187
災害対策のパラドックス　85
災害対策本部　8, 153
災害多発地　2, 269, 301
災害弔慰金　215, 220, 227
災害弔慰金等法　220
災害常襲地帯　266
災害派遣　205
災害派遣医療チーム（DMAT）　205, 263
災害発生頻度　85
災害フェーズ　21

災害＝福祉弱者　220
災害復旧　12, 13
災害復興　11
災害文化　43, 50, 58, 86, 96, 111-117, 130, 132, 134, 139, 200, 328, 332
　逆機能としての——　50
災害ボランティア　205, 207, 228, 229, 236, 270, 280, 281, 283-285
災害ボランティア・NPO活動サポート募金　282
災害ボランティア活動支援プロジェクト会議　206, 283, 284
災害ボランティア活動の支援に関する協定書　295
災害ボランティア支援プロジェクト会議　229
災害ボランティアセンター　249, 258, 263, 300, 314-317
災害ボランティア団体　236
災害ボランティア登録制度　258
災害予防　12, 14
災害リスク情報　193
財政金融措置　12
財政的自立　324
財政の脆弱性　269
最大クラスの津波　186
災対法＝救助法パラダイム　215
サイト外　145, 148
　——への漏洩・拡散　145
サイト内　148, 150, 152
祭　礼　119
佐久間ダム　213
サービスの越境　336
砂防法　4
産業組合　105
産業構造の転換　212-216
産業災害　213, 215
3次避難　35
産炭地　305
山地利用　122
三陸沿岸都市会議　252
三陸町綾里白浜　98
自衛隊　205
支　援
　新しい——　209, 239

——される個人　226
——する国家　226
——と受援のマッチング　235, 259
——における需給関係　207
——の経験値　287
——の継続性　310
——の想像力　275, 277
——の創発性　307
——のチャンネル　237
——の調整問題　251
——の担い手　205
——のプラットフォーム　331
——の無力さ　250
　縦型の——　239, 339
　横型の——　230, 239, 339
支援格差　251
支援経験　260, 271
支援システム　207
支援主体　207
ジェーン台風　5
支援バス　337
支援パラダイム　313
市街地形成　124
市街地の拡大　125
視覚障害者　41
志賀原発　155
時間の空白　56
時間を超えた互酬性　329
市議会　306, 308
事業所　49, 58
仕組みの持続性　305
事実誤認　110
自主避難　152, 206, 277, 297
自主防災会　300-304, 317
自主防災組織　27, 28, 58, 132, 159, 162-164,
　　177-180, 186, 197, 269, 292, 317, 332
自主防災組織マニュアル　162
自主防災リーダー　42
自　助　3, 26, 166, 177, 180, 181
市　場　193
市場的対策　197
自助型防災条例　27
自助・共助　330, 336, 337
自助・共助・公助　178, 186
自助・互助　280, 281

地震学　14, 17, 24
地震研究所　15
地震災害　14
地震・津波対策に関する専門調査会　174
地震の前兆現象　16
地震の無害化　23
地震防災応急計画　18
地震防災基本計画　18
地震防災緊急事業　26
地震防災計画　17
地震防災対策強化地域　18
地震防災対策強化地域判定会　19
地震防災対策特別措置法　26
地震予知　14, 23, 24
　——の実用化　15
地震予知研究計画　14, 15
地震予知情報　18
地震予知連絡会　15
静岡県災害支援隊　206
自然災害　89
自然の資源の多様な利用　121
事前復興型　184
自治会　162, 164, 287, 292, 293, 309
自治会連合会　306
自治基本条例　292
自治行政　338
自治体
　——と市民社会の連携　255
　——と住民自治の連携　253
　——の越境　336
　小規模——　270
自治体間応援　179
自治体間支援　177, 205-209, 228, 230, 244,
　　245, 249, 250, 253, 260, 262, 271, 275, 315
自治体間相互応援　177
自治体間連携　245, 251
自治体連携元年　244
市町村合併　268
指定公共機関　9, 13
指定避難所　80, 178
私的財産への支援禁止　238
私的領域　331
児童委員　309
自動化　216
児童青少年を育成する会　301

児童福祉施設　39
シナリオ対応　147
自発性　231
自発的水平型支援　318
地盤沈下　214, 215
シビックフォース　206
死亡者数　89
死亡率　34
姉妹都市　251, 271
姉妹都市提携　261
市民活動　287, 289
市民活動サポートセンター　288, 292, 299
市民活動支援センター　306
市民活動センター　229
市民活動団体　209
市民活動と並走する行政サービス　336, 337
市民社会　281, 284-288, 299
　　──の成熟　208, 230, 327
市民社会組織　293
市民集団　330
市民主導の公共性　326
市民組織　335
市民的公共性　331, 333
市民の当事者性　328
市民の力　176, 310
市民文化　332
市民文化会館　37
市民防災組織　162
地元主体　323
地元の生活智　166
社　会　193
　　──の安全性　84, 190
　　──の萌芽　260
　　──の防災力　190
社会化　225
社会関係資源　317
社会関係の網の目　59
社会現象としての災害　30
社会貢献意識　323
社会貢献活動　232
社会構造／政治文化の層　328
社会構造の変動　199
社会資本　103
社会診断学　246
社会的環境　57, 58, 62

社会的緩衝能力　89
社会的結合化　3
社会的貢献　284
社会的構築　86
社会的市民活動支援　330, 333-335
社会的真空状態　59
社会的脆弱性　82
社会的セクター　13
社会的想定　189
社会の組織への委譲　198
社会的対策　197
社会的つながり　230
社会的な合意形成　195
社会的な想定　194
社会的ネットワーク　49, 58
社会福祉　231
社会福祉協議会　163, 209, 232, 236, 253, 258,
　　263, 273, 281, 283, 286, 287, 294, 299-304,
　　306, 309, 310, 315-317, 322, 332, 335
社会福祉施設　39
社協体制　322
市役所　37
写真洗浄ボランティア　275
ジャパンプラットホーム　284
宗教者災害支援連絡会　206
宗教団体　206, 216, 280
集権化　218
集権主義　209, 215, 218
集権の分散システム　192
集合的記憶　305
　　──の蓄積　329
集合的行動　56, 57, 60
集合的状況定義　57
15条事態　144, 148
15条通報　150
10条通報　144, 148
重層な空間構成　118
渋　滞　37
住宅再建　222
住宅再建禁止　105
住宅再建支援制度　222, 227
住宅支援　297
集団移転　106
集団的行動　60
集中復興期間　291

索　引　349

周　辺　　204
住　民
　　──の参加　　186, 192, 218
　　──の主体性　　66
　　──の責務　　28
　　──の連帯意識　　162
住民運動　　325
住民参加条例　　292
住民自治　　227, 320, 329, 333, 335, 338
　　──の地域文化　　339
住民主体　　199
　　──の防災　　199
集　落　　116, 117
集落移転　　103-107, 111, 116, 130
集落構造　　119
集落復興　　290
受援体制　　236, 314
熟議型民主主義　　218
主体性　　67, 193
主体的参画　　165
主体の能力　　61
首長の決断　　265
首長のリーダーシップ　　319, 332
首都直下型地震　　172, 207
首都直下地震対策特別措置法　　181
受容限度　　195
障害者　　36, 40
障害者福祉施設　　39
貞観地震　　175
状　況　　55
　　──の意味づけ　　55
　　──の再定義　　319
状況解釈　　55
状況定義　　55, 57, 62, 65
　　──の曖昧さ　　65
　　──の過程　　61
　　──の共有　　55
状況認知（認識）　　55, 318
状況判断　　54
状況評価　　55
商工会議所　　306
少子高齢化　　321
商店街振興組合　　325, 328
商品化　　118
消　防　　286

情報化　　234, 252
情報環境　　57, 58, 62
消防組規制　　4
消防署員　　42, 80
消防組織法　　250
消防団（員）　　42, 58, 80, 114, 147, 161, 162, 177, 179, 186, 197, 216, 270, 332
消防団分団　　159, 166
情報的支援　　205
情報伝達　　62, 64
情報伝達システム　　8, 78
情報伝達モデル　　65
情報リテラシー　　58, 64
昭和三陸津波　　31, 43, 98, 104, 107, 111, 114, 116, 122, 128, 132
職員参加　　337
職員派遣　　261, 263, 266, 272, 317
除　染　　145
除染対策　　73
初動措置　　150
自立支援　　207, 292
人為的な事故　　88
新漁村（理想村）建設　　107
人口減少　　131, 289
人　災　　214
震災前過疎　　270
震災に強い社会づくり条例　　185
人材融通システム　　207
震災予防条例　　162
震災予防調査会　　14
身体障害者　　40
人の支援　　205, 234, 249, 250, 252, 261, 271
人的な脆弱性　　101
人的な被害　　40
新燃岳噴火災害　　272
水　界　　118
水素爆発　　152
垂直型支援　　248, 250, 316
垂直的関係　　333
水平型支援　　208, 248, 250, 316, 330, 338, 339
水平的関係　　333
水防団　　161, 162, 177, 216, 303
水利組合条例　　4
数次避難　　35, 52
スクラム支援　　245

350

図上演習	144, 149, 150, 169	潜在的危険性	85, 86, 160
スタディツアー	307	潜在的な主体	225
ストリートレベルの公務員	338	先進国型災害	93
スマートコミュニティ	308	先進国の脆弱性	83
駿河湾地震説	15	全村避難	289
製　塩	122	仙台空港	43
生活協同組合	206, 232	前兆現象	24
生活クラブ生協	310	線的防護	110, 129
生活再建	207, 220, 228	全島避難	235, 314
生活文化	119	専門的職能団体	206
生活保護	219	総合的津波対策	110
生　協	309, 320	総合防災訓練	147
政策原理	67	相互扶助の精神	228
政策効率	67	創造的復興	212
政策選択	199	想　定	74, 75, 189, 196
政策転換	199	——の考え方	175
政策論	199	——の考え方の修正	191, 194, 197
政治的正当化	192	——の形成プロセス	77
脆弱性	4, 30, 82, 83, 96, 101, 123, 128, 130, 133, 248, 269	——の決定	76
		——の採択	76
正常性バイアス	65	——の連鎖	74, 77, 81
精神障害者	41	想定外	74, 75, 79, 80, 84, 92, 132, 133, 138, 175, 194
精神的ケア	259		
製　炭	122	——の災害	74
制度化	227, 281	——の津波	196
——の限界	291	——の連鎖	74, 81
制度設計	229, 291	想定外力	74, 84, 189, 195
制度層	328	想定 - 計画	24
制度の隙間	257	想定地震	22, 63, 78, 80
制度疲労	321	創　発	206-209, 251, 265, 285, 287, 304, 318, 339
制度防災	334		
〈生〉の要求	323	創発型支援	305
世代的継承	2	創発条件	332
設計外力	74, 83, 84, 87, 176, 188	創発性	260, 264, 286
設計主義	229	創発的関係	331
切迫避難	43, 46, 48, 52	創発的支援	251, 252, 256, 262, 268, 284, 296, 316-320, 323, 325, 328, 329
セツルメント	232, 280		
セーフティネット	160	——の効果	320
1961 年梅雨前線豪雨災害（三六水害）	213	——の特質	313
先遣隊派遣	261, 262	創発的なガバナンス型支援	207
全国社会福祉協議会（全社協）	281, 283, 300	創発的な対応	227, 228
		創発的ネットワーク	330, 333
全国総合開発計画	10, 218	総有的	119
全国知事会	263, 264, 313, 315, 317	測地学審議会	15
全国避難者情報システム	258	組　織	59

索　引　351

組織的　58
組織的避難　44
組織内民主主義　324
ソフトの対策　3, 22, 63, 78, 80, 81, 110, 132, 133, 188, 193, 194

● た 行

第1種漁港　120
対応能力　61
大学・専門学校　206
大気汚染公害　306
大規模広域災害　163, 179, 177
大規模災害　186
大規模災害からの復興に関する法律　181
大規模災害リスク　304
大規模地震対策特別措置法（大震法）　4, 14, 16, 17, 22, 163, 172, 196
大規模なハザード　88
対口関係　256
対口支援　245, 257, 308
対抗的パラダイム　200
耐震化　18
第2室戸台風　214
台風13号　5
高 潮　6
高潮災害　214
高潮対策　109
高台移転　104
足し算の支援　290-292
多重防護　148, 150, 152
多重防護神話　138, 155, 165
タスク処理　152
助けあいジャパン　282
立ち入り禁止区域　156
脱行政（化）　191, 196, 197
建物全壊率　34
たべさいんプロジェクト　263
ダム災害　215
多様な主体　175-178, 180, 186, 196, 197
多様な主体間の協働　176
多様な想定　198
田老町　108, 109, 127-129
俵物貿易　118
短期（直前）予知　16
炭鉱事故　215

団体間ネットワーク　208
団体自治　227, 265, 268, 333, 335
地 域
　——に即した情報　134
　——の創意　218
　——のビジョン　291
　——の防災力　177, 179, 302
地域活性化　291
地域活動のファシリテーター　300
地域共同管理　325-327
地域権力構造　147, 159
地域自治組織　332
地域社会再構築　174
地域社協　300
地域集団参加　192
地域住民組織　196, 328
地域組織　285
地域担当制　270
地域的共生　335
地域的自律性　304
地域的脆弱性　83
地域の論理　335
地域復興支援員　289-292
地域復興デザイン　289, 290
地域防災　161
地域防災会議　9
地域防災計画　9, 116, 117, 164, 172
地域防災組織　162
地域防災力　180
地域リーダー　105
チェルノブイリ原子力発電所事故　168
地縁型防災組織　304
地縁共同体　216
地縁組織　284, 287, 291
地縁ネットワーク　252
地下水の汲み上げ　214
地区防災計画　161, 163, 178-181, 186, 270, 328
地区防災体制　165, 166
治山治水　213
知事会　266, 267
知的障害者　41
知の地域還元　303
地方自治体　226
地方分権一括法案　321

地方分権化　227, 230, 321
地方分権改革　321
地方分権推進委員会　321
地方分権の推進に関する大綱方針　321
チームみやざき　272
中越（・中越沖）地震　206, 229, 259, 274, 284, 285, 289, 322
中越大震災復興基金　289
中越復興市民会議　285, 290
中越防災安全推進機構　290
中越モデル　291
中央依存的な防災対策　193
中央共同募金　282, 283
中央集権　9, 22-25, 67, 188, 192, 196
　　──的システム　192-194, 321
　　──的な社会運営の限界　199
中央政府主導の防災　200
中央‐地方二元（同時）体制　140, 145, 151, 152, 159
中央防災会議　8-10, 12, 18, 22, 62-65, 77, 79, 80, 86, 88, 106, 110, 133, 162, 172, 174, 177, 187, 194, 196, 197
中央募金会　229
中間支援組織　236
中間支援団体　300, 306
中期予知　16
中国・九州北部豪雨災害　271
中山間地域　285, 289
中　心　204
聴覚障害者　41
長期予知　16
調整メカニズム　197
朝鮮特需　214
町内会（・自治会）　162, 164, 287, 292, 293, 325, 328
町内会長　159, 166
直前予知　172, 196
直下型地震　27, 139
チリ地震津波　13, 31, 90, 98, 106, 108-114, 117, 125, 128, 129, 132-133
チリ津波特別措置法　108, 129
つなぐ人　320
津　波　31
　　──に強いまちづくり・防災体制　110
　　──の常襲性　96

　　──のゆらぎ　108
津波監視システム　78
津波危険地帯　125
津波警報　31, 38, 51, 55, 58, 65, 130
津波警報システム　99
津波災害警戒区域　182, 183
津波地震　98, 99
津波常襲地域　95, 110
津波浸水区域　32
津波浸水想定　182
津波対策の推進に関する法律　181
津波てんでんこ　59
津波到達ライン　51
津波ハザードマップ　184
津波碑　114, 129
津波避難対策検討ワーキンググループ　62
津波避難タワー　66
津波避難ビル　66
津波防災意識の風化　127
津波防災地域づくり　182, 183
津波防災地域づくり推進計画　182, 185
津波防災地域づくり推進計画区域　183
津波防災地域づくりに関する法律　181, 182, 187
津波防災の意識　43
津波防災の日　182
津波防潮堤　127
強い紐帯　122
強くしなやかな社会　174
ツーリズム事業　306
ディザスター　189, 22
　　──としての津波　101
　　──の揺らぎ　101
低周波地震　98
定置漁業権　118
低頻度　183
低頻度大災害　82, 183
低頻度大地震　175
出稼ぎ　130
適切な行動選択　54
電源開発　213
電源3法　169
電源3法交付金　156
伝達経路の多重化　64
伝統文化　118

索　引　353

天竜川災害　213
同意取り付け　156
東海豪雨　298, 322
東海地震　17, 172
東海地震説　163
東海地域判定会　16
東京一極集中　321
東京災害支援ネット　206
東京電力　75
当事者団体　273, 274
同心円状の避難指示　151
同族団　119
同族団的な結合　118
東南海地震　5, 20, 172
東南海・南海地震　20, 172
同町安渡　114
同町吉里吉里地区　51
洞爺丸台風　5
導流堤　109
遠くでできる支援　275
十勝沖地震　15, 110
特定観測地域　15
特定地域総合開発計画　217
特定非営利活動促進法　→ NPO法
特別警戒区域　182-185
都市化　3, 123, 233
都市計画　181
都市的利用　125
土砂災害　213, 274
途上国の脆弱性　83
土着型ボランティア　310
土着的対応　302
土地利用　101, 103, 195
　──の公的規制　195
土地利用規制　186
土地利用計画　110, 184
土地利用変更　102
突堤　129
鳥取県西部地震　222, 237
鳥取県被災者住宅再建支援金制度　227
鳥取地震　5
トップダウン　25, 152, 181, 187, 192, 196, 200
鳥インフルエンザ　272, 317

● な 行

内閣官房震災ボランティア連携室　238, 283
内発的復興　285
内部化　2
長崎県雲仙岳噴火災害対策基金　227
なごや防災ボラネット　263
名取市特別養護老人ホームうらやす　39
ナホトカ号重油流出事故　237, 322
生業組織　119
南海トラフ（巨大）地震　172, 184, 207, 254, 260, 266, 270, 273, 293, 301, 302, 320, 335
　──のリスク　269
南海トラフ対策特措法　269
新潟地震　6, 234
二元体制　157
2次災害　154
西宮ボランティアネットワーク　235
2次避難　35
日常生活と防災対策との折り合い　67
日本海溝・千島海溝地震　20, 172
日本災害ボランティアネットワーク　257
日本地震学会　14
日本社会構造　28
日本青年奉仕協会　232
日本赤十字社　205, 219, 234, 237, 267, 280, 288, 293
日本防災士会　306
認識モデル　67
ネットワーク化　314
年中行事　119
農地解放　214
濃尾地震　14, 234
野の災害文化　116, 131

● は 行

媒介機能　332
媒介的役割　316
賠償責任論　222
廃炉　166
ハザード　4, 22, 30, 34, 82, 83, 99, 189, 269
ハザード×脆弱性＝災害モデル　82
ハザードとしての津波　101
ハザードのゆらぎ　100, 101, 134
ハザードマップ　42, 64, 66, 78, 132, 182
パーソナルサポート　297

パーソナルサポート支援会議　297, 298
発災時間　51
発生頻度　97
発電用ダム　213
ハードな対策　3, 22, 63, 78 80, 129, 132, 178, 181, 188, 193
跳ね上がり　84, 86, 89, 92, 93, 195, 218
パブリックコメント条例　292
浜岡原発　17
はみ出し　239
パラダイム　21, 209, 210
　　——の限界　188
パラダイムシフト　200
半官半民　286, 287, 304
阪神・淡路大震災　3, 13, 26, 27, 91, 139, 154, 160, 163, 164, 176, 191, 204-209, 220, 228, 229, 232-237, 249, 252, 255, 257, 260, 267, 268, 271, 280-285, 295, 300, 303, 314, 317, 318, 322, 323, 328, 335
阪神・淡路大震災復興基金　224
阪神大震災地元NGO救援連絡会議　235
判断-行動セット　56
判断能力　66, 190
　　主体的な——　188
半農半漁　121
被害軽減・事前準備　160
被害想定　20, 22, 63, 270, 273
　　——の甘さ　27
被害の跳ね上がり　74
東日本大震災　3
東日本大震災支援全国ネットワーク（JCN）　206, 229, 238, 282, 283, 296
東日本大震災復興基本法　181
東日本大震災復興支援宇部市民協働会議　306, 317
東日本大震災復興支援みえ宣言　294
東日本大震災復興特別区域法　181
東松島市立野蒜小学校体育館　37
東松島市不老園　39
備荒儲蓄法　4
被災経験　260
　　——の連続性　86
被災者越境　336
被災者支援センター　316

被災者支援ボランティアセンターなごや　263
被災者数　89
被災者生活再建支援金　224
被災者生活再建支援法　216, 220-225, 227, 228
被災者台帳　178
被災者中心　323
被災者の分断　223, 226
被災者保護　178
被災者をNPOとつないで支える合同プロジェクト（つなプロ）　206
被災体験・受援体験の集合的記憶　329
被災地復興　207
被災の長期化　222, 223
被支援経験　271
非常参集訓練　149
非常招集　150
ビッグデータ　54
避難
　　——のきっかけ　36, 58
　　——のタイミング　38
　　——の長期化　259, 273
避難看板　66
避難訓練　43, 48, 78, 132, 140, 145, 146
避難計画　62, 153, 159, 166, 269
避難行動　49, 50, 54, 57, 111, 113, 129, 150, 188, 190
　　主体的な——　64
　　直線的な——　54
　　——の動線　54
避難行動モデル　59
避難支援者　62
避難指示　49, 140, 150-153, 155
避難失敗率　52, 53
避難者支援　274
避難者の孤立防止　272
避難所　36, 188
避難所運営ゲーム　169
避難生活　150
避難対応要員　155
避難対策　66
避難対象人口　154
避難途中　36, 37
避難場所　78

避難不能・拒否世帯　155
避難不能常態　154
避難誘導　42, 49, 159
避難路　66, 78, 188
病院　40
兵庫県住宅再建共済制度　226
広島市災害ボランティア活動連絡調整会議　274
広島市被災者支援ボランティア本部　274
広田湾　99
広野町高野病院　154
ひろボラネット　277
貧乏　216
ファシリテーター的役割　304
フィードバック　248, 254, 273, 288, 307, 333, 334
フィードバック活動　302
フィードバック効果　208, 209, 255, 266, 268, 317, 320, 321
フィードバックループ　339
風水害　271
風評　109, 129
風評被害　73
風評被害対策　73
福井地震　5
福岡県西方沖地震　237
福祉　222
　　──の平等性　219
福祉国家化　3
福祉施設　232
福島県南相馬市介護老人保健施設ヨッシーランド　40
福島第1原発事故　189
福島の子どもたちとつながる宇部の会　307
復旧　160
復興　160, 175
　　──の長期化　291
復興感　292
復興計画　107, 291
復興支援員　291
復興支援員制度　290
復興支援うべ　306, 307
復興ボランティア　160
物資支援　252
物的支援　205, 234, 249, 250, 266, 271

物的被害　40, 44
物理的環境　57, 58, 62
物理的な脆弱性　101
船主船子関係　130
不燃化ブロック　163
ブループリント　15
ブロック協定　266
ブロック派遣　300, 302, 316
分権化　191, 196-199, 248, 253, 260, 270
分権改革　192, 199, 253, 268, 270
分権化社会　248, 253
分権型支援　267
分権的　186
　　──な構造　183
　　──な防災システム　194
分権的システム　192, 193
分散移動（移転）　104, 107
文明への懐疑　73
閉鎖性　118
平野部　101
ペーパー自主防　164
ペーパー地区防　165
保安院　151
保育所　48
法外負担　216
防護対策　145
防災　2
　　先行投資型の──　184
　　──から減災へ　176
　　──とまちづくりの一体化　303
　　──の客体　13
　　──のシステム化　150
　　──の主体　3, 13
　　──の主流化　174, 175
　　──の責任　12
　　──の知識　58
防災意識　31, 62, 64, 96, 164, 209, 255
防災NPO　269
防災NPOレスキュー・ストック・ヤード（RSY）　263, 298
防災関係予算　13
防災基本計画　9, 172, 236, 295, 322
防災教育　63, 116, 117, 130, 132, 177
防災行政システム　8
防災行政無線　51, 66, 67

防災協定　253, 255, 320, 321
防災業務計画　9, 18, 116, 172
防災訓練　116, 117, 142, 149, 188
防災計画　8, 12, 22, 23, 80, 187-189, 193-196
防災講演会　78, 254, 302
防災交流協定　294
防災支援計画　292
防災施設　134
防災施設基本計画　163
防災自治　198, 200
防災水準　188
防災生活圏構想　163
防災責任主体　12
防災先進国　174
防災センター　78
防災対策　2-4, 8-14, 17-23, 26, 28, 66, 67, 74-78, 80-89, 92, 95, 101, 108, 123, 125, 129-133, 154, 155, 160, 171-200, 209, 218, 248, 269
　　行政中心の——　28
　　——の客体　191
　　——の計画性　9
　　——の限界　87
　　——の選択　199
　　——のパラドックス　131
防災対策サイクル　160
防災対策推進検討会議　174
防災対策特別措置法　20
防災体制　205, 254
防災知　317
防災中心主義　209, 215
防災投資　87
防災とボランティアの日　167
防災の日　167
防災パラダイム　22, 23, 67, 171, 196, 211, 212
　　新しい——　199, 200
　　——防災パラダイム　200
　　——の基本構造　172
　　——の限界　67, 171, 172
　　——の転換　134
防災パラドックス　82, 133
防災パンフレット　78
防災福祉コミュニティ　163
防災文化　307

防災ボランティア　191, 292
防災ボランティア活動検討会　229, 236, 283
防災ボランティア講座　286
防災マイスター講座　337
防災まちづくり事業　301
防災マップ　178
防災無線　32
防災リーダーの育成　303
防災力空洞化　268, 270
防災力向上　3, 88
放射性物質の拡散　142
放射能からの避難　274
法制化　227
防潮堤　43, 109, 110, 127, 212, 214
防潮林　109
法定支援　261, 264, 314, 316, 317, 320
　　——の限界　315
法テラス愛知　297
防波堤　109
方面委員制度　232
補完性の原理　227, 330
補完的協働　287
保健師　147, 159, 166
北海道有珠山噴火災害　237
北海道南西沖地震　110, 220, 234, 237
ポテンシャル・リスク　86, 87
ボトムアップ　164, 169, 181, 186, 200
ボトムアップ型防災対策　177
ホームレス支援　287, 317
ボランタリズム　209, 230, 231, 323
　　潜在的な——　236
ボランタリーセクター　281
ボランティア　27, 28, 177, 180, 186-188, 197, 281-284, 290, 293, 301, 314, 315, 320, 322-326, 328, 330, 335, 339
　　——の制度化　281
　　——の組織化　259
ボランティア活動　234, 292
ボランティア元年　163, 232, 234, 244, 280
ボランティアきずな館　263
ボランティア行為　231
ボランティア・コーディネーター　235, 236
ボランティア受援体制　235
ボランティアセンター　205, 229, 232, 281-283, 306

ボランティア組織　196, 286
ボランティア団体　209, 231, 235, 263, 313, 318, 319
ボランティア派遣　272, 289, 316
ボランティア・バス　238, 258, 263, 294, 295
ボランティア窓口　235
ボランティア・マネジメント　235
本家分家関係　130

● ま 行

枕崎台風　5
マスメディア　65
まちづくり　181
まちづくり条例　292
まちづくり組織　325
町火消　161
マッチング　281
マッチング調整　207
迷　い　54
丸ごと支援　262-265, 316, 319
マルチステークホルダー型支援　257
マルチステークホルダー参画型　147
　　――の原発防災　166
　　――の防災訓練　159
三重県災害ボランティア支援・NPO活動促進基金　295
三重県非営利活動促進法施行条例　295
三重県ボランティア連絡協議会　293
みえ災害ボランティア支援センター　293, 295, 316
見えない災害文化　129
みえパートナーシップ宣言　295
みえ防災市民会議　293
三河地震　5
未経験の事態　55
南医療生協　297
南三陸町志津川病院　40
南三陸町社協デイサービスセンター　39
南三陸町特別養護老人ホーム慈恵園　39
南三陸町防災センター　37, 49
南三陸町松原住宅　43
南三陸町立戸倉小学校　46
見　舞　216
宮城県沖地震　6, 77
宮城県北部地震　237

宮城県山元町立中浜小学校　47
みやぎ連携復興センター　290
三宅島噴火災害　237
みやざき感謝プロジェクト　272, 317
宮崎大規模災害対策基金　273, 317
民間企業　180
民間ボランティアセンター　288, 292
民主化　232
民生委員　147, 159, 166, 309
民生委員制度　232
無過失賠償論　215
明治三陸地震津波（明治津波）　31, 98, 104, 111, 114, 115, 125, 234
明治津波後　116
メルトダウン　73
面的防護　110, 129
「もう一つの社会」　331
木材生産　122
モニタリング　145
物　語　305
　　――の共有　305, 309
漏　れ　216

● や 行

役割の「際」　332
矢作地区や竹駒地区　51
山元町老人ホーム梅香園・ケアハウス福寿の園　39
有償ボランティア　232
緩やかな集団　238
要員参集　151
要援護者名簿　180
要介護者　153, 155
養　蚕　122
要支援者　52
要支援者名簿　178
養殖漁業　122, 130
用途地域指定　181
要避難エリア　154, 158
予言の自己実現　55
横からの公共性　218
横出し　227
横の連携　218
予想外の事態　52
予測体制　64

予知型地震防災対策　19, 20, 21, 172
淀川洪水　234
予防対策　14
予防ボランティア　160

● ら 行

落盤事故　213
リアス式海岸　101, 109, 123, 130
離岸堤　109, 129
陸界　118
陸前高田市立気仙小学校　37
陸前高田市市民体育館　37
陸前高田市高田病院　40
陸前高田市高田町　123, 125
陸前高田市広田地区　38
陸前高田市役所　49
罹災救助基金法　4
罹災証明書　178
りす会山口　277
リスク　30, 52, 82, 84
　潜在的な――　84, 86, 92
　　――の生産　84
　　――の想定　75
　　――の評価　196
リスク情報　58

リスク判断　75
リスクマネジメント　147
理想部落　107
離村　289
利他性　231
リードタイム　57
流動性　3
漁師仲間　117
漁撈組織　119
臨時行政改革推進審議会　321
隣保協同の精神　161, 162
レジリエンス　166
連携協力協定　309
老人施設5施設　153
老人福祉施設　39, 40
労働組合　206, 216, 283
労働災害　213
ローカル・ガバナンス　287
ロサンゼルス地震　27

● わ 行

若者組　117
若人の絆！復興支援事業　272
湾口防潮堤　78, 79
湾口防波堤　129

◆ 編者紹介

田中重好（たなか しげよし）
　尚絅学院大学総合人間科学部教授，名古屋大学名誉教授

黒田由彦（くろだ よしひこ）
　椙山女学園大学文化情報学部教授

横田尚俊（よこた なおとし）
　山口大学人文学部教授

大矢根淳（おおやね じゅん）
　専修大学人間科学部教授

防災と支援——成熟した市民社会に向けて
　　　　シリーズ 被災地から未来を考える②
Disaster Prevention and Relief: Rethinking the Civil Society of Japan
(Sociological Perspective on Tohoku Disaster-stricken Areas Vol.2)

2019 年 3 月 10 日　初版第 1 刷発行

編　者	田中重好　黒田由彦　横田尚俊　大矢根淳
発行者	江草貞治
発行所	株式会社　有　斐　閣

　　　　郵便番号 101-0051
　　　　東京都千代田区神田神保町 2-17
　　　　電話(03)3264-1315〔編集〕
　　　　　　(03)3265-6811〔営業〕
　　　　http://www.yuhikaku.co.jp/

印刷・大日本法令印刷株式会社／製本・牧製本印刷株式会社
© 2019, TANAKA Shigeyoshi, KURODA Yoshihiko, YOKOTA Naotoshi and OYANE Jun. Printed in Japan
落丁・乱丁本はお取替えいたします。
★定価はカバーに表示してあります。
ISBN 978-4-641-17439-9

[JCOPY] 本書の無断複写(コピー)は，著作権法上での例外を除き，禁じられています。複写される場合は，そのつど事前に，(一社)出版者著作権管理機構（電話03-5244-5088, FAX03-5244-5089, e-mail:info@jcopy.or.jp) の許諾を得てください。